北京市职业教育志稿

北京教育志编纂委员会办公室　编

方志出版社
Publishing House of Local Records

图书在版编目（CIP）数据

北京市职业教育志稿 / 北京教育志编纂委员会办公室编. —北京：方志出版社，2017.12

ISBN 978-7-5144-2859-9

Ⅰ. ①北… Ⅱ. ①北… Ⅲ. ①职业教育—概况—北京 Ⅳ. ① G719.281

中国版本图书馆 CIP 数据核字（2018）第 178984 号

北京市职业教育志稿

编　　者：北京教育志编纂委员会办公室
责任编辑：齐　笑

出 版 人：冀祥德
出 版 者：方志出版社
地址　北京市朝阳区潘家园东里 9 号（国家方志馆 4 层）
邮编　100021
网址　http：//www.fzph.org
发　　行：方志出版社图书经销中心
电话　（010）67110500
经　　销：各地新华书店
印　　刷：北京中科印刷有限公司

开　　本：710×1000　　1/16
印　　张：21.75
字　　数：545 千字
版　　次：2017 年 12 月第 1 版　　2017 年 12 月第 1 次印刷
印　　数：0001 ~ 2000 册

ISBN 978-7-5144-2859-9　　**定价**：110.00 元

北京教育志丛书（1991—2010）
编委会

北京市职业教育志稿

会议

2003年1月8日，召开“北京市职业教育工作会议”

2010年，召开“2010年北京高等职业教育工作会”

2006年3月22日，“北京市职业教育工作会议”在北京会议中心召开

改革

1999 年，北京财经学校国际商务管理专业学生在英国菲尔德市拉哈姆大学学习

2001 年 8 月，北京计算机工业学校通过英国商业技术教育（BTEC）资格认证

2004 年 10 月，北京市自动化工程学校通过市教委和职业教育专家组织的“课程体系整体改革试点验收”

2008 年，北京电子科技职业学院成立国家级传媒艺术设计教学团队

2010 年，北京深入推进中等职业教育课程体系改革交流会召开

2010 年 11 月，北京深入推进中等职业教育课程体系改革交流会召开

学习实践

2000 年，北京信息职业技术学院学生在数控加工中心学习

2001 年，北京信息技术职业技术学院举办电子工艺技能大赛

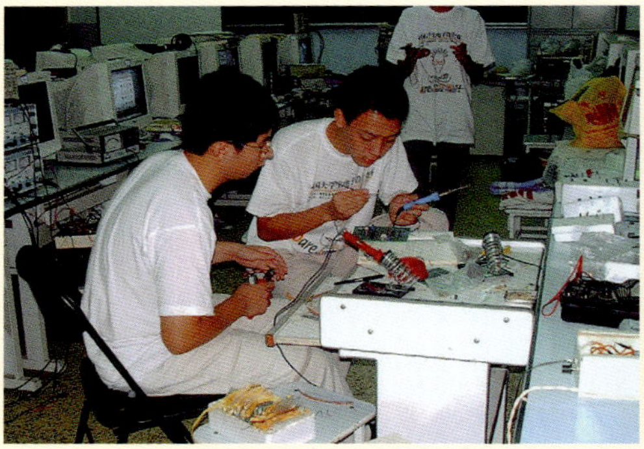

2003 年，北京信息职业技术学院学生参加全国大学生电子技能竞赛

2004 年，北京现代职业技术学院汽车专业学生进行汽车装配实操

2006 年，北京京北职业学院学生进行测量实习

2007 年，北京工业职业技术学院学生在海南航空北京飞机维修公司顶岗实习

1991 年，中国戏曲学院附属中等戏曲学校女学员在练腿功

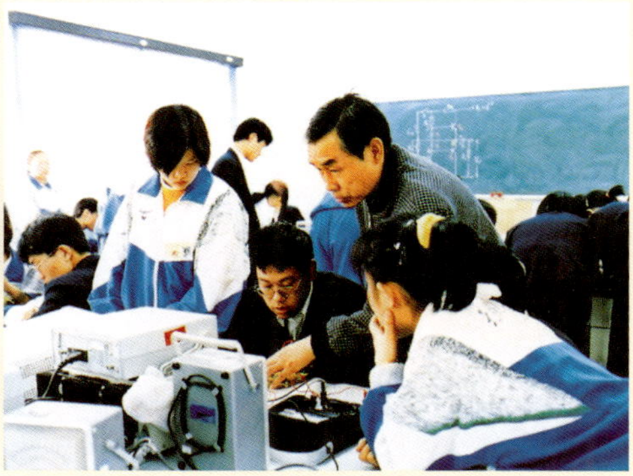

2000 年，北京职业技术学校学生上低频实验课

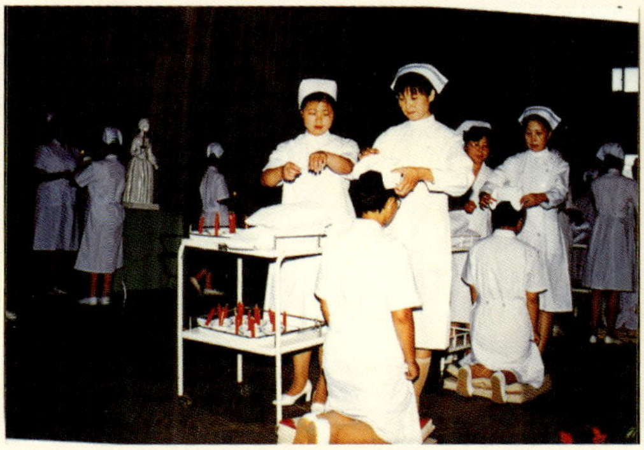

1998 年，北京市卫生学校举行毕业生授帽仪式

2001 年，北京二轻工业学校电专业学生毕业设计——可编程多功能教学演示机械手

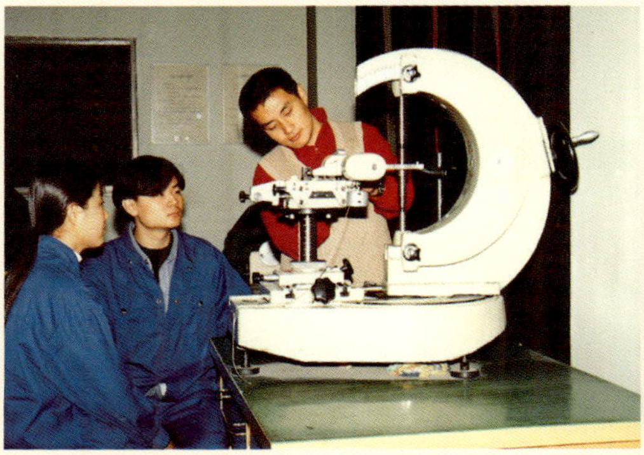

1999 年，北京机械工业学校机械制造专业学生在实习

2001 年，北京市机械工业学校

2003 年，首届北京市中专工程绘图技能竞赛在仪器仪表工业学校举行

2004 年，市委宣传部、市政委、市劳动保障局等 17 家单位联合举办“新世纪北京首届职业技能大赛”

2002 年，机械工业学校学生在数控实训车间实习

2005 年，供销学校学生的“摄影”选修课考核

2004 年，劲松职业高中学生展示西瓜雕刻技能

2004 年，北京舞蹈学校 学生表演芭蕾舞练习曲

2005年，昌平区职业学校烹饪专业学生在技能大赛上展示萝卜雕刻技能

2006年，东城区职高学生展示抻面才艺

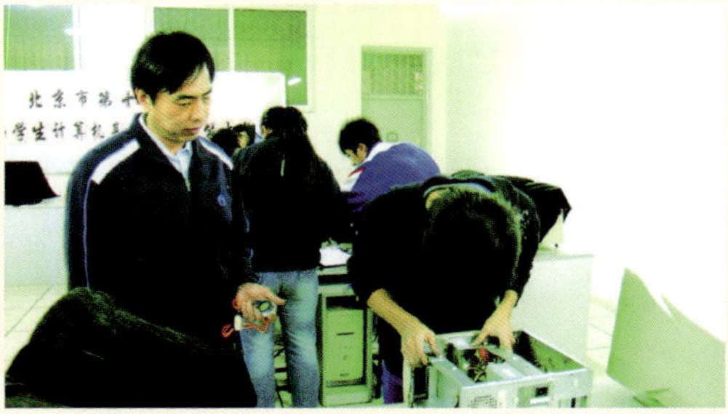

2007年，职业学校学生在计算机操作技能大赛上展示组装技术

2007年，供销学校文秘专业学生在学校“商务中心”进行专业实训

2008年4月，东城区职业教育中心学校“服装设计与表演专业2008届毕业学生作品展示会”在青蓝大厦服装动态展示厅举行

2008年，北京交通学校进行钳工实训课考试

2009年，北京物资贸易学校学生在财会模拟实习中心学习

2011年，黄庄职高学习的学生在学习缝纫技术

学校设施

1991 年，顺义区创办职业教育中心学校。1995 年 9 月，该校被认定为省（市）级重点职业高中

1991 年，密云县职业学校

2000 年，北京信息职业技术学院数控加工中心

2003 年，北京市供销学校校园

2003 年，北京工业职业学校数控车间

2003 年，北京市园林学校校园全景

2004 年，北京农业职业学院南校区综合教学楼

2004 年，北京市水利水电学校建成雨水利用操场

2004 年，北京工业职业技术学院二号学生公寓及学生活动中心

2004 年，北京商业学校实训楼

2004 年，北京现代职业技术学院汽车专业技能实训基地

2004 年，北京财贸职业学院教学楼

2005 年，北京电子科技职业学院电工电子实训基地

2005 年，北京市供销学校金融财会专业综合实训室

2006 年，北京市建筑材料工业学校媒体制作实训中心

2008 年，北京现代职业技术学院太阳能浴室

交流合作

1998 年，劲松职业高中举办第四届赴德国培训学生颁证仪式

1998 年，北京信息职业技术学院与英国斯托克学院合作举办英国职业证书 BTEC 课程教学签字仪式

1998 年，怀柔第一职业高中通过世行贷款评估

1998 年，诺基亚北京公司向北京市化工学校赠送教学设备

2003 年，英国教师对北京交通学校学生进行专业指导

2004 年，北京农业职业学院与德国博世集团共同成立建筑装饰培训中心

2004 年，北京城市建设学校请德国专家教授学生冲击钻操作技能

2009 年，北京电子科技职业学院举办双元校企合作“奔驰试验班”

序

1991年至2010年，适逢中国改革开放大潮，伴随社会经济快速发展及人民群众日益增长的文化和教育需求，北京教育进入了快速发展时期。

二十年里，北京教育在党和政府的领导下，以办好人民满意的首都教育为指针，锐意改革，加大投入，不断加强学校建设和师资队伍建设，深入开展素质教育，提出教育现代化的目标，探索义务教育均衡发展，建设高水平的一流大学，创建学习型社会，努力为人民群众提供公平、优质的教育，基本普及学前三年教育，在全国率先普及九年义务教育和高中阶段教育，率先进入高等教育普及化阶段。

二十年中，北京教育的发展以改革创新为动力，先后进行了教育领导管理体制改革、办学管理体制改革、学校内部管理体制改革、招生及保障体制改革。同时积极开展教育评价创新、学业评价创新、教育督导工作创新。在教育教学中，特别是课程改革、教材建设、教学方法等方面不断探索新路。同时，合作开放办学迈上新台阶，国际合作、省际合作和与港澳台合作不断加强，奥林匹克教育也取得了突出成绩。在教育信息化方面的深入推进，促进了首都教育的现代化建设。

二十年来，北京教育为首都建设和国家社会主义现代化建设做出巨大的贡献。各级各类教育培养了社会需要的人才；学习型城市建设提高了首都居民的文化素质，丰富了人们的精神需求；高校和教育科研机构在自然科学、哲学和社会科学、教育科学研究上硕果累累；在校企合作、校地合作、科研成果转化、志愿者服务、奥运和国家庆典等社会服务方面成绩显著；在支援边疆教育方面，北京与内蒙古、西藏、新疆、青海等省、直辖市、自治区携手并进。

《北京教育志丛书（1991—2010）》是1995年出版的《北京教育志丛书》的续篇，系统记载1991年至2010年间北京教育的历史与现状，传播首都教育工作者光辉的业绩，为广大教育工作者、为教育科学研究，提供珍贵的资料。

该丛书按教育层次分类，由《北京市学前教育志稿》《北京市基础教育志稿》《北京高等教育志稿》等多部著作组成。我们希望《北京教育志丛书（1991—2010）》的出版，能够激发首都教育工作者的社会责任感，为北京教育谱写更加灿烂的篇章。

《北京教育志丛书（1991—2010）》编委会

2016年6月

凡　例

一、《北京市职业教育志稿》是《北京教育志·职业教育篇》的资料长篇，是北京教育志丛书之一。为了保持资料的完整性,故以“志稿”形式单独出版存世。

二、本志稿以马克思列宁主义、毛泽东思想、邓小平理论、“三个代表”重要思想、科学发展观、习近平新时代中国特色社会主义思想为指导，坚持辩证唯物主义和历史唯物主义的立场、观点和方法，力图完整、全面、客观记述北京行政区划内职业教育发展变化过程和基本脉络。

三、本志稿按章、节、目编排设计，全书共六章。在章节安排方面，考虑中等职业教育、高等职业教育要记述的教育教学内容相对独立，而且记述内容较多，故作为两章分别按德、智、体、美几节进行记述。学生、教师、科研、学校管理则另设四章按节进行翔实记述。

四、本志稿记述时间上限为1991年1月1日,下限时间至2010年12月31日。为保持史实的完整性，对个别事物发端进行必要追溯。

五、本志稿对经常使用的专有名词进行了简化处理，如“中共北京市教育工作委员会”简称“市委教育工委”,“北京市教育委员会”简称“市教委”。

六、本志稿正文以述、记、图、表、录为基本体裁。书前设凡例，书后设后记。

目 录

概 述

北京职业教育的发展是北京经济社会发展的必然产物。北京市 1991 年全年完成国内生产总值 561.7 亿元，2010 年全年实现地区生产总值 13777.9 亿元，是 1991 年的 24.5 倍。科学技术突飞猛进，产业更新换代加速。北京经济社会的发展对技能型、应用型人才的需求，直接促进了北京职业教育的规模、结构的调整，促进了专业建设、学校建设、课程改革和教育教学方式方法的改革。北京职业教育的发展为经济和社会发展提供了人力资源和智力资源服务，是首都经济社会发展的重要基础。

北京职业教育的发展变化还受北京教育系统自身发展的影响与制约。北京市 1993 年在全国率先基本普及九年义务教育、基本扫除青壮年文盲。1999 年，北京市高中阶段教育入学率达到 98%，在全国率先普及高中阶段教育。2003 年，北京市高等教育毛入学率达到 53%，在全国率先进入高等教育普及化阶段。在普及高中阶段教育过程中，北京中等职业教育规模也达到历史最高峰。伴随着高等教育普及化，北京中等职业教育进入规模收缩、布局调整、提高质量阶段。同时，北京高等职业教育取得飞跃性发展。教育的现代化促进北京职业教育调整布局结构，优化资源配置，构建科学的职业教育体系。各级各类职业教育统筹发展，职业教育、普通教育、继续教育沟通衔接，构建了人才成长的“立交桥”。

北京职业教育的发展过程是改革开放的过程。改革开放为职业教育的发展提供了动力。1985 年，中共中央做出《关于教育体制管理改革的决定》，中共北京市委、北京市人民政府颁发《关于贯彻落实〈中共中央关于教育体制管理改革的决定〉的规划和措施》。20 世纪 80 年代后期和 90 年代初期，北京职业高中、中等专业学校、技工学校先后开展了学校内部管理体制改革，实行校长负责制或党委（总支）领导下的校长负责制。教育目标责任制，干部、教师岗位聘任制，结构工资制等等，极大地焕发了职业学校和广大教职工的发展职业教育积极性。紧接着，办学模式的改革、专业建设和课程改革、教学方式改革、招生分配制度的改革、办学评价和教学评价的改革、学生培养模式的改革、学校和实训基地的建设。二十年，北京职业学校发生了翻天覆地的变化。“开放”同样带动了北京职业教育的变化，北京市利用世行贷款职教项目改善职业教育办学条件，合作办学推动了教育理念和办学方式的更新，引进国际通用职业资格证书按照国际相关职业标准与操作程序培养中高级专门人才等。特别是北京在职业教育改革过程中学习和借鉴发达国家的职业教育办学模式，探索出一条具有中国特色的职业教育办学之路。北京职业教育研究较多的有德国的“双元制”（职业培训过程是在工厂企业和国家的职业学校进行），加拿大的职业教育 CBE 模式（职业分析和以能力为本位的教学体系），美国 CBVE 职业教育模式（以能力为基础的职业教育），英国职业证书（BTEC）课程教学，新型现代学徒制度澳大利亚 TAFE 模式等等，其中，北京职业学校直接与德国和英国合作，引入“双元制”培养方式和 BTEC 课程，取得了良好的效果。

党和国家以及北京市有关职业教育的政策，引导着职业教育的发展方向，推动着北京职业教育的发展。继 1986 年第一次全国职业教育工作会议后，1991 年、1996 年、2002 年、2004 年和 2005 年，国家先后召开五次全国职业教育工作会议，提出职业教育发展战略，营造职业教育的氛围，强化职业教育保障机制，为职业教育发展指明方向，密度之高为历史罕见。其中，1991 年 10 月 17 日，国务院发布的《关于大力发展职业技术教育的决定》是党中央、国务院为支持职业技术教育发布的第一个专门文件。1996 年，国家公布《中华人民共和国职业教育法》，职业教育进入依法治教时期。1997 年北京市发布《北京市关于〈中华人民共和国职业教育法〉实施办法》；1999 年，市职业教育工作会议召开，会议印发《中共北京市委、北京市人民政府关于加快职业教育改革和发展的若干意见》；2002 年，北京市人民政府发布《关于大力推进职业教育改革与发展的意见》；2006 年，北京市职业教育工作会议召开，会议确立了北京市职业教育“优化结构、内涵发展、服务首都、满足需求”的发展方针；北京市人民政府作出《关于大力发展职业教育的决定》，为北京职业教育发展做出具体规划，为北京职业教育改革指明方向、保驾护航。纵观二十年北京职业教育发展的全过程，每一项重大改革和重要发展，都是在党和国家以及北京市有关职业教育政策的引导、支持下完成的。

一、中等职业教育的改革与发展

随着 20 世纪 80 年代教育的改革，北京市中等职业教育形成普通中等专业学校、职业高中、技工学校“三校”格局。北京职业教育基本构建起政府统筹领导，高教局、教育局、劳动局分工负责为特征的教育行政管理体制。

进入20世纪90年代后，北京市加大对职业学校基础设施经费的投入，学校基础设施不断完善。经过“八五”“九五”计划期间,各级政府和学校不断增加投入，到1999年，中等职业学校设备总值达到4亿元。其间，北京市利用世行贷款职教项目改善职业教育办学条件。1990年至1995年是第一期世界银行贷款中国职教项目执行期。北京市共有3所中等专业学校接受世行贷款。北京市第一轻工业学校利用贷款建成了一个食品发酵职教中心，利用配套资金先后建成了实验楼、实习车间、图书馆等设施，共计2.4万平方米。北京市仪器仪表工业学校利用贷款加强基础建设，改善办学条件，增加设备400台套，满足学校的实践性教学需要，实验平均开出率为90%。北京市机械工业学校是全市贷款最多的学校，他们充分利用这一优势，完善设施建设，提高办学能力水平。在原来有的基础上新建实验楼600平方米，建立实验室30个，建成可同时容纳4个教学班的实习工厂，装备专用教室和特种教室123间，建设并完善了美育及第二课堂设施，实验课平均开出率为95%。1998年，北京重新成为世界银行贷款职教项目单位，贷款额475万美元，国内配套资金3965万元，项目总成本可达7917.6万元。共装备了11所职业学校，使职业学校办学条件得到明显改善。

根据《国务院关于大力发展职业技术教育的决定》提出的“集中力量办好一批起示范和骨干作用的学校”的任务，1991年1月，国家教委公布首批认定的206所省级重点职业高级中学名单，北京市有7所入围。1995年，国家教委决定开展“国家级重点职业高级中学”资格的评估认定工作，对已经认定的省级重点职业高级中学进行全国大检查。为此，北京市教育局认真组织了重点职业高中的评估认定工作，使有关职业高中在办学方向、教育教学质量、实习场地建设、毕业生录用率、资金投入、教学实习设备、校园占地面积及建筑面积、办学特色等方面全面提升，办学实力更加雄厚。当年，北京市评出第三批省级重点职业高中13所，经国家教委认定的北京市省级重点职业高中已达27所。

1994年，劳动部下发《职业资格证书规定》，劳动部职业技能鉴定中心正式成立。北京市还扩大了在职业高中的“双证书”试点工作。18个区（县）和劳动部门联合开展“双证书”考核工作，经过3年共考核12个专业工种，参加考证的学生3000多人，取证率达85%。劳动部1995年下发《关于技工学校、职业技术学校和就业训练中心毕业生实行职业技能鉴定的通知》。从此，中等职业学校开始实行“双证书”培养方式。

北京市委、市政府1994年8月22日召开新中国成立以来首次北京中等专业学校工作会议。该会议提出到2000年，要实施北京地区中等专业学校的“321”

工程，即办好30所普通中等专业学校，其中20所为市级重点中等专业学校，20所中有10所达到国家级重点中等专业学校的标准。会议确定了北京中专教育的9项重点改革工作，其中包括与高等学校联合试办高职班。

1997年6月，北京市教育委员会成立后推出职业教育工程，提出：重点建好100所中等职业学校目标。10月，市教委印发了《关于北京市中等职业学校专业设置管理的意见》，提出专业设置的原则，专业设置的标准，专业设置审批程序。

市教委为推进职业教育改革，1998年2月制定了《北京市面向二十一世纪深化中等职业教育教学改革的意见》，确定北京农业学校等10所学校为创业教育试点校，要求学生除掌握必要的知识技能、职业道德、身心健康外，还要使学生初步具备独立开业所必要的社会知识，具备创业的意识、心理素质，学习掌握经营管理、信息收集与处理等从业能力。

这一时期，北京中等职业教育在办学规模上达到历史最高峰。1998年，北京市有中等职业学校414所，包括中等专业学校98所、技工学校143所、职业高中173所（其中独立建制94所）。1998年，北京市中等职业学校在校生人数达到28.4万人，职普在校生比为66∶34；到2000年达到29.5万人，职普在校生比为61∶39。职业学校学生数超过普通高中。

随着高等教育普及阶段的到来，北京中等职业教育进入规模收缩、布局调整、提高质量阶段。2000年11月，北京市人民政府办公厅转发《市教委〈关于调整本市中等职业教育结构布局〉的意见》，重申坚持首都职业教育“一盘棋”的思想和“三个一批”（重点建设好一批、大力调整一批、坚决撤销一批）的原则。（至2005年年底，中等职业学校由1998年的414所，调整到171所）。

2000年，北京市加快了中等职业学校专业建设现代化步伐。市教委制定中等职业学校特色专业和现代化标志专业的评估指标体系，确定交通学校汽车运用工程专业、西城区实用美术学校美容美发专业和宣武区第一职业学校财务管理专业3个试点学校和专业。制定《北京市教育委员会关于启动中等职业学校课程体系整体改革试点的意见》，以改革项目的形式，启动8 ~ 10个大类专业的课程体系改革项目，推动中等职业教育课程体系整体改革（称第一轮课程改革）。推进学分制等弹性教学制度的改革。北京市教委为加强专业管理，还制定了《北京市教育委员会关于北京市中等职业学校专业设置管理的意见》，要求从2001年起，北京市中等职业学校按教育部《专业目录》所列专业招生，专业设置应有行业制定的相关专业设置标准。

2001 年 1 月，市教委发出《关于开展中等职业学校现代化标志专业和骨干特色专业评估工作的通知》，通知明确市教委计划至 2005 年建成 100 个骨干特色专业和 30 个现代化标志专业，至年底，市教委认定骨干专业 26 个，其中，现代化标志专业 12 个。2002 年，北京市 7 个专业被教育部认定为全国中等职业教育首批示范专业。

为进一步加强中等职业教育实训基地建设，强化实践教学，满足技能型人才培养需要，2002 年，北京市教委公布中等职业教育市级示范性重点实训基地名单。认定北京市仪器仪表工业学校自动控制实训基地等 23 个实训基地为市级示范性重点实训基地。北京市教委要求，市级示范性重点实训基地建设采取市级投入为主的原则，各承担基地建设的学校加快建设进度，严把建设质量，用三年左右时间基本建成，投入使用并发挥效益。北京市教委印发《关于加强中等职业教育重点实验实训基地建设意见的通知》，对实训基地建设的原则、主要功能、主要任务、建设要求和组织管理提出了详尽要求。同年，北京市教委根据首都重点发展的行业领域和职业教育专业布局调整的情况，启动了北京市劲松职业高中烹饪、北京市外事服务职业高中饭店服务与管理等 8 个市级实训基地建设项目。2003 年 1 月，北京市政府《关于大力推进职业教育改革与发展的意见》提出，到 2008 年，面向北京市高新技术产业、现代制造业、现代服务业及现代农业，全市要建设 20 个左右中等职业教育重点实习基地。2005 年年初，北京市又根据 3 年来重点实训基地建设的实际情况，结合经济社会发展和职业教育专业建设的新需求，将实训基地分为市级与区（县）两级，充分发挥区（县）教育行政部门职能，并在区级重点专业、重点实训基地建设标准、重点建设实训基地数量上给予区（县）自主权。北京市教委公布重点支持区（县）级重点实训基地名单，认定北京市财经学校国际商务实训基地等 42 个实训基地为重点支持区（县）级重点实训基地。2006 年，北京市用于实训基地建设的专项投入达 6900 万元，保证了实训基地建设的顺利进行。"十一五"计划期间，北京市各级政府及区（县）共投入 97 个实训基地建设项目，投入经费 10.6 亿元。

2009 年，北京市教委围绕产业发展调整中职学校专业结构，印发了《关于进一步推进中等职业学校专业结构调整的指导意见》，重点加强 18 个现代化标志专业和 45 个骨干特色专业建设。

北京市 1991 年有普通中等专业学校 100 所，在校生 4.36 万人，毕业 1.29 万人，招生 1.27 万人（其中招收高中毕业生 0.226 万人、初中毕业生 1.04 万人），教职工总数 1.23 万人，其中专任教师 0.5243 万人。独立设置的职业高中 43 所，在校生 5.28 万人，毕业 1.9 万人，招生 1.8 万人。到 2010 年，北京有普通中等专业学校 35 所，在校生 6.73 万人，毕业生 2.36 万人，招生 1.76 万人；教职工 0.483 万人，其中专任教师 0.2439 万人。职业高中 61 所，在校生 6.76 万人，毕业生 2.16 万人，招生 2.16 万人；教职工 0.8503 人，包括专任教师 0.523 万人。

二、高等职业教育体系逐步完善

1991 年至 2010 年，北京市逐步形成了完整的高等职业教育体系。

1992 年，北京实施普通高校与重点中等专业学校对口招生的“3+2”学制改革探索。在高职班教学中，改变传统“三段式”教学模式（老师课堂讲，学生听，课后练习），采取针对职业岗位目标的“三段式”教学框架。北京联合大学 1993 年试办北京市第一个高职试点班（计算机应用专业）。之后，在国家教委和市教委协助下，成立由北京联合大学牵头的高职协作组，负责组织编写高职教育专业教材。

1993 年、1994 年，北京市高教局共投资 200 万元对高职教育改革试点给予支持。1993 年，经北京市政府同意在北京科技大学、北京工业大学、北京联合大学自动化工程学院试办 3 个高职班。面向北京市计算机工业学校、北京无线电工业学校、北京市机械工业学校、北京市第二轻工业学校、北京市建材工业学校招生。1994 年，国家教委批准北京煤炭工业学校为全国试点高职班之一，无线电学校等 4 所中专与北京联合大学和北京工业大学联合举办高职班。1995 年，无线电工业学校等 11 所中专学校与北京工业大学、北京联合大学共同举办了 12 个高职班，从中专学生中招收了 359 人。1996 年 9 月，25 所中专校和 106 所职高共 1990 人参加高职教育入学考试，招生学校是北京联合大学和海淀走读大学。招生专业 258 个，计划招生 882 人，实际录取 921 人。从中专、职高学校中选拔大批优秀毕业生上高职，在北京市尚属首次。同年，北京市正式决定将北京联合大学、北京青年政治学院、海淀走读大学三所普通高校作为高等职业教育试点校。1997 年全市普通高校累计试办高职专业 58 个，在校生 5492 人，毕业生 342 人。

北京市自 1994 年还开始进行中等职业技术教育与成人高等职业教育转轨的试点。国家教委 1995 年 11 月印发《关于成人高等学校试办高等职业教育的意见》，明确试点工作由国家教委批准备案的具有职业技能训练条件的独立设置的成人高等学校承办。招生对象为具有中等专业学校、技工学校、职业高中和普通高中毕业文凭及同等学历的在职从业人员。选择适合举办高等职业教育的专业。教学计划和教学大纲以职业岗位规范和岗位需要为依据。1996 年 11 月，市教委同意在东城区职工大学等 5 所学校进行与中等职业技术教育接轨的高等职业教育试点。试点专业按“5+2”考试方式参加1997年成人高考，试点专业招生计划列入1997年全市成人高等教育统一招生计划。

1998年，市教委召开第三次市属高校高职教育研讨会，明确高等职业教育属于高等教育范畴，也是职业教育的高层次，举办高职必须同时遵循高等教育和职业教育的一般规律。为推动高职院校的教育教学改革与发展，市教委召开高职教学业务会，对高职教育工作进行全面总结，对教学工作进行全面布置。

1999年7月，北京市教育委员会、北京市计划委员会下发《关于北京市试行按新的管理模式和运行机制举办高等职业技术教育的通知》。该通知明确试办范围的五种情况，即有条件的普通高等学校转制为民办性质的高等学校；普通高等专科学校；普通高等学校内设立的高等职业技术学院；办学条件达到国家规定标准，通过调整基本具备转制为高等职业技术学院条件的成人高等学校；少数国家级重点中等专业学校与同行业的成人高等学校合并，试办高职班。1999年，北京将部分优秀中等职业学校与成人高校、职工大学资源整合，合并组建了3所独立设置的高职院校。7月，北京工业职业技术学院、北京信息职业技术学院分别成立。当年，北京市教委共批准27所高校试办高等职业教育学院。

2002年6月，市教委印发《北京高等学校高职高专专业设置管理办法（试行）》及北京高等学校高职高专指导性专业目录，指出：高等学校应根据高等职业教育的培养目标，针对本市行业经济发展、科技进步和社会发展的需要，按照技术领域和职业岗位的实际要求设置和调整高职专业。开展国家高职高专精品专业建设项目，415个部级教学改革试点专业基础上批准了62个专业为第一批国家高职高专精品专业建设项目。12月，教育部批准北京2所高校两个专业为国家高职高专精品专业建设项目，分别是：联合大学通信技术专业、工业职业技术学院机电技术应用专业。

“十五”计划期间，北京市高等职业学校建设实现了跨越发展，独立设置的高等职业学院由2000年的4所增加2010年的22所；在独立设置的高职院校专业中，教学科研仪器设备总值“十五”计划期间末达到123亿元。

随着北京高职院校的稳定高速的发展，对于全面提升质量提出新的要求。2004年以后，市政府、市教委实施了高职示范性院校建设、示范性专业建设、精品课程、精品教材、教育教学改革立项以及人才培养工作水平评估相关工程。8月，市教委组建9个职业教育专业委员会，负责本、专科专业建设，开展教育教学研究，探索新的人才培养模式和教学模式。市教委组织全市独立设置的高职高专院校中进行人才培养工作水平评估，评估条件中，校内实训条件、校外实训基地、职业技能鉴定是“实践教学条件”指标的重要观测点，同时，实训基地达到一定要求是申请评估的基本条件。

北京市早在1995年就提出要有计划地建设一批高等职业教育实践基地。同时提出建立高职教育改革试点专项经费，年投入达500万元。至1998年，市属高校建成7个初具规模的校内实训基地。2005年，在北京独立设置的25所高职院校中共获得中央财政支持的国家级高职实训基地建设项目院校17所，共有26个实训基地，覆盖专业数近百个，受益学生25000人，开展各种培训项目260多项。完成职业技能竞赛70多次，开发课程200余门，建设市级精品课25门，国家级5门，编写精品教材200多门，市级精品教材23门，国家级6门，市级以上教改成果52项，教学名师12名，优秀教学团队13个。支持建设4所国家级、8所市级高职示范校，有5所民办高职院校得到支持。2007年3月，北京市教育委员会组织市级示范性高等职业教育实训基地申报工作。市教委决定启动北京市级示范性高等职业教育实训基地建设计划，并制定了《北京市级示范性高等职业教育实训基地建设评分指标体系（试行）》。

2008年，北京市启动“示范校高等职业院校建设计划”，作为引导高职院校师更新教育理念，推进教学改革，凝练办学特色的重要措施。北京信息职业学院、北京劳动保障职业学院、北京青年政治学院、北京政法职业学院、北大方正软件职业学院、汇佳职业学院、北京戏曲艺术职业学院和京北职业学院分两批成为项目建设学校。

2009年，市教委下发《关于印发北京市高等职业院校人才培养工作评估总体规划等文件的通知》，制定了《北京市高等职业院校人才培养工作评估总体规划》《北京市高等职业院校人才培养工作评估实施细则》和《北京市高等职业院校人才培养工作评估操作规程》，启动了新一轮高职评估工作。

2010年，北京有24所独立设置的高等职业院校，3所大学分校以及27所普通本科院校举办高等职业教育，其中，24所独立设置的高等职业院校招生24869人，在校生77621人。

三、职业教育有关方针政策

党和国家以及北京市发展职业教育的方针政策，推动并指导着北京职业教育的改革发展，逐步建立起适应首都经济和社会发展需要的职业教育体系。

1991年1月，经国务院批准，由国家教委、国家计委、劳动部、人事部、财政部在北京共同召开第二次全国职业教育工作会议。会后，国务院发布《关于大力发展职业技术教育的决定》。提出了在20世纪90年代“初步建立起有中国特色的从初级到高级，行业配套，结构合理，形式多样，又能与其他教育相互沟通协调发展的职业技术教育体系的基本框架”目标。提出了“努力办好现有各类职业技术学校，有计划地对现有各类职业技术学校加强规范化建设，集中力量办好一批起示范和骨干作用的学校，使全国高中阶段职业技术学校的在校生人数超过普通高中的在校生人数”；“要深化中专改革，发挥其在同类职业技术教育中的骨干作用；加强技工学校和职业中学的建设，改善办学条件，提高教学质量；积极推进现有职业大学的改革，努力办好一批培养技艺性强的高级操作人员的高等职业学校；同时为适应对外开放的要求，积极培养国际劳务市场需要的各种从业人员”等方面的任务。还规定：在专业性技术性较强的行业实行“先培训，后就业”原则，凡进行技术等级考核的工种逐步实行“双证书”（指毕业证书和技术等级或岗位合格证书）制度。

1994 年 3 月，国家教育委员会印发《关于普通中等专业学校招生及毕业生就业制度改革的意见》，提出：随着社会主义市场经济体制的建立和劳动人事制度的深化改革，要相应改革中等专业学校毕业生统包统配的制度，逐步实现毕业生自主择业，人才走向市场的就业制度。在现行的招生计划形式下，国家任务招收的学生，原则上仍由学校按照招生计划协议，负责在一定范围内安排就业。学生毕业时，由学校安排毕业生与用人单位“供需见面”，由用人单位择优录用。毕业生若不服从安排，需向学校缴纳培养补偿费。委托培养的学生，毕业时应按照学校制订招生计划时与用人单位签订的合同，毕业后应到委托单位工作，户口可以办理“农转非”。北京市自此开始逐步实施招生计划体制改革。普通中等专业学校实行国家任务计划和调节性计划相结合的招生计划形式，毕业后大部分人自主择业的机制，逐步代替现行招生计划中的国家任务和调节性两种计划形式。之后，国家教委又下发了《关于中等专业学校招生并轨改革的意见》，在毕业生就业等方面采取同一政策，所有职校毕业生进行劳动力市场自主择业。

1996 年 5 月 15 日，国家公布《中华人民共和国职业教育法》。6 月，国务院批准，国家教委、国家经贸委和劳动部在京联合召开了第三次全国职业教育工作会议，研究制定贯彻落实《教育法》《职业教育法》和《中国教育改革和发展纲要》的政策措施，进一步明确全国跨世纪发展职业教育的目标和任务。当年，市教育委员会成立，职业高中、普通中专、高等职业教育归北京市教委统一管理。

1997 年，北京市发布《北京市关于〈中华人民共和国职业教育法〉实施办法》，北京职业教育步入依法治教阶段。《北京市关于〈中华人民共和国职业教育法〉实施办法》规定：本市根据经济、社会发展和劳动力市场需求，发展中、高等职业学校教育和各类职业培训，建立、建全职业学校教育与职业培训并举，并与其他教育相互沟通、协调发展的职业教育体系。本市有计划地发展高等职业学校教育和高级职业培训，培养高层次的实用型、技能型人才。发展高等职业教育应当充分利用现有教育资源，并按照培养目标配备师资和教学设备。高等职业学校可以从普通高中毕业生、中等职业学校毕业生和具有同等学力的在职人员中招生。《北京市关于〈中华人民共和国职业教育法〉实施办法》提出：推进职业教育体制改革，建立适应社会主义市场经济体制和社会进步需要的、符合职业教育特点和规律的管理体制和运行机制，提高教育质量和办学效益。《北京市关于〈中华人民共和国职业教育法〉实施办法》还规定：市和区、县人民政府、有关部门应当把职业教育教师的培养和培训工作，纳入教师队伍建设规划，并组织实施。市人民政府和有关部门应当选定一批高等学校、具备条件的职业学校、职业培训机构和企业，作为培养和培训职业教育的专业教师和实习指导教师的基地。1996年开始，全市中专学校加大教学改革力度，以工作过程为导向，以能力为本位，以学生为主体，并做到六个转变：专业课程体系从学科型向模块型转变，教学目标从以传授知识为主向以培训能力为主转变，教学内容从以理论教学为主向以实践教学为主转变，教学方法从以讲授为主向研讨为主转变，教学主体从以教师为主向以学生为主转变，考核从以终结考核为主向以过程考核为主转变。

1997 年 6 月，北京市人民政府办公厅发出《关于同意北京市十大教育工程实施意见的通知》，推出《职业教育工程》，工程目标为："建立适应首都经济和社会发展需要的职业教育体系的基本框架，进一步完善职业教育制度；重点建好 100 所中等职业学校；提高职业教育发展层次和水平，积极发展高等职业教育。"同年，北京市开始在全市普通中等专业学校中首次开展选拔中青年骨干教师工作。

1999 年 4 月，北京市职业教育工作会议召开，会议印发《中共北京市委、北京市人民政府关于加快职业教育改革和发展的若干意见》，提出了大力发展高等职业教育，努力提高中等职业教育办学质量和效益，大力发展农村职业教育和促进职业教育办学主体多元化、办学形式多样化等四项改革任务。12 月，中共北京市委、北京市人民政府在《关于深化教育改革全面推进素质教育的意见》中进一步提出构建起各类中等职业教育相互融通、中高等职业教育相互衔接、普通高等教育和高等职业教育相互沟通的"立交桥"式教育体制。

1999 年 8 月，教育部召开改革开放以来首次"全国中等职业教育教学改革工作会议"，全面部署职业教育课程改革和教材建设规划的实施工作。在课程改革和教材建设规划中提出了以专业建设为核心，以课程改革为突破口，拓宽专业设置，改革人才培养模式、教学制度、课程体系、教学内容和方法等。在课程改革和教材建设规划的目标和任务中提出：通过实施《面向二十一世纪职业教育教学课程改革和教材建设规划》，逐步规范中等职业学校的教育教学，构建适应劳动就业、教育发展和人才成长“立交桥”需要的职业教育课程体系。国家教委还印发《试行按新的管理模式和运行机制举办高等职业技术教育的实施意见》，规定按新的管理模式和运行机制招收的高等职业教育为专科层次的学历教育，高职录取的考生不办理迁户手续，毕业生不包分配，不再适用“普通高等学校就业派遣报到证”由举办学校颁发毕业证书，毕业就业实行学校推荐、自主择业、不包分配的政策。

2000 年 6 月，市教委、市发展改革委在《关于北京市按新的管理体制和运行机制举办高等职业技术教育的补充通知》中进一步明确，高等职业技术教育要坚持新的管理模式和运行机制的改革方向，继续推进高等职业教育的发展。高等学校举办高职教育，专业设置要坚持与生产服务第一线的实际需要紧密结合，注重实践能力的培养，突出特色，提高质量。现有的普通专科，除少数特殊专业外，都应加强专业建设、培养目标、课程和教学内容体系等人才培养模式改革，加快向高等职业教育过渡。从 2000 年起，普通专科和高等职业教育招生计划统一编报下达，招生安排在同一批次录取。秋季入学的普通专科学生和高职学生毕业时均由学校颁发相同的专科毕业证书，使用相同的就业介绍信。高职计划主要招收北京地区生源，少数北京生源不足的艺术类高职专业，经过批准可少量招收京外生源。招收的京外生源，一律不办理户口迁移手续，毕业时应回生源所在省市就业。

2001 年 12 月，北京市部署职业学校开展与国际职业资格证书接轨工作，首批 13 所职业学校的 13 个专业开展与英国伦敦城市行业协会（C&G）职业资格证书接轨项目。

2002 年，北京市进一步扩大试点学校范围，批准第二批国际职业资格试点职业院校 21 所。同年，北京市开始实施中等职业教育课程体系整体改革试点。试点通过引进国外课程和职业资格证书，借鉴其先进的课程理念、内容和方法，结合首都社会经济发展的实际加以改造，包括“2+X”多元混合模式、核心能力与研究学习模式、主轴并行模式三种课程模式。试点学校 17 所。7 月，国务院在北京召开第四次全国职业教育工作会议。会后颁发《国务院关于大力推进职业教育改革与发展的决定》以及两个重要的配套文件——教育部、国家经贸委和劳动保障部制定的《关于进一步发挥行业组织、企业在职业教育和培训中的作用》，以及劳动保障部、教育部和人事部制定的《关于进一步推动职业学校实施职业资格证书制度的意见》。《国务院关于大力推进职业教育改革与发展的决定》指出：职业教育是中国教育体系的重要组成部分，是国民经济和社会发展的重要基础。要实施科教兴国战略、促进经济社会可持续发展、促进就业和再就业、解决“三农”问题,就必须高度重视并加快职业教育的改革与发展。职业学校要加强与企业、行业等用人单位的联系，建立与劳动市场密切联系的机制；要把教学活动与生产实践、社会服务、技术推广及技术开发紧密结合起来，把职业能力培养与职业道德培养紧密结合起来，保证实践教学时间，培养学生的实践能力、专业技能、敬业精神和严谨求实的工作作风。10月，北京市自动化工程学校通过市教委和职业教育专家组织的“课程体系改整体革试点验收”。12月，北京市人民政府发布《关于大力推进职业教育改革与发展的意见》,提出以人才需求和教育需求为导向,进一步调整职业教育的布局结构，调整职业教育层次结构，积极发展高等职业教育。适应首都发展需要，进一步调整职业教育的专业结构，高等职业教育和中等职业教育各建设50个重点专业和20个重点实验、训练基地。建立普通教育与职业教育相互渗透，中等职业教育与高等职业教育相互衔接的人才成长“立交桥”。开展各类职业培训，全面提高劳动者素质。

北京职教园区项目也在2002年10月开工建设,职教园区规划总用地54公顷,其中建设用地45公顷,建设用地中绿地及活动场地8.16公顷,体育用地6.74公顷,总建筑面积31.7万平方米（职教园区二期工程实施中增加了7.2万平方米的学生宿舍）。至2005年一期工程完工，建筑面积11.3万平方米。2005年，北京二轻工业学校、北京市仪器仪表工业学校搬进北京经济技术开发区职教园区办学。市教委决定根据职教园区建设规划和进度以及相关学校的实际情况，2006年安排北京市汽车工业学校整体搬迁进驻园区办学，2007年安排北京市机械工业学校整体搬迁。北京市教育委员会在《关于北京市仪器仪表工业学校等六所职教园区内学校承担任务及发展规模的通知》文件中进一步明确：北京市经济技术开发区职教园区将紧紧围绕首都经济社会发展，为北京市微电子产业、光机电一体化产业、生物工程和新医药产业、汽车产业等高新技术产业和现代制造业培养大量的高中级技能型人才。职教园区主要举办高等、中等职业学历教育，并开展多层次、多内容的职业技术培训，培养技能型人才。“十一五”规划期间，园区在校生总规模将达到1.2万人，其中，中职0.8万人，高职0.4万人。每年为北京市经济技术开发区的外资企业及合资企业等单位的在岗职工进行岗位培训和继续教育，培训任务为1万人次。2008年1月，北京市教育委员会根据市政府《关于研究北京经济技术开发区职业教育园区建设有关问题的会议纪要》和市机构编制委员会办公室《关于调整市教委所属部分学校有关事项的函》精神，决定将北京市仪器仪表工业学校、北京二轻工业学校、北京市机械工业学校（北京市机械局职工大学）、北京市汽车工业学校（北京市汽车工业总公司职工大学）与北京电子科技职业学院合并。职教园区建设项目2008年年底完成。园区建设总投资147803万元。资金来源主要是5所学校资产置换、沙特政府贷款、市教委自筹和申请政府资金。

在坚持自主择业、市场调节就业和政府促进就业的方针下，2003年，北京市职业学校开始面向市场举办“订单班”“校企联合班”“冠名班”等，与用人单位人才需求接轨。2004年3月，国务院批转教育部《2003—2007教育振兴行动计划》，要求实施“职业教育与培训创新工程”，推广“订单式”“模块式”培养模式，探索针对岗位群需要的以能力为本位的教学模式，面向市场，不断开发新专业，改革课程设置，调整教学内容。4月，北京市教育大会召开。大会明确提出：坚持以市场需求和就业需求为导向，大力推动职业教育的改革与发展。加快职业学校结构布局调整的步伐，促进职业教育资源向优势学校集中，提高职业学校规模化、集约化发展水平和品牌优势。以行业和专业为纽带，推动相关的职业院校组建若干个职业教育集团。围绕首都高新技术产业、现代制造业、现代服务业、都市型农业的发展需要，调整专业结构，开设紧缺专业。6月，经国务院批准，教育部、国家发展改革委员会、财政部、人事部、劳动和社会保障部、农业部、国务院扶贫办联合召开第五次全国职业教育工作会议。会议讨论并下发了七部委《关于进一步加强职业教育工作的若干意见》。指出：职业教育要面向市场，以就业为导向，以服务为宗旨，加快培养大批高技能人才和高素质劳动者，逐步建立起与经济社会发展相适应的现代职业教育体系。

2005年11月，第六次全国职业教育工作会议在北京召开。在这次会议上，职业教育的战略地位被提到了空前的高度。会议首次提出，要发展中国特色的职业教育，建立和完善有中国特色的现代职业教育体系；首次提出要逐步增加公共财政对职业教育的投入，并且明确在“十一五”规划期间中央财政带头投入100亿元；首次强调职业教育要关注个人需求，要资助困难家庭子女；首次提出加强职业教育基础能力建设，并以“四项工程”“四大计划”“四项改革”等非常具体切实的措施来保证职业教育的发展。

2006年3月，北京市职业教育工作会议召开。会议下发市政府关于大力发展职业教育的决定，确立了全市职业教育“优化结构、内涵发展、服务首都、满足需求”的发展方针。4月，北京市人民政府作出《关于大力发展职业教育的决定》，要求坚持以市场需求和就业需求为导向，大力推动职业教育的改革与发展。紧密结合首都现代化建设对技能型人才和提高劳动者素质的需求，建立中等职业教育和高等职业教育并举及相互衔接，职业教育与普通教育相互沟通，职前教育与职后培训并重，学校和企业结合，结构合理、功能多样、自主发展、灵活开放的现代职业教育体系。为加快北京市市职业院校（高职、中职）专业教师队伍能力建设，促进职业院校教师专业水平的提高，市教委、市财政局还联合下发《关于实施北京市职业院校教师素质提高工程的意见》。

2007 年，北京市启动并实施职业院校教师素质提高工程，同时，评选骨干教师、中青年骨干教师和创新团队。工程的具体目标是："十一五" 规划期间，全市将建设 10 个左右职业院校与企业共建的专业性职业院校教师培训基地，逐步形成高质量、有特色的北京市职业院校教师培训体系；重点支持 50 个左右专业创新团队，选拔 1200 名左右优秀青年骨干教师，提高教师队伍整体水平，增强教师的竞争意识和创新能力；有计划地组织和资助 2500 名左右教师接受专业培训，或进入国内高校、科研院所攻读与本专业相关的硕士学位、做访问学者、参加单项课程学习等研修活动，选派 500 名左右教师到国外接受专业培训，提高教师的学历层次和专业水平；支持职业院校从行业企业引进、聘任一批优秀的专业技术人员及高水平的技能型人才，改善教师队伍结构；有计划地组织专业教师深入企业实践；鼓励职业院校专业教师参加职业培训和技能鉴定，获取职业资格证书。不断提高教师技术应用能力和实践教学能力，加快 "双师型" 教师队伍建设。工程在北京市高等职业学校和中等职业学校范围内实施。"十一五" 规划期间，市财政设立 1.5 亿元专项经费保证本工程的实施。区（县）和举办职业教育的行业主管部门应对本区域、本行业的职业院校实施本工程给予支持。工程由 "北京市职业院校教师培训基地建设计划" "北京市职业院校教师人才引进与选拔计划" "北京市职业院校教师企业实践计划" "北京市职业院校教师国内外研修计划" 和 "北京市职业院校教师获取职业资格证书计划" 五大类别共 9 个计划构成。

2009 年 3 月，北京市教委颁发了《关于进一步深化中等职业教育课程改革的意见》，明确指出第二轮中等职业教育课程体系改革以 "人本性、科学性、先进性、实效性、情境性、开放性" 为基本原则；以 "探索以工作过程为导向的课程开发模式，构建理论实践一体化，与职业资格标准相融合，具有首都特色、职教特点的中等职业教育课程体系和课程实施、管理及评价的有效途径和方法，不断提高技能型人才培养质量，为北京率先基本实现教育现代化提供优质服务" 为目标；课改的主要内容包括 "课程结构、课程内容与实施、课程考核评价、课程管理" 四个方面。改革后的课程体系分为 "公共基础课程（包括德育课程、文化基础课、体育与健康课程）、专业核心课程、校本课程、实习环节”；积极探索“校企合作”共同开发职业人才培养新模式，开展“工学结合、半工半读”“教学与实训一体化”的人才培养新模式试验；积极推动“技能＋基础”的成人中等学历职业教育模式的改革试点工作，以及专业课程、专业标准、职业资格标准的校企衔接方式，探索构建“工作过程导向”的职业教育课程体系；组织编写《北京市中等职业学校以工作过程为导向的课程开发试验项目指导手册》、相关专业教学指导方案、专业核心课程标准及相关自编教材，以及新课程课堂教学经验交流与评估、评审等跟进工作。9 月，市教委发出《关于做好 2008 年北京市中等职业学校课程改革项目申报工作的通知》。启动第二轮课程体系改革，选择 15 个与北京经济社会发展紧密联系的专业，以课程改革实验项目形式，探索职业教育人才培养新模式。

2010 年，北京市开展以“工作过程导向”的中等职业教育课程体系改革工作，制定了《北京市中等职业学校以工作过程为导向的课程改革实验项目新课程实施阶段 2010 年项目实施方案》，召开中等职业学校以工作过程为导向课程改革实验项目——2010 年项目实施方案交流会。会上，各课改实验项目学校就 2010—2011 学年开设的专业核心课程教学设计工作进行研讨和交流。

综上所述，可以看到 1991 年至 2010 年是历史上北京职业教育发展最快的时期。这一时期，北京市职业教育体系不断完善，办学模式不断创新，教育、实训设施不断更新，教学质量不断提高，招生规模达到历史高峰，毕业生就业率再上新台阶，为首都经济建设和社会发展做出了巨大贡献。

第一章　中等职业教育

北京市职业教育在前期恢复中等职业教育、试办高等职业教育的基础上，20世纪90年代开始进入努力办好中职为主旋律的调整、巩固、提高和改革深化时期。

1992年，国家教委在《全国教育事业十年规划和“八五”计划要点》的通知中，针对“八五”计划期间教育发展的基本任务提出职业技术教育要统筹安排，要大力发展城乡职业技术教育。普通中等专业教育，要充分利用现有办学条件，调整服务面向和专业结构，扩大招生，达到规定的办学规模。职业高中要积极发展，专业设置通过调整，逐步适应当地的实际需要。技工教育要根据城市就业结构和大中企业需要调整布局，积极发展，扩大规模，改善条件，提高质量。要认真实行“先培训，后就业”的原则，使从业者岗前受到必需的职业培训，某些技术性强的岗位必须持技术证书上岗。“八五”计划期间，各类普通中等职业技术学校在校生人数占高中阶段在校生的比重，要由1990年的45.8%提高到50%以上。1994年，北京市委、市政府召开新中国成立以来首次北京中专工作会议。会议要求全面贯彻全国教育工作会议精神，落实教育优先发展战略，在全国率先实现首都教育现代化。明确今后一个时期，全市教育改革与发展的目标和任务。提出要立足行业，面向社会，服务中国，贯彻执行“深化改革，加快发展，优化结构，全面提高”方针，积极实施北京地区中专的“321”工程。（即办好30所普通中等专业学校，其中20所为市级重点中等中等学校，20所中有10所达到国家级重点专业学校标准。）

“九五”计划期间，职教改革与发展的指导思想发生明显变化，树立了统筹发展、全市一盘棋的思想，职业教育管理体制发生了重大变化，高职成为职业教育新的增长点。1996年市教委成立，职业高中、普通中专、高职归市教委管理。1997年北京教育工作会议提出的发展战略是落实“科教兴国”和教育优先发展。1999年市教委将“职业教育处”更名为“职业教育与成人教育处”，强化了职业教育社会服务功能和宏观调控职能、结束了普通教育内部中专、职业高中，成人教育分割管理的局面。

“十五”计划期间，北京的职业教育走过一条顺应首都经济发展的规模、结构、质量、效益协调发展的创新轨迹。市教委坚持首都高中阶段各类教育是“一盘棋”和“三个一批”（即重点建好一批，大力调整一批，坚决撤销一批）的原则，启动了中等职业学校布局结构调整改革。经过5年的调整，职普比突破1∶1。2004年4月27日，北京市教育大会召开。大会明确提出首都教育改革与发展总的指导思想和2010年在全国率先基本实现教育现代化的总目标，并确立了首都教育发展战略，坚持“内涵发展、人才强教、资源统筹、开放创新”的方针。

“十一五”规划期间，北京职教的发展方针是“优化结构，内涵发展，提高质量，满足需求”，在深化教育教学改革方面要有突出特点。整合资源组建职教集团，北京市追求中职教育内涵、质量、特色发展，加强中职教育基础建设，集中力量建设一批现代化标志性中等职业学校，增强职业教育服务首都经济社会发展的能力。

第一节　德育

德育教育　1990年6月28日，市高教局发出《关于在北京地区中等专业学校开设思想品德课的通知》，要求各中专学校遵循中共十三届四中、五中、六中全会精神，进一步贯彻落实《中共中央关于改革和加强中小学德育工作的通知》。结合中专学校的实际，切实把德育放在学校教育工作的首位。决定在北京中专学校各年级普遍开设思想品德课，每周1课时，纳入教学计划。各职业学校从1990—1991学年度开始，首先在一、二年级设思想品德课，其他年级可在原开设的《人生与道德》课基础上逐步过渡。市高教局将《北京市第一轻工业学校思想品德课教学大纲》转发各中专学校，要求各校参照此大纲，制定本校的思想品德课教学大纲、授课计划，编写或选用适合的教材。对学生进行思想品德教育不能仅限于课堂教学，还必须有针对性地安排多种实践活动，做到理论联系实际，知行统一。思想品德课的师资，各校根据实际情况，采取专职与兼职相结合的办法解决。要选聘具有较高的思想政治觉悟，热爱学生、关心学生，能够为人师表的教师、干部担任教学任务。1991年1月22日，市教育局下发国家教委《关于颁发〈中等师范学校德育大纲（试行）〉〈中等师范学校学生行为规范（试行）〉两个文件的通知》的通知，在《中等师范学校德育大纲（试行）》中规定了德育目标、德育内容、德育原则、德育实施途径、学生的思想品德评定、德育领导和德育工作队伍建设。为了进一步落实中职学校的德育工作，1991 年 4 月 2 日，北京中专教育研究会商定成立中专德育研究工作小组。在《中等师范学校学生行为规范（试行）》中对仪表、谈吐、举止等共提出了 20 条行为规范要求。1991 年 7 月 16 日，北京中专教育研究会成立并召开第一次协作会议，确定了北京中专德育协作活动的性质、宗旨、任务、活动方式、组织。

北京职业高中在专业设置中，第三产业的专业占专业总数的 80%，所以职业高中的德育教育特别注重职业道德、服务意识方面的教育。人才培养、课程设置和教育过程按照行业和企业的要求，按照岗位行动过程训练学生，学校与企业一同设计人才培养方案，把企业的真实过程引入学校教学课程。1994 年 1 月 17 日，市教育局转发国家教委关于中等职业技术学校政治课课程设置意见的通知，在政治课程设置中明确政治课是职业学校德育教育的重要阵地和主要渠道，是各专业（工种）学生必修的基础课程。1994 年 2 月，市教育局关于转发国家教委关于颁发《中等职业技术学校职业道德教学大纲》（试用）文件的通知，各中等职业学校按大纲进行职业道德课程。1994 年 4 月 30 日，市劳动局下发《关于转发劳动部〈关于深化技工学校教育改革的决定〉的通知》。通知中提出德育教育以思想品德和职业道德为主导，同时增加企业管理意识、产品质量观念、效益观念等内容。1995 年 2 月 27 日，国家教委正式颁发《中学德育大纲》，职业高中的德育教育过程，是让学生懂得“职业教育改变生活”，懂得“知识丰富头脑，技能改变命运”。通过职业指导，进入职业环境，学有一技之长，用技能经营自己的人生。让走进职校的学生树立自尊、自信、自强、自立，这是职业高中德育对社会建设的最大贡献。

1996 年 10 月，市教委下发《关于在全市普通中专职业高中开展健康教育的通知》，对具体做法与安排做出要求，提出要先培训后铺开；普及与试点结合；着手编写健康教育大纲；并规定以国家教委编写的《学生健康指南》为统一教材。1997 年 3 月，市教委在《关于印发〈中等职业学校实施健康教育意见〉的通知》中，要求各区（县）教委、教育局、各主管局、各中专学校遵照执行。1997 年 7 月 9 日，市教委转发国家教委《关于加强和改进职业学校德育工作的意见》，意见中明确了职业学校德育工作的实施途径包括：以政治课为主渠道实施德育；通过各门课程（包括实验、实习）渗透德育；开展各种课外、校外活动；发挥学校党团组织、学生工作管理部门和学生会等组织在德育工作中的作用；调动社会力量参与德育工作。1998 年，教育部对原国家教委 1990 年颁发的《中等师范学校德育大纲》和《中等师范学校学生行为规范》进行重新修订并于 5 月颁发试行。市教委、市委教育工委制定《北京市中等职业学校德育工作纲要》。1999 年 4 月，“九五”

国家级重点课题“整体构建学校德育体系的研究与实验”中职组研讨会德育科研现场会在信息管理学校召开。十几个省市80多所学校的100多名代表参加了会议。北京是课题实验区，一轻工业学校、交通学校、无线电学校、外事服务职高、求实中学等22所学校是德育体系研究的实验校。

市教委2000年1月印发《关于在我市中等职业学校开设企业教育课的通知》，强调创业教育是中等职业学校的必修课，从2000年春季开设安排30～40学时，以市教委《创业教育》（通用型）教材为基本教材，要求由学校有一定教学水平和教学经验的教师担任创业教育的教学。2000年7月，全国第一次由基础教育、职业教育与成人教育共同参加的德育工作会议召开，中等职业学校完善了德育课程的设置方案，形成了设置“职业道德与职业指导”“哲学基础知识”“经济与政治基础知识”“法律基础知识”4门德育课程的新方案。2000年9月，市教委下发《关于在学生思想政治教育中渗透“双思”教育工作的通知》，通知要求对学生进行党的路线方针政策教育。2001年4月，市教委《转发教育部〈关于中等职业学校德育课课程设置与教学安排的意见〉的通知》，具体要求是中等职业学校德育课是学校德育工作的主渠道，是各专业学生的必修基础课，是学校实施素质教育的重要内容。主要课程包括职业道德与职业指导、哲学基础知识、经济与政治基础知识、法律基础知识，自2001年秋季开始执行。2004年3月15日，市教委印发《北京市中小学和职业学校心理健康教育工作纲要（试行）》，指出心理健康教育的目标、任务、原则、途径和方法、管理机构与职责。

2008年12月，教育部印发了《关于中等职业学校德育课课程设置与教学安排的意见》和《关于印发中等职业学校德育课课程教学大纲的通知》。新的课程改革方案下发了4门德育必修课：职业生涯规划、职业道德与法律、经济政治与社会、哲学与人生，以及心理健康的教学大纲，心理健康作为选修课纳入德育课课程体系。2010年5月13日，教育部印发《中等职业学校管理规程》，在规程中明确提出学校的德育管理要求，要求学校将德育工作放在首位，遵循学生身心发展规律，增强德育工作的针对性、实效性、时代性和吸引力，设置德育和学生管理专门机构，建立专兼职学生管理队伍，加强校园文化建设，优化校园人文环境和自然环境，发挥德育课在德育工作的主渠道、主阵地作用，改革德育考核办法，加强德育过程的评价管理等。

德育活动　1993年9月8日，市高教局发出《关于在北京中等专业学校开展“文明校园”建设活动的通知》，1993年10月28日，市高教局中专处、中专教育研究会德育工作组在农校召开“在社会主义市场经济条件下中等专业德育工作研讨会”，各中职学校校长、书记和党团干部70余人参加会议。1993年9月23日，市教育局发出《关于对我市职业高中学生进行礼仪教育的通知》，决定对职业高中学生进行礼仪教育。满足企业对人才要求的标准，让企业文化走进学校，企业岗位标准带入课程改革，职业高中的教育教学思想和方法完全改变了普通教育模式。“进入职校全是宝，捧向社会全是才”“德育为首，全员德育”是首都职业高中依据多元智能理论创建的职业教育德育体系结晶。

市委宣传部、市政府文教办等12家单位，1994年组织北京高校和中专学校开展“读百卷书、激爱国情”读书活动。市高教局团委成立了读书工作活动领导小组，并于1994年8月30日发出《关于开展北京市青少年“1994—1997读书工程”暨“读百卷书、激爱国情”大型读书活动的通知》，对组织活动进行安排，包括开展有奖征文活动，推荐藏书状元，组织读书知识竞赛，评选先进集体和个人等。1994年11月26日，市高教局、团市委组织高校、中专学校读书知识竞赛，25所高等学校和32所中专学校组队参加竞赛。1995年7月，国家教委办公厅和团中央办公厅联合下发《关于加强中等职业技术学校共青团组织建设的意见》，提出中专学校团的工作根据中央有关学校德育工作文件精神通过多种形式，对不同年龄层次的学生进行心理健康教育和指导。2000年3月2日，北京中专心理健康协作组在商贸学校组织中等职教系统的教师听“学生心理健康讲座”，讲座邀请了中科院心理研究院博士生导师王极盛教授和北师大心理系博士生导师张吉连教授，共有57所学校的1600多人参加。2002年3月29日，市教委印发了关于北京市职教系统开展“学雷锋为民服务周”活动的通知，决定在全市开展职教系统“学雷锋为民服务周”活动。在5月活动过程中，市教委在北京工人体育场北广场设立此次活动的主会场，各区（县）在本地区设立分会场，普通中专学校按学校所在地区参加区（县）分会场的活动。活动内容结合职教特点、专业特色，开展丰富多彩的为民服务活动。各学校组织成立各种服务小组，深入社区、街道、居委会、敬老院、孤儿院、特困户等进行服务与献爱心活动。服务的内容有助残、扶贫、尊老爱幼、做好事、送科技下乡、开展各种便民服务等。2004年10月11日，市教委正式颁布《北京市中学生日常行为规范》。2007年3月16日，市教委发出《关于深入开展“迎奥运、讲文明、树新风”活动的通知》。要求各学校按照全市“迎奥运、讲文明、树新风”活动要求，在全市学校开展这项活动，提高全市学生的文明礼仪素质。通知中提出了工作要求、工作目标、主要开展的活动项目以及各项活动的具体要求，通过活动切实使学生的文明素质得到提高，树立了良好的社会形象。2007年11月16日，市教委颁布《关于进一步加强中等职业学校德育工作的意见》，要求开展的主要工作有：课堂教学的主渠道建设，立足课堂教学，加强学科德育。在职业理想与道德教育中，突出诚信、敬业、责任为重点的职业道德教育，树立正确的理想信念，做好文明礼仪教育工作、心理健康教育工作、法制教育工作和学校文化工作。2007 年，商校被教育部评为全国首批百所中职德育实验基地校，2010 年荣获“全国德育先进集体”称号。2007 年 12 月，市教委组织专题调研，调研中职学生思想道德状况与德育工作。共有 12 所学校的 1.1 万名学生和 400 名教师参加调研，收到有效问卷 1.14 万份。

2008 年 12 月 5 日，市职教学会德育与学生管理研究会成立。成立大会同时举行了“创新学生工作，提高教育质量”的专题论坛。2008 年，职业高中学生参与北京奥运会、残奥会志愿服务，其中昌平职业学校的礼仪服务受到国内外的广泛关注。通过奥组委组织，85 家国内外媒体对此进行专访。2010 年 5 月 20 日，教育部、人力资源和社会保障部下发《关于加强中等职业学校校园文化建设的意见》，提出了加强校园文化建设的总体要求、校园文化建设要坚持的基本原则。2010 年 7 月 7 日，由团市委、市青联主办，电子 科技职业学院承办的“关注职业教育、引领青年成长”活动启动仪式在电科院举行。2010 年 9 月 28 日，市教委下发《关于开展“人文北京、科技北京、绿色北京”教育的通知》。市教委决定在今后一段时期，将广泛开展的“人文北京、科技北京、绿色北京”教育，作为学生德育教育的重要内容。要求与课程相结合，引导学生深入理解“三个北京”建设的内涵；与实践相结合，引导学生在体验中感受“三个北京”建设的成就；与服务相结合，引导学生积极投入到“三个北京”建设的行列中。2010 年 11 月 12 日，昌平职校入选首批 2010 年度“国家中等职业教育改革发展示范学校建设计划项目学校”，这是北京唯一一所获得此殊荣的职业高中学校。

第二节　教学

一、中等专业学校教学

专业建设　20 世纪 90 年代，职业学校为适应社会主义市场经济的建立所做的多种变化，首先是从专业的改革开始的。专业划分改革的主要内容：新的专业原则上按技术领域、工程领域、服务领域或职业群、岗位群划分；中专人才的基本规格突出职业行为能力要求；拓宽专业服务面，在宽专业下留有设置专门化的余地；专业目录的性能由原来的指令性变为指导性。

1991 年，市教育局各专业学校十年规划和“八五”计划中，在主要措施中强调：

根据社会对中专人才的要求，从学校布局、种类结构、专业设置三个方面着眼调整学校布局和专业设置。在规划中提出了调整和发展的意见，拟在“八五”计划期间将现有市属中专学校调整为54所，北京普通中等专业教育共有工业、农业、医疗、卫生、财经、政法、艺术、体育8个科类的285个专业。1991年12月12日，市教育局关于中等师范学校开设选修课有关问题的通知指出：根据国家教委1989年6月30日颁发的《三年制中等师范学校教学方案》中明确规定“三年制中等师范学校设置必修课和选修课”。市教育局根据教学方案的精神和北京市的具体情况，制定《北京市三年制中等师范学校教学计划（试行）》，其中安排选修课364课时，以确保选修课的落实。为了使各师范学校在选修课的课程设置和课时安排上有所遵循，在贯彻教学方案试点工作的基础上，结合各学校开设选修课的实际情况，确定了北京市中等师范学校选修课的课程设置及课时安排。选修课的课程设置：文化知识、艺术体育和小学教材教法三类共20门课程。除此之外，各校还可以开设突出本区（县）特点、适合本区（县）需要的选修课。其中计算机课要求所有学生作为必选课，以接受计算机知识教学。此外，要求每个在校学生三年内在文化知识类的语文、数学、其他学科、艺术、体育类和小学教材教法类中各选一门选修课。

1992年，市高教局根据国家教委“中等专业学校专业设置审批，实行分别由中专学校、学校主管部门和省部级教育行政部门分级、分工负责的办法”的规定，提出市属中专学校的专业设置审批办法。市高教局中专处于1992年3月调查核定了北京中专学校的专业设置情况。北京104所中专学校中，设置专业376个，专门化119个，专项104个。1992年，农校根据北京郊区农村外向型农业发展，急需乡企外贸专门人才，开办乡企外贸专门化。农校为适应首都大城市小农村的特点及京郊产业结构调整的新变化，适时地将原有的农学、果林、畜牧兽医、水利4个专业调整为7个。新增设了北京农村急需的蔬菜专业和农村经济管理专业，并将果林专业分开，设果树和林业两个专业。开设有种籽、植保、土肥、适度规模经营、果林、林果、畜牧、肉检、水利工程、乡镇企业管理、财会等19个小专门化班。1994年，市高教局制定《关于“九五”期间北京市中等专业学校发展规划的初步意见》，挂出了“九五”计划期间改革发展的思路、奋斗目标和应采取的措施。2000年前的发展目标是优化布局结构，扩大办学规模，努力提高质量和效益，建立起以覆盖全市主要行业，初步适应社会主义市场经济和社会发展需求，并与其他职教沟通衔接的普通中等专业教育体系。在采取的主要措施中提出：拓宽服务面向，积极调整学校布局和专业设置，拓宽专业面，增设短专业，加强重点专业建设，推进大专业小专门化等措施，主动适应社会主义市场需要。1994年，国家教委批准煤炭工业学校为全国试点高职班之一，无线电学校等4所中专与联大、北工大联合办高职班，对北京市中专学校的专业进行了规范化调整，全市共开设有210个专业，其中《目录》外专业11个，全市有17所中专新增专业31个。

1994年6月30日，市教育局转发了国家教委师范教育司《全国中等师范学校深化改革，全面提高教育质量座谈会纪要》，并下发通知要求落实纪要精神。在北京市中等师范教育取得阶段性成绩的基础上，总结经验，巩固成果，解放思想，勇于进取，使北京市中等师范教育取得新的发展。1994年8月22日，市委、市政府召开新中国成立以来首次北京中专工作会议。会议上下发的北京中等专业工作会议文件之三《关于进一步深化中等专业学校教育教学改革的意见》，涉及调整专业结构，适应经济、社会发展需要，中等专业学校要进行调查研究，了解产业结构和职业岗位变化情况，调查了解社会对中等专门人才规格的需求趋势，结合学校的基础条件，制定调整老专业、增设新专业、大专业小专门化的专业设置的思路及专业改革计划。调整或增设专业均要有科学论证，报主管业务局及教育行政部门批准或备案。建立专业设置主动适应经济和社会发展的机制，关键在于优化专业结构及对人才市场的需求做出快速反应并保证人才质量。1995年1月27日，国家教委颁发《三年制中等幼儿师范学校教学方案（试行）》，为指导实施新方案，国家教委教育司组织在北京召开研讨会，会上确定了北京幼儿师范等全国10所师范学校为教改实验学校，进行整体教学改革实验，提供成功经验并对与方案配套的大纲和教材提出修改意见。1995年的中专教学改革是在中专毕业生中逐步推行“双证书”制，在专业设置上改造旧专业，增设新专业，全年增设的新专业有30多个，如物业管理、娱乐管理。为落实“科教兴国”战略，推进中等师范教育现代化的进程，根据《中共中央国务院关于加速科学技术进步的决定》《中共中央国务院关于加强科学技术普及工作的若干意见》的精神，国家教育委员会和中国科学技术协会于1995年9月14日印发了《关于在中等师范学校实施“园丁科技教育行动”的通知》，决定在中等师范学校（含幼儿师范学校、特殊教育师范学校）实施“园丁科技教育行动”。根据通知精神，市教育局、市科学技术协会就市中等师范学校实施“园丁科技教育行动”问题进行了专门研究，决定成立北京市实施中等师范学校“园丁科技教育行动”领导小组，并制定了《关于在北京市中等师范学校实施“园丁科技教育行动”1995—1997年度行动计划》。1997年10月30日，市教委印发了《关于北京市中等职业学校专业设置管理的意见》，提出了专业设置的原则、专业设置的标准、专业设置的审批程序。

1998 年 2 月，市教委为推进职业教育改革，制定《北京市面向二十一世纪深化中等职业教育教学改革的意见》，确定了农校等 10 所学校为创业教育试点校，要求学生除掌握必要的知识技能、职业道德、身心健康外，还要使学生初步具备独立开业必要的社会知识，具备创业的意识、心理素质，学习掌握经营管理、信息收集与处理等从业能力。1999 年，北京市共有 13 所中专学校新增设专业 22 个，主要有经济信息管理、物业管理、建筑管理、旅游服务、经贸外语、机电技术应用、环境污染治理等社会急需专业。2000 年，加快了中等职业学校专业建设现代化步伐。市教委制定中等职业学校特色专业和现代化标志专业的评估指标体系，确定交通学校汽车运用工程专业、西城实用美术学校美容美发专业和宣武一职校财务管理专业 3 个试点学校和专业。制定《北京市教育委员会关于启动中等职业学校课程体系整体改革试点的意见》，以改革项目的形式，启动 8 ~ 10 个大类专业的课程体系改革项目，推动中等职业教育课程体系整体改革。推进学分制等弹性教学制度的改革。制定《北京市教育委员会关于在中等职业学校试行学分制的意见》，首批在 15 所学校进行试点。稳步推进中等职业学校的教学方法改革。在商贸学校等 5 所学校 6 个专业进行英国 BTEC（英国商业技术教育委员会）教学方法试点。2000 年 12 月 19 日，市教委积极推进中职学校的专业建设和教育教学改革。加强专业管理，制定《北京市教育委员会关于北京市中等职业学校专业设置管理的意见》。要求从 2001 年起，北京市中职学校按教育部《专业目录》所列专业招生，中等职业学校专业设置应有行业制定的相关专业设置标准。2001 年，经过调整，职业教育面得到拓宽，新增了一批面向新兴产业和服务业的专业，如数控专业、计算机应用、电子商务、物业管理等专业。2001 年 1 月 15 日，市教委发出《关于开展中等职业学校现代化标志专业和骨干特色专业评估工作的通知》，通知明确市教委计划至 2005 年建成 100 个骨干特色专业和 30 个现代化标志专业，至年底，市教委认定的骨干专业 26 个，其中，现代化标志专业 12 个。

2002 年 2 月 4 日，市教委发出《关于印发中等职业学校专业设置管理实施意见补充规定的通知》，补充规定要求：学校申报新专业应符合首都以及本地区、本行业经济社会发展和产业结构调整的需要，符合本学校的建设发展规划，应进行市场需求调研及生源预测工作，制订相应的教学计划，拥有专兼职教师队伍等。北京市按照服务企业、适应市场、面向社会的原则调整职业教育专业结构，优化专业资源，重点建设现代化标志专业和骨干特色专业。适应首都建设知识经济中心的需要，发展电子信息、生物工程和新医药、光机电一体化、新材料和环保与资源综合利用五大高新技术专业；适应首都建设世界大都市的需要，重点发展商业、金融、保险、旅游、服务等现代服务业及新兴第三产业专业；淘汰传统的高污染、高能耗的传统产业的专业；为首都经济结构调整提供实用型适用人才。在调整优化专业结构的同时，启动现代化标志专业和骨干特色专业建设的“20100”工程（即重点建设全市10个现代化标志性专业和100个骨干特色专业），重点建设全市20个现代化标志性专业和100个骨干特色专业。全面规范了专业设置管理的各个环节的基础，在全国率先进行专业评估，以评促建，以评促改，评选出第一批40个现代化标志专业和骨干特色专业，并发挥其骨干示范作用，推动职业学校以专业为核心面向市场、开放办学，走产、学、研一体化的办学模式。2002年11月26日，北京市7个专业被教育部认定为全国中等职业教育首批示范专业。其中中专学校的专业有：计算机工业学校的计算机及应用专业、机械工业学校的数控技术应用专业、仪器仪表工业学校的机电技术应用专业、交通学校的汽车运用与维修专业。经专家审核，2003年全市中等职业学校新增设计算机软件、电子与信息技术、通信技术、生物制药、外贸通关事务、物流管理、生态环境保护等专业。继续加强中等职业教育重点、骨干专业建设，完成8个骨干特色专业评估。完成全市7个重点实验实训基地的论证工作。召开课程体系整体改革试点学校交流会，组织专家指导学校通过引进国外先进的教育模式，进行教学模式创新。继续推广学分制等弹性学习制度的改革，召开了试点学校座谈会。

北京市2004年加快职业教育的结构调整。建设10所国内一流的中等职业学校。通过资产置换方式，集中力量建设亦庄经济技术开发区现代化职业教育园区。新增和改造一批特色专业，加强60个骨干重点专业建设。北京市重点投资建设了汽车运用与维修、光机电技术应用、数控技术应用等10个社会发展急需的现代化标志专业和护理、园林花卉等50个骨干特色专业，重点建设汽车运用与维修、电子与信息技术等20个左右实训实习基地。本着“校际合作、行业参与、资源共享、优势互补”的原则，在数控技术应用、电子与信息技术、机电技术应用等10个专业领域成立了专业委员会，聘请行业、企业人士、国外知名职教专家指导北京职业教育专业建设。2006年1月16日，市教委下发关于《北京市中等职业学校示范专业重点专业评估指标体系说明》，明确在完善专业建设的基础上，提高建设标准，实现动态管理，强调专业建设是职业学校建设的重点，指标体系在专业设置与发展规划、专业办学条件与利用、专业建设与创新、质量与效益四个方面提出明确且有可操作性的评价标准。指标体系为三级指标结构：一级指标4个，下设15个二级指标、41个三级指标。设置了评分标准与主要信息点，增加了特色与创新栏目。

2008年市教委启动了第二轮课程体系改革，选择了15个与北京经济社会发展紧密联系的专业，以课程改革实验项目形式，探索职业教育人才培养新模式。2009年3月12日，市教委围绕产业发展调整中职学校专业结构，印发了《关于进一步推进中等职业学校专业结构调整的指导意见》，重点加强18个现代化标志专业和45个骨干特色专业建设。优化中等职业学校专业结构布局，调整专业机制。市教委印发了《关于进一步深化中等职业学校课程改革工作的指导意见》，推进41所学校的课程改革工作；组织专家到北京市270家企业开展人才与岗位职业能力及基本素质要求调研，校企合作开发专业课程。指导学校完成了41个专业教案和232门核心课程的教学设计，对全市的中职学校2000名教学骨干进行课程改革专题培训。在推进中等职业学校专业结构调整的意见的调整思路中提出：一是依据产业结构调整方向设置专业；二是依据首都城市空间发展战略和学校所处区域功能定位调整和优化专业布局；三是依托学校所属行业发展优势设置和调整专业；四是立足现有特色品牌专业，进一步拓展专业优势，建设一批市级重点专业。

2010年6月2日，市委教育工委、市教委、市职教学会和老教协组织召开中等教育结构改革30年座谈会。30年来，职业教育先后为北京各行各业培养中职学生150万人、高职毕业生20万人，共1200万人次参加职业院校举办的各类职业培训，为首都现代化建设做出贡献。2010年11月2日，市教委印发《北京市中等职业学校专业设置管理办法实施细则》，该细则根据教育部新修定的《中等职业学校专业目录（2010年修订）》和《中等职业学校专业设置管理办法（试行）》，对中职学校专业设置条件、设置程序、指导与检查内容做出系统的规定。

课程建设 1992年7月，市政府印发《北京市教育事业十年规划和“八五”计划纲要》，职业教育的主要目标是：职业教育要基本形成行业配套，结构合理，形式多样，设备完善，符合首都建设需要，初、中、高层次衔接，职前、职后教育相通的体系，全市实行“先培训、后就业”制度。1993年，市高教局为加强北京中专学校计算机和英语课程教学，提高学生的计算机应用能力和英语能力，在全市中专学校进行计算机和英语水平测试。1993年6月15日，下发了《北京地区中等专业学生计算机应用水平（通过级）测试暂行办法》《北京地区中等专业学生计算机应用水平（通过级）测试大纲》《北京地区中等专业学生英语教学基本要求和考试大纲》。1994年8月22日，在北京中专工作会议上下发了《关于进一步深化中等专业学校教育教学改革的意见》，谈道：优化课程结构，大力推进教学内容、教学方法的改革。要实行毕业生的“双证制”“多证制”，要积极推进教学手段现代化建设，提倡使用幻灯、投影、录音、录像、电影等多媒体先进电教手段，使用电子计算机，进行模拟实验或试用程序教学法，专业课程从学科型向模块型转变。其中第三个问题谈道：优化课程结构，大力推进教学内容、教学方法的改革。优化课程结构本着“打好基础，拓宽知识，强化实践，培养能力”的原则，以能力培养为主线建立新的课程体系。能力培养应包括学习能力和从业能力两方面。要根据社会用人单位对毕业生能力的要求、岗位职责的要求和人才培养规格三个方面，来决定必须传授的各类知识，遴选最佳课程，形成整体优化的课程结构体系，按需施教。要改变单一的文化课—专业基础课—专业课教学模式，可试行学分制、分段制、模块式教学；在确定主干必修课的前提下，适当增加选修课程；积极开展第二课堂，提高学生对社会主义市场经济发展的适应能力。教学内容改革：一是教学内容要随经济、科技、社会进步而更新，及时反映新的专业技术成果，以及我国社会主义建设的成就和需要；二是教学内容要符合培养目标和人才规格的要求，专业基本理论知识应以“必需、够用”为原则。要大胆借鉴国外成功的经验，突破教学内容传统结构模式，根据市场经济发展的需要，调整知识结构，增加新内容，突出应用性，逐步使一些课程走向综合化。要根据首都的特点和毕业生就业的趋势，加强外语、计算机、语文三科的能力培养，认真组织好水平测试工作，并努力与社会接轨。中专学校在专业建设方面做了大量工作，企业改革带动了中专学校的教学改革。不断推出行业特色明显的新专业，包括一轻工业学校的食品工艺、微生物检测专业，并在全市首次设置物流管理专业；二轻工业学校的玩具、服装专业，其模具设计与制造专业一直受到全国模具行业指导委员会的支持与指导；汽车工业学校的汽车零部件设计与制作专业；卫生学校的中医制药专业；建材工业学校的混凝土成型工艺专业；仪器仪表学校的冷仪表、热仪表专业。为适应北京市第三产业发展需求，商业学校、物资管理学校、商贸学校适时设立电子商务、市场营销、物流等专业，并成为这些专业的领军学校。

1998 年 5 月，教育部颁发《三年制中等师范学校课程计划》，对 1989 年颁发的《三年制中等师范学校教学方案》进行了修订，调整了培养目标，强化了思想政治道德、文化科学基础知识与基本技能、教育科学基础知识与基本职业能力、体美劳基本要求四个方面的质量要求。1998 年 11 月，无线电工业学校、一轻工业学校、商贸学校与英国商业与技术教育委员会合作，在电子工业、计算机应用、市场营销3个专业中试行英国职业证书（BTEC）课程教学。1999年8月2日，教育部召开改革开放以来首次“全国中等职业教育教学改革工作会议”，全面部署职业教育课程改革和教材建设规划的实施工作。在课程改革和教材建设规划中提出了以专业建设为核心，以课程改革为突破口，拓宽专业设置，改革人才培养模式、教学制度、课程体系、教学内容和方法等。在课程改革和教材建设规划的目标和任务中提出：通过实施《面向二十一世纪职业教育教学课程改革和教材建设规划》，逐步规范中等职业学校的教育教学，构建适应劳动就业、教育发展和人才成长“立交桥”需要的职业教育课程体系。1998年4月13日，市教委下发《关于开展创业教育试点的通知》，为培养学生的创业能力，市教委决定在10所学校进行创业教育试点工作。

2000年10月11日，市教委下发《关于在中等职业学校试行学分制的意见》，强调了学分与学制的关系，教学计划与课程的设置问题，对课程结构的分类，必修课和选修提出具体要求。2000年12月，又颁发《关于中等职业学校课程体系整体改革试点工作的意见》。2001年4月12日，市教委印发《关于推进中等职业学校课程体系整体改革试点工作实施意见的通知》《关于在部分区（县）和中等职业学校试行学分制的通知》，提出“以改革项目的形式，明确改革的目标是建立适应弹性选课、学分制的职教课程模式，制定覆盖面较大或有特殊需求的专业课程方案（含教学计划、教学大纲、教材、多媒体课件、考试标准和方式），全市组建课程改革专家组，认定试点学校和试点专业，组织人员培训等。启动课程体系改革”，确定信息管理学校的计算机专业、求实职业学校的文秘专业等10所职业学校10大类专业，作为首批改革试点校和试点专业，之后扩大为17所试点校与17个试点专业。与此同时，确定在15所学校开展学分制试点，以配合“课程体系整体改革”，力争通过课程体系整体改革全面带动、深化中等职业学校教学改革，建立“以服务为宗旨、以就业为导向”的课程体系，真正实现职业教育与企业行业保持多点对接，使学生学到真本事，上岗即能适应岗位需求。到2003年，参与课程体系改革成为全市中专学校的整体行为。其主要特征：一是加强数学、语文、英语、计算机等基础文化课的教学，采取“三个统一”，即统一课程要求，统一教材，统一水平考试；二是专业与技能教学尽可能实现与国际认可的职业资格证书接轨；三是体现中职升高职的课程衔接；四是借鉴国外先进教学模式，并形成本土特色和首都特点；五是编写完成并不断改进中职文化课基础教材，几年来全市中专学校编写出版了四科25本教材和辅助读本，开展了专业课教材的开发和评比促进工作。2004年，北京市建立了10个全市性职业教育专业委员会，促进校企结合和产教结合。积极推动课程体系改革，初步形成四种课程模式：即“多元选择课程模式”“职业能力核心课程模式”“主轴并行课程模式”“资格导向开放式课程模式”；建设了10个主要为北京市第二产业和第三产业培养高技能人才的紧缺人才培训基地；加强职业学校的就业指导，加强学校与企业的沟通。

2006年，北京市加大国外课程引进。根据与爱德思关于共同推广BTEC课程备忘录，筛选推荐了12所学校参加第一轮BTEC课程合作项目，合作专业包括金融、信息工程、物流等六个方面。商业学校的基础课改革有突破，学校在语文课教学中采用语文功能化模块教学，即把语文教学内容分为四大模块：语文基础知识、实用写作、书写能力、口语表达等，根据学生情况和毕业前社会所需四大模块交叉进行。学生的数学课对考核方式进行改革，取消期中考试，而增加过程的考核，为学生建立学习过程档案。2007年9月11日，市教委《关于做好2008年北京市中等职业学校课程改革项目申报工作的通知》，提出市教委决定从2008年继续深化职业教育的课程体系改革，启动第二轮课程体系改革，选择15个与北京经济社会发展紧密联系的专业，以课程改革实验项目的形式，深化课程改革。采取招投标的方式，由学校自主申报，经课程专家评审，选择实验项目校。通知中明确了项目目标和任务，项目进度与计划安排，申报的条件和程序及项目的保障条件等。

在探索职业人才培养新模式中，2008年继续开展“工学结合、半工半读”人才培养模式实验。采取校企结合、专业教学标准与职业资格标准衔接等方式，探索构建“工作过程导向”的职业教育课程体系。市教委组织专家编写《北京市中等职业学校“以工作过程为导向”的课程开发实验项目指导手册》，成立专家指导小组，指导学校开展课程改革。2009年1月6日，教育部在《关于制定中等职业学校教学计划的原则意见》中提出了制定教学的基本原则要求，在课程设置及其要求中分别对公共基础课程和专业技能课程提出具体内容和任务要求。2009年，教育部组织力量对中等职业学校的语文、数学、英语、体育与健康、计算机应用基础、物理、化学七门公共基础课以及机械类、电类、土木建筑类等专业大类基础课课程大纲进行了修订，并于2009年1月6日下发《关于印发新修订的中等职业学校语文等七门公共基本课程教学大纲的通知》，两类大纲分别于2009年和2010年开始实施。

2010年，开展以“工作过程导向”的中等职业教育课程体系改革工作。制定了《北京市中等职业学校以工作过程为导向的课程改革实验项目新课程实施阶段2010年项目实施方案》，召开了中等职业学校以工作过程为导向课程改革实验项目——2010年项目实施方案交流会。各课改实验项目学校就2010—2011学年开设的专业核心课程教学设计工作进行研讨和交流。

教材建设 教材建设是北京市中专教育所取得的成就之一。20世纪80年代，因没有统一要求，各校所用教材比较复杂，有的学校用的是大学教材，“十一五”规划前，中专学校的德育课和文化课使用的是市统编教材。专业课因门类较多，教材各校自定，市教委鼓励各校自编校本教材，“十一五”规划后，教育部颁布德育课、文化课的统一大纲，采用竞编方式，每门课有不同的几套教材由各校自行选。1991年，国家教委师范教育司组织各级各类师范教育课程的开设和教材建设的调研，在组织部分专家对现状分析和研究的基础上，制定了教育学的教材改革和实施计划。这套师范院校教育学系列教材包括幼儿师范、中等师范、高等师范本、专科和职后（教师进修学院）教材，包括教科书、教育论著选读，案例资料，音像资料和教学参考书。1992年3月，在北京成立师范教育系列教材编写委员会。1993年5月13日，国家教育委员会下发《关于职业技术教育教材规划工作的意见》《关于建立两级职业技术教育教材审定组织的意见》《关于职业技术学校教材选用工作的意见》等文件。在《关于职业技术教育教材规划工作的意见》中，提出教材规划工作的指导思想；教材规划工作的原则；教材规划的目标；教材规划的组织；教材规划的经费及国家教委教材规划范围。1994年7月15日，北京市高等教育局转发《计算机应用基础》教学大纲的通知，将北京中专计算机教学研究会编写的《计算机应用基础》教学大纲转发试行。

1997年，市教委加大中等职业教育教材建设的力度，成立职业教育教材建设领导小组及相应专家评审委员会，使职业教育教材建设工作步入正轨。启动职业高中专业目录编制工作，制定《加强职业道德教育工作意见》。1997年9月23日，市职教教材建设领导小组成立，该小组主要负责统一规划，领导北京市职教教材建设。1999年，在市教委职成处指导下，中专语文研究会组织编写了《中专语文》（含教学参考书）第一册，并由高教出版社出版，与之配套的还有语文作业练习册，这套教材于1999年新学年开始投入使用。市教委职成教材建设领导小组办公室和教科院联合召开北京市职业学校开设创业教育课程工作会议，会议宣布在全市中等职业学校开设创业教育课，职成教材建设领导小组办公室编写的《创业教育》教材为基本教材的决定，同时部署了创业教育课教材、师资培训和教学安排等。启动新一轮2000年教材建设，确定首批立项选题。根据《面向21世纪教育振兴行动计划》提出的实施“职业教育课程改革与教材建设规划”要求，教育部负责规划并组织编写、审定、出版德育课程、文化基础课程、专业技术基础课程和 80 个重点建设专业主干课程的 1000 种教材以及与之配套的 100 种多媒体课件，地方和行业不再重复规划、编写和出版。2000 年 9 月，在北京召开了中等职业教育教材编写研讨会，正式启动中等职业教育国家规划教材建设工作。会议发布了首批中等职业教育国家规划教材选题目录 66 种，其中包括德育课程、文化基础课程和部分专业技术基础课程。14 家出版基地参与了选题竞争，共申报选题 143 项。经有关专家评审，有 112 项通过审定立项。2000 年 12 月 26—27 日，在北京召开了 2000 年度职教教材信息服务网络工作会议，印发了《关于加强中等职业教育教材信息服务网站建设的意见》。2001 年，北京职业教育加强基础文化课教学，统一制定中等职业学校文化基础课课程教学要求，统一编写基础课数学、语文、英语、计算机 4 门课程教材，中等职业学校文化基础课实行统一水平考试制度。2001 年 9 月，北京中等职业学校首次使用全市统编教材。首批使用的统编教材 5 门，其中德育课程使用教育部统编教材，数学、语文、英语、计算机使用北京市自编教材。

2006 年 6 月，由商业学校牵头开始了“21 世纪中等职业技术教育会计系列教材”研讨，组成“会计系列教材组委会”，提出编写的详细方案。全国共有 30 多所学校参加此项教材编写工作。国家规划教材、教育部“十一五”规划教材主编以及中国财政经济出版社、高教出版社等主编，参与了教材的主编工作。确定了从 2007 年 2 月开始向全国中等职业学校供书。2008 年 6 月 6 日，中国职业技术教育学会教材委员会在北京成立。2008 年，市教委组织编写《北京市中等职业学校“以工作过程为导向”的课程开发实验项目指导手册》,明确核心课程设计，成立专家指导小组，指导学校开展课程改革工作。

教材评选　市教委公布 2004 年、2005 年北京市中职学校专业课自编教材、讲义的评选结果，市教委对 2001 年以来的全市各中职学校的专业课自编教材和讲义进行了评选（见表 1–1、表 1–2）。

表 1–1　　2004 年北京市中等职业学校专业课自编教材、讲义的评选结果

获奖情况	教材（讲义）名称	主编	学校名称
一等奖	《模拟电子线路》	褚丽欣	北京市计算机工业学校
二等奖	《国际汇兑与结算实训》	胡波	北京市对外贸易学校
（教材）	《国际货物运输实训》	李秀华	北京市对外贸易学校
	《国际商务礼仪实训》	于立新	北京市对外贸易学校
	《空调器修理》	宋友山	北京电气工程学校

续表 1-1

获奖情况	教材（讲义）名称	主编	学校名称
	《美术绘画图案手工》	吴树勋	北京市幼儿师范学校
	《钢琴教材》	马成	北京市幼儿师范学校
	《Photoshop7.0 中文版操作与实例》	刘达岩	北京市商业学校
二等奖	《机械设备维修》实训指导	刘岩	北京市机械工业学校
（讲义）	《京剧基础知识》	王如昆	北京市戏曲艺术职业学校
	《线描》	王赤丹	北京市美术职业学校
	《速写》	姬建民	北京市美术职业学校
	《石膏像素描》	刘存朴	北京市美术职业学校
	《静物素描》	张培力	北京市美术职业学校
	《头像素描》	马晓光	北京市美术职业学校
	《水粉头像》	潘虎	北京市美术职业学校
	《几何形体》	于艳灵	北京市美术职业学校
	《装饰图案》	崔齐	北京市美术职业学校
	《水粉风景》《水粉静物》	吴之越	北京市美术职业学校
	《网络基础案例教程》	成丹丹	北京现代职业学校
	《Excel2000 实例教程》	杨兰馨	崇文区电子技术职业教育中心
	《网页制作组合教案》	徐洪亮	北京市信息管理学校
	《Word2000、Excel2000、Power Point2000 操作训练与应用基础》	谢宝荣	北京市朝阳区教育研究中心
	《兽医实验室诊断技术》	周珍辉	北京农业职业学院

表 1-2　　2005 年北京市中等职业学校专业课自编教材、讲义的评选结果

获奖情况	教材（讲义）名称	主编
一等奖	《新型干法水泥生产设备巡检培训讲义》	周来
	《Adobe Photoshop7.0 项目实训基地》	于海慧　李晓楠
	《电工技术》	李国成　刘振强
	《中餐热菜》	向军　牛京刚　芦利明
二等奖	《网页制作项目教程》	徐洪亮
	《实用建筑、结构、设备、电气施工图集》	闰立红
	《动画制作》	王欢
	《illustrator 应用实例》	田广军　钱磊俊
	《可编程控制技术与应用》	陶丙彦　张曼娜
	《课业式教学实践教材》	李雯
	《银行柜员实训》	王汝梅
	《市场营销能力培养与训练》	苏兰君
	《美甲技艺》	屠瑛
	《物流快递实训》	董景红　赵新中

教学组织与实施　1991 年 10 月 17 日，国务院在《关于大力发展职业技术教育的决定》中指出：要改革教学内容和教学方法，突出实践性教学环节，加强职业技能训练；教学安排中要注意增强适应性、实用性和灵活性；职业技术学校在加强德育和智育的同时，还要重视美育、体育和卫生教育，全面提高教育质量。1991 年 11 月 30 日，市高教局在卫生学校召开中专学校教学改革试点工作座谈会。参加会议的有建材工业学校、农业学校等 10 所教学改革试点学校的领导和《北京中专教育》的编辑、记者共 20 余人。卫校、仪器仪表工业学校、一轻工业学校、农校分别就建立完整的实践教学体系、改革专业设置与课程知识体系等内容做了专题汇报。

20 世纪 90 年代教学过程的改革，第一是教学组织的变革：学校根据企业和劳动市场的需求，培养规格多样化和个性化，学生可以选择不同的专业方向或不同课程。如二轻工业学校一个班可分 3 个专业方向授课，使学生有较多的选择机会。第二是教学内容和方法的改革：1994 年仪器仪表工业学校在《适应市场　着眼未来　探索中等专业学校办学改革的新路子》的文章中介绍了学校的改革经验，重要一点体现在教学过程注重优化教学内容和方法。首先要更新教学内容：学校增加了“数控机床与编程”“可编程控制器及应用”“市场营销”等课程。以适度够用为前提，适当压缩了数学、化学及设计计算类课程中较深的理论推导内容。同时合理调整理论教学与实践教学的比例，把实践教学从 32 周增加到 46 周，占理论教学周数的 45%，实验教学环节比部颁计划提高了 11%。实验课内容也开始从单纯验证理论向培养学生现场所需的实践技能转变。其次要改进教学方法：采取了一些新的举措，一是以毕业设计为终端，带动实验实习、制图测绘、课程设计等实践教学环节的系统改革，逐步建立相对独立、比较完整的实践性教学体系。二是在毕业设计中，增加能与实验实习基地建设及同企业生产结合起来的“真刀真枪”课题。三是在 1993 年试点的基础上，1994 年请外校为 31 门考试课程出了 40 套 A、B 卷，全部实现了考教分离，完善了对教师教学效果客观评价的办法。四是充分利用电视、幻灯、投影仪等先进的教学手段，提高教学效果，减轻教师劳动。1994 年，工艺美校在改革探索中进行了一次大的调整，突出了两点内容：一是对使用高技术先进设计手段的课程加大课时和普及度，让学生多掌握一门应用技术，在全校所有专业普及计算机，并在计算机基础教学和计算机专业教学两个方面加强力度，让学生能掌握二维、三维图形的输入与操作，初步了解计算机辅助设计的手段。二是开设与社会、与市场关系密切的新课，充实设计中实用的专业设计课。“CI 企业形象设计”是顺应这一形势，科学系统地塑造企业形象的课程。在装潢专业和工业设计专业中确定此课程。随着居室装饰装修热和产品设计热的出现，加强了表现技法中“设计效果图”“预想图”“制图”课的练习。

1996年，一轻工业学校首先提出“宽文化基础、活专业方向”的思路，在教学改革中提出“宽基础、活模块、多资格”的课程模式。学校坚持参加东城区组织的数学、物理、化学和外语会考，及格率达到80%。在课程体系改革中，专业课程体系改革是重点。专业课程是“龙头”，关系到学生的培养方向和企业用人需求的接轨问题。所以，专业教学计划的制定要改革过去的学科式模式，学生的专业成绩不再以某课程考试得了多少分来评价。1996年2月，北京市教委成立，成立大会上一轻工业学校以《关于办学培养目标的形成与发展》为题的经验介绍中，解读了“宽基础、活模块、多资格”的课程模式理念。即宽文化基础，专业面向灵活并可以由学生多项选择，“多资格”是为学生在校时，即可通过校企合作学习获得就业的多项选择和转专业岗位的选择，这一理念在一些重点中专学校推行并得到创新。如无线电工业学校采用一年级学生开始时不分专业，在二年级时学习相关专业的专业基础课，三、四年级时再由学生选修专业课。中专学校的教学方法改革从如何评价一节课开始。过去评课大都是评价教师如何讲、讲得怎么样。适当有一点学生当堂吸收率的测评，但主要是在评“教”。改革后，以评“教”为重点改为以评“学”为重点。主要看教师是如何引导学生学习的，学生学得怎么样，培养并提高了学生哪些能力，学生学会掌握了什么。改革后的教学采取“以工作过程为导向，以能力为本位，以学生为主体”的教学方法，而且提倡“理论实际一体化”，专业课不再区分理论课和实践课，专业课都要在模拟工作场所（仿真）或实际场所开展教学，这样培养出的学生能更快适应工作岗位要求，尽快进入工作角色。

1999年，市教委印发《中共中央国务院关于深化教育改革全面推进素质教育的决定》，推动了北京中专“以人为本”全面育人的教育教学改革。在1996年到2001年的教学改革中，中专学校是“以工作过程为导向，以能力为本位，以学生为主体”，并做到六个转变：专业课程体系从学科型向模块型转变，教学目标从以传授知识为主向以培训能力为主转变，教学内容从以理论教学为主向以实践教学为主转变，教学方法从以讲授为主向以研讨为主转变，教学主体从以教师为主向以学生为主转变，考核从以终结考核为主向以过程考核为主转变。

弹性学制和学分制的试行是北京职教改革和创新的一个亮点。2000年10月，市教委制定印发《关于在中等职业学校试行学分制的意见》，推动学分制试点工作开展。2001 年，全市有 27 所学校进行此项试点。到 2003 年上半年，市教委批准列入学分制与弹性教学制度试点单位的中等职业学校达 31 所，涉及 9 大专业类别 62 个专业。自主选课、互认学分、灵活时限等选择性制度，带动了教学观念、教学组织、课程体系等一系列综合改革。这项工作在全国产生了较大的积极影响。

2001 年，北京引进 BTEC 教学模式，4 所学校在试点过程改进教学方法，改进对学生的考核评价方式，教学中要求“以能力为本位”“以学生为中心”“以企业需要为目标”，教学中体现理论与实践相结合，课堂训练与资料查找相结合，知识与能力相结合，教学与社会实践相结合。考试方式由考试的试卷变为以考核综合能力课业为主的综合考核方式，把教师变为导演，把学生从“要我学”变成“我要学”，把教学过程变成学生自主学习的过程，把课堂变为从灌注式转变为培养学生思维的过程，把考核过程变为学生运用知识分析问题和解决问题的过程。城市建设学校的工业与民用建筑专业，2004 年对专业教学计划做了脱胎换骨的改革。学校先从毕业生将来从事的岗位入手，对每一个岗位所需要的专项能力作统计，然后以它为标准设计每一个岗位的教学模块。学生在学习专业课时按模块学习，每人必学 2 个模块，选学 1 ~ 2 个模块，这样在毕业时能适应 2 ~ 3 个岗位标准。他们把这称为“岗位实务导向性专业课程体系（计划）”。学校还把专业学习和取得上岗证结合起来，学生在校学习后既能取得毕业证书，也能取得岗位上岗证书，被称为“双证制”教学，有利于学生毕业后上岗就业。2007 年，建材工业学校在新一轮的教学改革中，践行“以能力为本位，以就业为导向”的职业教育理念，在专业教学中实施项目教育法。机电电气技术专业和电工基础教研室对“电气施工技术”“智能建筑”“电气施工预算”课程进行整合，组成电气安装工程综合实践教学模块。结合教学承接学校数控中心和机电加工车间电路与气路设计与安装工程。为使技能训练与生产实践相结合，老师以学生能够掌握的电气平面和电气系统图的绘制，导线截面、布线方案、桥架选择为知识点和会使用电钻、套丝工具、扩孔器等专业工具，学会安装，能够按照要求绘制工程图为技能点，在教学管理中按照建筑施工企业对职业的岗位要求管理教育学生，有效实现了在“做中学”和“学中做”的教学效果。化工学校启动新的教学模式，把机电专业分成机电一体化、数控、变频技术三个专业方向，进行理论与实践一体化教学，采用理论学习与技能训练相结合的模式，全部在实验室完成教学任务。通过具体的工程项目教学，把知识与技能贯彻在训练过程中。供销学校针对社会需求对物流专业开展了职业能力实验班的研究与实践。除专业知识外，增设了“职业能力训练”的系列课程。教学中坚持采用学生体验、感悟、游戏、竞赛等多种教学形式，教学方法采用灵活多样的方式。职业能力 PK 课采用学生自我评价、教师评价、同学评价等相结合的方式，使课堂考核与平时考核相结合，通过公开课的训练提高学生的语言表达能力、沟通能力、礼仪能力与公众场合的演讲能力等。

2009 年 9 月，根据中职学生的生源变化，自动化工程学校基础教研室采用分层教学实施措施。了解学生，对学生分层：根据班级学生的学习成绩、自主学习能力、智力因素进行分层，共分 ABC 三个层次。目标分层：教学目标分层次，教学目标的确定，要结合学生的实际，针对不同学生的认知差异，学校制定适度而又有层次的教学目标。即每节课最好有上限和下限目标。制定有基础好的学生要达到的目标，有全体同学能达到的基本目标，给学生有充分发展的余地。分层备课：对学生进行分层后，教师在备课时便应根据学生的实际情况进行分层备课，在备课的过程中，对 A、B、C 层的同学分别提出不同的要求。分层作业：根据“以工作过程为导向，以学生为主体，以能力为本位”的原则，实行“课堂教学七步骤”：明确工作任务、获取信息、制订计划、做出决定、实施计划、检查控制、评价反馈 7 个环节。

2010 年 5 月 19 日，北京教育系统关工委高职中专协作会和职教学会物流专业委员会联合在供销学校组织了一次公开研究课。由供销学校老师主讲，课题是“公路整车货物运输作业”，时间是两课时。北京部分中专学校、职业高中教师听课。现场模拟成物流公司的工作场所。老师在提出课题后，让学生回答公路整车运输流程有几个环节，每个环节的名称以及各自职责，然后布置教学（工作）任务——完成一次整车货物运输。教师把学生分成三组，每组分别由同学模拟托运人、业务员、收费员、调度员、司机、收货人等，同时还派三个同学分别担任三个组的监督员（观察员）。学生分别操作完成后，进行汇报，大家点评。最后由教师归纳总结。这节课老师用“以工作过程为导向”的理念为指导，学生以训练为主实际操作，体现了“以能力为本位，以学生为主体”的教学方法。

实习实训 1991 年中专学校充分发挥企业办学的优势，与企业建立实习实训的合作关系。钢铁学校先后与首钢机械厂、特钢公司签订了“厂校挂钩、共同育人”协议书，成立共同育人领导小组，设立办事机构。学生实习中订立师徒合同，每周学生返校一天，教师结合生产实际讲授工艺原理等，实习结束时，由厂校双方按岗位技术等级标准进行考核，合格后颁发二级、三级等级证书。一轻工业学校计算机专业学生结合学校办公室进行实践教学，设计了人事劳资管理系统软件并在实际工作中运用。工艺美术学校1991年实现“教学—设计—生产实践”一体化的中专办学模式。经市经委批准成立了全市第一家职业教育从事工业设计的研究机构——金罗盘设计研究所，这是工艺美校教改新成果之一。美校在工业设计专业基点上为发展设计事业，把教学科研中的成果转化为产品，教学开发部陆续开办了与各专业教学相对应的设计事务所、丝网印厂、纺织车间和陶艺实验场等各种教学科研基地。

1992年10月，北京市组织本市机械类中专学校在仪器仪表工业学校实习车间进行学生钳工操作考核。来自机械类的一轻工业学校、二轻工业学校、机械工业学校、皮革工业学校、电子工业学校、塑料工业学校、一航天工业学校、无线电工业学校、建材工业学校、计算机工业学校、燕山石化和八一农机学校等参加了考核。在考核过程中，高教局局长林浦生及市政府电子办的有关负责人观看了学生们的考核。

1994年8月22日，北京中等专业工作会议文件之三《关于进一步深化中等专业学校教育教学改革的意见》颁布，其中谈到加强实践教学，提高学生实践能力。继续加强实验室建设，努力提高实验开出率。要逐步建设专用教室、模拟实验室。建立相对稳定的校内、外实习基地，使实践教学规范化。加强实践教学，要实行产教结合，走“教学、技术开发与服务、生产经营”三结合的道路。发展校办产业是实现产教结合的重要形式之一。要因地、因校制宜，在努力办好为教学服务，与教学、实习项目结合的同时，充分利用学校在人才、技术、信息等方面的有利条件，发展对经济有促进作用、效益好的项目或实体，要统筹安排，合理配置学校的人、财、物，分工把口，在保证教育质量提高的前提下，积极为校办产业的发展创造有利条件。1994年，仪器仪表学校在利用世界银行80万美元贷款的基础上，又自筹近百万元资金，建立了22个现代化的实验室及机加工、钳工、电工实习基地，为培养学生实践动手能力，提供实践场地和设备。工艺美术学校为了加强学生动手能力的锻炼和接触产品设计的实践，学校逐步充实了金工、木工实验室及服装制作和喷绘、漆艺、造型、石膏翻制等实验室的建设，充实技能训练的内容，以及对多种材质性能特点的认识和掌握，解决只会画纸面效果的偏向。在专业教学中提倡设计课题与企业的实际需要相结合，力争做到真题真做，鼓励毕业设计的课题与工厂挂钩，为工厂产品的更新换代做出样品和机样。交通学校与北京市汽车修理公司于1996年12月24日举行联合办学签字仪式，协议中确定了汽车修理公司每年为学校培训老师，安排学生到公司实习并提供必要的教学设备，交通学校优先向汽修公司推荐学生。1999年5月11日，北京市中专数学研究会召开数学实验研讨会，38 所学校的数学教师参加了会议。会上八一农机学校 T1-B 课题组教师汇报并演示自己设计的教学实验课（教学建模——回归）。实验课使用图形计算器及 CBL、CBR 等先进教学设备，介绍并演示图形计算器在学校数学教学中的应用。

2006 年 3 月，在汽车工业学校亦庄新校区举行了北京奔驰—戴姆勒·克莱斯勒汽车技术培训中心签约仪式。市委教育工委、市教委、北汽集团、经济开发区管委等有关领导出席了揭牌仪式。有在京 36 家新闻媒体参加并报道了仪式。北京奔驰—戴姆勒·克莱斯勒汽车技术培训中心与汽车工业学校合作，集学历教育与岗位培训为一体。教学上引入德国的“双元制”教学模式，成为学生学习的实习实践基地，培养社会需要的“蓝领”人才，实现企业与学校、专业与岗位“门对门”的职业教育，以“客户化”定制的培训方法缩短学生进入企业的适应期。2006 年 5 月 12 日，北京卫校与北京孚华德国际护士培训中心合作建立护士培训中心。孚华德国际护士培训中心的建立在于培养涉外护士的培训，建立学校实习实训的实践基地，提高学生的实践和竞争能力。2006 年 6 月，交通学校与上海通用公司联合举办的 ASEP 汽车维修服务技能校企合作项目正式启动。这一维修中心的建立，使学校的教学改革以注重岗位需要为出发点，以能力培养为重点，学生由 ASEP 汽车维修服务中心教育培训，得到的是学校讲师和售后服务中心技师的双重指导，合格的学生不仅取得学校的学历文凭，同时能获得上海通用公司的 ASEP 资质认定。2006 年 9 月，自动化工程学校与 SMC（中国）有限公司开办了校企合作订单式培养实验班。学校根据岗位需求的技能要求进行教学，企业参与学校的教学内容的确定，学生具有双重身份，即是学校的学生，又是 SMC 公司的员工，学生定期在 SMC 公司培训，熟悉公司的管理与生产环境，公司对表现良好的学生发放奖学金，实现了学校与企业的“零距离”。学校在教学中对学生学习时间上安排进行基本工程设计和综合知识的应用训练。各个实训项目包括实训目的、实训内容、理论基础、实训步骤等。每个实训安排学生一定数量的思考题，学生分析和解决问题。每个实训任务都要求对所学的理论知识进行综合运用，要有详细的实训步骤并给出相关的图示完成实训的任务。实践教学包括实验、教学实习、课程设计（含大型作业和测验）和毕业设计等。2006 年，北京市为推进职业院校的实习和实训基地建设，编制了《实训基地装备标准》《专业建设评估指标体系》。安排预算近 2 亿元用于实习基地建设。初步确定“十一五”规划期间北京市重点扶持的 108 个中等职业教育重点专业和实训基地建设项目。

2008 年，北京市中等职业教育制定了 10 个重点专业实训基地建设标准，开展实训基地建设运行机制的研究。2008 年 1 月 26 日，交通学校生产性实训基地北京德众丰通汽车维修服务有限公司落成并开业。该实训基地服务学生实训及就业，指导学校教育教学改革。学校提供理论老师，定位是“岗前预科班”。2009 年，铁路电气化学校为学校的实训基地投资 3700 万元，有液压气动、数控和机加工三大实训场地。在电梯教学中有 10 台仿真教学电梯，有机房电梯、无机房电梯、液压电梯、自动扶梯。学生可以在仿真电梯上练习排除故障，熟悉电梯的各种性能，并通过对电梯的熟知过程，考取“特种设备作业人员证——电梯电气维修保养”“低压电工运行与维护”两证书即具备上岗资格。

学习评价　为了探索在中专学校内部采用现代教育管理手段加强教学质量的途径，20 世纪 90 年代初，北京一些中专学校开始试行在校内建立督导机构。1990 年，北京中专教学管理研究会和数学、力学、电类基础课 3 个单科研究会组织课程评估课题组，研究制定《工科中专机械类专业数学、力学、电工学课程评估方案（试行稿）》，并与电类基础课研究会联合进行电工学评估试点。从 1991 年开始，市高教局在按照国家教委的规定，对北京中专学校毕业生的毕业证书进行验印时，除核查毕业生的学籍外，对毕业班在校期间教学计划的执行和完成情况同时进行审核，以加强对各校实施性教学计划的管理。

1991 年，市高教局对北京地区中专学校的语文教学进行了全面检查，重点检查了 6 所学校，就教书育人、语文能力培养、教学计划实施等九个方面做了深入了解。对 31 所中专学校的 2061 名学生的语文基本功进行了随机抽样笔试检查。组织 35000 名在校生参加《党在我心中》作文检查活动，对 3100 名学生的语文知识进行考核。1991 年 5 月，对中等专业学校的计算机课的教学质量进行了检查。重点检查了教学计划、大纲、授课计划、教材、教案等，检查了实验室的建设管理，检查了教学质量及教学效果。1992 年，在学生学习评价中，部分学校在教学改革对学生的毕业考核中，不仅要求学习成绩的合格，同时提出“双证制”。即学生获得毕业证书的同时获得技术等级证书。1996 年，市教委成立后，成立了市政府教育督导室，领导中专学校的教育教学督导工作。各中专学校设立督导室、负责学校的教学质量监控、听课、评课、指导老师提高教育教学质量、参与学校专业课程、专业教师和实训基地建设等。1998 年在教育教学改革中，各学校对学生的学习评价提出“专业宽口径、知识活模块、能力重资格”的要求。如商贸学校财会专业提出的改革思路及要求是，在财会专业模拟教学中开展岗位能力本位教学，要求学生在毕业前取得三证（珠算证、电算证、会计证），争取第四证（初级会计员职称证）。经营管理专业提出的是学生毕业要有三种能力：一是操作能力；二是市场分析能力；三是市场策划能力。各学校的教学计划和对学生的评价模式是文化基础模块＋专业基础能力模块＋多专门化职业能力模块。

2001年6月，北京市有15所中专学校试行学分制。为做好这项工作，市教委职成处成立了试行学分制领导小组，各学校研究制定了学分制的实施办法，学校在实施过程对教学计划、学籍管理等一系列问题研究相应的办法。如卫校实施学分制管理及弹性学习制度试点，共涉及学校的4个专业，按照教育部有关专业的指导性教学计划，卫生学校在教学计划上作了很大的调整，采用模块式和综合化等课程模式及不同的考核学习评价方式。将课程分为必修课、限修课和选修课，通过合理设置这几类课程的方案，确定各课程的学分及考核的不同方式，并将公益劳动、德育、军训、入学、毕业教育等也纳入学分制管理。2001年，北京首届职教EDEX-CEL-BTEC班毕业，一轻工业学校、无线电工业学校、商贸学校、计算机工业学校4所学校的第一批毕业生共149名，其中有15名为优秀毕业生。

2005年3月14日，市教委颁布《关于改革和加强中等职业学校文化基础课教学的通知》，要求各区（县）教委和各中等职业学校，全市从2001年起对所有中等职业学校语文、数学、英语三科文化基础课实行统一水平考试，组织有关部门编辑出版了统一配套教材，经过四年的实践，全市的文化基础课教学质量取得了明显的提高。为进一步推动学校面向社会、面向市场办学加快发展、面向现代制造业和现代服务业的相关专业，推动分层教学的实施，决定从2005年开始，全市不再进行文化课统一水平考试。各校要进一步深化文化基础课教学内容、教学方法、考试及评价方法改革，按照学生全面发展需要和实际教学需要进行分层教学改革试验。2007年，北京中医学校在学生学习成绩的考核中按照2∶2∶2∶4的比例计算，即学习态度占总评成绩的20%；学生平时成绩占20%；期中考试占20%；期末考试占40%，把学生的平时表现、遵守纪律、完成作业等情况列入考核。

技能竞赛 北京开展了一系列各类职业技能竞赛活动。1992年4月26日，北京50名中专学生在北京举行的全国中专学生BASIC语言竞赛中获得10个奖项。1995年，北京中专学生首次参加全国计算机等级考试。共有24所中专学校的1837名学生报名参加全国计算机等级考试，其中630人获得一级和二级证书。1996年4月，在市教委职教处组织下，北京完成向全国中等职业学校学生作文大赛作文推荐工作。北京市共推荐优秀作文32篇，其中中专学校10篇，职业高中学校20篇，技工学校2篇。全国在1000多份作品中，评出特等奖10名，一等奖 10 名，北京市获特等奖一名，一等奖一名。1998 年 11 月 28 日，北京中专会计珠算协会主办的中等专业学校珠算比赛在商校举行，有 16 所中专学校的 145 名选手参加了竞赛，33 名选手获得单项奖，6 所学校获得团体奖。

2000 年 11 月，电子工业学校的学生参加了香港国际发明会，学生宋颖健、刘晓月发明的“多功能教学演示音乐计算尺”，马文宇发明的“压电式电子小提琴”，许臣发明的“独管电子管风琴”获日内瓦国际发明团体奖；张宇、宋颖健发明的“电动式万向激光扫描器”和张宇发明的“采用修正平均律制的视觉钢琴调律仪”获银奖；张亮发明的“自控明暗电焊面罩”获得铜奖。参加这次发明会的有许多名校大学生，而中专学校只有一所。

2001 年，北京中专外语教学研究会组织了北京中专英语演讲比赛。中专学校的 77 名参赛选手分初赛和决赛，决赛特邀外国专家作为评委，共评选出一等奖 4 人，二等奖 7 人，三等奖 12 人。2001 年 11 月 4 日，市劳动和社会保障局、市人事局、市教委、市总工会、团市委共同举办了 2001 年北京市职业技能决赛暨洗车维修职业技能决赛在交通学校举行。竞赛是市级一级竞赛，竞赛分技术理论和实际技能操作两部分。比赛的前 10 名选手可获得北京市劳动和社会保障局颁发的相应职业（工种）的职业证书，有继续深造要求的可免相应的专业考试。2002 年 4 月 20 日，北京市中专语文研究会组织了中专生硬笔书写大赛，36 所中专学校的 341 名学生个人和 45 个班集体、206 名教职工参加了比赛。最后选出 126 名个人参加决赛，共评出一等奖 26 名，二等奖 38 名，三等奖 64 名，优秀班集体 25 个。丰田 TEP 技能大赛是日本丰田在亚洲地区最具影响和权威的汽车维修技能比赛之一，2002 年 12 月，丰田 TEP 技能大赛在上海举行，交通学校获团体第一名。

2004 年，市教委组织全市职业学校“新世纪首届职业技能大赛”，117 所学校、69349 名学生参赛，18090 名选手分别获得中级工、高级工、技师和高级技师的资格证书。2004 年 4 月，北京高职中专语文研究会组织“迎奥运”书写大赛。共有 32 所学校 2 万多名学生参加了比赛，共评出 1000 多名优秀选手，参加到决赛中。经过最后的决赛，其中获得一等奖的软笔选手 8 人，硬笔选手 41 人，13 所学校获团体奖。2004 年 5 月，由劳动和社会保障部主办，国家职业技能鉴定专家委员会电子商务专业委员会、北京中鸿网络信息技术有限公司承办的中国首届电子商务大赛正式启动，这项赛事是国家一类竞赛活动。比赛分资格赛、技能赛、省级选拔、全国决赛，北京赛区被评为最佳组织机构，北京 3 名选手在全国决赛中获得银奖。2005 年 6 月，首届北京市职业学校电子设计竞赛在计算机工业学校举行。这次活动是由高职中专电类课研究会和市职教学会机电委员会联合举办的，共有13所学校的18人（队）参加竞赛。本次比赛的题目是“简易智能运动装置”，实际是简易机器人，涉及人工智能、自动控制、机械电子、通信、传感机构等多个领域的技术融合。2005年12月，由高职中专电类课研究会主办、北京掌宇金仪仪器设备有限公司协办的“2005高职中专EDA竞赛”在信息职业学院举行，来自北京8所院校的33个代表队的66名学生参加了本次竞赛。竞赛题目以电子电路应用设计为主要内容，竞赛采用MULTISIM7仿真软件，全部要求在计算机上完成。经过评审，共评出一等奖5个，二等奖8个，三等奖13个。2005年12月，由职教学会金融专业委员会和中专财会研究会共同主办的财会专业技能大赛在商贸学校举办，参加比赛的有19所学校的190名选手。比赛评出特等奖6名，一等奖5名及多名二、三等奖，比赛有专项技能点钞、账表预决算和个人全能赛等。

2006年10月14日，由中国职教学会、中国工业教育协会、中国电子竞技运动发展中心主办的全国青少年机器人竞赛活动在北京举行，共有来自全国多个省市的230个代表队参加了比赛。比赛共有7个项目，仪器仪表学校获得了4个项目的金牌，6枚银牌，11枚铜牌。中央电视台、中国教育电视台、北京电视台等多家媒体对比赛进行了采访报道。2006年10月13日，在中央电视台演播厅，首届“MISSAN杯”全国青少年汽车安全知识竞赛决赛举行，汽车工业学校6名选手参加了决赛，经过激烈的角逐，汽车学校代表队获得季军，一名同学获最佳表现奖。

2007年5月，市教委与市教科院举办北京市中等职业教育科技大赛暨全国职业教育技能大赛北京地区选拔赛。2007年6月21—30日，2007年全国中等职业教育技能大赛举办。北京组织了职业学校代表团参加全国职业技能大赛。共有45名选手在汽车运用与维修、电工电子、计算机应用等项目中获奖牌25枚。其中一等奖5个，二等奖9个，三等奖11个。代表团还获得了“2007年全国职业教育技能大赛组织奖”。

2008年4月，市教委与市社会保障局联合，组织北京市迎奥运职业院校技能竞赛。比赛共涉及86个专业工种，来自各职业院校的76542名学生参加比赛。2008年6月28—30日，由教育部、天津市人民政府、劳动和社会保障部、人事部、建设部、交通部、农业部、中华全国总工会、共青团中央和中华职教社等多部门在天津联合举办了2008年全国职业院校技能大赛。大赛包括高职和中职两个组别，比赛涵盖计算机应用技术、数控技术、电工电子、烹饪、汽车运用与维修、服装设计制作与模特表演、美容美发、模具设计与制造、机电一体化等10个专业类别的24个竞赛项目，参赛选手1862人。高职组有30个省份147支代表队参赛，其中14个团队获得一等奖，31个团队获二等奖，40个团队获三等奖，56个团队获优秀奖。中职组有37个代表队参赛,决出一等奖149个,二等奖298个,三等奖327个。北京派出了由62名学生选手组成的代表团，参加了23个项目的比赛，中职组共获得5个一等奖、21个二等奖、10个三等奖和10个优秀奖，中职组团体总分名列各参赛代表团第七位，获中职组团体三等奖。高职组共获得2个二等奖、3个三等奖。2008年5月31日，由市职教学会物流管理专业委员会举办了北京市中等职业学校“络捷斯特杯”现代物流专业知识技能比赛，来自全市12所中等职业学校的1503名学生参加了比赛。共决出1个团体一等奖，2个二等奖，3个三等奖；个人单项一等奖10人，二等奖25人，三等奖37人。

2009年6月举行的全国职业院校技能大赛，北京代表团共派出70名学生参加了中职组8个专业类别31个竞赛项目的比赛,获得一等奖16个、二等奖17个、三等奖15个，超过2008年。总成绩名列全国第三，实现了历史性突破。北京代表团还获得中职组团体奖。此外，北京代表队34名学生参加高职组4个项目的比赛，获得一等奖3个、二等奖1个，三等奖5个，10个参赛队9个获奖，创造了参赛历史最好成绩。市委与市教委领导亲切会见了在2009年全国职业院校技能大赛中获得一等奖的北京师生和院校领导。

2010年5月，北京市中等职业学校“雷蒙杯”服装技能竞赛在电科院艺术设计学院举行。大赛由市教委、市教科院、市职教学会联合主办。参赛的6所中职院校派出了40名选手参加比赛。大赛得到了市服装企业及相关行业的关注，共接受北京雷蒙服装有限公司、浙江新杰克缝纫机股份有限公司、日升天辰电子有限责任公司三家企业的赞助。日升服装CAD系统为大赛提供软件和相关的技术服务。2010年5月4—5日，中等职业学校“康尼杯”物流技能比赛暨全国职业院校技能大赛中职组物流技能比赛选拔赛在商务科技学校物流培训基地隆重举行，来自全市6所中专、5所职高和2所技校共13所中职学校的39名选手参加了比赛。比赛共评出团体一等奖1个，二等奖2个，三等奖4个；8名选手获单项一等奖，15名选手获二等奖，22名选手获三等奖。表现突出的选手代表北京市参加6月24日至27日在天津举行的全国职业院校技能大赛中职组物流技能比赛。

2010年4—5月，举行北京市中等职业学校技能比赛暨全国职业院校职业技能大赛北京地区预选赛，在计算机技术、数控技术、电工电子、中餐烹饪、汽车运用与维修、服装设计制作与模特表演、建筑工程技术、物流技能、美容美发、农业技能 10 个专业类共设 35 个比赛项目。共有 1.8 万名学生参加校级比赛，6000 名学生参加市级比赛。300 名学生分别获得一、二、三等奖。市教委从获奖学生中选拔 90 名学生代表北京市参加于 2010 年 6 月 24 日至 27 日在天津市举办的全国职业院校技能大赛，并获得一等奖 15 个、二等奖 26 个和三等奖 18 个，取得历史最好成绩（见表 1–3）。

表 1–3　　北京市参加全国职业教育技能大赛情况（2007—2010 年）

年份	一等奖	二等奖	三等奖	优秀奖	获奖总数	参加人数	团体奖项
2007 年（中职）	5	9	11	—	25	45	组织奖
2008 年（中职）	5	21	10	10	46	62	团体三等奖
2008 年（高职）	—	2	3	—	5	—	—
2009 年（中职）	16	17	15	—	48	70	全国第三名
2009 年（高职）	3	1	5	—	9	34	—
2010 年	15	26	18	—	59	90	—

二、职业高中教学

专业建设　1991 年 12 月 16 日，市教育局在《北京市职业高中十年规划和“八五”计划工作意见》中，市委、市政府确定几类职业技术学校的专业分工是：职业高中以第三产业为主。在加强人才预测的基础上，根据经济治理整顿的要求以及产业结构和就业结构调整发展趋势，用三年左右的时间，搞好专业工种规划调整。市教育局 1991 年制定了《关于北京市加强和改进职业高中教学工作的意见》，要求各区县职业高中管理部门，组织力量修订各专业的教学计划，研究各专业岗位规范与考核标准，组建 22 个专业校际教研组，初步形成专业教研网络。

1992 年，北京市副市长陆宇澄在北京市教育工作会议上作《解放思想　奋力开拓　为把我市职业技术教育提高到新水平而努力奋斗》的报告。在报告中提出发展目标和工作重点，指出要下大力量抓好职业技术教育的三件大事。一是大力发展农村职业技术教育，二是大力加强技工教育，三是调整职业技术教育之间的学校布局、结构和专业设置，提高办学效益和教育质量。市属普通中专学校要根据“布局合理、专业对口、规模适宜、提高效益”的原则进行适当调整；职业高中应以区（县）为主，确定专业定点学校，职业高中坚持以为第三产业培养所需人才为主发挥各自优势。1993 年，北京市提出职业高中要“坚持主动适应当地建设和社会主义市场经济的需要”，走“产教结合”的办学道路，进一步加快了巩固与提高的步伐，初步形成多形式、多格局、多层次、高质量的办学格局。集中力量建设 14 所市级重点校、17 所农村职业高中骨干示范校和一批特色职业高中，职业中专增加到60所。

1995年，职高学校根据产业结构变化和市场经济发展需求，调整学校布点和专业设置。西城区将原属外事服务职业高中、32中、113中职业高中合并，组建新的外事服务职业高中，使其资源共享、优势互补。同时，还增设了礼仪公关、商务导购、西餐烹饪、导游等专业。1997年10月30日，市教委发出《关于印发北京市中等职业学校专业设置管理意见的通知》，提出了专业设置的原则、专业设置的标准及专业设置的审批程序。1998年6月15日，市教委发出《关于转发建设类职业高中专业教育改革与发展意见的通知》，在全市推动建设类职业高中，通知要求：明确培养目标和任务，巩固现有规模，提高教学质量，不断深化教育教学改革，要以突出技能教育和培训为主线，逐步调整文化课、专业课和实践技能课的比例，将实践技能调整50%以上。要大力加强专业师资队伍的建设，重视对实习教师的培养，加强实习基地的建设，职业高中的毕业生要实行学业证书与建设职业技能岗位证书两种证书制度。1998年11月，市教委与市教科院教研中心等部门，共同制定《北京市职业教育发展规划》，规划以“建立合理结构、适应首都城市功能和经济社会发展特点的现代职业教育体系，全面提高职业教育质量，提高职业教育发展水平，基本实现职业教育现代化”为目标，提出实施职业教育结构调整、高等职业教育、职业教育信息化、农村职业教育、教材课程建设、职业教育服务体系建设共6个项目。

2002年2月4日，为进一步规范中等职业学校专业设置管理工作，市教委发出《关于印发中等职业学校专业设置管理实施意见补充意见的通知》，明确学校申报新专业应符合首都及本地区、本行业经济社会发展和产业结构调整的需要，符合本学校的建设发展规划，加强专业设置的针对性、科学性。学校开设新专业要进行市场调研，写出市场需求和生源预测分析报告。制订的教学计划要经过严格、科学的论证，必须具备与专业设置相匹配的、满足教学要求的基础设施条件等。2003年，针对北京市经济结构、产业结构调整以及劳动力市场需求，加快中等职业学校专业调整步伐，优先发展市场急需的电子信息、生物工程和新医药、光电一体化、新材料、环保与资源综合利用等现代制造业和现代服务业所需要的新专业，中等职业学校新增设通信技术、生物制药、外贸通关实务、物流管理、生态环保以及会展服务、汽车整形涂装等专业。2008年，求实职业学校承担了国家社会科学基金“十一五”规划课题“以就业为导向的职业教育教学理论与实践研究”的子课题“以就业为导向的中等职业教育文秘专业教学整体解决方案的研究”，从实际岗位出发，初步确定了文秘专业岗位职责10项，工作任务（职业能力）100 多项。2008 年启动第二轮职业学校课程体系改革，在学校申报和专家评审的基础上，确定了 15 个与北京市经济发展紧密联系的专业，编写《北京市中等职业学校以工作过程为导向的课程开发试验项目指导手册》，开展了相关专业教学指导方案、专业核心课程标准、相关自编教材及新课程课堂教学经验交流与评估、评审等工作。

2010 年 10 月 28 日，市教委发出《关于做好教育部〈中等专业目录（2010 年修订）〉使用等有关事项的通知》，通知中要求各学校要依据目录并结合学校的实际对现有招生专业名称进行规范，各学校要根据《目录》和有关课程设置文件的要求，重新修订教学计划。市教委要根据有关文件制定新的中等职业学校专业设置管理办法，进一步完善北京市专业设置管理制度，推动中等职业学校专业设置与管理的科学化、制度化、规范化和常态化。

课程建设 1991 年 1 月 8 日，市教育局发出《北京市加强与改进职业高中（学校）教学工作的意见（试行）》，意见指出：职业高中（学校）的课程设置，要合乎本专业、工种、培养目标的要求。其课程分为政治课、文化课、专业课和实习四类。政治课是职业高中（学校）学生的必修课。文化课中各类学校均应开设的学科有语文、数学和体育。其他课程如物理、化学、生物、外语、地理、历史、音乐、美术等可根据专业、工种的需要开设。职业高中（学校）同一专业、工种的课程设置及要求、课时安排和总学时数应基本一致，但也要具有一定的灵活性，以利于学校发挥自身办学优势，更好地满足社会发展对人才的需要，办出特色。教学计划中的一部分机动时间用于市、区（县）及学校组织的社会服务和实践活动。1991 年 12 月 16 日，市教育局制定《北京市职业高中十年规划和“八五”计划工作意见》，在意见中提出了“八五”计划目标和十年规划设想。在规划任务中提出：搞好专业工种调整，第三产业发展要快于第一、第二产业。职业高中以第三产业为主，这是调整专业工种的依据。

1997 年 3 月 12 日，市教委发出《关于加强职业高中普通文化课教学工作的通知》，在通知中指出：政治与文化课、专业课与实习课是职业高中必须开设的三类重要课程，要求处理好文化课与专业课的关系。1998 年 12 月 21 日，北京市召开利用电教手段教学经验交流会，会议由经济管理学校语文教研室介绍利用电教手段，提高语文教学质量和学生素质的经验，并现场演示了学校开发的教学软件。来自 27 所国家、省市级重点职高主管教学校长、语文教研组组长等参加经验交流会。

2000 年 10 月，市教委颁发《关于在中等职业学校试行学分制的意见通知》；

同年12月，又颁发了《关于中等职业学校课程体系整体改革试点工作的意见》；2001年4月，又以《关于推进中等职业学校课程体系整体改革试点工作实施意见的通知》和《关于在部分区（县）和中等职业学校试行学分制的通知》，提出“以改革项目的形式，启动课程体系改革”，确定信息管理学校的计算机专业、求实职业学校的文秘专业等10所职业学校10大类专业，作为首批改革试点校和试点专业，之后扩大为17所试点校与17个试点专业。与此同时，确定在15所学校开展学分制试点以配合“课程体系整体改革”。力争通过课程体系整体改革带动中等职业学校教学改革的全面深化，建立“以服务为宗旨、以就业为导向”的课程体系，真正实现职业教育与企业行业保持“零距离”直至相互融通多点对接，使学生学到“真本事”，上岗即能适应岗位需求。市教委2002年实施中等职业教育课程体系整体改革试点。试点通过引进国外课程和职业资格证书，借鉴其先进的课程理念、内容和方法，结合首都社会经济发展的实际加以改造，包括“2+X”多元混合模式、核心能力与研究学习模式、主轴并行模式三种课程模式。试点学校17所，市教委编印试点学校专业课程改革方案和理论研究集《职高课程体系整体改革的理论与实践》，共70万字。2004年5月13日，市教委实施中澳职教合作项目，该项目使用澳大利亚（IBT）课程和教材，学制3年，完成职业高中基础课、英语训练和国际职业教育课程，同时获得职高毕业证书、英文成绩和澳大利亚职业教育专业课程证书。北京5所职业高中学校入选首批项目学校，开设国际商务和信息技术专业。

2004年12月，市教委对第一轮课程体系改革工作进行了总体评价：“阶段性完成职业教育课程体系改革试点工作，17所中等职业学校课程体系整体改革试点校，通过部分专业课程目标与国际接轨的试点，引进国外先进经验理念、教学方法、教学模式，促进全体教师教育观念和教学方法改变。初步形成具有中国特色、首都特点的4种课程模式……”，“加大职业学校师资培养力度，完善教师继续教育制度，积极创造条件组织教师定期参加新知识、新技术的知识更新，有计划地组织教师赴国外进修”等有力措施，推进“学分制”“分层教学”“情景式教学”等教学深度改革新办法。初步形成具有首都特点的现代职业教育课程模式。2007年9月11日，市教委发出《关于做好2008年北京市中等职业学校课程改革项目申报工作的通知》。通知同时对项目的目标、任务、进度时间、申报程序等做出明确规定和要求。以试验项目形式推进第二轮课程改革的全面深化；积极探索“校企合作”共同开发职业人才培养新模式，开展“工学结合、半工半读”“教学与实训一体化”的人才培养新模式；积极推动“技能＋基础”的成人中等学历职业教育模式的改革试点工作；以及专业课程、专业标准、职业资格标准的校企衔接方式，探索构建“工作过程导向”的职业教育课程体系；组织编写《北京市中等职业学校以工作过程为导向的课程开发试验项目指导手册》、相关专业教学指导方案、专业核心课程标准及相关自编教材，以及新课程课堂教学经验交流与评估、评审等跟进工作。

2009 年 3 月，市教委颁发了《关于进一步深化中等职业教育课程改革的意见》，明确指出第二轮中等职业教育课程体系改革以“人本性、科学性、先进性、实效性、情境性、开放性”为基本原则；“探索以工作过程为导向的课程开发模式，构建理论实践一体化、与职业资格标准相融合、具有首都特色、职教特点的中等职业教育课程体系和课程实施、管理及评价的有效途径和方法，不断提高技能型人才培养质量，为北京率先基本实现教育现代化提供优质服务”为目标；课改的主要内容包括:“课程结构、课程内容与实施、课程考核评价、课程管理”四个方面。改革后的课程体系分为“公共基础课程(包括德育课程、文化基础课、体育与健康课程)、专业核心课程、校本课程、实习环节”。在年度工作中，继续推进 41 所职业学校的课程改革，组织专家和骨干教师深入北京市 270 家企业开展人才需求、职业标准、岗位能力、基本素质要求等调研；指导学校完成了 41 个专业教学指导方案的制定与实施，指导教师完成了 232 门专业核心课程的教学设计以及教案的编写、课堂教学的实施；对全市 2000 名教学骨干进行了课程改革专题培训；推进“学分制学习制度”改革；重点支持 59 个专业创新团队培养 800 名优秀青年骨干教师，资助 70 所职业院校聘请的 1304 名兼职教师完成继续教育，组织 2000 名教师接受专业培训，200 名专业教师到国外接受业务培训，还对 2300 名公共基础课教师进行了专业培训。在第二轮的课程改革中，北京市教委组织编写了《北京市中等职业学校以工作过程为导向课程改革实验项目报告（一）》《北京市中等职业学校以工作过程为导向的课程改革实验项目新课程实施阶段总体工作方案》《北京市中等职业学校以工作过程为导向的课程改革实验项目新课程实施阶段 2009 年项目实施方案》《关于新课程实施阶段专业核心课程教学设计的要求》《关于新课程实施阶段专业核心课程课堂教学实施的基本要求》《关于新课程实施阶段专业核心课程讲义编写的基本要求》《行动导向教学的主要方法汇编》《107 门专业核心课程教学设计、自编讲义》等指导性、方向性文件。2009 年 6 月，中职学校工作过程导向课程改革实验项目召开研讨会，各区（县）教委、职教中心、课改实验学校参加了研讨。课改实施方案包括汽车运用与维修、饭店服务与管理、会计专业，并针对相关专业核心课程进行了培训和研讨。分别培训和研究了课程教学设计思路与方法、案例分析和核心课程教学设计。

2010 年 11 月 12 日，市教委召开“北京市中等职业学校‘工作过程导向’课程改革阶段总结交流会”。会议总结了 2008 年启动的“工作过程导向”课改试验项目的成果与经验，听取了昌平职业学校等 4 所学校的课程改革项目落实、校本教研、校企合作、教育教学一体化管理等方面的经验汇报，交流展示了 6 所职业学校的课程课改案例。

教材建设　1991 年 1 月 18 日，市教育局在《北京市加强与改进职业高中（学校）教学工作的意见》关于教材建设中提出：有组织、有计划地做好专业课教材建设。市教育局决定，在今后 3 ~ 5 年的时间里大力进行专业课教材建设，使全市专业课教材达到系列化程度，即全市主要专业的主要专业课教材应成龙配套，其他专业也应做到有适用的教材，使教学工作有所依据。为了搞好教材建设，做好以下几项工作：在市职业技术教育教材编审委员会的领导、组织下，制订全市教材编写计划，协调各方力量，有计划地进行教材编写工作。定期召开教材编写信息发布会和教材展示会，沟通信息，交流情况，防止一些教材无人编写而另一些教材重复编写现象的出现，从而逐步达到市里要求。各区（县）要在原编写教材的基础上，发挥本地优势，把原编写的非正式教材整理加工，上报市职业技术教育教材编审委员会。成熟一本，联系出版一本，以加快教材建设速度。对已出版的正式教材广泛征求意见，修改完善，使教材质量不断提高。全市推荐的专业课教材，必须通过市职业技术教育教材编审委员会审查通过，统一推荐。在教材编写过程中，既要注意调动广大教师编写教材的积极性，也要保证教材质量。教材是教师进行教学的依据，除要求内容要科学、正确外，目录、课文、图表、习题、实验、注释等也要规范化，以保证学校教学工作的正常进行。除编写文字教材外，今后还应结合专业特点，注意编写一些音像教材。

1994 年 12 月 27 日，市教育局转发了国家教委印发的《关于职业技术教育教材规划工作的意见》《关于建立两级职业技术教育教材审定组织的意见》《关于职业技术学校教材选用工作的意见》，要求各区（县）教育局搞好职业高中教材规划、教材选用等工作。在国家教委关于职业技术教育教材规划工作的意见中对教材规划的指导思想、教材规划工作的原则、教材规划目标、教材规划组织等提出了明确的要求。在教材规划的目标中明确：职业高中教材争取在基本解决大多数稳定设置的专业的教材，一部分主干专业教材品种系列配套；中专教材重点抓好教材质量的提高。

1999年，为提高职业学校学生创业能力，市教委组织编写并出版了北京市职业学校《创业教育》教材，提供创业、开业的实际事例。完成了中等职业学校教育教材职业高中语文、数学的全部修订工作，计算机、英语等基础课教材已全部开始使用，中专语文教材编写完成并正式出版，专业课的教材正在陆续修订和出版中。职高各试点校根据各自的实际情况，有重点地开展了模块化、综合化特色校本教材的编写和“以就业为导向”的实训基地建设。为推进中等职业学校专业与实训课教材建设，鼓励和倡导中等职业学校结合生产实际编写专业课教材，市教委和市教科院职成教教材中心，于2003年年底开展了中等职业学校专业课自编教材、讲义交流与评选活动，共有53所学校192位教师的238份材料参评，有65份获奖。

2004年4月13日，市教委公布了2003年中职学校专业课自编教材、讲义的评选结果，市教委对2001年以来的全市各中等职业学校的专业课自编教材和讲义进行了评选，共评选出一等奖1本；二等奖15本，优秀奖45本。2005年7月15日，市教委公布了2004年北京市中等职业学校专业课自编教材、讲义的评选结果，对2000年以来编写且使用一年以上的专业课自编教材、讲义进行了评选（详见表1–1）。

2008年，为检验课程改革的效果，北京市组织了17个专业课程开发团队，对中职学校专业对口的就业岗位、岗位群的需求与典型职业活动分析展开调研和教学分析，共开发了17个专业教学指导方案和232门专业核心课程标准，构建了“工作过程导向”的课程体系。市教委编印试点学校专业课程改革方案和理论研究集《职高课程体系整体改革的理论与实践》，共70万字，此套课改方案由高等教育出版社出版。

教学组织与实施　1991年8月26日，市教育局印发《北京市职业高级中学（三年制）数学教学大纲》（试用本）、《北京市职业高级中学（三年制）语文教学大纲》（试用本）及相关的通知。大纲是根据教学计划编写的学科教学内容的指导文件，它分别规定了数学、语文的教学目的、任务、教材内容的范围、教学体系和教学进度等基本要求，是职业高中（学校）数学、语文教学、教学评价以及考核的依据。

为进一步提高职业高中教学质量，市教育局于1991年制定《关于北京市加强与改进职业高中（学校）教学工作的意见》，要求各区（县）职业高中管理部门，组织力量修订各专业教学计划，研究各专业岗位规范与考核标准等，组建22个专业校际教研组，初步形成专业教研网络。北京教育学院于1991年创办美容美发专业师资大专班，首批学生30人；职业技术师范学院对口招收职业高中保送生 20 人、职业高中教师续本科 23 人、对 377 名学历不达标的专业教师进行了培训。同年 12 月制订了专业教师继续教育方案，拟对 2000 名专业教师开展培训。强化师资培训、制订教学计划是北京市巩固、提高职业高中工作的重要环节。群集式模块课程作为国家教委“八五”重点课题成果，是北京职业高中教改的成果，在全国 20 多个城市的 60 多所学校中进行过试验。群集式模块课程采用“宽基础”“活模块”的两段式，运用“大专业，小专门化”的思路，借鉴引进 MES 模式的模块组合。

1991 年，职业高中把课程体系改革作为改革发展的基础，形成了首都职业高中特色课程体系。在课程改革进程中，学校主动吸收国际先进的职教理念，加强与行业、企业的联系，聘请企业一线有经验的技术专家全程参与课程改革。学校与企业共同制订人才培养方案，按照企业工作过程重构课程内容，按照岗位行动过程训练学生，把企业真实工作项目引入教学，培养学生的职业能力。确保课程改革符合企业实际，满足企业技能型人才的培养标准，实现了专业设置和培养目标与产业、企业和岗位群对接，保证课程内容与职业标准对接；教学过程与工作过程对接；学历证书与职业资格证书对接，实现了校企合作人才培养模式改革。昌平职业学校与德国巴滕符德堡州教育部、赫恩特维职业技术学校合作，从 2004 年开始，用 3 年时间，双方共同开发符合北京汽车维修市场需求的工作过程系统化课程，共 11 个学习领域、53 个学习情境，有力促进了学校课程改革。外事学校根据北京市旅游餐饮深化发展前瞻需求，开发以京味文化为内涵的“京菜研究会”。丰台区职业教育中心校在市烹饪协会支持下，创办“京鲁菜研究会”、国际烹饪大师“屈浩工作室”“全聚德定向班”；汽车修理学校和丰台区职教中心校汽修专业都在中国及北京汽修行业协会支持下，与国内外大型汽车制造、修理企业联合举办企业冠名的“首汽班”和“首汽大专班”，“联拓班”和“联拓大专班”，“爱义行班”“现代班”，“长城润滑油班”“德国博士汽车诊断高级班”，以及与中高职接轨的大专班，让国际先进的职业教育理念走进学校，让企业岗位标准融入专业课程改革中，让企业参与学校教育与教学，实现“校企结合、多点对接”“校企结合、工学结合、联合办学、订单培养”“一体化”办学的课改要求。

自 1995 年秋季开学始，全国职业技术学校实行五天工作制。为做好教育教学工作的安排，对普通中专学校和职业高中的教学时间提出调整意见。职业高中（三年制）全学程总周数仍按国家教委《关于制订职业高级中学（三年制）教学计划的意见》执行，理论教学的周数调整为：工农医类为 65 ～ 70 周，文科类为 75 ～ 80 周，技能较强的专业、工种为 55 ～ 60 周。理论教学的周学时调整为

26 ~ 28 学时 / 周。理论教学的总学时为：工农医类为 1690 ~ 1960 学时，文科类为 1950 ~ 2240 学时，技能较强的专业、工种为 1430 ~ 1680 学时。

2004 年教委对第一轮课程体系改革工作进行总结，经过四年的探索与实践，各项目试点学校在课程体系整体改革中均取得明显成效，初步形成了具有首都特点的现代职业教育课程模式，以劲松职业高中中西餐烹饪专业为代表的“多元选择课程模式”为例，该模式的主要特点是，学生在国内外分段学习，注重中外课程衔接，并改造传统课程，使全体学生受益。其课程结构分为两段：第一段为两年国内基础性课程；第二段为选择性课程，即学生可选择出国赴外方学校学习专业课，毕业后获中、外两校毕业证书和国外职业资格证书，学生也可选择在国内就业或升学。劲松职高通过与国际接轨的课程体系改革，使学生在专业上考取国内行业技术等级证书或国外职业资格证书，使学生既适应国际型劳动者的需求，又适应国内企业的岗位需求。实现了“三个一体化”：即学做人与学做事一体化，职业技能训练与职业道德培养一体化，教学过程与工作过程一体化。

市教委于 2007 年 9 月颁发《关于作好 2008 年北京市中等职业学校课程改革项目申报工作的通知》，启动第二轮职业教育课程改革工作。在学校申报和专家评审的基础上，确定 15 个与北京市经济发展紧密联系的专业，以试验项目形式推进第二轮课程改革的全面深化；积极探索“校企合作”共同开发职业人才培养新模式，开展“工学结合、半工半读”“教学与实训一体化”的人才培养新模式试验；积极推动“技能 + 基础”的成人中等学历职业教育模式的改革试点工作；以及专业课程、专业标准、职业资格标准的校企衔接方式，探索构建“工作过程导向”的职业教育课程体系；组织编写《北京市中等职业学校以工作过程为导向的课程开发试验项目指导手册》、相关专业教学指导方案、专业核心课程标准及相关自编教材，以及新课程课堂教学经验交流与评估、评审等跟进工作。

2008 年为检验课程改革的效果，北京市组织 17 个专业课程开发团队，对中等职业学校专业对口的就业岗位、岗位群的需求与典型职业活动分析展开调研和教学分析，共开发 17 个专业教学指导方案和 232 门专业核心课程标准，构建“工作过程导向”的课程体系。2009 年 3 月，市教委颁发《关于进一步深化中等职业教育课程改革的意见》，明确指出第二轮中等职业教育课程体系改革以“人本性、科学性、先进性、实效性、情境性、开放性”为基本原则；“探索以工作过程为导向的课程开发模式，构建理论实践一体化、与职业资格标准相融合，具有首都特色、职教特点的中等职业教育课程体系和课程实施、管理及评价的有效途径和方法，为北京率先基本实现教育现代化提供优质服务”为目标，推进“学分制学习制度”改革，为加快中等职业学校“双师型”“一体化”教师队伍建设，北京市先后投入3亿多元。

职业高中课程体系整体改革是一项系统工程，北京是在学习、借鉴国外先进职业教育思想、教学理念的基础上，结合我国国情对首都职业教育的课程模式、教学内容、教学方法、考核评价标准等一系列教学问题进行深入有效探索、改革和创新。重点在宏观、中观、微观三个层面进行了五个方面的探索：一是学习、借鉴发达国家先进的职业教育理念、课程模式，结合专业教学的具体实际，推出“以能力为本位，以岗位需求为标准”的课程体系与结构优化、符合弹性选课需要的模块化课程模式；二是落实现代职业教育理念，编制与国际接轨、“以就业为导向、以能力为本位”的教学计划、课程大纲；三是开发模块化、综合化校本教材；四是探索不同于普通教育的教法、学法、考核方法等方面的改革，以及实训设施和实训基地建设，注重培养学生的动手能力和实践能力；五是探索具有职业教育特色的职业教育课程的评价体系。

实习实训　为进一步加强北京职业高中实习场地建设，到1990年，北京市为职业高中新建校舍80万平方米，投资2.68亿元，使学校的办学条件有了明显改善；多方筹集职业教育专项经费达2.1亿元，为职业高中配备了教学实习设备、仪器、图书资料，其中新建、改建实习场所达26.7万平方米（新建6.7万平方米，改建20万平方米）。国家教委1990年8月16日公布《关于颁发〈省级重点职业高级中学的标准〉的通知》，促进北京市采取有力措施，有效地进行了布局调整，从而改善了职业高中办学条件，提高了管理水平，尤其是加强了实训基地建设，建成了一批有特色的省级重点职业高级中学。

1995年1月27日，国家教委决定开展“国家级重点职业高级中学”资格的评估认定工作，对已经认定的省级重点职业高级中学进行全国性的大检查。为此，市教育局认真组织了对各省级重点职业高中的评估认定工作，使有关职业高中在办学方向、教育教学质量、实习场地建设、毕业生录用率等方面符合办学要求；投入资金，更新教学实习设备，调整扩大校园占地面积，增加学校建筑面积；促使学校办学特色等方面全面提升，办学实力更加雄厚。国家级重点职业高中的评估，为北京市职业教育实训基地建设的改革发展带来新的契机。1996年2月14日，国家教委审批认定了全国296所国家级重点职业学校，北京市有7所：东城区职业教育中心校、外事服务职业高中、劲松职业高中、信息管理学校、黄庄职业高中、昌平农村职业学校、财经学校。国家级重点职业高中的评估，进一步明确了职业高中办学方向，推动了职业学校的改革发展历程和全面建设水准，改善了办学条件，增强了办学活力，提高了教育质量和办学效益，也提高了职业学校的声望和地位。

2002 年 5 月，市教委印发《关于加强中等职业教育重点实验实训基地建设意见的通知》，对实训基地建设的原则、主要功能、主要任务、建设要求和组织管理提出了详尽要求。同年，北京市教委根据首都重点发展的行业领域和职业教育专业布局调整的情况，启动了北京市劲松职业高中烹饪、北京市外事服务职业高中饭店服务与管理等 8 个市级实训基地建设项目。2003 年 1 月，市政府《关于大力推进职业教育改革与发展的意见》提出，到 2008 年，面向北京市高新技术产业、现代制造业、现代服务业及现代农业，全市要建设 20 个左右中等职业教育重点实习基地。2005 年年初，北京市又根据 3 年来重点实训基地建设的实际情况，结合经济社会发展和职业教育专业建设的新需求，将实训基地分为市级与区（县）两级，充分发挥区（县）教育行政部门职能，并在区级重点专业、重点实训基地建设标准、重点建设实训基地数量上给予区（县）自主权。市、区（县）两级重点实训基地的构架发挥了区（县）教育行政部门的作用，调动了学校的积极性，从而使基地建设工作在管理体制上协调畅通。在区（县）教委申报的基础上，市教委印发了《关于公布重点支持区（县）级重点实训基地名单的通知》和《关于公布中等职业教育市级示范性重点实训基地名单的通知》，将市级重点实训基地增加到 23 个，重点支持区（县）级重点实训基地 42 个，使实训基地的建设更加符合区域经济发展和专业建设的需求。市教委 2005 年 11 月启动《北京市中等职业学校主要专业实训基地装备标准》的制定工作，委托 10 个专业委员会制定数控技术应用等 10 个专业实训基地装备标准。在投入机制上，对市级重点实训基地建设采取以市级投入为主的原则；区（县）级重点实训基地建设以区（县）级政府投入为主，以市级配套投入为辅的原则。实训基地装备标准分为设置标准、较高标准和示范标准三级。设置标准是指职业学校开设本专业应达到的最低设备配备要求，较高标准是重点专业要达到的基本配备要求，示范标准是指市级示范性重点实训基地应达到的基本配备要求，要体现实训基地建设与行业动态提升相互一致的真实环境。

2006 年，北京市用于实训基地建设的专项投入达 6900 万元，保证了实训基地建设的顺利进行。如北京市昌平职业学校利用专项资金，投入 400 余万元改造提升了包括模拟客舱、安检室、形体房、化妆室、宽体客舱服务模拟训练舱、灭火舱、舱门练习器、水陆应急撤离综合舱等设施设备完善的航空服务实训基地。北京市在积极争取上级专项款项的同时，2004 年市、区（县）两级财政投入各类中等职业学校专款近2.4亿元。2009年北京市中等职业学校基本建设费用为9951万元，2010年增加为13079万元，其中用于职业高中的基本建设费用2009年为2910万元，2010年增加为6756万元，全面提升了职业高中学校的办学能力。

市教委2007年制定的10个中等职业学校的主要专业实训基地装备标准，职业高中的实习实训场地建设逐步实现了与就业岗位、工位对接的适应行业企业标准的实训基地。2008年12月，海淀区对职业学校的实训基地进行了阶段性的检查评估。检查实训基地的运行与管理，教师与学生在实训基地效能的开发与利用，专业教师的建设及实训配套的教材建设等。检查评估认为，实训基地的建设理念得到贯彻，基地促进了教学教改，实训基地的基本功能得到充分发挥，培训了一批“双师型”教师，基地同时成为专业教师的培训基地，实现了基地的资源共享，开展了校企合作，将企业引入基地，学生进行的实训课程，体验到企业的管理与生产实践，达到了学生全过程的实习目的。2008年12月，门头沟区中等职业学校和市西餐业协会进行了校企合作签约仪式，西餐业协会成为门头沟区中职学校的培训实习基地。

市教委于2010年1月4日颁发《关于印发〈北京市中等职业学校“园林”等十个专业实训基地装备标准（试行）的通知〉》文件，对园林、工业与民用建筑、电气运行与控制、电器设备安装（楼宇智能技术专门化）等10个专业的实训基地颁发装备标准，配合深化课程改革的步伐，以适应首都经济建设可持续发展的传统专业与新建专业的实训基地建设。同时配发《关于同意部分中等职业学校新增专业（专门化）备案的通知》文件，公布第五批次的28所学校的56个专业（专门化），纳入2010年高级中等学校招生简章。2010年3月，外事学校结合课改实践，设计了“走进企业、实景训练”实践课。学校组织饭店服务专业到国际俱乐部饭店学习，强化专业技能。在饭店的宴会部学生们进行中餐摆台、中餐宴会、酒会、餐间服务和托盘的训练，用企业对实际岗位的要求来强化自己的专业技能。劲松职业高中美容美发与形象设计专业企业化实习实训基地建成并使用，该实训基地是政府投资，学校自主经营，对内实训，对外营业，采用企业化管理。基地建筑面积1200平方米，包括美容美发、健身、形象设计，与国际一些知名企业合作，引进了一流的专业设施和设备及产品，请来高级技术人员指导。2010年5月，宣武二职校印刷技术培训基地落成，培训基地主要功能是为中职学校专业教师和学生提供实验和实训，学生学习胶版印刷、印刷机维修、印前文图制作、平版制版等，同时为在职员工进行职业培训和工种技师取证培训等。

学习评价 为巩固职业高中办学成果，提升职业高中办学质量，北京市在职业高中布局调整中，以“首批办好的职业高中”学校为基础，开始了依据国家教委《关于颁发〈省级重点职业高级中学的标准〉的通知》为标准的新一轮的改革措施。

市教育局于1991年制定《关于北京市加强与改进职业高中（学校）教学工作的意见》，要求各个区（县）职业高中管理部门，组织力量修订各专业教学计划，研究各专业岗位规范与考核标准等，组建22个专业校际教研组，初步形成专业教研网络。市教育局制订师资培训方案，提高教师专业化水平。北京教育学院于1991年创办美容美发专业师资大专班，首批学生30人；职业技术师范学院对口招收职业高中保送生20人，职业高中教师续本科23人，对377名学历不达标的专业教师进行培训。同年12月制订了专业教师继续教育方案，对2000名专业教师开展培训。1991年1月15日，国家教委公布首批认定的206所省级重点职业高级中学名单，北京市有7所，分别为黄庄职业高中、劲松职业高中、财经学校、计划统计学校、外事服务职业高中、海淀区艺术师范学校、昌平农村职业学校。1991年4月4日，国家教委对职业高中毕业生参加高考作出规定：被推荐报考的职业高中毕业生与普通高中会考合格的考生具有同样的资格和权利，录取时应同等对待。同时强调，推荐职业高中毕业生参加高考不能影响职业高中的稳定发展，不能干扰职业高中的办学方向和正常的教学秩序，各地不得把推荐人数或高考录取人数作为检查和评估职业高中的标准。这一政策保证了中等职业教育的稳定发展以及与普通高等教育之间的沟通。1992年3月，国家教委颁发《职业高级中学学生学籍管理暂行规定》，组织学生参加专业技术和工人技术等级考核。对学生的学业考核要求，对学生的文化知识、专业知识、专业技能进行考核。有条件的学校还组织学生参加专业技术和工人技术等级考核。1992年3月17日，国家教委公布第二批246所省级重点职业高级中学名单。北京市有东城区职业教育中心学校、西城区实用美术学校、东城区财会学校、宣武区职业教育中心学校、海淀区信息管理学校、丰台区职业教育中心学校、密云县职业学校7所入列。至此，北京市省级重点职业高中达到14所。1992年5月中下旬，市人事局、市教育局根据新制定的《北京市国家行政机关补充工作人员实行考试的试行办法》，对北京市部分职业高中和职业中专毕业生给予录用资格考试待遇。参加公务员考试的有财经、金融、物价、司法、计划统计、行政管理、文秘、档案等14个专业，20所职业高中毕业生1011人。考试科目有政治、语文、数学三科文化课和专业技能知识。文化课考试合格率达97%。考试合格的毕业生按照择优录用原则到机关以及事业单位就职。

1995年1月27日，国家教委决定开展“国家级重点职业高级中学”资格的评估认定工作，对已经认定的省级重点职业高级中学进行全国性的大检查。为此，市教育局认真组织了对各省级重点职业高中的评估认定工作，使有关职业高中在办学方向、教育教学质量、实习场地建设、毕业生录用率、资金投入、教学实习设备、校园占地面积及建筑面积、办学特色等方面全面提升，办学实力更加雄厚。1995年，北京市评出第三批省级重点职业高中13所：六十一中职高、卫校、崇文区电子技术职教中心、印刷学校、求实中学职高、民族职业高中、外语电子职高、古城旅游服务职高、昌平县第三中学职高、大兴县一职、大兴县二职、顺义区职教中心校、怀柔县一职。至当年10月5日，经国家教委认定的北京市省级重点职业高中已达27所。1996年2月14日，国家教委审批认定了全国296所国家级重点职业学校，北京市有7所：东城区职业教育中心校、西城区外事服务职业高中、劲松职业高中、海淀区信息管理学校、黄庄职业高中、昌平农村职业学校、东城区财经学校。1997年6月14日，市教委组织首次职业高中语文水平测试，17个区（县）、82所职业高中学校的15541名95届学生参加测试，合格11738人，合格率75.53%

市教委从2001年开始，分两个阶段完成中等职业教育课程体系改革的艰巨任务，解决了长期以来不断争论的职业高中文化课与专业课、专业理论课、实习实训课之间的关系；就教学内容、教学方式和考核方法进行了人性化深度改革，推进了理论与实践相结合的“一体化教学”、师生和谐的“研究性学习”模式。北京市职业高中两轮课程体系改革实践，始终坚持“工作过程为导向”“岗位标准为依据”“工学结合”“理论实践一体化教学”，以培养高素质技能人才，“为首都和区域经济建设发展服务”为目标，推动全市职业高中在教育思想、德育建设、教学管理、教学方法与技巧、考试评价方式、学生评价、教师评价、专业建设和实习实训基地建设等方面均取得突破性创新成果。为确保课程体系整体改革的实效性，在确定了改革试点学校后，到2003年，经市教委批准，确定23所中等职业学校的特色专业为北京市骨干特色专业，其中有12所职业高中学校的12个专业榜上有名。2004年12月，市教委对第一轮课程体系改革工作进行了系统总结与总体评价，推进“学分制”“分层学”“情境式教学”等教学深度改革新办法。劲松职业高中通过与国际接轨的课程体系改革，使学生获得就业能力的同时，在专业上考取国内行业技术等级证书或国外职业资格证书，使学生既适应国内企业的岗位需求，又适应国际型劳动者的需求。该课程体系改革实现了“三个一体化”：即学做人与学做事一体化，职业技能训练与职业道德培养一体化，教学过程与工作过程一体化。求实职业学校将社会对秘书能力的需求分解为基础职业能力、通用职业能力、社会能力和专项职业能力。依此构建文秘专业课程，满足社会对文秘专业人才多样化、多元化的需求。各试点校还根据各自的实际情况，有重点地开展了模块化、综合化特色校本教材的编写和“以就业为导向”的实训基地建设。为推进中等职业学校专业与实训课教材建设，鼓励和倡导中等职业学校结合生产实际编写专业课教材，2003年年底，市教委和市教科院职教与成教教材中心开展了北京市中职校专业课自编教材、讲义交流与评选活动。共有53所学校192位教师的238份材料参评，有65份获奖。

为总结推广第一轮课程体系整体改革的成果，北京市教委先后编辑了《创新学习制度，深化职教改革——北京市中等职业学校实施弹性学制与学分制的探索与实践》《职教课程体系整体改革的理论与实践》《北京市中等职业学校教学成果概览》《北京市中等职业学校课程体系改革实践与探索》等阶段性总结资料，为第二轮课程体系整体改革的顺利展开提供了宝贵经验和坚实基础。

市教委于2007年9月颁发《关于做好2008年北京市中等职业学校课程改革项目申报工作的通知》，启动了第二轮职业教育课程改革工作。在学校申报和专家评审的基础上，确定15个与北京市经济发展紧密联系的专业，以试验项目形式推进第二轮课程改革的全面深化；积极探索“校企合作”共同开发职业人才培养新模式，开展“工学结合、半工半读”“教学与实训一体化”的人才培养新模式试验；积极推动“技能+基础”的成人中等学历职业教育模式的改革试点工作；以及专业课程、专业标准、职业资格标准的校企衔接方式，探索构建“工作过程导向”的职业教育课程体系；组织编写《北京市中等职业学校以工作过程为导向的课程开发试验项目指导手册》、相关专业教学指导方案、专业核心课程标准及相关自编教材，以及新课程课堂教学经验交流与评估、评审等跟进工作。

2009年3月，市教委颁发《关于进一步深化中等职业教育课程改革的意见》，明确指出第二轮中等职业教育课程体系改革的基本原则、目标、课改的主要内容。围绕第二轮课程体系改革配套进行的一系列活动，有计划、有步骤地持续全面展开。例如：深入进行职业学校布局调整工作；举办北京市和参加全国职业院校学生技能大赛；促进中等职业学校与高等职业院校的有机衔接与沟通，使应届中等职业学校学生接受高等职业教育的比例从8%提升到2009年的12%；制定优秀职业高中毕业生参加高等职业院校考试的优惠政策；组织部分高等职业院校开展“3+2”模式的探讨与实践；组建职业教育集团……这一系列工作紧紧围绕职业学校课程体系改革、提高办学质量而开展，为建设“首都特色、职教特点”的职业教育体系发挥了重要作用。

课程体系整体改革试点校在课程改革的各个环节，都进行了校企合作的有益尝试，取得了宝贵经验。外事学校借鉴“洛桑模式”，不仅自办二星级实习饭店，还和首都旅游集团合作开办“如家连锁酒店”。劲松职业高中在实训设施的建设上，主动争取企业的全力支持，与相关企业建立了深入的合作关系。学校借鉴世界最新的厨房设计理念，引进远程厨房智能控制系统，依据计算机监控系统和多媒体功能的现代化设备，设计建造了一座现代化的“烹饪剧院”，把烹饪技术提高到烹饪艺术的高雅境界，在中餐和西餐饮食文化包装的色、香、味、形、器俱佳的珍馐中，给人以人文内涵的视觉、舌尖美的高尚享受和文化饕餮。劲松职业高中率先建设的多媒体教学烹饪实习基地，是当前烹饪界最前沿的多功能教学实训场地，引导了职业高中烹饪实习基地建设的新潮流。该校烹饪专业也被赞誉为培养“五星级饭店厨师长的摇篮”。

技能竞赛 “普通教育有高考，职业教育有技能赛”是普通教育与职业高中考核工作的最大区别。职业高中考核的不仅是分数而且是能够具有一技之长，是“上岗即顶岗”的实用专业技能。“以赛促教、以赛促练、以赛促进成长”展示的是职业高中的教育教学质量和办学成效。1991 年 5 月，市教育局组织机加工专业职业高中学生进行车工、钳工技术比赛。赛后组织强化训练，8 月参加全国职业高中机加工专业技能比赛，北京获得三个二等奖。1992 年 7 月 4 日，市教育局选派电业中学职业高中、黑庄户中学职业高中、密云职业学校选手参加市经委组织的“工业系统第三届技工学校技术比赛”获得特别奖。1992 年 8 月，由国家教委职教司组织的全国职业中学“浪潮杯”微机应用和财会金融两大类比赛，全国有 26 个代表队参赛，北京队选派了 6 名选手参加 8 个项目的比赛，共获得 1 个一等奖，3 个二等奖，2 个三等奖。1995 年，市劳动局改革技能考核制度，由市劳动局技能鉴定中心对技能理论考核统一命题，对实际操作统一考核标准，统一考核品种、范围，一次性考核，不允许补考。103 中学应届毕业生成为首批参加厨师等级考核的学员，并全部取得了中级厨师证。

2004 年，市教委组织全市职业学校的“新世纪首届职业技能大赛”，117 所学校、69349 名学生参赛，18090 名选手分别获得中级工、高级工、技师和高级技师的资格证书。2004 年 5 月，由劳动和社会保障部主办，国家职业技能鉴定专家委员会电子商务专业委员会、北京中鸿网络信息技术有限公司承办的中国首届电子商务大赛正式启动，这项赛事是国家一类竞赛活动，历经半年。比赛分资格赛、技能赛、省级选拔，全国决赛。北京赛区被评为最佳组织机构，北京 3 名选手在全国决赛中获得银奖。

为2008年首届全国职业院校技能大赛做准备，2007年12月至2008年4月，市教委、市劳动和社会保障局联合举办了“北京市迎奥运职业院校技能竞赛暨2008全国职业院校技能大赛北京市选拔赛”。大赛共涉及86个专业工种，参赛人数76542人，通过学校、区（县）层层选拔后，比赛分初赛、复赛、决赛三个阶段进行，经过激烈角逐有67名选手获得一等奖，85名选手获得二等奖，104名选手获得三等奖。为营造有利于技能型人才成长的氛围，市教委决定对取得优异成绩的蔡秉榆等251名比赛选手进行表彰，并颁发荣誉证书。同时向东城区教委等9个区（县）教委颁发“组织奖”奖牌，向劲松职业高中等15所职业学校、广达汽车维修设备有限公司等9家企业颁发“贡献奖”奖牌。有45名中等职校选手，参加了2008年6月举办的“全国职业院校技能大赛中职组”比赛。北京市代表团与来自全国各地37个省市的2000余名参赛选手一起参加了电工电子、汽车维修、数控技术、计算机、美容美发、烹饪、服装制作、模特表演等10个专业类别、24个竞赛项目的角逐。中职组共获得5个一等奖，21个二等奖，10个三等奖和10个优秀奖。荣获中职组团体三等奖。2008年5月，在北京市迎奥运职业技能大赛秘书工种决赛中，在理论和实操两部分的决赛后，求实职业学校以总分第一名取得了好成绩。2009年5月，在北京市职业高中美容美发与形象设计专业技能大赛上，黄庄职业高中学生参赛的12名选手中有11名获奖，其中一等奖1人，二等奖6人，三等奖4人。

2010年4—5月，北京市中等职业学校技能比赛暨全国职业院校职业技能大赛北京地区预选赛，在计算机技术、数控技术、电工电子、中餐烹饪、汽车运用与维修、服装设计制作与模特表演、建筑工程技术、物流技能、美容美发、农业技能10个专业类共设35个比赛项目。共有1.8万名学生参加校级比赛，6000名学生参加市级比赛。300名学生分别获得一、二、三等奖。2010年6月24日至27日在天津市举办的全国职业院校技能大赛，北京市90名选手、50名指导教师代表北京市参加全国职业院校技能大赛11个项目的比赛。来自全国37个省、直辖市、自治区近4000名选手，进行了14大类42个项目的比赛，北京市再次取得优异成绩。获得一等奖15个、二等奖26个和三等奖18个。

2010年12月25日，全国中等职业学校“文明风采”竞赛结果公布，北京中职学校816件作品获奖。其中，一等奖200件、二等奖360件、三等奖203件、优秀奖98件；5所学校获得优秀组织奖，9所学校获得组织奖，北京市获得组织工作贡献奖。北京市于5月至8月举办市级复赛，共收到学生作品3969件，

3001件获奖，在此基础上推选949件作品参加全国比赛。该比赛由教育部、中央文明办、共青团中央、中华职业教育社联合主办，分5类10项，包括校级初赛、省级复赛和全国决赛三阶段。

三、中等技术学校教学

专业建设 1994年4月30日，市劳动局下发《关于转发劳动部〈关于深化技工学校教育改革的决定〉的通知》。通知中明确，根据需要，合理确定专业设置及学制，技工学校要根据社会需求和国家颁发的《技工学校专业目录》中关于专业名称、培养目标和年限的基本要求，合理确定专业设置、培养目标和学制。国家统一规定的专业、教学计划、大纲、教材要按国家原则规定执行，学生毕业时发技工学校毕业证书。学校德育教育以思想品德和职业道德为主导，同时增加企业管理意识、产品质量观念、效益观念等内容。提倡教书育人、管理育人、服务育人，把建设严谨、优良的校风、学风落到实处。以《国家职业技能标准》或《工人技术等级标准》为基本依据，积极进行课程设置、教学内容、教学方法的改革，促进教学质量的提高。优秀毕业生，本人志愿继续升学的，可由学校和劳动部门推荐报考职业技术学院。

1997年，技工学校由主要开设为第二产业服务的专业逐步向第三产业渗透。积极发展为高新技术产业服务的专业，第二产业专业由原来占90%以上，调整为占60%左右，第三产业专业发展到30%，与高技术产业相关的专业发展到10%。市劳动局将5所办学效益较差的学校进行了合并或撤销，提高整体办学规模和效益。1997年，技工学校利用加入区（县）职业技能开发集团的契机，实现与职业介绍机构的联网，及时了解和掌握人才市场需求信息，以市场需求为导向，合理设置专业，确定招生计划和培养方向，开展各类培训。1998年，北京6所技工学校参加由劳动和社会保障部组织的国家重点技工学校评估，被专家认定全部达到国家重点技工学校标准，并被劳动和社会保障部命名为国家重点技工学校。这6所学校分别是：机械工业技工学校、化工职业技术学校、供销合作职业技术学校、服务管理学校、公共交通技工学校和首钢技工学校。公共交通高级技工学校，是国家重点技工学校、首都公交系统技术工人的培养基地、中德合作职业教育试点学校、北京市英语口语培训点和考试点、计算机高新技术ATA特许授权考试站。职业技能鉴定所可对汽车维修工、汽车驾驶员等20余个工种的初、中、高级工及技师、高级技师进行技能等级鉴定，2003年通过了ISO 9000质量管理体系认证。学校立足公交，开设汽车驾驶与维修、汽车维修与环保、汽车钣金与美容、旅游服务与乘务管理等9个专业，及汽车维修、汽车检测、汽车电器维修3个高级技工专业，并与德国汉斯—赛德尔基金会合作开办汽车机电工专业。2001年，市劳动局和社会保障局完成了年度技工学校布局结构调整。调整为发展高级技工学校、国家重点技工学校和有发展潜力的市级重点技工学校，保留行业扶持、有行业特点、专业设置独特的企业办技工学校。全市技工学校由141所调整到60所。如工美技工学校在专业设置上保留了传统工艺美术（花丝镶嵌、雕塑、景泰蓝、首饰设计与制作、艺术品鉴赏与经营、珠宝玉石鉴定），发展了现代艺术设计与制作类（平面设计与制作、出版印刷工艺、图像艺术处理、会展设计与服务、商业陈设与布置、装饰艺术、艺术品鉴赏与经营、珠宝玉石鉴定），开发多媒体技术类（影视后期制作、网页制作与维护、动画设计与制作），拓宽了美术类（美术绘画、美术教育）和现代制造与信息技术类（数控加工与工艺品制作、机电一体化、计算机应用）。

课程建设　1990年，市劳动局印发《关于加强北京市技工学校学生思想政治工作的意见》，提出政治思想课是技工学校思想政治工作的重要组成部分，以灌输为主要形式向学生进行马克思主义理论基本观点的教育。提高教学质量是技工学校教学改革的核心。理论课课程设置要适应操作技能培训的需要。教学内容以应用知识为主，注重启发式和直观教学，培养学生独立思考和解决实际问题的能力。生产实习课要突出基本技能训练，实行每生一岗或轮流在模拟装置上操作。要把学生的基本技术训练同直接参加产品生产密切结合起来，不断提高学生的实际操作技能。

2010年3月，一轻高级技工学校为提高教学质量，在课程建设中组织专家对教师进行“行为导向课程教学法”培训，并组织教师行为导向型课程设计比赛，针对教案中的问题进行检查指导，进行“说课”比赛，组织新教学教法的经验交流。2010年7月，工美高级技校为促进学校的专业建设与课程建设，邀请劳动和社会保障部的培训专家到校进行“行为导向型”教学法培训。教师通过培训，以这种“行为导向型”教学模式进行教学，这种以学生为主体、工学结合的教学模式使传统的教学理念有了根本的改变，让学生在活动中学，培养学生的实际动手能力。

教材建设　1992年，市劳动局做出规定，从当年起，市属技工学校的教学计划，除按国家有关规定执行外，各技工学校可以根据企业用人的需要，自行制定教学计划。主要通用工种（机械、电子专业）的教材，由劳动和社会保障部组织各地统一编写并审批。北京市编写的教材有：《电子类的晶体管原理》《脉冲与数字电路》《无线电基础》《半导体器件工艺》《半导体化学》《电子类制图》6种。

2000年10月19日，劳动和社会保障部印发《关于成立技工学校教材、高等职业教育教材和职业资格培训教材专业委员会的通知》。指出：成立技工学校教材、高等职业教育教材和职业资格培训教材三个专业委员会。受劳动和社会保障部委托，1995—2010年完成了教材的编审工作，包括《美容师》《保健按摩师》《中式烹调师》《西式面点师》《餐厅服务员》《旅店服务员》《办公设备维修工》等40多本。完成全国统编技工学校美容系列教材中的《按摩》教材的编写、审定工作；全国统编职业资格培训教材《汽车驾驶员》《移动用户终端维修工》《按摩师》《家庭保洁》《养老护理》《保健拔罐基本技能》等10多本。完成国家级职业培训教材有《服装画技法》《服装造型设计》《服饰色彩与图案》《服装专题设计》《按摩师》《鉴定指导》《网络管理员基础》《高级网络管理员》《数控车工》《加工中心操作工》《秘书》等20多本；职业技能培训鉴定教材《数控加工基础》、《数控铣工》、《秘书》（基础知识）、《秘书》（国家职业资格三级、四级）、《服装裁剪》、《电子设备装接工》、《无线电调试工》等20多本。

教学组织与实施　1994年昌平农村职校把“学分制”“模块课程”“多种证书制”结合起来，允许学生多次使用同一教学计划。对外语等课程按“快、中、慢”班分层次授课。1997年，110所技工学校面向社会开展职业技能培训。自上年始，共承担在职工人培训、转岗转业培训、军地两用人才培训等短期职业技能培训14万多人次。1999年，市劳动和社会保障局、市教委等8个单位共同制定《关于北京市实施劳动预备制度的意见》。该意见要求建立和推行以职业培训为主导，以就业准入为主要措施，其他相应组织管理为基础的劳动预备制度。意见规定城乡新生劳动力和其他求职人员在就业前必须经过职业资格培训或相关教育，取得职业资格后方可就业。全年劳动预备制度培训招生3529人，其中高中毕业生2727人，初中毕业生802人，由34所培训机构承担培训任务。

一轻高级技工学校通过“一体化教学”，培养教师的能力成为提高学校教学质量的关键，一体化教学要求教师有相当的组织能力。教师既要系统地讲述理论知识，又要指导学生进行操作训练；既要组织整个教学活动，又要管理实习所需设备、工具、材料等，对教师提出了更高的要求。教学多样化，如在“自动生产线安装与调试”课程教学中，老师将每个项目分成一个个小任务，学生以小组为单位，制作以“认识机构”为主题的学习海报，各小组以不同的形式汇报展示机构各部分名称及功能。

2010年6月，北京市应用高级技工学校组织开展行动导向观摩课活动。教务科组织的行动导向观摩课活动共有5位老师为主讲人，分别由5门不同课程组成。在整个观摩课活动中，由制定任务计划、分组协作、细化分工实施任务、任务评价总结等环节组成。观摩课上老师调动学生，提高学生的兴趣、吸引学生注意力、通过互动发挥学生能动性及因材施教等方面，得到学生的认可，纷纷表示非常愿意上这种生动有趣、交流轻松、互助协作的课程。

实践实训 1994年4月30日，市劳动局下发《关于转发劳动部〈关于深化技工学校教育改革的决定〉的通知》。通知中明确生产实习课要突出基本技能训练，实行每生一岗或轮流在模拟装置上操作。要把学生的基本技术训练同直接参加产品生产密切结合起来，不断提高学生的实际操作技能。学校要充分利用人才、知识密集和有一定生产设备等有利条件，大力发展校办企业，开展勤工俭学。学校办企业要从实际出发，并在国家政策允许的范围内经营。校办企业人员一般应在学校现有人员中调剂解决。学校在保证完成教学任务的前提下，可分流出一部分行政人员和教师从事科技开发或创办经济实体。在校办企业工作的教师，其教师待遇不变。

1996年1月，市劳动局经对市有色金属技术学校师资水平、学校状况等多方面的审核，向学校颁发了“北京市就业训练基地”许可证。1998年5月20—24日，技工学校师生4000多人参加“’98北京科技周信息技术大观园”活动。该活动以“信息——传播与利用”为主题，按照信息化发展战略目标，组织中国记协新闻报刊网络中心、中国经济信息网北京中经网数据有限公司、中公网信息技术与服务公司、电报局、VISA公司、工商、建设、交通银行、北大方正、四通利方、汉王等企事业单位，为社会各界计算机爱好者展示最新信息产业技术、产品和成果。内容包括开展信息技术科普讲座、网上漫游走向世界、专家论坛和咨询、多媒体阅览、观众动手实践、有奖竞猜等。

2001年9月25日，市教委、市劳动和社会保障局联合召开软件产业基地软件产业技能示范培训中心命名大会。工贸高级技工学校、一轻技术学校、汽车工业学校3所技工学校先后建立“软件产业”培训基地。培训基地由市科委授牌，主要培养软件企业中急需高级软件设计人员和具有较强实际操作能力的初级程序员。2002年，公交技校为保证学生的实习实训，建设了拥有可实现电化教学的教学楼和11000平方米的实训楼，包括计算机机房、多媒体教学实验室、电工电子实验室、汽车电路实验室、发动机构造实验室、汽车底盘实验室以及国内一流的现代汽车维修、检测教学设备，30多辆捷达、索纳塔等轿车供学生进行整车实习，充足的实习工位为学生掌握技能提供了保障。仪器仪表高级技工学校拥有十多个高配置多媒体计算机机房、分析仪器应用实验室、电工电子实验室、数控编程模拟中心、数控车床实训车间、数控铣床和加工中心实训车间、基本功技能实训室、部件装配实训室、电器装调实训室、整机装调实训室、分析仪器装调检测系统和自动化控制设备装调检测系统。一轻高级技工学校要求教师指导学生解决实习中的问题，既要严格操作规程进行各种活动，又要敢于放手让学生练习。

学习评价　1992 年劳动部颁发《技工学校学生学籍管理规定》，市劳动局根据劳动部新的规定，做了补充规定。规定主要内容有对学生成绩考核的规定：文化和专业理论课考试成绩以平时成绩和期末考试成绩为依据，评定学期成绩，一门课程结束时，综合评定总成绩；生产实习课的考核成绩以平时分课题训练考试成绩和综合课题考试成绩为依据，评定学期成绩；体育课成绩以考试成绩与课外锻炼活动成绩综合进行评定。对升级、试读、退学等规定：学生每学期的生产实习课成绩不及格的，应随班试读一个学期；确定学生退学或结业规定的学生补考不及格的课程以学校规定的主要课程计算；对劝其退学、责令退学和开除学籍的学生，在三个月之内，学校将学生档案退回学生原户口所在的街道或乡镇。

1993 年 8 月 30 日，市劳动局下发《关于对北京市技工学校、职业高中、职业技术学校毕（结）业生实行技术等级（岗位）考核的通知》，通知规定根据国务院批准劳动部发布的《工人考核条例》和《北京市中等职业技术教育条例》的规定，为提高教学质量，调动学生学习技术、业务的积极性，决定对本市技工学校、培养技术工人的职业高中、职业技术学校毕（结）业生实行技术等级（岗位）考核，并颁发相应证书。在考核标准和方法中规定：各工人考核组织必须严格按照国家颁发的工人技术等级标准对毕（结）业生，进行应知、应会考核；需进行岗位考核的毕（结）业生，按用人单位制定的岗位标准考核。各区、县劳动局、市属各局、总公司对同一专业（工种）毕（结）业生的考核，应采取统一时间、统一命题、统一阅卷的方法进行，对通用性强的专业（工种）毕（结）业生由市劳动局组织有关部门统一考试，并按毕（结）业生的实际水平，签发相应的技术等级（岗位）证书。

1994 年 4 月 30 日，市劳动局下发《关于转发劳动部〈关于深化技工学校教育改革的决定〉的通知》，指出要严格毕业生质量考核（双证书）制度。技工学校学生按计划完成学业后，由学校组织考试，成绩合格的，发给毕业证书。技术等级考核由当地技能鉴定站（所）进行，考核合格的，由考核组织发给技术等级证书。学生毕业证书和技术等级证书是推荐就业和企业择优录用并确定技能工资的主要依据。

技能竞赛 1991年7月15日，劳动部、中华全国总工会、共青团中央下发《关于开展工人技术比赛的意见的通知》，具体规定了指导思想、比赛类别、比赛工种和标准、选手资格、奖励办法、比赛经费和组织领导。1993年9月1日，首届中国青年奥林匹克技能竞赛在湖北省开幕，有5000名青工参加省级选拔，有300名优秀选手参加全国决赛。11月26日下午，李鹏、邹家华、倪志福、孙起孟、李沛瑶、罗干等在中南海紫光阁亲切接见了百名获奖选手，李鹏发表了热情洋溢的讲话，参赛选手多为职业学校和职业高中的毕业生。

1999年7月16日，在第16届全国青少年信息（计算机）奥林匹克竞赛中，北京所属技工学校的22名学生参加的主题为“我爱祖国”“我爱家园”的网页制作竞赛中，电视设备厂技工学校学生获得银牌。2001年7—8月，市劳动和社会保障局在全市技校系统举办8个职业工种的职业技能竞赛。该竞赛采用先进技术，推动各校专业发展。来自17所学校80名选手获奖，其中金工奖9人、银工奖16人，10所学校获得优秀组织奖。2004年5—7月，市劳动和社会保障局等17家单位联合组织“新世纪北京首届职业技能大赛”。参加比赛的有27所技工学校（院）和职业技术学校，参赛师生近700人，参赛工种47个，工种种类25个，其中33个工种竞赛由14所技校承办，20个工种竞赛在技校、中专和职高间展开，技校选手共获得31个竞赛项目冠军，占目前参赛项目总数的66%，学生获得24项、教师7项。2004年10月24—29日，举行广州数控杯全国技工学校技能竞赛决赛，工贸技师学院被授予优秀教学组织奖，北京市代表队被授予优秀组织奖。

2006年7月1日—8月31日，在北京举办了第二届全国数控技能大赛北京市选拔赛。2007年6月，组织参加了第二届全国技工院校技能大赛，其中中级装配钳工、中级维修钳工进入复赛。2009年6月，由中国机械工程学会、市总工会与市科协联合举办的DVS国际青工焊接比赛国内选拔赛，首钢高级技工学校15名学生参加了比赛。本次大赛执行德国技术标准，共分四个项目。首钢技校的学生在比赛中获得气焊组比赛第一、第二名，手工电弧焊组第二名，手工钨极氩弧焊组第一名，CO_2气体保护焊组第一、第二名的好成绩。2010年7月，技工学校系列竞赛“建设学习型团队，争做高技能人才”主题活动结束。这次的主题系列竞赛包括：数控车工、普通车工、机械CAD制图、焊工、数控铣工、多媒体作品制作员和平面设计。有40多个学校的500多人参加，有283名选手进入决赛。2010得9月，北京劳动和社会保障局组织参加第三届全国技工院校技能大赛。

第三节　体育

体育教育　国家教委1991年5月16日发布《中学生体育合格标准实施办法》，共19条。1992年6月，北京市中专学校体育课教学大纲（试行）编写完成。这是中专体育教学上的一件大事。该大纲由中专体委教学组负责组建编写组编写完成。大纲编写组首先调查了本市近百所各类中专学校的体育教学设施、师资情况、体育教学现状，从实际出发，力求扩大大纲的使用效应，遵照国家教委编写体育大纲的要求，本大纲设基本教材（统管）和任选教材（自管），要求思想品德教育贯穿到体育教学始终，生理健康、心理健康、环境良好地融合在健康教育之中。要求体育教师知识不断扩展和更新，要不断学习和提高自身的业务水平和教学能力。体育课列入考试课程，每周两节体育课，有条件的学校都应该男女生分班上课。本大纲适用于文理性质的中专学校。

1994年3月7日，市高教局转发国家教委《全国普通中等专业学校（不含中师）体育课程教学指导纲要》的通知，自1994年新学年度开始施行。纲要提出体育课程教学目的和任务，体育课教学主要教学内容分四个阶段：第一阶段以传授体育基本知识、提高学生基本活动能力为重点；第二阶段在提高学生身体素质和基本活动能力的基础上，扩大其对体育的接触面，了解体育文化和掌握多项体育技术；第三阶段开设选项教学课，加强学生参与的自主性和学习的选择性；第四阶段开设选项教学课或专项选修课。

1996年11月15日，“北京市职业高中体育运动协会”成立，进入21世纪后，2003年7月更名为“北京市职业教育体育协会”，涵盖了高职、民办大学、中专、技工学校、职业高中，以“大职教”概念开展职业学校体育活动与科研等项工作。市职教体协采用团体会员制，会员单位有37所职高，6所高职院校。每年举办学生运动会，教职工运动会，篮球、徒步、乒羽、健美操等十多项竞赛活动，同时还参与了北京奥运会、北京首届武搏会、香港东亚运动会，海阳沙滩运动会、市运会、天安门广场亿万青少年活动、天津三星杯足球赛等国内外赛事的服务及开闭幕式仪式等工作，每年举办一次全市性体育运动会。1996年，经市体委批准，有9所技工学校被确定为“北京市体育传统项目学校”。市出租汽车公司技工学校被评为全国实施《国家体育标准》先进集体。

专项比赛　1991年5月，市中专体委组织“中专杯”乒乓球赛，有16所学校男女共24个代表队参赛。1992年3月，市中专体委组织“中专杯”乒乓球赛，共有 22 所学校，男女 31 个代表队，125 名运动员参加了比赛。1994 年 7 月 25—27 日，受国家教委委托，市教育局承办的全国中等师范学校首届健美操比赛在北京幼儿师范举行。全国 25 个省、直辖市、自治区组队参赛。北京一队获团体总分二等奖。1995 年 5 月，由劳动部、国家体委主办的全国技工学校篮球联赛以首钢技校、首钢矿业技校为主组成的北京市男女代表队参加了华北赛区（包头）的比赛。

1996 年，市教委成立后，全市教育系统体育活动主要由市教委体育卫生与艺术教育处领导，开展的体育活动有"宝矿力杯"足球赛，"金帆杯"足球、篮球、排球赛，中学、小学田径运动会，中学、小学长跑比赛，振兴中华游泳比赛，全民健身体育节等。1997 年 5 月 17 日，中专第二届健美比赛在电信学校举行。参加比赛的有 16 支代表队。1998 年 3 月 14 日，中专体委主办的北京中专"兴事达杯"乒乓球赛在第三警察学校举行。市教委职成处有关领导出席了开、闭幕式。1999 年 3 月 20 日，"'99 中专杯"乒乓球赛在北京建材工业学校进行，共有 8 所学校的 40 多名选手参加了比赛。2000 年，北京市技工学校系统开展了学生篮球比赛。市技校系统 2005 年 11 月 1—8 日、2006 年 6 月、2007 年 4 月、2008 年 4 月、2010 年 4 月，举行了北京市技校系统学生男子篮球比赛，组织了"北方杯"排球赛，应用职业技术学校、实用高级技术学校、市政管理学校、城市建设工程技工学校、无线电动力技工学校、经贸高级技术学校、公共交通高级技工学校、工艺美术职业技术学校、市仪器仪表技工学校、首钢高级技工学校、电子城职业技术学校、科技高级技术学校、二七机车厂技工学校、顺义区职业技术学校等多所学校参加了比赛。另外，还分别组织了足球赛、乒乓球赛、公路长跑、跳绳、踢毽比赛等。2008 年 10 月 17—19 日，市职教体育系统第一届校园体育节在大兴区一职校开幕。该体育节由市职教体协主办，大兴区一职校承办。北京职教系统 35 所中职、高职院校，1640 名师生（其中运动员 1530 名，裁判员 110 人）参加。

"阳光工程"2010 年北京市职教系统校园体育节，于 2010 年 5 月 22 日在北京工业大学通州分校拉开帷幕。"阳光工程"北京职教系统校园体育节是北京市第四届职教体协组建后组织的第一次规模空前的体育盛会。本次体育节由市教委、市体育局、市人力资源和社会保障局联合主办，北京学生活动管理中心和市职教体育协会承办，北工大通州分校协办。中国职教协会副会长马叔平、市教委副主任郑萼、市人力资源和社会保障局副巡视员任建新、市通州区教委等有关领导出席此次开幕式。本次体育节共有 49 所院校的 3487 名运动员参加比赛，其中

1001名教职工运动员中，有99名是学校领导。“阳光工程”2010年北京市职教系统校园体育节包括学生运动员和教工运动员，实现了技校、职高、中专、高职院校运动会的首次融通。

田径运动会　1992年5月10日，北京市中专学校第二十届田径运动会在国家奥林匹克中心体育场举行，国家教委副主任何东昌、市委副书记汪家镠、市政协主席白介夫、邮电部副部长杨贤足、副市长张百发等领导出席，近100所中专学校2万多名师生参加。本届运动会于1992年5月10日在北京电视台《北京新闻》节目、5月11日中央电视台《体育新闻》节目播放，5月11日《北京晚报》刊登了这则消息。

全国首次职业技术学校田径运动会1994年8月24日至29日在山西省太原市举行。这次运动会是由国家教委、国家体委和劳动部联合主办的，由山西省承办。市政府、有关委办局和中专体委十分重视这次运动会，北京代表团的运动员丁组获全国丁组第一名的优秀成绩，夺得三块金牌，并有三人达到运动健将水平；甲组获全国甲组第六名，北京代表团获全国团体总分第六名的好成绩。在评出的10个精神文明代表团中，北京代表团名列第一。

1995年10月28日，由市教育局主办的首届职业高中田径运动会在丰台体育场举行，来自18个区（县）的600多名运动员参加了比赛。西城区获城近郊区组团体第一名，顺义区获远郊区组第一名。1996年5月24日，中专体委组织79所中等专业学校的1000多名运动员在丰台体育中心举行了北京中专第二十四届运动会，市政协副主席陈大白，市政府副秘书长蓝天柱及国家教委、农业部、市教委、市体委、市教育工委、市农工委等有关领导出席了大会开幕式。

1999年5月6日，由市教委主办，市中专体委、市职高体协协办，化工学校承办的北京市中等职业学校首届田径运动会在国家奥林匹克中心田径运动场举行。这次运动会是北京市中专学校和职业高中首次联合举办的职业类学校田径运动会，共有106所学校的1380名运动员分甲、乙、丙、丁四个组分3天完成15项比赛。教育部领导、市教委、市委教工委部分领导参加了开幕式。2010年11月，延庆职教中心联合本区多所农民中专，召开农民中专班首届运动会。本次运动会共有9个村的7个中专班的200多名学员参加。

北京市中等职业学校田径运动会1992—2005年共举办14次（第20届至33届，见表1-4）。

表 1–4 北京中专学校田径运动会统计表

时间	体育赛事	地点	参加学校及人数
1992 年 5 月 10 日	中专学校第二十届田径运动会	国家奥林匹克中心体育场	92 所学校约 1000 多名运动员和 2 万名学生参加
1993 年 5 月 8 日	中专学校第二十一届田径运动会	北京师范大学体育场	55 所学校约 800 多名运动员和 2000 多名学生参加
1994 年 5 月 7 日	中专学校第二十二届田径运动会	北京工人体育场	56 所学校约 800 多名运动员和 2000 多名学生参加
1995 年 5 月 6 日	中专学校第二十三届田径运动会	国家奥林匹克中心田径运动场	63 所学校 996 名运动员和 3000 多名学生参加
1996 年 5 月 24 日	中专学校第二十四届田径运动会（含 25 所职高）	丰台体育中心体育场	79 所学校约 1000 多名运动员和 5000 多名学生参加
1997 年 10 月 11 日	中专学校第二十五届田径运动会	丰台体育中心体育场	57 所学校 700 多名运动员和 2000 多名学生参加
1998 年 5 月 15 日	中专学校第二十六届田径运动会	丰台体育中心体育场	54 所学校 655 名运动员和 1000 多名学生参加
1999 年 5 月 14—16 日	中等职业学校第一届田径运动会	国家奥林匹克中心田径运动场	106 所学校 1380 名运动员和 20000 多名学生参加
2000 年 5 月 12 日	中等职业学校第二届田径运动会	国家奥林匹克中心田径运动场	81 所学校 1112 名运动员
2001 年 4 月 21 日	中等职业学校第三届田径运动会	丰台体育中心体育场	68 所学校 1000 多名运动员和 3000 多名学生参加
2002 年 5 月 19 日	中专学校第三十届田径运动会	丰台体育中心体育场	36 所学校 700 名运动员和 2000 多名学生参加
2003 年 5 月	中专学校第三十一届田径运动会	丰台体育中心体育场	35 所学校 650 多名运动员
2004 年 5 月	中专学校第三十二届田径运动会	丰台体育中心体育场	35 所学校
2005 年 5 月 14 日	中专学校第三十三届田径运动会	丰台体育中心体育场	35 所学校的 600 多名运动员和 2000 多名学生参加

第四节 美育

美育（艺术教育） 1991 年 1 月 31 日，市教育局印发《北京市关于落实国家教委〈全国学校艺术教育总体规划〉的实施规划》，要求各学校加强艺术教育的宏观管理，建立健全艺术课教学研究机构，加快艺术课师资队伍的建设，规划中强调了学校艺术教育的重要意义，明确了指导思想，并作出具体落实规划的步骤。1992 年，工艺美校探讨教学—设计—生产实践三位一体教学模式。打破封闭的教学环境，举办学校师生的设计成果展——校友图画展。从工艺设计专业的各种灯具、电话、汽车仪表、汽车外形到装潢设计专业的铜雕、漆画、陶瓷、木雕设计等，体现了实用技能和美感。计算机工业学校开设音乐欣赏课作为选修课，考核成绩记入学生档案。1993 年 4 月，东城卫校开设礼仪教育，使学生了解形、仪、礼三者之间的关系，实践训练护士的微笑，穿着打扮如何体现内在美与外在美的协调和与职业的关系。通过礼仪和审美提高学生的修养。1995 年 10 月 28—29 日，由市教育局、市美术家协会、市美教研究会联合主办的“北京首届美术职业学校教师画展”在中国美术馆举办。参展的 80 位教师分别来自实用美术职业学校、包装职业学校（工艺美院附中）、201 美术职业高中。画展评出 20 幅优秀作品。2002 年 7 月 25 日，教育部发布《学校艺术教育工作规程》，内容涉及学校艺术教育的课程教学，课外、校外艺术教育活动，校园文化环境建设和开展学校艺术教育的保障等方面的要求。规程要求加强艺术类课程教学，要按照国家的规定和要求开齐开足艺术课程。2005 年 1 月 26 日，教育部印发《普通中小学校和中等职业学校贯彻学校艺术教育工作规程评估方案的通知》，公布了学校艺术教育工作规程评估指标、评估方案等。

文艺社团　1993 年 2 月 20 日，市高教局和团市委成立了北京中等专业学校群众文化艺术委员会，负责北京地区中等专业学校群众文化工作，由市高教局副局长林浦生任主任，下有会员单位 61 个，第一届委员会挂靠于医药器械学校。

1995 年 4 月 27 日，市教育局下发《关于颁发北京金帆艺术团重点团条件的通知》，自 1988 年建团到 1995 年共建有 26 个分团，为加强学校艺术教育，提高学校艺术教育水平，要办好一批重点团，并下发了金帆艺术团重点团的条件。1995 年 6 月 14 日，职高艺术团成立。艺术团下设办公室和艺术指导委员会，并在各区（县）设立分团。1997 年市教委成立后，该类活动主要由市教委体育卫生与艺术教育处领导，开展的文艺活动有艺术节、合唱节、“扬帆新世纪”百场音乐会以及学生书法、摄影、绘画、工艺比赛等。1997 年 12 月，北京舞蹈学校举办全国舞蹈教学公开课，受到全国 50 多所学校近 200 名教师的好评。昌平职校按照“合格 + 特长”的培养思路，为学生的个性发展搭建平台，开设了丰富的选修课程以及特长学生的“工作室”，提供学生多元化的专业发展方向；注重学生综合职业能力培养，帮助学生经营多彩的人生，“把需要工作的人培养成工作需要的人”，“手脑并用、双手万能”的成功职业人才；学校组建了 15 个大型学生社团，这些社团不仅丰富了学生的校园生活，也通过不同类型的活动潜移默化地把同学们凝聚在努力学习中。

2004 年 11 月 17 日，市教委下发《北京市学生金帆艺术团承办学校的通知》，对 89 所申办学校进行重新认定，提出要学校将金帆艺术团的管理纳入学校的美育工作中。

2005 年 1 月 26 日，教育部印发《普通中小学校和中等职业学校贯彻学校艺术教育工作规程评估方案的通知》，公布了学校艺术教育的工作规程评估指标、评估方案等。强调通过评估提高学校艺术教育工作规程的贯彻，明确学校艺术教育的指导思想，改善艺术教育的办学条件，加强艺术教育的基本建设，深化艺术教育的改革。

艺术活动 1991年3月15日，市教育局发出举办“第一届北京市中小学生（师范）艺术节”的通知。首届艺术节包括了小型声乐、戏剧、曲艺、器乐、舞蹈、书法篆刻、绘画、工艺美术、摄影等，1991年10月，各中小学校、职业中专学校、职业高中、中等师范学校学生参加了此项活动。

1991年7月11日，在中山公园音乐堂举行第六届中等师范学校文艺会演优秀节目调演。共有14所中等师范学校参演，代表了当时北京市中等师范学校的最高水平。1991年，市高教局与团市委、艺海实业总公司、中专学生管理研究会联合举办“艺海杯”文艺会演。全市80多所中专学校3000多名师生参加这次会演。共有6个曲种260多个节目组成12台演出。1993年6月13日，由市高教局、团市委联合组织的纪念中专“五月的鲜花”文艺会演十周年文艺晚会在中山公园举行。100多所中专学校的2000多名学生参加晚会活动。北京电视台、北京人民广播电台、《中国教育报》等新闻媒体对晚会进行了报道。“五月的鲜花”成为中专学校每年上半年必开展的一项文化活动，有力推动了学校美育教育（艺术教育）和校园文化活动的开展。

1994年6月，北京中专举办了第一届舞蹈节，并有18个舞蹈分获一、二、三等奖。1994年10月，为庆祝中华人民共和国成立45周年，“十一”在天安门广场组织了群众大联欢晚会。19所中专学校的2400名师生参加了联欢活动。1994年12月10日，北京中专组织“一二·九”运动合唱节在中山公园音乐堂举行。合唱节以歌颂伟大祖国为主题，歌唱了在党的领导下新中国成立45年来的伟大成就，100所中专学校参加。1995年7月25—27日，由市教育局承办的第一届全国中等师范学校健美操比赛在幼儿师范学校举行，来自全国各省、自治区、直辖市的25个代表队175名运动员参加了双人操、单人操、个人规定动作3项比赛。1996年4月20日，首届中专学校健美比赛圆满结束。共有18个队参加了比赛。电信学校和北京卫校获一等奖。1997年12月，北京舞蹈学校举办全国舞蹈教学公开课，受到全国50多所学校近200名教师的好评。1996年12月9日，中专学校纪念“一二·九”运动60周年合唱节在中国剧院落幕。市人大常委会副主任陶西平，市政协副主席、市委教育工委书记陈大白及有关委办局领导观看演出。

2005年1月，市教委下发《关于举办第八届学生艺术节活动的通知》，为加强学校美育工作，展示学校艺术教育成果而举办的艺术节提出了其主题和宗旨。

艺术节的主题是“新北京、新奥运、新校园”。2006 年 1 月 5 日，市教委下发《关于举办北京市第九届学生艺术节的通知》，明确本届艺术节的主题是“阳光下成长”。以后每年一届，直至 2012 年，艺术节的主题均为“阳光下成长”。2008 年，北京市开展千场民族艺术演出进校园活动，民族艺术进校园活动极大地推动了学校的艺术教育。国家大剧院与市教委合作，安排部分“民族艺术进校园”的演出，还为学生提供艺术实践平台。2008 年 10 月 30 日，市教委发出《关于举办北京市第十二届艺术节的通知》，通知发至各区（县）教委、各普通中等专业学校。本届艺术节的主题是“风华少年”，活动的项目有集体和个人项目。市教委联合国家大剧院于 2009 年 3 月 2—6 日（为期五天）举办“2009 年北京青少年艺术周”活动，为艺术教育理论交流提供交流平台。市教委 2009 年举行新媒体艺术国际交流系列活动，包括新媒体艺术国际大师论坛、CG 艺术大师高校行、学生动漫作品大赛等几个单元，面向北京涉及 CG 艺术、艺术设计等专业的所有大中专院校师生群体全面展开。

第五节　课外教育

第二课堂活动　第二课堂是职业学校课外教育的重要阵地。1992 年，振华旅游学校配合学校教学开展第二课堂。例如，开展“英语角”活动，举办艺术讲座，组织英语演讲比赛。商业学校开展课外系列文化活动，加强校园文化建设。如组织学生开展歌咏比赛，提出“人人上台，人人参与”，学校团委、图书馆、文科教研室组织“面向未来”读书活动，由老师推荐书目，学生阅读后写出读后感，学校组织征文比赛，团支部组织配合开展“读万卷书，行万里路”主题团日活动。学校还组织开展综合艺术展，有书法、绘画、摄影、工艺制作等。

1994 年的中华美德教育行动以传承中华美德、弘扬民族精神为基本主题，经历“八五”至“十一五”，已经连续滚动研究了 17 年。“八五”计划期间，在大中小学进行“八个德目”（忠、孝、诚、信、礼、义、廉、耻）教育，编写大中小学试用教材，小学讲故事《中华美德》，中学讲规范《中华道德》，大学讲理论《中华伦理》，北京市有 3 个区（县）、100 所学校共 4 万余名学生参加该项教育试验。各职业院校学生“十五”计划期间参加学校、家庭、社区“三维互动”试验中华美德教育新模式，北京市有 9 个区（县）、150 所学校共 10 万余名学生参加该项教育试验。“十一五”规划期间，进行中华美德“推广与深化”研究，各职业院校把教育中涌现出来的各种典型经验加以推广，探索和建构以经典文化、节日文化、地域文化为支撑的“文化德育”，北京市有 7 个区（县）、182 所学校共 11 万名学生参加该项教育试验，收到了良好的效果。电信学校组织学生开展第二课堂活动，学校根据学生的特点，为学生创办各种类型的文化班。如专业课老师组织电子电路班，医务室老师开办“健美班”，文科老师组织文学讲座、英语竞赛，校团委组织读书月“中国近代史知识竞赛”、组织“杂志”评选，鼓励学生多读书、读好书。财经类学校第二课堂结合专业组织课外兴趣小组，并开展在同类学校间的相互比赛。商业学校、物资学校、商贸学校等开展组织珠算比赛。理工类学校组织电路拼装、电焊比赛等。卫生类学校组织护理技巧、包扎等比赛。1999 年 10 月，中专语文研究会组织举办了中专学校的演讲大赛，共有 30 多所学校的 100 多名选手参加了比赛。2008 年 4 月 30 日，市教委转发教育部《关于以传统节日为主题开展经典诵读和诗词歌赋创作活动的通知》，活动以“我们的节日”为主题，如清明、端午、中秋、春节四个传统节日为内容的“中华经典诵读”和“中华赞·诗词歌赋创作”活动。北京卫校制定了每天下课后，学生们都要参加一项课外活动的要求。学校组织了合唱队、管乐队、手工制作、街舞、集体舞、摄影、篮球、排球、田径队等，校园内、操场上都是学生参加课外活动的身影，学校将德育、美育、体育、艺术等基本素质教育作为学校学生工作的重点。

卫生学校自 1989 年组织业余党课学习小组以来，坚持每两周活动一次，学校组织学生学习党的基本知识、中共党史及英模事迹，并写出心得体会。一轻工业学校坚持建立学生课外党课学习小组，坚持开办青年业余党校，并已在学生中发展了多名学生党员。二轻工业学校、交通学校学生业余党校，每期开课，都是由党委书记上第一课。汽车工业学校在组织学生党课学习中，党委从组织措施、教材选择、教员配备等方面每次都给予大力支持和亲自指导。无线电工业学校在党校学习的基础上，积极开展“推优入党”活动，学校坚持这项工作制度化，将“推优入党”与培养相结合，与党校学习相结合，与团的工作相结合。邮电学校还结合开展“我们十八岁”系列教育活动，把庆生与党课学习内容相结合，把十八岁作为政治生命的开始，使学生建立新的目标。

科技主题文化节活动 1992 年 5—6 月，市教育局举办以“增强中师生科技意识，迎接新技术革命挑战”为主题的中等师范学校首届科技月活动。各中等师范学校外请专家开展现代科技讲座 46 场，校内老师开展专题讲座 20 场，组织参观科技馆、天文馆、自然博物馆、植物园 46 次，组织观看科技录像 15 场，学校办起了科技宣传栏（或宣传廊）；各种校内科技演讲、展览、制作比赛 40 次。1995 年 12 月，六十一中职业高中学生刘晋获首届中国“新人奖”青年服装设计师作品大奖赛银奖。大赛是中国纺织总会、中国服装设计师协会主办的，来自全国各地的230名选手参加了大奖赛，刘晋是获奖者中年龄最小且是唯一的职高学生。1996年他代表中国青年服装设计师参加在日本举办的国际时装大奖赛。1996年10月，市委教育工委、团市委、市教委和市学生联合会发出《关于在首都高等院校中等专业学校开展纪念"一二·九"学生科技文化活动的通知》，在首都高等院校、中等专业学校中广泛开展学生科技文化活动。1998年9月17日至20日，市劳动局在劳动人民文化宫举办技工学校师生书法、绘画、摄影展览。同时编辑出版《北京市技工学校恢复办学20周年》纪念画册。1998年5月20—24日，技工学校师生4000多人参加"'98北京科技周信息技术大观园"活动。活动以"信息——传播与利用"为主题，按照信息化发展战略目标，组织中国记协新闻报刊网络中心、中国经济信息网北京中经网数据有限公司等多家企事业单位，为社会各界计算机爱好者展示最新信息产业技术、产品和成果。2001年3月2日，市教委和市文物局联合发文《关于在中小学校及职业学校开展第十届"我爱北京我爱博物馆"系列活动的通知》，活动主题是"认知历史，崇尚科学"，主要活动有"小手拉大手"双休日学生和家长走进教育基地，参加博物馆知识竞赛活动；"我为奥运做贡献"社会实践活动等。

2002年7月，北京职业学校参加了"北京高新技术产业国际周——中国北京国际科技产业博览会"。活动中专设了"北京教育周"，展示北京高等教育、基础教育、职业教育、成人教育等。各中专学校组织了展板和教育主题片，提高和扩大了北京职业教育的影响力。2009年3月13日，市教委下发《关于举办第四届北京市学生校外艺术节的通知》。技工学校参加了全市2009年"建和谐校园、促科学发展"主题系列活动。

校外教育活动　1992年9月，园林学校组织学生参加国庆前的天安门摆花活动，学生们出色地完成了任务，增强了集体荣誉感。1993年3月3日，市政府与国家教委联合举办的"首都职业学校纪念学雷锋活动30周年大会"在北展举行，首都中专学校、技校、职业高中三类学校的近3000名师生代表参加会议。国家教委副主任王明达、副市长胡昭广等领导参加会议并讲话。1994年9月4日，我国首次承办的国际残疾人运动会，第六届"远南"运动会在北京举行。市高教局中专处组织了12所学校的5000多名学生前往各个比赛场馆观看比赛，做文明观众，为各国运动员鼓劲加油。1994年，为庆祝中华人民共和国成立45周年，北京在天安门广场组织了群众联欢晚会，北京市19所中专学校的2880名学生参加了联欢活动。1995年4月，朝阳区教育局在三里屯地区组织全区职业高中师生开展“学雷锋，我学知识为人民”的实践活动。有38所中专、技校的1000余名师生参加。活动中，学生结合所学专业进行了口布折花、调酒、摆台、礼仪、点钞、食雕、刀工、珠算、插花、民族服饰等十几项专业技能汇报表演，并为群众义务剪发和维修家电。幼教、艺术专业学生还进行了文娱演出和宣传。全天共发放宣传材料2万余份，接待咨询和接受服务的人数达5万人次。

1998年8月，面对特大洪灾，市教育系统“手心相连”赈灾义演在世纪剧场举行。各职业学校、教委机关各行政部门参加了活动，北京中专学校向灾区人民捐款13.6万元，市教育系统共捐款550多万元，同时还有衣物等数万件。1999年是新中国成立五十周年的大庆，中专各校接受任务从当年4月到10月，全市几十所学校的5000多人参加了此项庆典活动。2001年8月，第21届世界大学生夏季运动会在北京举行。朝阳区12所中小学、职业高中近3000名师生承担大运会开幕式、闭幕式和大运村餐厅及客房服务的任务。昌平职校承担大运会优秀礼仪引导员的选拔、培训、住宿等任务。2006年5月10日，北京校外教育协会成立，青少年学生校外场地、校外教育机构、社会单位共150家参加成立大会，协会成立后，把北京地区不同系统、不同层级、不同类型的青少年活动场所组织起来，发挥近2000个各级各类青少年活动场所的作用。2008年5—9月，市教委组织多所职业学校直接参与2008年北京奥运会服务工作。服务工作主要在奥体中心区、颁奖礼仪现场和北京饭店贵宾楼，共有5000名师生参与该项工作。

附录 1–1

北京市劳动局
关于对北京市技工学校、职业高中职业技术学校毕（结）业生实行技术等级（岗位）考核的通知

京劳培发字〔1993〕279 号

各区、县劳动局，市属各局、总公司劳动处、教育处，中央在京有关单位、驻京部队：

根据国务院批准劳动部发布的《工人考核条例》和《北京市中等职业技术教育条例》的规定，为提高教学质量，调动学生学习技术、业务的积极性，决定对本市技工学校，培养技术工人的职业高中，职业技术学校毕（结）业生实行技术等级（岗位）考核，并颁发相应证书。现就有关事项通知如下：

一、组织管理

1. 市劳动局综合管理、指导、协调全市技工学校、职业高中、职业技术学校毕（结）业生技术等级（岗位）考核及签发证书工作。

2. 市属各有关局、总公司劳动处、教育处负责管理；协调本系统技工学校毕（结）业生的技术等级（岗位）考核及发证工作。

3. 各区，县劳动局负责管理、协调本区、县所属职业高中，职业技术学校（含中央、市属等单位联办职业高中）毕（结）业生的技术等级（岗位）考核及发证工作。

4. 技工学校、职业高中、职业抟术学校毕（结）业生，属于特种作业人员安全考核的，由市劳动局核定的考核单位负责考核，并签发安全操作合作证书。

二、考核标准和方法

1. 各工人考核组织必须严格按照国家颁发的工人技术等级标准对毕（结）业生，进行应知、应会考核；需进行岗位考核的毕（结）业生，按用人单位制定的岗位标准考核。

2. 各区、县劳动局、市属各局、总公司对同一专业（工种）毕（结）业生的考核，应采取统一时间，统一命题，统一阅卷的方法进行，对通用性强的专业（工种）毕（结）业生由市劳动局组织有关部门统一考试，并按毕（结）业生的实际水平，签发相应的技术等级（岗位）证书。

三、各工人考核组织应按考核结果填写“北京市 ×× 学校毕（结）业生技

术等级（岗位）考核审批表”（略）。经区、县劳动局、市属局、总公司劳动处签章后装入学生档案。

四、用人单位招工应优先录用取得技术等级（岗位）证书的毕（结）业生，并按其技术业务水平给予相应的工资待遇。

五、各单位组织考核的收费标准按市劳动局、市物价局京劳培发字（91）23号文件执行。

六、中央在京单位、驻京部队所属技工学校毕（结）业生，应按上述规定执行，具体考核工作由有关中央部委主管劳资、教育部门与市劳动局商定。

七、本通知自发布之日起执行。

一九九三年八月三十日

附录 1–2

北京市教育委员会
关于印发北京市中等职业学校专业设置管理意见的通知

京教职〔1997〕021 号

各区（县）教委、教育局，市政府有关委、办、局（总公司），各中等专业学校：

为贯彻落实《中华人民共和国职业教育法》和全国职业教育工作会议精神，促进全市中等职业教育进一步发展，我委制定了《关于北京市中等职业学校专业设置管理的意见》，现印发给你们，请遵照执行。

一九九七年十月三十日

关于北京市中等职业学校专业设置管理的意见

为贯彻落实《中华人民共和国职业教育法》和全国职业教育工作会议精神，加强对我市中等职业学校专业设置的宏观管理，提高教育质量和办学效益，增强学校适应经济建设和社会发展培养所需人才的能力，促进全市中等职业教育进一步发展，特制定北京市中等职业学校专业设置管理意见。

一、专业设置原则

1. 根据经济建设和社会发展对中等专业人才的需求，职业教育要适应社会经济发展的需要，积极稳妥地设置、调整专业。

2. 普通中等专业学校专业的设置、调整，原则上遵照国家教委 1993 年颁布的《普通中等专业学校专业目录》执行，职业中专可参照执行。国家教委正在制定《职业高中专业目录》，待正式颁布后执行，颁布前按原有关规定执行。

3. 专业设置要有明确的专业培养目标、业务范围和主干基础学科，有较完整的理论与实践结合的课程体系及教学计划；具备能满足教学要求的师资、图书资料和实验实习设施等基本条件。

二、专业设置标准

1. 学校申办新的专业必须适应经济建设和社会发展对该专业人才的需求，符合以下条件：

（1）有利于专业的合理布局，避免重复设置。

（2）具有保证连续办学的生源和毕业的去向。

（3）培养目标中明确规定毕业生服务方向。

（4）经过调研，进行过详尽的专业开办论证。

2. 申办学校具有良好的产学合作、校企结合的基础：

（1）所申办专业取得有关地区或有关行业（部门）给予人力、财力、物力等方面的支持或保证。

（2）委托、合作办学的须签订委托、合作协议。

3. 学校具有所申办专业的师资力量，或有解决师资问题的切实可行的途径与方法：

（1）师资配备符合国家教委颁布的《职业技术教育专业教师任职资格与培训》有关规定。

（2）教师须大学本科毕业，或具有中级以上（含）专业技术职称。有既能胜任中等职业教育教学工作，又有丰富的相应实际工作经验的教师。外聘兼职教师应保持相对稳定。

（3）生产实习指导教师应具有各类中等职业学校、普通高中毕业及以上学历并应具有相当助理工程师以上专业技术职务或中级以上工人技术等级，或聘请社会上具有相应技术特长的人担任，其数量按专业技能训练课时的比重配置。

4. 学校所申办专业的办学经费具有稳定的来源和可靠的保证：

（1）能够依法多渠道筹集所需的办学经费，并能确保经费逐年有所增长。

（2）生均经费标准须高于同类同层次的非职业教育专业。

5. 学校具有所申办专业需要的办学物质条件，或有解决物质条件的切实可行的途径与方法：

（1）拥有满足需要的专业教学场地、教学仪器和教学设备。

（2）拥有满足实践环节和技能训练需要的设备和场所（包括实验室、校内实习基地、校外实习基地）。教学计划、教学大纲中规定的实验课，自开率至少达到50%。利用有关行业（企业、部门）的设备和场所，须有固定的协作关系和资源共享协定。

（3）拥有必要的专业图书资料。

6. 学校所申办专业的教学基础建设科学、规范、完整，体现中等职业教育的特色：

（1）教学计划、教学大纲等教学指导文件齐备，有完整的理论与实践相结合的课程体系，合理安排理论教学时数和实践教学时数，理论教学大纲和实践教学大纲同时具备，所需教材有保障。课程设置既有职业针对性又有职业适应性。

（2）教学要求指向应能使学生兼获学历文凭和职业（岗位）资格证书。

三、专业设置审批程序

1. 中等职业学校专业设置审批，实行分别由中等职业学校、学校主管部门和北京市教委分级、分工负责的办法。

2. 省部级以上的重点学校（骨干、示范校），有权根据社会经济发展需要和有关专业设置的条件在专业目录范围内自主设置专业；但须报经学校主管部门审核并报北京市教育委员会备案认定。

3. 经评估合格的中等专业学校，可根据社会经济发展需要，在学校已设宽专业下设置专门化；也可根据社会经济发展需要和有关专业的设置条件，在专业目录范围内设置与学校原有专业同类的专业；但须报学校主管部门审核并报北京市教育委员会备案认定。

4. 其他中等职业学校的专业增设均须学校主管部门严格审核，上报北京市教育委员会审批。

5. 中等职业学校设置新专业，除提交申请外，还需提交可行性论证报告，说明新开专业设置的原因、专业服务方向、专业培养规格和规模；开设专业的条件包括：师资状况、实验实习条件、图书资料等情况，并附新开专业教学计划。

6. 中等职业学校根据社会经济发展需要开设专业目录以外的新专业，需按试办专业进行论证，报请学校主管部门审核后，由北京市教育委员会审批，然后报国家教育委员会备案。

7. 中等职业学校在校生所学专业需要调整的，须及时上报学校主管部门和北京市教育委员会审批。

8. 国务院各有关部委所属中等职业学校，在京招生专业的设置或调整须经上级批准后报北京市教育委员会备案。北京市教育委员会对在京部属中等职业学校开设为当地社会经济发展服务的专业，应进行审核、监督、指导和服务咨询。

四、中等职业学校申报开办新专业时间一般在前一年12月底以前进行。中等职业学校主管部门要对学校专业设置和调整加强管理，做好有关审核工作，帮助学校面向社会、面向行业、面向市场，及时合理地设置和调整专业，使学校更好地为社会经济发展服务。

附录 1–3

北京市教育委员会
关于印发中等职业学校课程体系整体改革试点工作意见的通知

京教职成〔2000〕13 号

各区（县）教委、教育局、成教局，各有关中等职业学校：

根据教育部教职成〔2000〕1 号和 2 号文件精神，市教委决定在我市中等职业学校开展课程整体改革试点工作。现将《关于中等职业学校课程体系整体改革试点工作的意见》印发给你们，请遵照执行。

二〇〇〇年十二月十三日

关于中等职业学校课程体系整体改革试点工作的意见

为贯彻落实第三次全国教育工作会议精神和市委、市政府《关于深化教育改革全面推进素质教育的意见》，促进我市中等职业学校教育质量全面提高，根据教育部教职成〔2000〕1 号和 2 号文件精神，现就中等职业学校课程体系整体改革试点工作提出如下意见：

一、指导思想

中等职业学校课程整体改革要以第三次全国教育工作会议精神和市委、市政府《关于深化教育改革全面推进素质教育的决定》以及教育部《面向 21 世纪教育振兴行动计划》为指导，将培养目标从一次性的终结性就业教育转向可持续发展的人力资源开发教育，深入研究 21 世纪我市经济、科技和社会发展对中等职业技术人才和劳动者素质的要求，以学生必需的文化知识与专业知识为基础，重点培养学生的创新精神和实践能力，使之成为适应 21 世纪现代化建设需要的社会主义建设者。遵循教育规律，突出职业教育特色，全面推进素质教育，使中等职业教育更好地适应首都经济建设、社会发展和劳动就业的需要。

二、改革目标

建立适应市场需求和以能力和全面素质为本位的课程标准，体现文化课与专业课并重，专业基础课与专业课并重，一专与多能并重的原则，突出创新能力、创业能力和实践能力的培养。课程要涵盖较多的新知识、新技术，新工艺和新方法。积极探索多种课程模式与教学模式以及课程体系的质量评价体系及有效的课程管理模式。开发新教材与多媒体课件。建立适应 21 世纪的北京中等职业教育课程体系，全面提高职业教育质量与水平。增强学生的可持续发展能力，为未来的继续学习、转岗、转业打好基础。

三、申请立项的范围、基本条件和审批程序

（一）申请立项范围：

本市中等专业学校、独立设置职业高中和独立设置成人中专学校。

（二）立项审批的基本条件：

1. 学校具备一定的设备实习条件。

2. 学校教师具有一定的研究基础。

3. 学校对课程体系改革投入的资金。

4. 学校有科研成果或参与过市级以上教育教学课题研究的优先考虑。

（三）申请立项报告的内容：

1. 试点专业课程体系改革的目的与意义。

2. 试点课程体系改革所确定培养目标制定的原则和培养目标内涵的构成。

3. 专业课程标准（包括教学大纲、教学计划、教学方法及使用的教材）。

4. 说明课程改革中基础课、专业课、文化课与实践课课时的比例及专业课、基础课、德育课、实践课等各类课程设置的原则。

（四）立项审批程序：

1. 申请立项的学校在广泛调研和论证的基础上，撰写立项报告，填写《北京市中等职业学校面向 21 世纪课程体系改革立项申请表》（一式两份，略），经学校主管部门同意后报市教委。

2. 市教委组织职教专家、行业专家和科研人员进行评审，提出评审意见。

3. 市教委根据专家评审意见公布课程体系改革试点校名单。

四、项目经费

（一）立项学校及学校主管部门负责落实项目经费和与其相关活动经费，确保项目工作正常运转。

（二）市教委对立项学校给予一定的经费补助，并监督经费使用情况。

五、项目管理

市教委将成立课程改革专家领导小组，对学校立项工作进行指导、培训、年度检查和评估。

（一）立项学校应成立以主管校长为负责人的领导机构，制订工作计划，检查项目进展情况。

（二）专业相同的立项学校可自行组成课题组，研讨和交流有关情况。

（三）项目进展情况应每年书面向市教委报告。阶段性成果要随时汇报。

（四）市教委将对取得重大成果的学校进行表彰和鼓励；对项目进展不好的学校，提出指导意见或终止、撤销立项，直至追回补助经费。

附录 1–4

北京市教育委员会
关于印发在中等职业学校试行学分制意见的通知

京教职成〔2000〕6号

各区（县）教委、教育局，市政府有关委、办、局教育处，各有关中等’职业学校：

为贯彻落实第三次全国教育工作会议精神，根据《中共中央国务院关于深化教育改革全面推进素质教育的决定》和《教育部关于全面推进素质教育深化中等职业教育教学改革的意见》，深化中等职业教育教学改革，提高中等职业教育教学质量和办学效益，促进我市中等职业教育的进一步发展，我委制定了《关于在中等职业学校试行学分制的意见》，现印发给你们，请遵照执行。

各单位可结合本地区、本单位实际情况，将试行学分制的申请及实施方案报市教委审核后施行。

二〇〇〇年十月十一日

关于在中等职业学校试行学分制的意见

为贯彻第三次全国教育工作会议精神，根据《中共中央国务院关于深化教育改革全面推进素质教育的决定》和《教育部关于全面推进素质教育深化中等职业教育教学改革的意见》，深化中等职业教育教学改革，提高中等职业教育教学质量和办学效益，促进我市中等职业教育的进一步发展，现对在中等职业学校试行学分制提出如下意见：

一、指导思想和原则

（一）中等职业学校试行学分制的指导思想是：以《中共中央国务院关于深化教育改革全面推进素质教育的决定》和《教育部关于全面推进素质教育深化中等职业教育教学改革的意见》为指导，满足学习社会化、终身化和个性化发展的需要，充分发挥中等职业学校深化教学改革全面推进素质教育的积极性和调动学生学习的主动性，扩大中等职业学校办学自主权，加强中等职业教育与其他类型教育的沟通和衔接，创造中等职业教育教学改革的新局面。

（二）按照学分制的要求，中等职业学校提出申请并经市教育委员会批准，可以根据本校条件在全校或部分骨干专业进行学分制试点。具备条件的地区也可以进行区域性或社区学分制的试点。

（三）中等职业学校试行学分制，要树立现代化的教育教学观念，改革教学组织和管理制度；满足有实际需要的学生工学交替、分段完成学业的需要；允许学生根据社会需要和个人兴趣、条件选择学校和专业。要建立校际之间、相近专业之间、校内短期培训和学历教育之间以及学历教育和职业资格培训之间学分相互承认的机制，允许学生跨专业、跨学校选择课程；对于从其他高中阶段学校或教育培训机构转入的学生以及已具备相当学历的社会青年，承认其相应的学习经历或学分。对于已经取得与专业有关的资格证书的学生，可将其折算成相应学分予以承认。

（四）试行学分制是教学组织管理制度的一项深层次重大改革，各中等职业学校及学校主管部门要高度重视，积极稳妥地开展此项工作，可以进行学年学分制或完全学分制的试点，并使之不断发展完善，逐渐过渡到完全学分制，各级学校主管部门和有关方面要加强对此项工作的管理、指导和服务。

二、学分与学制

（五）学分是指计算学生完成一门课程的学习任务所需时间和学习成效的单位，是学校确定学生能否毕业的重要依据，也是学校组织教学活动的重要依据，计算学分应以该课程在教学计划中安排的课时数为主要依据，以学期为单位时间。

（六）一般课程以 16 ～ 18 个课时为 1 个学分，全学期开设的课程用其周课时计算学分，课程的周课时数即为该课程的学分数。独立开设的实践课、公益劳动、军训、入学教育、毕业教育、体育等课程，以 32 ～ 36 个课时为一个学分。

（七）三学年制专业的总学分一般不少于 160 学分；四学年制专业的总学分一般不少于 210 学分；教学计划的课程设置中应设立选修课程，其学分数应不低于总学分数的 10%。

（八）试行学分制的专业可以在三年、四年学制（三年为主）的基础上，实行弹性学制，鼓励学生根据社会需要、个人兴趣和条件自主选择课程，学生修满本专业课程并经考核合格后，可以继续选修其他专业的课程并取得双专业毕业证书，也可以提前毕业，但提前期限最多不能超过一年；允许学生根据需要工学交替、分段完成学业，但学制的延长期限最多不得超过三年。

三、教学计划与课程设置

（九）试行学分制的学校要按照《教育部关于制定中等职业学校教学计划的原则意见》制定试行学分制专业的实施性教学计划，确保教育教学质量和专业培养目标。

（十）积极探索有利于中等职业学校实施学分制的现代化的课程模式，如：采用模块式和综合化等设置课程的方法，把知识传授和能力培养紧密结合起来，增强课程的灵活性、适应性和实践性，努力构建适应经济建设、社会进步和个人发展需要的课程体系。

（十一）课程结构可以分为两类：必修课和选修课

1. 必修课：指为保证专业人才培养的基本规格和质量，学生必须修习的课程。包括文化基础课程、主干专业课程和实践课程。

2. 选修课：指学生可以有选择地修习的课程。选修课分为限选课和任选课。

限选课：指学生在学校提供的选修课范围内，按照规定要求选修一定学分，以深化、拓宽与专业有关知识和技能的课程。

任选课：指根据学生兴趣、个性和实际需要，扩大学生知识面，培养、发展学生潜能的课程。

（十二）试行学分制的学校要积极推进实施毕业证书和职业资格证书、专业技能证书两种证书制度，按照国家颁布的职业分类标准，紧密联系社会及用人单位的需求来培养学生的职业素质和能力，鼓励学生取得相应的职业资格证书、专业技能证书，并作为考核学生职业素质的条件，确保中等职业教育专业培养目标的方向。

（十三）试行学分制的学校要转变教育观念，树立以全面素质为基础、以能力为本位的职业教育思想；根据首都经济建设、社会进步和个人发展需要，在搞好课程改革的基础上，逐步扩大选修课的范围，增加创业教育、就业指导等有关内容，给学生以较大的选择余地，使学生就业有路、升学有望，充分满足学生就业、升学和自我发展需要。

四、入学与学籍

（十四）试行学分制的学校或专业，可以根据有关规定采取登记入学的办法，凡具有初中毕业水平的应（往）届初中毕业生或具备同等学力的社会青年，一经学校录取即取得相应学籍。

（十五）转学、转专业的学生，转学后可以根据学分互认的办法承认已修相应课程的学分；中等职业教育以外其他教育类别的学生，已试行学分制的，相同（或相近）课程可以互认学分，未试行学分制的，相同（或相近）课程的成绩可以转换成相应的学分；转专业后已修相同（或相近）课程的学分可以互相承认，未试行学分制的，相同（或相近）课程的成绩可以转换成相应的学分；参加本校短期培训的有关专业相同（或相近）的课程，学校可酌情承认其学分。

五、课程的选修、免修与重修

（十六）选课是试行学分制的重要内容之一，教师要指导学生根据社会需要和个人兴趣、条件，按照专业教学计划和开课计划进行选课。学生每学期所修课程学分之和不宜低于 24 学分，最高不宜超过 40 学分。

（十七）学生在校期间须自动参加各科课程的正常教学活动，在未获得该课程学分前，不得申请免修该课程。

（十八）试行学分制的学校应在本学期结束前，公布下一学期教学实施计划和必修、选修课程及相应学分，以供学生选择申报，学生选修课程须提前申请，并由学校统一组织实施。学生需创业、参加社会实践、提前参加一段时间工作或选修其他学校的课程，应提前向学校提出申请，经学校批准后方可执行。

（十九）学生获得与所学专业相关的社会认可的职业资格、技术等级证书，或通过高等教育自学考试课程，可以申请免修相应课程，并经学校批准后取得相应学分；学生边工作边学习期间可以申请免修相应课程，经学校批准并考核合格即获得相应学分。

（二十）学生所修课程经考核不合格者，不能取得该课程学分，应进行补考，补考不及格须对该课程进行重修。

六、成绩考核与毕业

（二十一）为巩固学生所学知识，检查教学效果，保证教学质量，要严格考核制度。学校要改进考核方法，重视考核学生应用所学知识解决实际问题的能力，严格实行并不断完善考教分离制度，大力提高教育考核技术手段的现代化水平和信息化程度，建立有利于培养学生全面素质和综合职业能力的教学质量评价体系。

（二十二）为贯彻素质教育的要求，试行学分制的学校，要根据学生年龄特点对学生进行综合素质评价，把课程考核和学生的思想品德、组织纪律、行为规范等方面考核相结合，学生综合素质合格方能毕业。

（二十三）一般应采用学期（学年）成绩分来评价学生该阶段的学习质量；为避免学生重量不重质的学习倾向，鼓励学生深入钻研学科知识，可实行绩点制的考核方法，把考试成绩与学分适当联系，对学生掌握所学课程程度进行综合评价。

（二十四）学生参加市级或全国各类比赛、竞赛受到表彰，学校可以酌情给予一定学分予以奖励。

（二十五）学生完成本专业规定的必修课和选修课的学习，经考核合格，修满规定学分，学校准予毕业；对于在规定年限内不能达到毕业要求的学生，学校可发予结业证书，学生可在一定时间内，参加学校认可或组织的培训和考核，取得学分，换取毕业证书。

（二十六）学生原则上应在颁发毕业证书学校取得本专业总学分数的 60% 以上，方可取得该校本专业毕业证书。试行学分制的学校要树立服务精神，对达到毕业要求的学生及时颁发毕业证书。

七、其他

（二十七）试行学分制的学校或区（县）教育行政管理部门，要遵照本意见制定本学校和本地区试行学分制的实施细则或实施方案，上报市教育委员会批准后实施。

（二十八）试行学分制的学校或地区教育行政管理部门要认真落实试行学分制过程中的组织管理工作，做好与之配套的规章制度、课程体系、评价体系、师资队伍、实验实习设备、基地的建设工作，采取多种措施加强学生管理工作，加强德育和养成教育，确保学分制的稳步实施；并不断总结经验，以利推广。

（二十九）本意见自颁布之日起试行，由北京市教育委员会负责解释。

附录 1–5

北京市教育委员会
转发教育部关于印发《中等职业学校管理规程》文件的通知

京教职成〔2010〕5 号

各区（县）教委，各中等职业学校：

为加强中等职业学校管理，维护正常的教育教学管理秩序，教育部印发了《中等职业学校管理规程》。为便于工作，现将教育部《关于印发〈中等职业学校管理规程〉的通知》（教职成〔2010〕6 号）转发给你们，请认真组织学习并贯彻落实。

各学校要根据职业教育改革发展需要，结合工作实际，认真修订学校相关制度和规定。学校主管部门和各区（县）教委要严格依照文件有关要求，切实履行领导、管理和组织职责，确保本市中等职业学校规范健康发展。

二〇一〇年八月九日

教育部
关于印发《中等职业学校管理规程》的通知

教职成〔2010〕6 号

各省、自治区、直辖市教育厅（教委），各计划单列市教育局，新疆生产建设兵团教育局：

为全面贯彻落实党的教育方针，进一步加强中等职业学校管理，维护正常的教育教学秩序和生活秩序，全面提高教育教学质量和办学效益，促进中等职业教育更好地为经济社会发展服务，我部制定了《中等职业学校管理规程》。现将该规程印发给你们，请遵照执行。

附录：中等职业学校管理规程

二〇一〇年五月十三日

中等职业学校管理规程

第一章　总则

第一条　为进一步规范中等职业学校管理，全面提高管理水平、教育质量和办学效益，促进中等职业教育科学发展，依据《中华人民共和国教育法》《中华人民共和国职业教育法》等相关法律法规，制定本规程。

第二条　本规程适用于依法设立的各类中等职业学校（包括普通中等专业学校、成人中等专业学校、职业高中、技工学校）。中等职业学校的设立依据国家和省级教育行政部门发布的中等职业学校设置标准，其设立、变更、终止应当报省级教育行政部门依法审批或备案。

第三条　中等职业学校实行学历教育和职业培训相结合，职前教育和职后教育相结合。积极开展农村实用技术培训、农村劳动力转移培训、农民工培训、下岗再就业培训、社区居民培训等各类教育培训活动。

第四条　中等职业学校实行全日制和非全日制相结合的教育形式。实施学历教育，主要招收初中毕业生和具有同等学力的人员，基本学制以三年为主；招收高中毕业生，基本学制以一年为主。学校在对学生进行高中层次文化知识教育的同时，根据职业岗位的要求实施职业道德教育、职业知识教育和职业技能训练，培养与我国社会主义现代化建设要求相适应，具有综合职业能力，在生产、管理、服务一线工作的高素质劳动者和技能型人才。

第五条　各级教育行政部门负有中等职业学校管理和组织领导职责，其他相关部门按照各自职责负责中等职业学校相关管理工作。

省级教育行政部门应当加强对学校办学资质的审核和监管，在每年春季招生工作开始前，公布本地区本年度具有招生和享受国家助学政策的学校名单。

第六条　学校应当依法制定学校章程，按照章程自主办学。学校实行校长负责制，聘任具备法定任职条件、熟悉职业教育规律、敬业创新、管理能力强的人员担任校长。新任校长应当经过岗前培训，持证上岗。学校章程中应当明确校长在学校发展规划、行政管理、教育教学管理、人事管理、财务管理等方面的责任、权利和义务。

学校建立健全校长考核及激励约束机制。

第二章 学校内部管理体制

第七条 学校建立校长全面负责行政工作、党组织保障监督、教职工民主参与管理的内部管理体制。民办学校实行理事会或者董事会领导下的校长负责制。

学校建立党组织，并确保党组织发监督、保障和参与重大决策的作用。学校应当在党组织领导下，建立共青团、学生会组织，组织开展生动有效的思想政治教育活动。

第八条 学校建立和完善教职工代表大会制度，依法保障教职工参与民主管理和监督的权利，发挥教职工代表大会参与学校重大决策的作用。学校建立工会组织，维护教职合法权益。

第九条 学校根据国家有关政策，结合自身发展实际，合理设置内部管理机构，并明确其职责，规模圈套的学校可以设置若干专业部（系），实行校、部（系）二级管理。

第三章 教职工管理

第十条 学校按照人事管理规定，科学设置各类岗位，公共基础课教师和专业技能课教师保持合理比例，实行固定岗位和流动岗位相结合、专职岗位和兼职岗位相结合的岗位管理办法，逐步提高同时具有教师资格证书和职业资格证书的“双师型”教师比例，不断优化教职工队伍结构。

第十一条 学校实行教师聘任制。根据《中华人民共和国教师法》和国家关于事业单位人员聘用制度的有关规定，科学制定学校教师聘任管理制度和具体管理办法。按照公开、平等、竞争、择优的原则，在定员、定岗、定责的基础上聘任、解聘或辞退教职工。学校应建立健全保障教职工合法权益的程序和制度。

第十二条 学校实行教师职务制度。逐步提高同时具有中等职业学校教师职务和职业资格证书的专业课教师比例，实习指导教师应当具有相当地助理工程师及以上专业技术职务或者中级以上工人技术等级。

学校建立有利于引进企业优秀专业技术人才到学校担任专、兼职教师的聘任制度。学校可以根据需要通过“特岗、特聘、特邀”等形式，向行业组织、企业和事业单位聘任专业课教师或实习指导教师。

第十三条 学校建立教师到企业实践制度。专业技能课教师、实习指导教师每两年应当有两个月以上时间到企业或生产服务一线实践。鼓励教师参加高一级学历进修或提高业务能力的培训。

第十四条　学校按照国家有关规定要求，建立健全师德考评奖励机制，开展师德师风教育、法制教育和安全教育。

学校应当加强班主任队伍建设，建立健全班主任业绩考核和激励约束机制。

第四章　教学管理

第十五条　学校应当设立教学教管理机构，制定教学管理制度，建立健全教学管理运行机制，保证教学计划的实施。

第十六条　学校实行工学结合的人才培养模式，坚持专业教育与生产实践相结合。

第十七条　学校根据经济社会发展和劳动力市场需求，按照《中等职业学校专业目录》设置的专业，应当经学校主管部门同意，地市级以上教育行政部门核准，报省级教育行政部门备案。设置《中等职业学校专业目录》外专业，应当经省级教育行政部门核准，报国家教育行政部门备案。

学校应当与行业企业紧密合作，共同建立专业建设委员会和专业教学教学指导委员会，加强专业建设和教学指导。

第十八条　学校根据国家教育行政部门发布的指导性教学文件，制订实施性教学计划。

学校依据国家教育行政部门发布的教学大纲或教学指导方案组织教学、检查教学质量、评价教学效果、选编教材和装备教学设施。加强课程管理，严格执行国家教育行政部门设置的公共基础课程和专业技能课程，设置必修课和选修课。

第十九条　学校应当建立严格规范的教材管理制度。优先选用国家规划教材。根据培养目标和产业发展需要，可以开发使用校本教材。

第二十条　学校应当加强教学过程管理。建立健全教学质量监控与评价制度，有关部门专门负责教学督导工作，定期组织实施综合性教学质量检查。

第二十一条　学校应当加强校内外实习实训基地的建设，加强对实践性教学环节的管理，保证实践教学的质量。建立健全学生实习就业管理制度，学校应有相应机构负责学生实习就业工作，加强对学生的安全教育，增强学生安全意识，提高学生自我防护能力。学校应当做好学生实习责任保险工作。

第二十二条　学校应当积极推行学历证书与职业资格证书并举的“双证书”制度。专业技能课程的教学内容应当与职业资格标准相结合，突出职业技能训练。学校应当组织学生参加职业技能鉴定，开展技能竞赛活动。

第二十三条　学校应当设立教学研究机构，加强教研和科研工作，积极组织教师参与国家和地方的教研活动。

第五章　德育管理

第二十四条　学校应当将德育工作放在首位，遵循学生身心发展规律，增强德育工作的针对性、实效性、时代性和吸引力，把社会主义核心价值体系融入职业教育人才培养的全过程，将德育全方位带入学校各方面工作。

第二十五条　学校应当加强对德育工作的组织和领导，明确各部门育人责任，设置德育和学生管理专门机构，建立专兼职学生管理队伍，使德育落实到教育教学工作的各个环节。

第二十六条　学校应当加强校园文化建设，优化校园人文环境和自然环境，完善校园文化活动设施，注重汲取产业文化的优秀成分，发挥文化、环境育人作用。

充分发挥共青团、学生会等学生社团组织在校园文化建设中的独特作用，开展丰富多彩的校园文化。

第二十七条　学校应当按照相关要求开足德育课课程，发挥德育课在德育工作的主渠道、主阵地作用。加强其他课程教学和实习实训等环节的德育工作，强化职业道德教育。加强学生的心理健康教育。

第二十八条　学校应当建立和完善学生思想道德评价制度，改革德育考核办法，加强德育过程的评价管理，建立学生德育档案。

第六章　学生管理

第二十九条　学校应当依法保护学生合法权益，平等对待学生，尊重学生的个体差异，促进学生全面发展。

第三十条　学生应当严格执行国家教育行政部门发布的中等职业学校学生学籍管理及其他有关规定，认真做好学生入学注册、课堂教学、成绩考核、实习实训、学籍变动、纪律与考勤、奖励与处分以及毕业、结业等各项管理工作。

第三十一条　学校根据《中等职业学校德育大纲》等规定，制定学生日常行为管理规范，做好学生日常行为管理工作。

第三十二条　学校建立健全学生学习管理制度，加强学风建设，引导学生刻苦钻研理论和实践知识，努力提高综合职业素养。

第三十三条　学校建立健全学生奖励和处分制度，学生奖学金、助学金、减免学费等制度。

第七章　招生管理与就业服务

第三十四条　学校应当根据有关规定，按照教育行政部门和招生管理部门的要求，明确学校招生管理部门职责，做好招生工作，严肃招生纪律，规范招生行为。坚决杜绝有偿招生和通过非法中介招生，不得与不具备中等职业学历教育资质的学校或机构联合招生。学校发布招生广告（含招生简单），应当真实准确，并按照有关规定报教育行政部门备案。

第三十五条　学校应当加强职业指导工作，做好毕业生就业、创业服务工作，维护毕业生的合法权益。

第三十六条　学校应当制定招生管理和就业服务的规章制度，对违反规定的，应当追究相关部门和人员的责任。

第三十七条　学校违反有关规定开展招生和就业服务活动的，教育行政部门应当依据法律和有关规定给予严肃处理；对涉嫌犯罪的，应当移送司法机关，依法追究有关人员的法律责任。

第八章　资产管理与后勤服务

第三十八条　学校应当做好校园总体规划，做到功能分区合理，满足发展要求，体现职业教育特色。加强校园建设和管理，建设安全、整洁、文明、优美、和谐的学习、工作和生活环境。

第三十九条　学校应当依法建立健全财务、会计制度和资产管理制度，做好规范收费和财务公开，建立健全会计账簿，加强内部控制和审计制度。

第四十条　学校应当依照国家有关规定，加强和规范对国家助学金和免学费补助资金的管理，健全资助体系和监管机制，防范和杜绝违反国家有关规定骗取国家助学金和免学费补助资金等违规违法行为。

第四十一条　学校应当做好资产的登记、使用、维护、折旧和报废等资产管理工作。

第四十二条　学校应当按照规定，建立和完善设施设备采购、管理和使用制度。加强实验教学设施、实习实训设施的管理。

第四十三条　学校应当对强后勤管理工作，创新后勤服务管理机制，促进后勤服务社会化，提高服务质量和效益。

第四十四条　学校应当依照有关规定，做好膳食、宿舍管理等后勤保障工作，为师生提供优质服务。

第九章 安全管理

第四十五条 学校应当制定安全预防、日常安全管理、应急处理等安全管理制度，落实安全责任制。设立安全管理机构，配备安全管理人员，全面开展安全管理工作。

第四十六条 学校应当保证校内建筑物及其附属设施、教学设备、土地、道路、绿化设施、交通工具等学校设施设备符合安全标准，定期检查、消除安全隐患。

第四十七条 学校应当加强学生的法制、安全、卫生防疫等教育，开展逃生避险、救护演练消防演练等活动，增强学生的法制意识、安全意识、卫生意识。

第四十八条 学校应当保障校内活动中的学生的教职员工的安全，保障经由学校组织或批准的校外活动中学生和教职工员工的安全。加强学生实验、实习实训安全管理。

第四十九条 学校应当加强与当地公安机关和社区的联系，建立校园安全联防制度和安全工作协调机制，加强学校周边环境综合治理。

第十章 附则

第五十条 各省、自治区、直辖市教育行政部门可以依照本规程制定实施细则或相应的管理制度。

第五十一条 本规程从发布之日起施行。

第二章　高等职业教育

北京高等职业教育发展大体经历了起步（1978—1984 年）、试点探索（1985—1992 年）、积极发展（1993—1998 年）、快速发展（1999—2004 年）、全面提升（2005—2010 年）五个阶段。

北京高等职业教育起步阶段的多样化办学体制奠定了多元化办学基础。这种多元化打破单一政府办学格局，形成政府主导，行业、企业和社会力量共同参与，面向市场的多元化办学格局。1994 年全国教育工作会提出“三改一补”的高职发展方针（职业大学、部分高等专科或成人高校改革办学方式，少数重点中专改制或举办高职班作为补充发展高等职业教育）；1998 年形成“六路大军办高职”的多元化办学局面（即职业大学和职业学院、高等专科学校、普通本科院校二级职业技术学院、部分重点中专校、成人高等学校、民办高校共同办高等职教）。1999 年，北京伴随着高等教育管理体制改革全面推进，通过成人高校、优秀中等职业学校合并，大学郊区分校改制及优秀民办高等教育自学考试助考机构充实提高等方式，独立设置高等职业院校得到快速发展。电子科技职业技术学院、信息职业技术学院、工业职业技术学院、农业职业学院、交通运输职业学院等，到 2010 年北京有 24 所独立设置的高等职业院校，3 所大学分校以及 27 所普通本科院校举办高等职业教育（本章重点记述独立设置的高等职业院校）。独立高职院校按办学体制不同分为行业办学、区（县）办学、企业集团办学、个人办学等。16 所公办高职院校中有 4 所是市教委所属，市农委、政法委、劳动局、文化局等及电控集团等其他委办局所属高等职业院校有 9 所，区（县）政府所属高等职业院校有 3 所；企业集团办学 3 所；个人办学 6 所。北京已经基本形成了政府主导、依靠企业、充分发挥行业作用、社会力量积极参与的多元办学格局。

北京重视高职院校学生的德育教育，在开设课程中强化学生的职业道德教育，每一学年的职业教育侧重点有所不同。自 2005 年后，学生的心理健康问题作为教育重点，心理素质教育、心理疾病预防和危机干预作为课程进入德育课堂。在教学过程中，市教委提出高职专业设置要讲究实用性、针对性和灵活性，针对社会需求选设专业，在专业建设的同时，2002 年开展国家高职高专精品专业建设项目，自 2008 年北京实施示范性高等职业院校建设计划项目，引导高职院校更新教育理念，推进教学改革。在课程建设过程中，高等职业教育课程开发围绕学生职业能力培养的目标，与行业企业合作开发课程，建立基于工作过程的课程体系，开发岗位技能要求，使学生实践操作能力培养成为核心课程，将产业界的技术标准与管理规范引入课程教学，提高了教学的实效性。

在发展高职教育的过程中，各高职院校重视学生技能的培养。北京市教委组织高职院校开展了一系列的职业技能竞赛，在组织参加的 2008 年、2009 年、2010 年全国职业技能竞赛活动中取得了优异的成绩。艺术教育是高等职业学校实施美育的主要内容和途径，是促进高校校园精神文明建设不可缺少的内容。

第一节　德育

北京高职教育从起步就确定“以质量为重”的发展目标定位，从试点时期起积极开展教育模式探索。1991 年 10 月，国务院《关于大力发展职业技术教育的决定》提出：各级各类职业技术学校要把德育放在首位。坚持不懈地进行四项基本原则和国情教育，进行爱国主义、社会主义、集体主义及共产主义人生观等思想政治教育。

德育课程　1994 年 1 月 17 日，市教育局转发《国家教委〈关于中等职业技术学校政治课课程设置意见〉的通知》，对政治课课程设置提出，政治课是学校德育的重要阵地和主要渠道，是各专业学生必修的基础课程。政治课的主要任务是对学生进行马克思主义、毛泽东思想和建设有中国特色社会主义理论的教育，新时期党的路线方针政策教育，国情和近现代史教育，法纪观念和职业道德教育，引导学生树立科学的世界观和为人民服务的人生观，使学生具备良好的思想政治素质和职业道德素质，课程设置和教学内容安排，注意与专业教育相结合，与学生原有知识相衔接。根据学生文化程度和学制的不同，分别设置的课程见表 2–1。

表 2-1　　1994—1995 年课程课时安排一览表

年级	课程	课时	备注
一年级	经济、政治	66 ~ 72 课时	财经类、文科参照
二年级	世界观・人生观、法律、职业道德	66 ~ 72 课时 32 ~ 36 课时 34 ~ 40 课时	职业道德可根据专业不同对课程课时进行适当调整
三年级	法律、国情、职业道德	32 ~ 36 课时 34 ~ 40 课时	
四年级	职业道德	34 ~ 40 课时	教学要点：道德与职业道德；职业道德与职业责任；行业职业道德规范；职业道德修养

国家教委负责制定以上各门课程的教学大纲，并组织编写教材及相应的教学参考书。1994 年 2 月 26 日，市教育局转发国家教委《关于颁发〈中等职业技术学校职业道德教学大纲（试用）〉文件的通知》，要求自 1993—1994 学年度秋季开始正式使用国家教委统编的职业道德课教材。各职业（学校）职业道德课教学根据国家教委通知要求，制定不同专业（工种）的具体规范。1993 年 10 月，市高教局在铁路电气化学校和化工学校进行德育评估试点。试点后总结经验，提出了达标标准。北京中等职业学校的高职教育探索是从高等学校与中等职校对口招生联合举办高职班开始，从起步到快速发展阶段高职教育中的德育教育课程主要按照《关于中等职业技术学校政治课课程设置意见的通知》《中等职业技术学校职业道德教学大纲》等文件执行，并自 1993—1994 学年度开始，在各类中等职校试行。

1997 年 6 月，国家教委印发的《关于加强和改进职业学校德育工作的意见》提出，新时期职业学校德育的指导思想和工作原则，职业学校德育的主要内容，拓展职业学校德育工作的途径，改进德育工作方法等。1997 年 7 月 9 日，市教委转发国家教委《关于加强和改进职业学校德育工作的意见》，要求各区（县）教委、教育局和各职业学校结合学习《中共中央关于加强社会主义精神文明建设若干重要问题的决议》精神，采取有力措施，把改进和加强学校德育工作的意见落到实处。1998 年 12 月，市教委、教育工委制定了《北京市中等职业学校德育工作纲要》。德育工作纲要共分六个部分：即德育目标、德育内容、德育原则、德育途径、德育实施与管理、德育研究。1999 年，随着高等教育管理体制改革全面推进，通过成人高校、优秀中等职业学校合并等成立独立设置的高等职业技术学院，德育教育开始与高等教育接轨，2000 年，教育部《关于加强高职高专人才培养工作的意见》，明确提出我国高职高专教育的办学条件、指导思想、人才培养工作重点和工作思路。电子科技职业技术学院在学生德育和心理健康教育方面有突出成效，从1999年到2002年，3年有788人提出申请加入中国共产党，学校3年发展了46名学生入党。学生积极参加义务献血，参加青年志愿者和社会捐献等社会活动。学校学生思想道德建设行动充分利用现代信息技术和首都信息化建设的优势，建立数字德育平台，不断创新德育模式。

2005年，学生的心理健康问题作为教育重点，心理素质教育、心理疾病预防和危机干预作为课程进入德育课堂，并提出教育教学原则和主要教学内容等。2005年3月，市委教育工委、市教委、市卫生局、团市委印发了《北京高校学生心理素质教育教学大纲》《北京高校学生心理素质教育咨询大纲》《北京高校学生心理素质教育疾病预防和危机干预大纲》，要求各学校结合学校实际贯彻执行。《北京高校学生心理素质教育教学大纲》提出了高校学生心理素质教育的教学目标是帮助大学生"了解心理知识，培养健康心理，增进心理能力"。提出心理健康教育的教学原则、主要教学内容。大纲同时提出了心理健康教育的教学原则，主要包括整体性原则、发展性原则、科学性原则、针对性原则、预防性原则五项。主要教学内容包括预备知识、心理学基础、心理学及其研究领域、心理过程的特点及规律、人格倾向和人格特征、心理素质的内涵和作用、大学生心理发展特点与健康成长。各学校在开展心理健康教育过程中，学校心理辅导教师通过热线服务、书信咨询、网络咨询等个别辅导与团体辅导的手段，帮助学生处理好学习、生活、择业、交友等方面遇到的矛盾和问题，有针对性地开展心理辅导工作。心理健康教育形成了系列的管理机构并提出职责要求。包括：市教委加强和完善北京市心理健康教育中心建设，充分发挥心理健康教育专家指导委员会的作用，统筹规划北京市中小学和职业学校心理健康教育工作，制定心理健康教育工作的培训方案及考核办法，并定期到各区（县）各学校进行指导；学校建立由校领导负责、有关职能部门参与、专（兼）职心理健康教育教师参加的学校心理健康教育管理机构，形成以专（兼）职心理辅导教师为骨干，班主任、团队干部和政治课教师等为主体，全体教师参与的心理健康教育工作体制。本市大中专学校设立心理咨询室，有专用的场所并配备专门人员，针对不同年级学生的心理特点开展心理辅导。

2010年9月，市教委下发《关于开展"人文北京、科技北京、绿色北京"教育的通知》。市教委决定将广泛开展的"人文北京、科技北京、绿色北京"教育，作为学生德育教育的重要内容。要求与课程相结合，引导学生深入理解"三个北京"建设的内涵；与实践相结合，引导学生在体验中感受"三个北京"建设的成就；与服务相结合，引导学生积极投入到"三个北京"建设的行动中。

德育活动 市高等教育局1993年9月8日下发《关于在北京中等专业学校开展“文明校园”建设活动的通知》，主要内容包括：校园政治环境、校园生活环境、校风校纪。1994年的中华美德教育行动以传承中华美德、弘扬民族精神为基本主题，经历“八五”至“十一五”，已经连续滚动研究了17年。“八五”计划期间，在大中小学进行“八个德日”（忠、孝、诚、信、礼、义、廉、耻）教育，编写大中小学试用教材，小学讲故事《中华美德》，中学讲规范《中华道德》，大学讲理论《中华伦理》，仅北京市就有3个区（县）、100所学校共4万余名学生参加该项教育试验。各职业院校学生在“十五”计划期间参加学校、家庭、社区“三维互动”试验中华美德教育新模式，全市9个区（县）、150所学校共10万余名学生参加该项教育试验。“十一五”规划期间，进行中华美德“推广与深化”研究，探索和建构以经典文化、节日文化、地域文化为支撑的“文化德育”，全市7个区（县）、182所学校共11万名学生参加该项教育试验，收到了良好的效果。1994年，市委宣传部、市政府文教办等12家单位组织北京高等学校和中专学校开展“读百卷书、激爱国情”读书活动。市高教育局、团市委成立了读书工作活动领导小组，并于1994年8月30日发出《关于开展北京市青少年“1994—1997年读书工程”暨“读百卷书、激爱国情”大型读书活动的通知》，包括开展有奖征文活动，推荐藏书状元，组织读书知识竞赛，评选先进集体和个人等。11月，市高教局、共青团市委组织高校、中专学校读书知识竞赛，25所高等学校和32所中专学校组队参加竞赛。12月，读书工程组委会在北京电视台进行“希望杯”读书知识竞赛。

2005年3月，市委教育工委、市教委等部门印发的《北京高校学生心理素质教育咨询大纲》提出高校心理咨询的任务和特点，学校心理辅导教师通过热线服务、书信咨询、网络咨询等个别辅导与团体辅导的手段，有针对性地开展心理辅导工作。市教委加强和完善北京市心理健康教育中心建设，统筹规划北京市中小学和职业学校心理健康教育工作，制定心理健康教育工作的培训方案及考核办法。本市不少大中专学校设立心理咨询室，有专用的场所并配备专门人员，针对不同年级学生的心理特点开展心理辅导。2009年5月，团市委、北师大、市学联联合举办了第十届“5·25”大学生心理健康节。活动以“信心通向未来”为主题，举办了专题论坛，启用了大学生心理健康节微标。在德育教育活动中，青年政治学院自2007年起组织志愿者参与中国人民抗日战争纪念馆的志愿服务动，其中有24名志愿者参与志愿讲解，学院获中国人民抗日战争纪念馆志愿服务优秀组织奖，有10名同学被评为“优秀志愿者”称号。

青年政治学院、电科职院、信息职院等高职院校不仅参与北京市禁毒教育基地以及团市委青少年戒毒中心开展的各项志愿服务活动，同时坚持在社区以“参与禁毒斗争，构建和谐社会”为主题的禁毒宣传教育活动，得到了相关政府部门及公益团体的肯定。

2010年7月，由团市委、市青联主办，电科院承办的“关注职业教育、引领青年成长”活动启动，来自教育、科技、经济、新闻等各界青联委员和大兴区、经济开发区的青联委员、职业学生代表共200余人参加启动仪式。2010年12月，北京市第二届高职院校德育论坛在财贸职院举办，9所高职院校主管学生工作的领导、学工部部长、班主任、思想政治理论课老师等100多人参加了论坛。

第二节　教学

专业建设　1994年，高职班试点工作开始。国家教委对试办高职班提出基本要求，高职班招收初中生，学制5年，考生参加中等学校招生考试，统一录取。学校采用三、二分段形式组织教学，对高职班毕业生的考核实行学历考试和技能考核相结合的方式，实行双证书制，毕业生就业采取学校推荐、供需见面、双向选择、择优录用和自主择业方式。北京市开始进行中等职业技术教育与成人高等职业教育转轨的试点。1994年5月25日，市高教局下发《北京地区高等学校专业设置管理办法》，对专业设置的审批权限、审批程序等做出明确要求和规定，对专科设置情况统一上报软盘。1994年8月22日，市委、市政府在北京中专工作会议上，确定了北京中专教育的9项重点改革工作，其中，提出与高等学校联合试办高职班。1994年，北京市开始进行中等职业技术教育与成人高等职业教育转轨的试点。

国家教委1995年11月印发《关于成人高等学校试办高等职业教育的意见》，试点工作由国家教委批准备案的具有职业技能训练条件的独立设置的成人高等学校承办。招生对象为具有中等专业学校、技工学校、职业高中和普通高中毕业文凭及同等学力的在职从业人员。选择适合举办高等职业教育的专业。教学计划和教学大纲以职业岗位规范和岗位需要为依据，由承办学校组织有关教师、企事业单位的专家、专业技术人员共同研究制订。学生学完教学计划规定的全部课程，考试成绩合格者，由学校按国家教委有关规定颁发国家教委统一印制的成人高等教育毕业证书。各地各部门根据实际情况实行毕业生“双证制”，除颁发成人高等教育毕业证书外，学员经劳动、人事等有关部门认定的技术等级或职业资格考核机构考核，达到国家规定中级以上技术等级或高等职业岗位要求者，由有关部门颁发中级以上技术等级证书和岗位资格证书。1996 年 11 月，市教委同意在东城区职工大学等 5 所学校进行与中等职业技术教育接轨的高等职业教育试点。试点专业按“5+2”考试方式参加 1997 年成人高考，试点专业招生计划列入 1997 年全市成人高等教育统一招生计划。“5+2”试点学校及专业见表 2–2。

表 2–2　　1997 年北京市职业教育“5+2”试点学校及专业一览表

学校名称	专业名称	接轨的中等职业学校
东城区职工大学	现代会计	北京财经学校
	国际贸易	东城职业教育中心学校
	商场经营与管理	第一九〇中学
西城经济科学大学	国际贸易	北京市三十八中综合高中 北京外贸职业学校
	涉外会计	北京市三十八中综合高中 北京外贸职业学校
宣武红旗业余大学	财会（电算化）	北京市工商管理学校
	旅游经济	北京市一四九中学
朝阳区职工大学	旅游饭店管理	劲松职业高中
市总工会职工大学	市场营销	北京商业学校

1997 年 4 月，市教委召开高职人才规格、培养模式研讨会，提出高职专业设置要讲究实用性、针对性和灵活性，针对社会需求选设专业。市教委制定了《北京市高等职业教育专业设置标准》，要求依据这一文件组织高等职业院校新开专业的专家论证。1998 年，市教委召开第三次高职教育研讨会，明确了高职教育的范畴，明确举办高职必须同时遵循高等教育和职业教育的一般规律。

在高职规模快速发展阶段，1999 年，市教委、市计委在《关于北京市试行按新的管理模式和运行机制举办高等职业技术教育的通知》中，提出根据北京的特点按照新的管理模式和运行机制试办高等职业教育。1999 年 2 月，市教委批准 27 所高校试办高等职业技术教育学院，试办学校将按照新的管理办法和办学机制开展高等职业教育教学工作（具体内容在高教篇中另有记载）。市教委发布关于同意部分中等职业技术学校与成人高校高职专业进行接轨试点的通知，同意在部分成人高校及中等职业技术学校进行接轨试点。主要接轨学校有：西城区职大、中科院附属中专等 20 多所职大、中专学校和职高校。这一时期在对高职教育专业建设试点实践总结的基础上，北京提出高职教育的专业建设应按照职业岗位（群）或者技术领域的需要进行新建或调整，专业设置基本原则体现“主动适应，因需而变”。专业应“宽”“窄”并存。并强调北京应从首都经济发展的现状出发，“适应社会需求的灵活性与利于教学的稳定性”是各校设置高职专业的一个基本原则。2000 年 1 月，市教委同意工商大学等 14 所高校 2000 年新增 63 个高职专业。

2002 年 6 月，市教委印发《北京高等学校高职高专专业设置管理办法（试行）》及《北京高等学校高职高专指导性专业目录（试行）》。高职高专专业设置管理办法指出：高等学校应根据高等职业教育的培养目标，针对本市行业经济发展、科技进步和社会发展的需要，按照技术领域和职业岗位的实际要求设置和调整高职专业。高等学校设置和调整高职专业必须具备下列要求：新设置专业符合经学校上级部门批准的学校发展规划，有稳定的专业人才需求的论证报告；有符合专业培养目标的完整教学计划；为保证设置高职专业的办学条件和人才培养质量，高等学校年度增设的高职新专业数原则上不超过 5 个。《北京高等学校高职高专指导性专业目录（试行）》分设现代农业类、光机电与自动化、生物工程与医药等 32 个大类，下设 52 个二级类，共 265 种专业。教育部为加快推进高职教育专业建设，2002 年开展国家高职高专精品专业建设项目，在 415 个部级教学改革试点专业基础上批准了 62 个专业为第一批国家高职高专精品专业建设项目。2002 年 12 月，教育部批准北京 2 所高校 2 个专业为国家高职高专精品专业建设项目，分别是：北京联合大学通信技术专业、北京工业职业技术学院机电技术应用专业。重点专业建设是示范校建设的重点，在两级示范校建设中，北京市共支持建设了 12 所高职院校的 42 个重点专业（2002—2010 年，市教委都在当年公布下一年度高职教育新设专业名单）。2003 年，市教委依据《北京高等学校高职高专专业设置管理办法（试行）》及《北京高等学校高职高专指导性专业目录（试行）》，对新增高职专业点进行咨询和指导，普通高职专业点达 800 个，独立设置高职学校开设专业点 250 个。

在高职教育发展质量全面提升阶段，教育部在 2004 年先后颁发了《以就业为导向，深化高等职业教育改革的若干意见》《教育部财政部关于推进职业教育若干工作的意见》等一系列文件，高等职业教育的发展逐渐从规模扩张转向注重质量提高和内涵发展，北京高职教育不断强化内涵建设，质量全面提升。2004 年 6 月，教育部印发《普通高等学校高职高专教育专业设置管理办法（试行）》，2004 年 10 月 22 日，教育部印发《普通高等学校高职高专教育指导性专业目录（试行）》，并组织编写了专业简介，专业简介突出了每一个专业的“专业核心能力”和“就业面向”等项目，是我国第一部高职高专的指导性专业目录。

2004 年 12 月 2 日，市教委转发《教育部关于〈印发普通高等学校高职高专教育专业设置管理办法（试行）〉的通知》，要求各学校对现设专业按照《普通高等学校高职高专教育指导性专业目录（试行）》进行调整、规范，并报高等教育处审核。

2004 年 8 月，市教委组建 9 个职业教育专业委员会，分别是：数控技术应用、汽车运用与维修、机电技术应用、电子信息技术应用、计算机技术、物流管理、饭店服务与管理、烹饪、美容美发与形象设计。专业委员会采取学校联合、行业参与形式，聘请学校代表、行业专家、企业领导和职业技术学院学者组成，负责本、专科专业建设，开展教育教学研究，探索新的人才培养模式和教学模式。例如电科院在专业建设和课程改革过程中，学院注意听取各专业指导委员会专家的意见制订教学计划，并进行充分的专业论证，使专业的教学计划与培养目标定位准确，突出职业教育的特点。特别注重以职业技术应用能力和职业素质培养为主线，增大实践教学的比例，实践教学的学时数占总学时的 40% ~ 50%，每年根据社会的需求和经济变化、人才市场的需要而修订教学计划，同时加强对教学计划的宏观调控。

随着北京高职院校的稳定高速发展，对于全面提升质量提出新的要求。2004 年以后，市政府、市教委实施了高职示范性院校建设、示范性专业建设、精品课程、精品教材、教育教学改革立项以及人才培养工作水平评估相关工程。在高职示范性专业建设项目方面，工业职业技术学院和电子科技职业学院成为国家示范性高等职业院校建设单位。市教委高职院校专业设置情况调研组对 22 所学院进行入校调研，对学校的专业设置、结构以及专业建设规划进行调研，完成了对北京独立设置高职院校专业设置情况的统计数据分析，确定了 17 所院校的 49 个专业为北京市市级高职重点专业建设项目，10 所院校的 10 个专业为市级高职示范性专业建设项目。2007 年，北京市确定了 49 个市级高职重点建设专业，带动全市高职专业建设与改革。

专业建设方面，电子科技职业学院起草了 2008 年人才培养方案的制定原则，制定了“关于实施院级重点建设专业计划”，启动了学院国家级示范性 5 个重点专业实施建设工程，开展专业调研，进行校企合作、工学结合整体课程体系设计，以工作过程为导向的课程开发，建立“1–4–1 工学结合教学改革模型”，创新人才培养模式。

电科院开设有食品与生物、机械与数控、汽车与交通、自控与电气、电子与信息、艺术与设计、经济与管理七大类 48 个专业，并按 7 个专业群规划设置7个二级学院，现有6个二级学院，即科技工程学院、艺术设计学院、机械工程学院、自动化工程学院、汽车工程学院和电信工程学院。劳动保障职业学院以学院人才培养水平评估为契机，对现有的19个专业进行研究，制定学院2008—2010年专业发展规划，确定以劳动与社会保障为核心的劳动保障类专业群、以汽车检测与维修为核心的机电类专业群、以国际商务为核心的商贸服务类专业群、以计算机网络技术为核心的计算机应用（安全工程）类专业群4个专业群，明确下一步专业调整和建设的方向。以满足劳动保障事业发展需要为核心，健全劳动保障类专业，实现特色专业群的完整性。

市教委2008年提出加强专业建设的意见。高职院校教学建设的核心任务，是高职教育办出特色的关键所在，要主动适应产业发展与社会变革的需要，根据学校的办学条件，有针对性地调整和设置专业。要根据市场需求与专业设置情况，建立以重点专业为龙头、相关专业为支撑的专业群。“十一五”规划期间，北京市选择50个满足紧缺人才需求、办学条件好、产学结合紧密、人才培养质量高的特色专业进行重点建设。优先支持在满足首都国际化大都市需要的高端技能人才、首都重点发展产业所需紧缺人才等方面具备优势的专业点，形成包括国家级、市级和校级的三级重点专业与专业群建设体系，打造一批具有首都特色的高等职业教育专业品牌。2008年1月和2月，市教委批准仪器仪表学校、二轻工业学校、机械工业学校、汽车工业学校与电子科技职业学院合并，批准计算机工业学校、电子工业学校与信息职院合并，6所中专学校的建制撤销，随之教育教学进行调整。

专业品牌建设方面，交通运输职业学院2010年10月提出专业设置始终保持与市场需求的一种动态平衡，构建起城市轨道交通、汽车应用技术与服务、道路建设与养护、物流管理、公共交通客运、交通安全与智能控制、中国古建筑七大专业体系，重点建设城市轨道交通运营与管理、城市轨道交通站务管理、城市轨道交通机电设备技术、城市轨道交通车辆、城市轨道交通信号与通信、城市轨道交通牵引与供电等十几个专业，形成了覆盖交通、房地产行业的专业群。其中，汽车运用工程专业成为北京市重点专业、北京市首个现代化标志性专业，汽车整形与涂装专业填补了国内职业院校的空白，中国古建筑在国内享有盛誉，城市轨道运营与管理为北京轨道交通跨越式发展提供了人才保障。

在两级示范校建设中，北京市共支持建设了12所高职院校的42个重点专业（见表2–3北京示范院校建设重点专业情况一览表）。

表 2-3　　北京示范院校建设重点专业情况一览表

序号	院校名称	重点专业
1	工业职业技术学院	机电一体化、工程测量、安全技术管理、通信技术
2	电子科技职业技术学院	计算机网络技术、生物技术及应用、数控技术、多媒体艺术设计与制作、金融保险
3	财贸职业学院	连锁经营管理、物流管理、导游
4	农业职业学院	园艺技术、畜牧兽医、绿色食品生产与检验
5	信息职业技术学院	软件技术、电子信息工程技术、模具设计与制造、广告设计与制作、计算机信息管理
6	政法职业学院	法律文秘、安全保卫、司法信息安全
7	劳动保障职业学院	劳动与社会保障、汽车检测与维修技术、城市管理与监察、国际商务
8	青年政治学院	青少年工作与管理、社会工作、文秘、电子政务、法律事务
9	戏曲艺术职业学院	戏曲表演
10	京北职业学院	建筑工程技术、旅游管理
11	北大方正软件技术学院	软件技术、动漫设计与制作、计算机应用技术（网络传播与出版）、计算机网络技术
12	汇佳职业学院	学前教育、影视动画、体育服务与管理

教学计划　职业学校的教学计划要求有完整的理论与实践相结合的课程体系，合理安排理论教学时数和实践教学时数，理论教学大纲和实践教学大纲同时具备，所需教材有保障。课程设置既有职业针对性又有职业适应性。在市教委《关于加强成人高等职业教育专业建设的意见》中对制订教学计划提出要求：制订高等职业教育专业教学计划应首先从职业岗位（群）调查入手，依据职业岗位规范对知识和能力素质的要求，制定明晰、具体的培养目标。把培养目标作为课程设计的主要依据，课程结构由基础课、专业（技术）课、实践课三部分组成，先确定应开设的专业（技术）课、实践课，再由此安排基础课。课程内容要为培养目标服务，要把能力培养贯彻于整个教学计划，重视实践教学。基础课内容应符合有关基本要求，满足专业课的需要，以必需、够用为度，所谓“必需、够用为度”，是以职业岗位规范以及履行职业岗位职责过程中需要的知识和基础理论为标准设置课程，确定课程内容；专业课内容适应职业岗位（群）的要求，有较强的针对性和实用性；实践课把上述两部分内容应用到实际岗位上进行综合实践训练，培养学生在生产第一线岗位上的实际工作能力与动手能力。建议基础课和专业（技术）课的学时比大致为 1∶1；理论教学时数与实践教学时数比大致为 3∶2。

1997 年，市教委制定《北京市高等职业教育专业设置标准》，1998 年下发《关于市属普通高校申请增设高等职业教育专业的通知》，提出在专业设置、教学计划和教学安排上，“主动适应，因需而变”，强调专业设置应满足第三产业和乡镇企业需求，提出“适应社会需求的灵活性与利于教学的稳定性”是北京设置高职专业的一个基本原则。市教委每年组织专家对招生计划、专业设置、教学计划和教学情况进行论证、评价。1999 年 9—12 月，市教委对 30 所高校举办的高职进行调研，调研结果为：办学基本条件能够满足高职需求，教学计划、师资配备、实验室、图书馆等能够满足教学需求。1999 年到 2004 年，作为高职教育快速发展阶段，以实施“新模式、新机制”为契机，以加快高职院校发展为主要方向，实现规模快速发展。积极开展教育教学改革，重视科学理论发展。

2000 年 3 月，市教委转发的教育部《关于加强高职高专教育人才培养工作的意见》中就教学计划管理工作提出：教学计划是人才培养目标、基本规格以及培养过程和方式的总体设计，是学校保证教学质量的基本教学文件，是组织教学过程、安排教学任务、确定教学编制的基本依据。教学计划一经确定，必须认真组织实施。根据教育部教育司文件的精神，市教委制定《关于在北京地区高校高职高专教育中开展专业教学改革试点工作的通知》，从 2000 年开始在北京地区高职学校、高专学校、成人高校以及本科院校的职业技术学院开展专业教学改革试点工作，推动北京地区高职高专的教育教学改革和发展。2001 年，经教育部考察评审，有轻工职院的钢琴调律等 8 所院校的 12 个专业被确定为北京市第一批教育部高职高专教育专业教学改革试点专业。联合大学在高职教育人才培养上，坚持以能力为导向，强化实践教育，同本科一起进行 2002 版教学计划、2004 版教学培养计划、2007 版培养计划的修订，明确高职教育的人才培养规格。2002 年计算机网络技术专业获得学校“双证书”教育试点立项扶持。2004 年“项目进课堂，边学边实践——公共关系策划的课程创新”获得市级二等奖。在学校 2007 版培养计划中，广告设计与制作专业的培养计划被评为“优秀”。

市教委 2002 年 6 月印发的《关于加强北京高职高专教育教学工作提高教育质量的若干意见》，成为北京高职高专教育教学改革和发展的一份重要的指导文件。对工作明确地提出具体要求，提出充分认识教学工作的重要地位；加大教学经费投入的力度；以教育思想和教育观念为先导；加强实践性教学环节；加强教学与生产、科技工作以及社会实践的结合；加强专业建设；加强教学内容和课程体系改革；加强师资队伍建设；加强学风建设；加强教材建设；改革教学和考试方法；加强教学管理和质量监督 12 项内容改革要求。为加强对高职教育专业设置和宏观调控和管理，2002 年制定和发布了《北京高等学校高职高专指导性专业目录》及《北京高等学校高职高专专业设置管理办法》，将北京高职教育专业分为 12 个专业大类，下设 53 个专业类别，258 个指导性专业。高职专业教学计划的制订以职业、岗位需要为依据，确定应开设的专业课程和实践课，继而选择基础课；加强实践教学，使理论教学与实践教学时数比例达到 1∶1。财贸职院对专业进行调整，教学计划要对人才培养模式进行细化建设，形成了金融与证券、会计、工商企业管理、连锁经营管理、物流管理等服务财贸的 5 个重点专业及专业群。教学计划研究制订了重点专业建设标准与建设指导方案，集中优势资源对重点专业进行重点建设；用自主招生机制培养紧缺专业人才，探索产学研合作办专业的道路。

2002 年 4 月，市教委公布北京地区高职高专教育教学改革试点专业名单（见表 2–4）。

表 2–4　　北京地区高职高专教育教学改革试点专业名单

序号	学校名称	专业名称
1	北京工业职业技术学院	测量工程
2	北京轻工职业技术学院	生物技术应用
3	北京轻工职业技术学院	多媒体艺术设计
4	北京艺术设计学院	珠宝首饰设计
5	北京信息职业技术学院	计算机软件技术
6	首钢工学院	环境检测与保护
7	首钢工学院	计算机辅助设计与制造
8	北京广播学院	电视节目制作
9	北京市政法管理干部学院	司法文秘
10	北京市财贸管理干部学院	电子商务
11	北京市经济管理干部学院	国际商务
12	北京农业职业学院	畜牧兽医
13	北京联合大学	市场营销
14	北京联合大学	智能建筑控制工程
15	北京联合大学	听力语言康复
16	海滨走读大学	建设工程监理

教育部高教司 2005 年发布普通高等学校高职高专教育指导性专业目录，对专业大类、专业名称、专业培养目标、专业核心能力、专业核心课程与主要实践环节等提出明确规定和要求。各高职院校根据要求制订教学计划和专业要求，调整从人才培养需要、从社会需求出发。学校专业教学计划制订过程，要求对专业名称、专业课程、实训等做明确规定。如电子信息大类，专业名称：电子信息工程技术；专业核心课程与主要实践环节：电路分析基础、信号与网络、

电子设计自动化（EDA）、电子测量原理、信号处理技术、PLC 原理与应用、低频电子线路、电子器件与电子线路、网络基础等。主要课程的教学计划制订，明确课程教学内容、教学要点、重点把握、问题难点，教学手段、教学方法、教学过程及完成情况。同时对实验、实训课程要求如电子测量技术实训、EDA 实训、电子信息产品的综合实训、电子信息技术应用训练等做出训练计划和教学要求，实训内容、步骤环节、技术掌握、疑点、难点、解决过程等，体现学校的主要特色课程和实践环节。同时完成制定课程理论课时、实验课时、实践课时安排及课时分配比例。

2006 年 4 月，北京市颁布《北京市政府关于大力发展职业教育的决定》，2006 年 9 月，北京 11 所高职高专院校实行“双证书”教学模式，各院校在调整教学计划中，加大学生专业技能的培养，使学生在毕业时，同时获得学历证书及职业资格证书。北京 11 所高职高专院校均建立职业资格鉴定站（所），其中，工业职院、电科院、财贸职院、汇佳职院在取证考试过程中可免考笔试。学生可在 125 个专业点取得职业资格证书。职业资格证书种类共计 54 种。2006 年 11 月，市教委印发《关于启动北京市高职高专计算机软件类专业人才培养计划试点工作的通知》，实施计算机软件类专业人才培养计划，计划引导各高职院校制定教学计划和开发课程，建立与企业开发软件人才岗位课程体系，推进高职院校计算机软件开放式课程体系建设，推进“双证书”教育，提高毕业生就业能力。电科院在培养方案修订中重点调整：进一步压缩课内总学时，给学生留有更多的自主学习时间和空间。新修订的各专业培养方案课内总学时控制在 2300 学时以内，总学分控制在 170 学分左右。保持实践教学学时占全部教学学时的比例在 30% 以上，选修课总学时占课内总学时的 30% 左右。调整优化教学内容，实践类课程设置实现内容集中化、课程独立化、整体衔接系统化。加大学生实践能力与创新精神的培养力度。

2009 年 10 月 22 日，市教委下发《关于印发〈北京市高等职业院校人才培养工作评估总体规划〉等文件的通知》，制定了《北京市高等职业院校人才培养工作评估总体规划》《北京市高等职业院校人才培养工作评估实施细则》《北京市高等职业院校人才培养工作评估操作规程》，启动了新一轮高职评估工作。2010 年，北京启动职业教育分级制改革试验项目，在 10 所高等职业院校和 8 所中等职业开展职业教育分级制试点，各试点职业院校重新修订教学计划，按分级制制定教学目标，教学内容、课程安排及课时比例等，共完成了分级制改革首批 12 个专业的立项论证。

从北京职业教育总结的成就与经验中，其中经验之一；以服务为宗旨，以就业为导向，走产学研结合发展的道路。产学研结合是办好高职教育必须要遵循的原则和规律。以服务为宗旨，高职教育主动适应经济和社会发展需要，面向区域、立足区域、服务区域确定办学定位；以就业为导向，强化实践能力培养，重视职业技能训练，面向行业、企业确定人才培养目标。北京市高职院校的教学计划中突出体现了这一点。交通职院确立了道桥专业、汽车专业、物业管理专业3个校级重点建设项目，初步形成了以相关其他专业支撑的3个专业群，在学生专业技术能力培养、校内实验实训资源的合理开发利用方面优势互补。在专业建设与改革中，以院级专业创新团队和优秀教学团队的作用推进专业建设和教学改革进一步深化。政法职院积极开展社会需求与人才培养标准等方面的调查研究，认真实施专业改革建设“六个一”工程，以市场需求为导向，加强专业建设与改革。

课程建设　1997年4月，市教委召开高职人才规格、培养模式研讨会，提出高职专业设置要讲究实用性、针对性和灵活性，针对社会需求选择专业。在课程安排上，要加强实训基地建设，体现实训手段的开放性和现实模拟性，提高学生动手、动脑的能力。1998年，市教委召开第三次市属高校高职教育研讨会，明确高等职业教育属于高等教育范畴，也是职业教育的高层次，举办高职必须同时遵循高等教育和职业教育的一般规律。为推动高职院校的教育教学改革与发展，市教委召开高职教学业务会，对高职教育工作进行全面总结，对教学工作进行全面布置。

1999年，北京市将部分优秀中等职业学校与成人高校、职工大学资源整合，合并组建了3所独立设置的高职院校。在课程建设过程，进行了多种高职课程的改革实践探索，有效地整合优秀中等职业教育办学资源，也是北京高等职业教育发展的重要力量。高等职业教育从起步就确定了“以质量为重”的发展目标定位。高职试点时期积极开展教学模式的探索；高职快速发展时期“外延发展与内涵建设”并重，开展一系列教育教学改革，保障人才培养质量和水平；高职全面提升时期注重优化结构和提高质量的内涵式发展，成为北京高职教育发展的特点和经验。信息职院启动“TC课程改革试点”工程，基于技术中心环境开展“教学做”一体化教学，确定了23门试点课程，为全面推进TC环境课程教学模式改革积累经验。“TC课程改革试点”的主要内容：按照“专业标准与课程标准开发”的要求，开发试点课程的课程标准；采用“任务驱动”模式开展教学，重点是“项目（案例）”的开发；采用小班教学模式，在技术中心环境下开展课程教学；探索“学做合一”模式下的教学运行管理措施，为全面开展一体化教学积累管理经验。青年政治学院启动“课程中心”建设项目。“课程中心”是一个标准化、网络化、本土化的以课程为中心的应用管理平台，是以课程教学资源信息化为核心，以精品课程建设为龙头，以平台课程建设为基础，推动全校课程教学资源库的系统建设。

北京市发挥示范校建设带动作用和评估工作的引导作用，以点带面、点面结合方式促进高职教育的发展。2002 年，示范院校建设是以专业建设为核心，进行实训条件、师资队伍、课程体系和教学内容改革，重点专业建设是示范校建设的重点。教育部为加快推进高职教育专业建设，开展国家高职高专精品专业建设项目，力争经过几年的努力，建设成国内一流、国际知名、具有示范和辐射作用的精品专业。在 415 个部级教学改革试点专业基础上批准了 62 个专业为第一批国家高职高专精品专业建设项目。2003 年 7 月 8 日，市教委根据《教育部关于启动高等学校教学质量与教学改革工程精品课程建设工作的通知》和《教育部办公厅关于印发〈国家精品课程建设工作实施办法〉的通知》，同年印发《北京地区高等学校精品课程建设工作实施意见》。经济管理职业学院从抓好“三精一名”（即精品专业、精品课程、精品教材、壮大名师阵营）工程建设入手，坚持院级、市级、国家级三级建设，将申报、立项、建设、参加市级以上评审作为狠抓质量的重要环节。2005 年 3 月，北京 5 所高职院校首次联合开设校际选修课，在电科院、信息职院、农职院、经济管理干部学院、财贸职院 5 所高职院校开设 IT 新技术、创业起步、人文教育、人文教育与高职学生的全面发展等 10 门课程，均为特色课程和精品课程，学生采用走读方式，共有 1500 名学生参加学习。2003 年至 2010 年，市教委先后公布了北京地区高等学校精品课程名单。市级精品课程：2003 年 2 门；2004 年 8 门；2005 年 8 门；2006 年 20 门；2007 年 21 门；2008 年 19 门；2009 年 20 门；2010 年 15 门。2010 年 7 月，有 12 门高职高专课程入选国家精品课程。

2008 年，市教委发出《进一步加强高等职业教育教学工作全面提高教学质量的意见》。高等职业教育课程开发要紧密围绕学生职业能力培养的目标，根据技术领域和职业岗位（群）的任职要求，参照相关的职业资格标准，改革课程体系，建立突出职业能力培养的课程标准。高等职业院校需要积极与行业企业合作开发课程，改革教学内容，建立基于工作过程的课程体系，开发体现岗位技能要求、促进学生实践操作能力培养的优质核心课程，将产业界的技术标准与管理规范引入课程教学。要改革课程教学模式，实施以真实工作任务或社会产品为载体的教学方法，贯彻学做合一、在做中学的教育理念，强化学生职业能力培养。"十一五"规划期间,北京市启动150门工学结合的精品课程建设项目。2008年，北京市启动"示范校高等职业院校建设计划"，作为引导高职院校更新教育理念、推进教学改革、凝练办学特色的重要抓手。信息职院、劳动保障职院、青年政治学院、政法职院、北大方正软件职院、汇佳职院、戏曲艺术职院和京北职院分两批成为项目建设学校。

在课程建设中，信息职院优化课程建设，按照"技术中心+通用平台"（简称GPTC）工学结合人才培养模式的具体要求，在5个重点专业及专业群建设项目中开展专业课程体系构建、核心课程开发与建设工作。在构建专业课程体系和开发专业人才培养方案的过程中，5个重点专业及专业群项目依据工学结合人才培养规律，最终开发并形成18个专业的具有工学结合基本特征的人才培养方案与专业教学标准。信息职院按照GPTC的要求，核心课程遵循职业岗位逻辑而非学科逻辑，经由职业分析到教学分析的开发路径而获得。研制与岗位的工作任务及其工作过程相对应的学习任务，设计基于技术中心环境下再现工作过程的学习活动，开发诸如项目任务书、项目指导书、教学案例集、教学活动方案、模拟公司策划书等教学文件，编制"以成果为依据"的开放性考核方案等。五大专业群共完成102门优质课程建设任务，开发了课程标准、课程设计方案项目资料等完整教学方案；新建国家精品课程1门，市级精品课程4门以及学院精品课程36门。2008年，信息职院申报了《GPTC课程方案》教学成果参加北京市教育教学成果奖（高等教育）评比。2009年5月，经市政府批准,《GPTC课程方案》获得北京市教育教学成果奖（高等教育）一等奖，并被推荐参加第六届高等教育国家级教学成果奖。2010年9月，信息职院《GPTC课程方案》获得国家级教学成果二等奖。

电科院实施"多元化"战略，瞄准需求，创新课程模式。高职教育的课程教学定位，要建立在以能力为本位的教学课程体系。学院以行业需求为导向，把职业标准融入课程标准，创新了三种课程开发模式。学院在制定课程标准时，一种是把职业标准融入课程标准，另一种是把职业的标准作为课程标准，采取实习与考证直接挂钩，借鉴国外CBE职教模式，以行业需求为导向，采用"倒推法"进行课程开发。课程开发的步骤：第一步，由该专业的专家组成专委会，制定该专业学生所应具备的专业技能——职业岗位能力；第二步，开发专业课，保证学生岗位能力的获得;第三步,开发专业基础课,保证专业课的开设;第四步，开发基础课，保证专业基础课的开设。借鉴BTEC证书教育的理念，以行业发展为风向标，设置开发性与灵活性相结合的模块化课程体系。

青年政治学院完成课程分类建设工程。学院根据职业岗位特点，经过广泛调研，多次组织行业专家、教育专家进行课程设置论证，以职业岗位知识、能力要求为基础，以工作过程为导向，提炼专业核心技能，初步形成了符合文科高职特点的课程体系和课程管理模式。学院全面修订人才培养方案，优化课程体系。为了更好地适应社会对高职人才培养的新要求，制订新版人才培养方案以社会需求为导向，明确培养目标和规格；将素质教育与技能培养相结合，创新人才培养模式；依据职业岗位（群）的要求，将课程模块调整为综合素质模块、职业基础知识模块、职业能力模块和职业素养模块，课程体系全面优化；以能力培养为核心，强化实践教学；以学生为本位，尊重学生个性特长和全面发展。在推进课程开发、改革人才培养模式方面，学院大力推进课程开发建设，制定了培训研讨先行、分类指导、分类建设、以点带面、全面推进的思路，全面推动课程建设，促进教育教学内涵发展。先后邀请职业教育课程理论专家、国家精品课程负责人等对全体教师进行课程开发建设的培训，连续组织召开多次课程建设专项研讨会，明确课程建设的目标、基本原则和要求，对课程进行分类分级管理，提高课程质量。将课程分为 A 类（理论课）、B 类（理实一体）和 C 类（实践课），重点立项，以点带面。

北京市 2010 年 1 月开展“基于工作过程导向的课程”设计与实践竞赛，全市 18 所职业院校 394 名教师参赛，经评审，19 名教师获一等奖，8 所学校获组织奖，信息职院《ASP.NET 程序设计》学习领域设计、北大方正软件技术学院《黑客攻防技术》学习情境设计、自动化工程学院《交换型与路由型网络技术》教学实践设计在颁奖大会展示了竞赛成果。

教材建设　1993 年 5 月，国家教委印发《关于职业技术教育教材规划工作的意见》等 3 个文件，就搞好教材建设提出由国家和省两级规划、建立教材两级审定制度，加强学校选用教材的管理和改进教材信息服务等意见。联合大学 1993 年试办北京市第一个高职试点班（计算机应用专业），1995 年在国家教委和市教委协助下，成立由联合大学牵头的高职协作组，负责组织编写高职教育专业教材。电子信息类专业、职技高师服装专业和烹饪专业等系列教材填补了国家高职教育发展初期相应教材建设方面的空白。市教委决定分别成立市职教、成教教材建设领导小组及其领导下的市职教、成教教材编审委员会，市职教领导小组于 1997 年成立。教材建设领导小组下设办公室，负责教材编审及出版、发行的具体工作。

2001年5月28日，市教委转发教育部《关于“十五”期间普通高等教育教材建设与改革的意见》。“十五”计划期间各学科（专业）教学指导委员会重点作好以下工作：对高校的教材建设进行分类指导；深化面向新世纪教学内容和课程体系改革的研究，指导新教材的编写与修订；协助教育部及受委托主管部门做好“十五”计划期间教材规划，积极开展对已出版教材的评介、评优和推荐工作；组织新课程、新教材的教师培训，推广新教材。2002年2月6日，市教委印发《关于加强北京高职高专教育教学工作提高教学质量若干意见》。该意见提出要做好教材建设规划，优先使用教育部和市教委推荐的优秀高职高专教材，并积极参与《21世纪高职高专课程教材》的编写、出版工作。要建立科学的教材编写、评价和选用制度，鼓励教师摆脱传统的学科、课程体系，在进行充分调查研究的基础上，根据高职高专教育特色编写教材和讲义。要大胆创新，积极开展实物教材、电子网络教材、多媒体课件的研究、开发工作，形成优化配套的高职高专教育教材体系。要结合专业、课程的调整，加快教材的更新换代，使用近三年出版新教材的比例应达到80%。市教委精品教材建设计划将对高职高专教材项目给予经费支持。

市教委2006年开展教材评审工作。12月公布高等教育精品教材评审结果，共559本教材入选，其中，高职学校教材28本。2007年10月，市教委公布2007年高等教育精品教材建设立项项目评审结果，有77所学校组织参加立项申报，提出立项申请1531项，其中高职158项。市教委最终确认582个项目为立项项目，其中高职72项。2007年，12所独立设置的高职院校的51本教材获得精品教材建设立项。2008年11月10日，市教委公布2008年高等教育精品教材评审结果，有77所高等学校组织了申报，参加市级评审教材共1051项。市教委确认480项教材为高等教育精品教材立项，其中高职学校教材34项。2008年，北京市启动“示范校高等职业院校建设计划”，有8所高职院校在启动项目中。政法职业学院的司法信息安全专业建设项目中计划编写6门课程教材，其中公开出版3门课程教材;2010年编写教材24部，公开出版12部，校本教材12部。教材采用是校企结合的方式，从技术的实际出发，体现基于工作过程导向的工学结合的教育理念，设计开发与教材内容相匹配的多媒体课件、网站、案例库等立体化教学资源，其中《网络安全管理与维护》2009年被评为市级精品教材。

市教委提出进一步加强高职教育教学工作全面提高教学质量的意见，并提出“十一五”规划期间，北京市将组织开展200本精品教材建设工作。2009年11月25日，市教委公布高等教育精品教材建设立项项目评审结果。有85所高等学校参加立项申报，共提出立项申请1766项，其中高职（高专）层次申报项目303项。教材立项共申报重大支持项目107项、重点支持项目399项、一般支持项目1260项。市教委确认540个项目为2009年北京高等教育精品教材建设立项项目，包括重大支持项目32项、重点支持项目126项、一般支持项目382项。其中，高职（高专）层次项目86项。

教学组织与实施 1992年，北京实施普通高校与重点中等专业学校对口招生的“3+2”学制改革探索，教学组织体现在高职班教学班教学中，改变传统“三段式”教学模式（老师课堂讲，学生听，课后练习），采取针对职业岗位目标的“三段式”教学框架（先实践，再理论，后提高）。北京高职人才培养的改革，为发展高职教育提供了可借鉴的教学模式。三段式教学法，即“读”“理”“练”三阶段教学法，能充分发挥学生在学习中的主动性和独立性。北京联大计算机应用专业试办高等职业技术教育试点班，该专业1993年建立能力本位教学模式（“93模式”），得到国家教委的肯定并向有关院校推广。在此基础上，针对高职教育的培养目标、教学过程、教学环境等方面的成功经验，建立了“96模式”。高职人才培养的改革，为发展高职教育提供了可借鉴的教学模式。

教育部于2000年1月和2001年3月分两批组织实施《新世纪高职高专教育人才培养模式和教学内容体系改革与建设项目计划》。市教委根据高职人才培养要求，组织实施21世纪高职高专人才培养模式和教学内容体系改革和建设的研究，有6个项目作为主持单位入选教育部立项的国家级课题，有11个学校参与7个项目的研究工作。2000年，《教育部关于加强高职高专人才培养工作的意见》，明确提出北京市高职高专教育的办学指导思想、人才培养的工作重点和工作思路。并首次在政策文本中明确“高职高专教育人才培养模式的基本特征”，强调培养人才是根本任务，教学工作是中心工作，教学改革是各项改革的核心，提高质量是永恒的主题。同时出台了《关于制定高职高专教育专业教学计划的意见》《高等职业学校、高等专科学校和成人高校教学管理要点》。北京市承担教育部《新世纪高职高专教育人才培养模式和教学内容体系改革与建设项目计划》，项目成果在全国产生了重要的影响，对高等职业教育的发展起到了重要的指导作用。

北京高职院校在人才培养模式方面形成有自己的特色“以服务为宗旨、就业为导向、以能力为主线、以‘双师’为支撑、以产学研结合为根本途径”的高职人才培养模式。产学合作、工学结合贯穿北京高职人才培养全过程。与行业、企业共同对职业岗位进行系统分析，确定岗位人才知识、能力与素质结构，重新整合教学内容，共同开发课程，共同实施教学。将产业真实项目纳入人才培养内容，将产业职业要求纳入人才培养标准，将产业环境引入人才培养过程。2001 年 7 月，市教委公布第一批高职高专教育专业教学改革试点单位。2001 年 12 月 13 日，市教委公布第二批高职高专教育专业教学改革试点单位（见表 2–5、表 2–6）。

表 2–5　北京市第一批高职高专教育专业教学改革试点单位及专业一览表

序号	学校	专业
1	北京联合大学	计算机应用
2	北京联合大学	机电应用技术
3	北京联合大学	通信技术
4	北京联合大学	广告
5	海淀走读大学	信息安全
6	海淀走读大学	秘书
7	北京林业大学	商品花卉
8	北京科技大学	市场营销
9	北方工业大学	计算机数控技术
10	北京财贸管理干部学院	商场经营管理
11	北京化工大学	人物形象设计
12	北京轻工职业技术学院	钢琴调律

表 2–6　北京市教委公布的第二批高职高专教育专业教学改革试点单位名单

序号	学校	专业
1	北京市经济管理干部学院	会计
2	北京艺术设计学院	电脑美术设计
3	北京工业大学高等职业教育学院	电子商务
4	北京工业职业技术学院	机电技术应用

电科院在教学实施过程中改进教学方式，注重能力培养。通过培训交流及教学研讨活动，全面更新教师的教学观念。通过增加实践课时、教学成果评定等具体措施鼓励教师加大投入，进行教学内容与教学方式改革，通过科学有效的教学过程实现学生能力的培养。教师要通过教学研究、学术研究提高自身能力和水平，适应教学方式的更新。积极探索行业应用型人才培养的教学模式和教学手段。教师重视教学过程，针对不同课程的特点，采取不同的教学方式，通过课堂讨论和课后探索性作业等形式调动学生的积极性，培养学生的实践能力和创新能力。而对实践性较强的课程或实习可采用案例教学或模拟教学的方式。案例教学是在教学过程中通过具体案例分析，辅以讨论式、互动式、多媒体等新型教学手段，改善教学中的师生关系，强化学生在教学中的主体地位。

模拟教学是以实际应用为载体，以必要的设备为手段，根据业务流程的需要，进行模拟训练，使学生置身于模拟的工作环境中，以此培养学生对现实问题的认知和理解能力。

市教委《关于加强北京高职高专教育教学工作提高教学质量若干意见》指出，高职高专院校的根本任务是培养人才，教学工作是学校的中心工作，教学改革的核心地位必须落实。2006 年 11 月，市教委印发《北京市教育委员会关于启动北京市高职高专教育计算机软件类专业人才培养计划试点工作的通知》，实施计算机软件类专业人才培养计划。该计划引导高职院校与企业开发软件人才岗位课程体系，推进高职院校计算机软件类专业开放式课程体系及教材建设，推进"双证书"教育，提高毕业生就业能力。首批 8 所院校 1000 人参加实验班。联合大学、电科院、工业职院、首钢工学院、北大方正软件技术学院、青年政治学院、农职院、科技职院成为北京市高职高专教育计算机软件类专业人才培养计划试点校。

"十一五"规划以来，以信息化带动教育现代化，全面提高教育教学质量，是北京市的战略选择。提出要"运用现代化手段，搭建公共服务平台，为共享优质教学资源提供技术支撑"，明确提出高职教育信息化工作的方向。通过专线与中国教育科研网（CER NET）、中国公用计算机互联网（CHINA NET）等相连，信息点的覆盖初步满足学生通过网络自主学习和老师查阅资料、网上备课的要求。北京还积极推进高职院校数字校园建设，实现教育过程信息化，形成一批优秀的网络资源库，如精品课程资源库，推进了资源共享。在现代教育技术应用上，信息化教学理念和方法的普及，加快了多媒体技术和仿真技术于教学中的应用，老师的信息化技术和能力得到显著提升。电科院实施多样化项目教学，以实际生产中的工作任务为主线，使学生自主建构知识与技能，在学习中体验实际工作全过程。开展以工作过程为导向的课程教学，其中，生物技术及应用专业创建"生产车间"实境，形成"通用基础 + 柔性模块"，培养学生规范操作意识和生物安全意识，培养学生产品质量和安全生产意识，培养学生生物产品的生产和检测技能。多媒体设计与制作专业采用"工作室"教学方式，将艺术设计项目流程再现为教学过程，使学生体验真实的工作环境。采取"教学阶段进阶式"课程体系，分基础教学、案例教学、仿真项目教学、真实项目教学、顶岗实习 5 个教学阶段。

北大方正软件职院全面推行"4-1-1"工程（即四个重点专业群和产学合作中心、云计算智慧校园平台）建设，利用示范专业建设带动全院各专业的建设与改革：一是软件技术专业及专业群：做实和完善"一个方向、两条链路和两个过程”的人才培养模式，以职业技能和职业综合素质培养为主线，以定制式培养为主要形式，发挥企业集团办学的体制优势，依托方正国际等企业的人才和技术优势，培养高素质的合格软件人才。由合作企业参与教学过程，优先选拔合适的学生到企业实习与就业。二是动漫设计与制作专业及专业群：按照动漫产业用人标准，构建动画制作过程分解交互式的人才培养模式，培养高素质动画应用型技能人才。建立适合高职高专动漫类专业的基于动画制作过程分解交互式的课程体系。基于动画制作过程分解交互式的人才培养模式建立课程体系，开发出一套可以大范围推广的满足同类专业建设需要的通用课程体系。完善校企合作办学机制，制订校内实训基地持续发展建设规划。依托方正集团，与更多行业公司共建伙伴关系。通过真实项目加强实训真实性，提高学生实战能力，培养学生职业素养和团队精神。新建、扩建原有部分实训室，完善实训基地建设。三是计算机应用技术（网络传播与电子出版）专业及专业群：优化完善“双线并行、技艺结合”的人才培养模式。以“职业分析”为起点，以培养职业能力为导向，遵循“基于工作过程”的课程设计方法，以专业教师为主体，根据本专业的实际情况，重构“学期项目主导”的课程体系。采取“校企轮岗、工教结合”的方式，安排教师进入企业顶岗实习。同时继续引进企业技术骨干补充兼职教师队伍，优化本专业“双师结构”的教师团队。四是计算机网络技术专业及专业群：依托方正集团为数众多的优质IT企业资源，密切结合企业需求，走企业与专业结合，学习与工作结合的创新之路，在人才培养模式、实训条件建设、师资队伍建设、课程体系、教学内容与授课方式等环节上，突出工学结合，校企合作，培养德、智、体全面发展的具有“建网、管网、用网”职业能力的高技能人才。

2007—2010年，北京市获得国家级精品课程立项21门、市级精品课程立项76门，各院校积极开展院校级精品课程立项，形成了国家、北京市、学院三级精品课程建设基础。随着北京高职院校课程建设水平不断提高，课程改革和建设已开始从某一门课程的精品化建设和专业核心课程建设，逐步拓展、深化，更加关注课程体系建设问题，系统构建以工作过程为导向的课程体系，进行课程多样化模式尝试，按照职业工作任务设置课程，突出职业能力的培养，实现理论与实践的一体化教学，推动行动导向教学，实施以学生为主体的项目教学法、案例教学法。

实习实训　加强实训基地的建设是高等职业教育实现高技能人才培养目标、提高教学质量的保障，是实现工学结合人才培养模式、学生到企业实习的必备条件。在发展高职教育的初期，北京市通过加大基础实验室建设、专业建设的投入力度来进行实训基地的建设。1993—1994 年市高教局投资 200 万元对高职教育改革试点给予支持。1995 年，提出要有计划地建设一批高等职业教育实践基地。同时提出建立高职教育改革试点专项经费，年投入达 500 万元。1997—1998 年，市属高校已建成 7 个初具规模的校内实训基地。1996 年和 1997 年，市教委组织专家分别深入联合大学、海淀走读大学和 6 所大学郊区分校，现场论证各校高职实训基地的建设方案，实地考察实训基地的建设进展情况。1998 年，市教委下发了《关于开展高等专科教育与高等职业教育办学情况和教学质量检查的通知》，组织专家对学校进行抽测检查，实训某地建设和依托行业及产学结合培养实用型人才是检查的重点内容。1999 年完成了对北工大，青年政治学院、农学院、联大、海淀走读和部分郊区分校的检查。

2001 年 6 月，市教委印发《北京市高等职业教育实训基地管理规程（试行）》和《北京市高等职业教育实训基地验收标准（试行）》。并将依据标准对各市属市管高校高等职业教育实训基地进行验收，验收合格的实训基地，将挂牌为市高职教育实训基地，实行资源共享。规程指出高职教育实训基地是对学生进行专业岗位技术技能培训与鉴定的实践教学单位，是实现高职教育目标的重要条件之一，其教学基础设施与工作状况直接反映学校的教学质量与教学水平，必须重视和加强实训基地的领导、建设和管理。高职教育实训基地是教育机构中教学实体之一。明确了实训基地的基本功能与主要任务、建设特点、职能与规模、组织与管理、检查与评估等要求。

青年政治学院设立实训学期，形成阶梯式实训教学体系。针对文科专业多变的工作对象、工作情境和难以在校全真再现的工作过程，探索出以社会性实训为主的文科高职实训体系。学院每学期集中三周开展职业能力训练，一年级进行职业认知与通用职业能力训练，二年级进行专业技能训练，三年级进行综合职业能力训练，将实训、实习和社会实践一体化，形成了通用能力、核心技能、综合能力阶梯式实训教学体系。实训模式多样化：学院以典型工作任务为基点，设计实训内容，将职业认知、顶岗实习、社会性实践活动和志愿服务纳入实践教学体系，形成了多样化的实训教学模式。如校内真岗实训模式；“4+1”实学交替模式（每周 4 天校内教学，1 天校外实训基地实训）；“3+2”工学结合模式（第五学期 3 个月校内教学，2 个月校外实训基地实训）：“5 真”实训模式〔即真实的企业环境、真实的项目案例、真实的项目经理、真实的工作压力、真实的工作机会（简称 SR）〕等。实训体系综合化：学院以一个或多个专业群和社区实训基地展开互动，专业群各专业和社区工作整体对接。社会工作、心理咨询、法律、老年服务与管理专业和青少年工作与管理等专业可参与社区不同层面和不同群体的服务工作，使学生在服务和实践中全面体验社会工作。实训活动职业化：计算机系组织学生到中软集团进行“SR”综合实训。学生以准员工的身份开展项目开发和实践，体会国内一流软件企业的工作环境和技术标准，能力得到迅速提高，多名学生实习结束即被实习单位录用。法律系学生在第五学期到北京市各级法院、检察院进行为期 2 个月的顶岗实习，学生的职业素质得到实习单位的好评。传播系新闻采编与制作专业所有学生进入各级电视台、报社、网站进行顶岗实习，在实习单位指导教师的指导下，成长很快，实训成果陆续见诸报纸、电视台、网站。

2002 年 2 月，市教委印发《关于加强北京高职高专教育教学工作提高教学质量若干意见》。意见强调将学习与工作相结合，重视学生校内学习与企业实际工作的一致性。该意见还指出实践性教学是高职高专教育的重要教学环节，主要目的是培养学生的技术应用能力，在高职高专教育人才培养方案中占有重要地位。各专业的实践教学环节要按照培养方案与教学计划要求实行，并严格管理，使学生受到与现代生产技术水平相对应的岗位实务训练。加强校内外实习、实训基地和实验室建设。根据高职高专教育教学特点，不断更新教学仪器设备，提高仪器设备的现代科技含量，形成教学、科研、生产相结合的多功能实验室和实习、实训基地。实验室生均面积及装备能满足学生独立进行实验的要求，向学生开放的实验室≥ 60%，语音室座位数≥ 50 座，学生用计算机台数≥ 1 台 /8 人；每个专业至少分别有一个具有职业氛围的实训基地和稳定的实习基地。生均教学仪器设备值，工农医类院校≥ 5000 元，文财管政类院校≥ 4000 元，学校教学仪器设备总值≥ 1000 万元。以《北京市高等职业教育实训基地管理规程（试行）》指导和规范基地建设、管理工作。2002 年 4 月，市教委开展市高职教育实训基地验收工作，对验收合格的实训基地，将挂牌为北京市高等职业教育实训基地，实行资源共享，市教委将给予相关的政策支持，优秀的将推荐为教育部国家级高等职业教育实训基地。市教委出台多项政策推进国家、市级和校级示范性高职实训基地项目建设。2005 年以来，在北京独立设置的 25 所高职院校中共获得中央财政支持的国家级高职实训基地建设项目院校 17 所，共有 26 个实训基地，覆盖专业数近百个，受益学生 25000 人，开展各种培训项目 260 多项，完成职业技能竞赛 70 多次，开发课程 200 余门，建设市级精品课 25 门、国家级 5 门，编写精品教材 200 多门，市级精品教材 23 门，国家级 6 门，市级以上教改成果 52 项，教学名师 12 名，优秀教学团队 13 个。支持建设 4 所国家级、8 所市级高职示范校，有 5 所民办高职院校得到支持。

市教委 2004 年开始在全市独立设置的高职高专院校中进行人才培养工作水平评估，校内实训条件、校外实训基地、职业技能鉴定是“实践教学条件”指标的重要观测点，同时，实训基地达到一定要求是申请评估的基本条件。2006 年，市教委下发《关于高等职业教育电工电子、护理、物流管理、煤矿安全专业领域实训基地实训项目与设备配置推荐性方案文件的通知》，要求加强实训基地的建设，充分发挥实训基地在提高高等职业教育教学质量和增加社会服务水平中的作用。市教委 2007 年决定启动市级示范性高等职业教育实训基地建设计划，通过市级示范性高等职业教育实训基地建设计划，使实训基地在教学质量、管理水平、办学效益和辐射能力等方面有较大的提高。2007 年，市教委确定了工业职院数控技术实训基地等 16 所院校的 34 个高等职业教育实训革地，发挥实训基地对相关专业建设、人才培养的推动作用。如劳动保障职院对全校实训室（中心）进行重新建设规划，协调两校区的发展，形成南区以工科类实训为主，北区以文科类实训为主、兼有工科基础实训的大格局。此外，将校内实训室建设成“双基地”实训室。2007 年,有 4 个校内实训室与市社保基金管理中心、市劳动和社会保障局等单位签约挂牌成为“双基地”。

电科院 2007 年共完成 1.2 亿元的专项资金项目建设。建成了国内一流的综合电信实训基地、汽车电子实训基地、智能楼宇实训基地和焊接自动化实训室；充实了生物技术实训基地、电子实训基地、工业自动化实训基地和数控加工实训车间；新建改建了软件设计、计算机网络、手机游戏、工程监理、金融保险、多媒体设计、PLC 控网、DSP 与嵌入式系统、人物形象等 25 个专业教室。电科院的做法是：一是加强实践类课程建设。着力开发设计型、综合性实验及综合性课程设计，深化各类实习的内容改革，贴近行业工作实际，建立与课程设置、行业特色相适应的新的实验课程体系。要积极鼓励、吸引乃至要求广大理论课教师设计开发新的实验项目，并参与到实验教学活动中来。二是建立科研与教学的良性互动机制。借鉴国外先进经验，引入“讲座制”培养机制。所谓“讲座制”就是学生从三年级开始进入教师的研究室（文科称为研究会）进行研究、学习，学生在这里开始熟悉研究室科研环境，了解相关研究领域背景，听取专业讲座，定期进行研究讨论，辅助完成科研实验。三是延长毕业设计（论文）时间。毕业设计（论文）从四年级第一学期开始进行，时间为一年。同时，对选题、阅读文献、翻译资料、开题报告、毕业论文提出更高的质量标准要求，全面提高毕业设计（论文）质量，促进学生实践能力、创新能力的提高。农职院制定并实施年度“三农”服务行动计划，成立农产品营销、畜牧兽医新技术等 5 个专业化服务工作室并给予专项经费支持，使其依托学院以项目方式独立运行，提高了服务专业化水平和教师的专业化服务能力。探索形成个性鲜明的“滴灌式”“孵化式”“链条式”“套餐式”等“三农”服务模式。面向新农民开展主题培训活动，开展巡回科技咨询服务。有针对性地对房山、大兴等区（县）的乡镇开展“科技大篷车”咨询服务。

2008 年，市教委在《关于进一步加强高等职业教育教学工作全面提高教学质量的意见》中指出：探索校企合作新机制，加强实训实习基地建设。高等职业院校要通过校企合作建设校内生产性实训基地。要与企业共同制订生产性实习实训基地建设规划，引入企业现代管理与运营理念，营造真实的职业氛围。要不断加大生产性实训占整个实践教学环节的比重。可以尝试由学校提供场地、将企业引进学校建立生产性实训基地，由企业提供技术和师资支持、以企业为主组织实训教学；也可以尝试在企业租用场地或与企业合作、由学校投资建立生产性实训基地，采用企业运营方式，按照企业实际工作过程组织实训。高等职业院校要通过校企之间的深度合作，在企业建立顶岗实习基地。通过校企双方的努力，建立互利互惠、校企共赢的合作机制。要与企业合作，建立学生生产性实训成果评价标准，建立与工学结合的人才培养模式相适应的实习管理制度与质量监控体系。“十一五”规划期间，北京市实施示范性高等职业教育实训基地建设计划，调动政府、行业和社会各方面的积极性，依据需求导向、机制创新、效益优先的原则，重点建设 15 个国家级、40 个市级实训基地。以示范性实训基地建设为龙头，建设一批包括国家级、市级和校级的高水平的校内生产性实训基地，形成校企共建、资源共享、布局合理、功能完善的开放性实训基地体系。2008 年，市教委在《北京市示范性高等职业院校建设推荐院校预审标准（试行）》中要求，申请示范性高职院校在实践教学方面要达到的标准：一是积极探索多元化生产性实训基地建设的校企合作新机制；二是各专业都建立稳定的校外实训基地，能保证学生顶岗实习的需要；三是充分利用现代信息技术，开发虚拟工厂、虚拟工艺、虚拟车间、虚拟实验，为理论教学提供多种有效的途径。2009 年 10 月，北京市 8 个职业教育实训基地建设项目获得教育部、财政部 2009 年财政支持，其中高职院校项目 4 个。北京市教委对普通本科院校兴办的高等职业教育进行了调研考察，实地考察了这些院校举办的高等职业教育的办学条件和实训基地情况。

2010年7月，北京“中央财政支持的职业教育实训基地建设项目（高职）挂牌暨建设工作交流会议”在财贸职院召开，到会领导为2005年以来获得中央财政支持的26个高职实训基地颁发了匾牌。2010年，获得中央财政支持建成北京市示范性“动漫设计与制作”北大方正软件学院实训基地。学院鼓励各专业系开展形式多样的工学结合实训模式。网络传播与电子出版专业按照单项能力、综合能力、生产能力三个能力维度构建校内实训环境，重点建设“方正畅流数字化流程实训室”“铭龙CNC电脑创意应用实训室”“99度文化创意传播公司”，并制定学生实训考核体系、评价标准，加强学生的实训管理。网络技术专业“校企合作项目开发基地”的建设在实训环节中起到重要作用，学生完成新课程体系的学习后，掌握岗位相应的技能和知识，进入本专业的“校企合作项目开发基地”，与教师和行业人员一起按照企业模式共同组成项目组，遵循行业企业运行规律，与企业签订有法律效力的项目承包合同，完成合作企业所交给的“外包项目”。通过一年的实际工作锻炼，力争达到“学生变就业为跳槽”，根本消除IT类学生就业时的距离感，同时完成教师的企业体验。

学习评价　1996年6月，联合大学、海淀走读大学增设25个高职专业，并通过了市教委组织的专业论证，招收应届高中毕业生及中专、职高优秀毕业生和不同的学制（二年、三年）多方面试点。在国家教委召开的全国职业教育工作会上，北京被列为全国发展高职教育试点地区。同年6月，北京组织专家完成高职专业教学计划认证，首次高职专业招生考试采取“3+2”考试方式，参加全国统一高考。1998年，市教委下发《关于开展高等专科教育与高等职业教育办学情况和教学质量检查的通知》，决定自1999年对高等专科教育与高等职业教育办学情况和教学质量进行检查，市教委组织专家对学校进行抽测检查。

2003年2月12日，教育部下发《关于开展高职高专院校人才培养工作水平评估试点工作的通知》，公布《高职高专院校人才培养工作水平评估方案》，决定从2003年开始首先开展高职高专院校人才培养工作水平评估试点工作。2003年，评估工业职业技术学院获得优秀称号。工业职院教学工作两条线管理模式，突出了全面质量管理思想在教学管理中的核心地位，深入贯彻以学生为本的办学指导思想，在注重教学运行管理和教学质量监控管理的同时，注重两方面管理的融合与协调，努力实现问题的及早发现、及早反馈、及早修正，切实推进教学质量的稳步提高。在完善教师教学质量量化考核体系的基础上，强化了对教师岗位考核与管理，进一步明确了“专业带头人、责任课教师、主讲教师和一般教师”的岗位职责。2003年12月，劳动和社会保障部印发了《关于三年五十万新技师培养计划》的通知，要求2004年到2006年三年中，在制造业、服务业及有关行业技能含量较高的职业中，实现50万新技师培养计划。要求高级技工学校、技师学院以及高职院校改革教学方法，突出专业技能训练，采取校企合作、订单培养等方式，整合社会培训资源，搭建多功能、高层次的技师培训平台，建立实习训练基地。从2004年起，对在省级和大型企业集团开展的技能竞赛中获各工种决赛第一名的选手，可授予“全国技术能手”称号，对做出突出贡献的技能人才可晋升为技师或高级技师，建立高技能人才开发交流机制。

2004年，教育部正式发布《高职高专院校人才培养工作水平评估方案》，开始在全国范围内高职高专院校人才培养工作水平评估工作，建立了高职评估制度。2004年，市教委发布《关于开展高职高专院校人才培养工作水平评估的通知》，启动了对北京市独立设置高职高专院校的人才培养水平评估工作。截至2009年8月，全市24所独立设置高职高专院校中有19所院校接受了评估，完成了第一轮的评估工作。市教委2008年又提出进一步加强高等职业教育教学工作、全面提高教学质量的意见。指出高等职业教育要牢固树立人才培养是学校的根本任务、质量是学校的生命线、教学是学校的中心工作的理念。要高度重视教学工作，加大教学投入，强化教学管理，深化教学改革，采取各种措施确保教学工作的中心地位，把提高教学质量工作落到实处。强化对课堂、实验、实训、顶岗实习以及社会实践等教学各环节的管理，保证良好的教学秩序和教学质量。在评估过程中注重质量要素的评价，将毕业生就业率与就业质量、“双证书”获取率与获取质量、职业素质养成、生产性实训基地建设、顶岗实习落实情况以及专兼结合专业教学团队建设等方面作为重要考核指标。继续实施高等职业教育教学质量年报制度，动态发布各院校教学基本状态数据。继续完善教学质量调研、检查和监督制度，强化对学校办学质量的监管。

2009年5月15日，市教委、市人力资源和社会保障局、市财政局联合发出《关于表彰2008年北京市教育教学成果奖（高等教育）的决定》。2009年7月6日，市教委发出《关于公布2009年北京市优秀教学团队名单的通知》，获得北京市优秀教学团队的高职学校和团队名单有：政法职院法律事务，青年政治学院社会工作，工业职院自动生产线工程技术，电科院生物技术及应用，财贸职院导游专业核心课程和物流管理，经济技术职院酒店管理，农职院宠物养护与疫病防治，戏曲艺术职院京剧花旦剧目课，培黎职院会计专业实践创新教学团队。2009年，市教委制定《北京市高等职业院校人才培养工作评估总体规划》《北京市高等职业院校人才培养工作评估实施细则》《北京市高等职业院校人才培养工作评估操作规程》等文件，经教育部批准，从2009年开始，高等职业院校人才培养评估工作将依上述文件执行，促进学校人才培养建设质量。2010年，交通职院、社会管理职院完成了新一轮高职院校的人才培养工作评估。为切实提高高职教育质量，北京市将高职教育纳入“北京高等学校教学质量与教学改革建设项目”，在精品课程建设项目、精品教材建设项目、优秀教学团队等质量工程项目建设中取得阶段性成果（见表2–7）。

表2–7　　2007—2010年北京高职项目教学质量工程项目情况一览表

项目	2007年	2008年	2009年	2010年
国家级精品课程	2门	3门	4门	12门
北京市级精品课程	21门	19门	20门	16门
北京精品教材	51本	32本	66本	—
国家级优秀教学团队	—	1个	1个	1个
北京市级优秀教学团队	9个	11个	12个	14个
高职院校教学名师	4人	4人	7人	13人

技能竞赛　2000年1月7日，市教委公布1999年北京大学生数学建模与计算机应用竞赛评审结果，北京地区共有34所学校的188个代表队参赛，其中有9个是大专组的参赛队,建筑工程学院专科组和物资学院专科组获得全国一等奖，2个大专组获北京二等奖。2003年12月9日，市教委组织大学生数学建模与计算机应用竞赛评审结果，北京地区共有41所学校的408支代表队1224名学生参加竞赛。经过全国组委会专家及北京赛区专家组评审，18支队伍获全国一等奖。其中首钢工学院（大专）和物资学院（大专）获全国一等奖。轻工职业技术学院、信息职业技术学院、联合大学（大专）、建筑工程学院（大专）、首都经济贸易大学（大专）获北京一等奖。在2003年全国大学生电子设计竞赛中，信息职院作为北京唯一一所高职院校参赛。2004年，市教委组织大学生电子设计竞赛，轻工职院、工业职院、首钢工学院获得电子设计竞赛一、二、三等奖。2004年，市教委组织全市职业学校的“新世纪首届职业技能大赛”，共有117所学校、69349名学生参赛，18090名选手分别获得中级工、高级工、技师和高级技师的资格证书。2004年3月，联合大学师范学院48名学生获得国际商业美术设计师（ICAD）认证证书，该证书由国际商业美术设计师协会主持认证和颁发。2004年5月，由劳动和社会保障部主办，由国家职业技能鉴定专家委员会电子商务专业委员会、中鸿网络信息技术有限公司承办的中国首届电子商务大赛正式启动，这项赛事是国家一类竞赛活动，北京赛区被评为最佳组织机构，北京3

名选手在全国决赛中获得银奖。2004 年 6 月 20 日，市教委组织参加全国高等学校英语应用能力竞赛北京地区考试，来自 29 所高职院校共 14381 名学生参加考试。参加 A 级实考 4975 人，参加 B 级实考 8187 人。

2005 年 6 月，首届北京市职业学校电子设计竞赛在计算机工业学校举行。这次活动是由北京高职中专电类课研究会和市职教学会机电委员会联合举办的。共有 13 所学校的 18 人(队)参加竞赛。本次比赛的题目是“简易智能运动装置”，实际是简易机器人。涉及人工智能、自动控制、机械电子、通信、传感机构等多个领域的技术融合。2005 年 12 月，由高职中专电类课研究会主办、掌宇金仪仪器设备有限公司协办的“2005 高职中专 EDA 竞赛”在信息职业学院举行。有 8 所院校的 33 个代表队的 66 名学生参加了本次竞赛。竞赛采用 MULTISIM7 仿真软件，要求在计算机上完成，共评出一等奖 5 个，二等奖 8 个，三等奖 13 个。

2007 年 12 月至 2008 年 4 月，市教委举办“北京市迎奥运职业院校技能竞赛暨 2008 全国职业院校技能大赛北京市选拔赛”。大赛共涉及 86 个专业工种，参赛人数 76542 人，67 名选手获得一等奖，85 名选手获得二等奖，104 名选手获得三等奖。市教委对 251 名比赛选手进行表彰，并颁发由市教委统一印制的荣誉证书。同时向东城区教委等 9 个区（县）教委颁发“组织奖”奖牌，向劲松职高等 15 所职业学校、广达汽车维修设备有限公司等 9 家企业颁发“贡献奖”奖牌。“迎奥运机器人竞赛 2008·北京”于 2008 年 5 月 18 日在信息职业学院举行。竞赛由中国电子教育学会、中国机械工业教育协会、中国电子竞技运动发展中心主办，来自全国职业院校、特教学院和普通中小学的 28 所学校 300 多名参赛选手参加竞赛。共决出一等奖 70 名、二等奖 81 名、三等奖 114 名；中职组团体第一名 1 个；高职组团体第一名 1 个；优秀指导教师奖 42 名；优秀组织奖 6 个。团市委 2008 年 6 月举办了“挑战杯”首都大学生创业计划竞赛，财贸职院获一等奖，这是比赛中唯一获一等奖的高职院校项目。

2008 年 6 月，市教委组织参加 2008 年全国职业院校技能大赛。比赛由教育部、天津市政府等 11 个单位共同主办，高职组评出一等奖 14 个、二等奖 31 个、三等奖 40 个；中职组评出一等奖 149 个、二等奖 298 个、三等奖 327 个。共有 37 个省市代表队选派了 1762 名选手参赛。高职组有数控技术、模具设计与制造、机电一体化三类；北京高职组获得二等奖 2 个、三等奖 2 个。2008 年 9 月，工业职院在全国大学生数学建模竞赛中获得全国一等奖 2 项、全国二等奖 1 项，北京赛区一等奖 1 项、二等奖 3 项。

2009 年 4—5 月，北京市举办职业院校技能大赛暨全国职业院校技能大赛预选赛。大赛项目及承办院校有：数控机床装配、调试与维修（电科院），产品造型设计及快速成型（电科院），3G 基站建设维护及数据网组建（工业职院），电子产品设计及制作（信息职院）。高职参赛对象为独立设置高职学院在校高职学生。每个竞赛项目每校限报参赛队 1 ~ 2 个队。高职组评出一等奖 4 个、二等奖 8 个、三等奖 12 个，评出优秀组织工作者 4 人、优秀指导教师 7 人。并组织优秀选手参加了 2009 年 6 月 27—29 日在天津举办的全国职业院校技能大赛，北京高职组共获得一等奖 4 个、二等奖 1 个、三等奖 5 个、优秀奖 1 个，创下历史最好成绩。2009 年 11 月 28 日，“高教社杯”全国大学生数学建模竞赛颁奖会在天津南开大学召开。信息职院师生在此次竞赛中获得历史最好成绩。学院两个参赛队获得专科组全国二等奖，一个参赛队获得专科组北京市一等奖，一个参赛队获得专科组北京市二等奖。本届全国大学生数学建模竞赛参赛队伍数创历史之最，共有来自全国 1137 所高校的 15042 支竞赛队伍参加，其中北京市有 63 所高校 1102 支竞赛队伍。2009 年 5 月 19 日，在北京高校第 6 届青年教师教学基本功比赛中，工业职院建筑系教师获得理工组一等奖，同时获得最佳演示奖和最受学生欢迎奖。2009 年 9 月，信息职院《GPTC 课程方案》获得高等教育国家级教学成果二等奖。

2010 年 5 月，市教委举办 2010 年北京市高职院校技能大赛，共有来自 19 所院校的 100 余支参赛队参加了建筑楼宇——楼宇智能化系统安装与调试，数控技术——复杂部件造型、多轴联动编程与加工，模具——零部件 3D 测量与制造，汽车技术——汽车维修与故障排除，计算机技术——计算机网络组建与安全维护，电子设计——嵌入式产品开发，现代物流——储配方案的设计与执行共 7 个项目的比赛，评出一等奖 30 项、二等奖 32 项、三等奖 46 项、优秀奖 21 项，评出优秀组织奖 7 个、优秀指导教师 60 人、优秀组织工作者 11 人。劳动保障职院代表队在大赛中获得“楼宇智能化系统安装与调试”北京赛区一等奖，并代表北京市参加 2010 年全国职业院校技能大赛高职组楼宇智能化竞赛，并获全国一等奖第一名。2010 年 6 月，市教委组织学生参加 2010 年全国职业院校技能大赛。其中，39 名高职学生组成 13 支队伍参加 7 个专业类别比赛，获得一等奖 4 个、二等奖 3 个、三等奖 3 个。全国 37 个省市区代表队参赛，决出一等奖 436 名、二等奖 883 名、三等奖 1280 名、优秀奖 1268 名以及优秀指导教师奖 378 个、中职组团体奖 9 个、企业突出贡献奖 14 个。工业职院在 2010 年全国职业院校技能大赛中，获得汽车维修与故障排除赛项全国一等奖，发动机修复运行与检验分析单项获第一名，电子设计嵌入式产品开发赛项获全国二等奖。

第三节　体育、美育

国家教委学校国防教育办公室 1993 年 3 月召开高等学校军训工作会，会议要求各地总结军训经验，加强高校军训机构和军事课教师队伍建设，提高军训课教学质量，军事训练作为一门必修课列入教学计划，并根据军训大纲的要求组织集中训练和理论课教学。1994 年 5 月，国家教委、总参谋部、总政治部联合重新修订并印发了新的《高等学校学生军事训练大纲》，规定了集中训练时间为 4 ~ 5 周，军事理论课教学学时为 60 ~ 70 学时，教学内容也作了相应的调整。军训作为国防教育的重要内容、作为一门必修课，每年新生入学军训都是学生入校的第一课。

1994 年 8 月 24 日，全国首次职业学校田径运动会在山西举行。共有 29 支省市代表队参赛，北京组织代表团参加，获团体总分第六，精神文明第一。市高教局获优秀组织奖。自 1995 年开始，市教委每年组织一届北京高等学校学生田径运动会。市教委成立后，设立了体育卫生与艺术教育处，统筹管理全市学校艺术教育，指导、协调大、中、小学艺术交流。其中包括学生艺术节全市大型活动以及民族艺术、高雅艺术进校园等专题活动。全市教育系统体育活动主要由市教委体育卫生与艺术教育处领导，开展的体育活动有“宝矿力杯”足球赛、田径运动会、长跑比赛、游泳比赛、全民健身体育节等。高职院校、中职学校分别参加有关赛事，并取得好成绩。

1996 年 7 月 29 日，国家教委印发《关于加强全国普通高等学校艺术教育的意见》，提出美育是学校教育的重要组成部分，美育具有其他学科所不能替代的重要作用。艺术教育是学校实施美育的主要内容和途径，是促进高校校园精神文明建设不可缺少的内容。意见提出的主要几点：一要进一步明确高校艺术教育的基本任务；二要加强对艺术教育的规划和领导，不断完善艺术教育管理体制；三要从规范化、制度化管理入手，抓好艺术教育课程开设工作；四要积极开展课外文化艺术活动，促进校园文化建设；五要加强艺术师资队伍建设，配备一定数量的合格的专职艺术教师；六要不断改善教学条件，确保艺术教育工作的正常开展；七要积极、稳妥地进行高校艺术教育试点工作。1996 年 10 月 17 日，市教委转发和贯彻国家教委《关于加强全国普通高等学校艺术教育的意见》，提出北京市的实施意见主要有：培养目标与基本任务；组织机构和管理；艺术课教学；课外艺术活动；艺术教师；设备、器材和经费；科学研究；评估等。

1997年12月15日，市教委下发《北京市学校艺术教育发展规划》和《北京市校外教育发展规划》，指导各类学校开展艺术教育和校外教育。

1998年3月，市教委、市体委印发《关于进一步加强和改善学校体育工作的意见》。1999年5月，市教委举办北京市首届职教田径运动会，106所职业学校1200多名运动员参赛。1999年2月至6月，市委教育工委、市教委、团市委及部分高校联合举办“’99北京市大学生艺术节”，来自67所高校23万名大学生参加了艺术节活动。共举行了各种市级比赛16场，包括美术、书法、摄影、声乐、舞蹈、诗朗诵等比赛，直接参赛学生8000人。1999年8月4日，教育部印发《高等学校交响音乐赏析教学指导纲要（试行）》的通知，要求把开设艺术选修课作为学校实施美育的重要途径。在指导纲要中明确了教学目的与任务，提出了教学内容、教学要求，规定了成绩考核办法和教学条件的规定等。

2003年7月，市社会团体管理办公室、市体育总会正式更名为市职教体育协会。业务范围包括中专、中技、职高、高职院校。市职教体协会员单位有37所职业高中，6所高职院校。2004年4月，举行了“宝矿力杯”市体育传统项目学校足球比赛，全市8所学校8支代表队参加比赛。2004年4月，高职中专语文研究会组织“迎奥运”书写大赛。共有32所学校2万多名学生参加了比赛。共评出1000多名优秀选手进入决赛。评选出一等奖的软笔选手8人，硬笔选手41人，13所学校获团体奖。

2006年3月21日，市教委转发教育部办公厅《关于印发〈全国普通高等学校公共艺术课程〉的通知》。为落实学校艺术教育工作规程，教育部成立课题组研制了《全国普通高等学校公共艺术课程指导方案》，要求从2006年秋季开始在全国普通高等学校中实施。方案对课程性质、课程目标、课程设置等提出具体要求。2006年3月，市教委下发《关于开展北京高等学校贯彻〈学校体育工作条例〉检查评估工作的通知》，市教委决定自2006年开始，连续三年在北京地区开展高等学校贯彻《学校体育工作条例》检查评估工作，并做出了具体的安排。2006年5月10日，北京校外教育协会成立，市委教育工委、市委宣传部、市教委、首都精神办等有关部门和领导参加了会议。协会成立后，将把北京地区不同系统、不同层级、不同类型的青少年活动场所组织起来，充分发挥近2000个各级各类青少年活动场所的作用，形成校外教育的工作合力。利用社团的工作模式拓宽校外教育渠道，以满足广大青少年日益增长的校外活动需求。

围绕迎接2008年奥运举行各种体育、艺术、校外宣传、科技活动等，2006

年1月，市教委下发《关于举办北京市第九届学生艺术节的通知》，明确本届艺术的节的主题是“阳光下成长”。2006年3月，市教委下发《关于举办北京市第一届大学生戏剧节活动的通知》，参加对象有本科生、研究生、民办院校学生、高等职业学院学生。主题是“挥洒青春,演绎梦想”。节目类型包括短剧、独幕剧、多幕剧。从编剧、导演、表演、舞台美术设计等，分为剧目、组织两个大类共19个奖励项目。戏剧节由中央戏剧学院主办，北京50所学校上万名学生参加了活动，其中17所学校获奖。在学生戏剧节中各类艺术演出200多场。北京承办了全国舞蹈专业院校的“桃李杯”舞蹈比赛，来自全国30个省、直辖市、自治区和海外的107个院校的4000多名选手参加了44场比赛，组织开展了北京市2006年民族艺术进校园活动，在北京有12家专业文艺团体到大、中、小学校免费进行演出共约1000场，50万名大中小学生观看了演出。举办了北京市大、中学生艺术节。市教委向全市各级各类学校征集奥运歌曲，共征集到2128首作品，评选出21首入围歌曲在全市大中小学生中推广和教唱。全市各级各类学校在校外活动场所开展了暑期“迎奥运，走京城、快乐体验夏令营”活动，50多个校外单位组织了70多项活动。北京还举办了第26届北京市青少年科技创新大赛，组织参加暑期在澳门举办的全国青少年科技创新大赛，获得的金奖数居全国之首，并获得本次比赛的大奖——中国科协主席奖。2006年5月，市教委下发《关于举办北京市“我心中的奥运”大学生英语演讲比赛的通知》并颁发了比赛章程和一系列关于开展奥运系列教育活动的通知等。市职教体育系统第一届校园体育节2008年10月在大兴区一职校开幕。该体育节有35所中职、高职院校，1640名师生（其中运动员1530名，裁判员110人）参加。信息职院有1800多人参与2008北京奥运会的相关服务任务，学院自2005年9月16日与北京奥组委签约以来，完成了预定的培养任务。奥运会赛时实习生是学院一项跨度时间最长、投入精力最多的政治任务。2007年6月，经北京奥组委择优选拔，学院141名学生成为第29届北京奥林匹克运动会赛时实习生。2007年7月至2008年9月，在北京奥组委注册中心承担奥组委实习工作并圆满完成任务，得到北京奥组委的高度评价，为2008年北京奥运会和残奥会的成功举办做出积极贡献。2009年5月，青年政治学院艺术设计系师生积极参与怀柔区桥梓镇前茶坞村文化墙建设和更新。文化墙建设围绕“传承中华民族优良品德，建设文明怀柔”主题，以《弟子规》原文为依据，由平面设计专业和油画专业的师生共20人完成。

2010年4月29日，市教委组织的第五届大学生创意文化节开幕，主题是“做文明有礼北京人，为建设世界城市做贡献”。开展丰富多彩的校园文化活动，搭建起大学生自我教育平台。2010 年 5 月，北京市全面体育运动“阳光工程”职教系统校园体育节在北工大举行。体育节由市教委、市体育局、市人力社保局共同举办。这是第一次将职教系统技校、中专、职高、高职四个层次师生汇聚在一起的运动会，共 52 所职业院校 4600 名师生参与，其中运动员 3498 人，北工大通洲分校获高职组团体总分第一名。

附录 2-1

北京市教育委员会
关于加强成人高等职业教育专业建设的意见

（京教成〔1998〕036 号）

一、要进一步提高对成人高等职业教育的认识

成人高等学校举办高等职业教育是对一种新型高等教育的探索和完善。经过近年来的实践和探索，成人高等学校举办的高等职业教育呈现出以下几方面的基本特征：

（一）培养目标是面向基层，面向生产、工作第一线，以培养大学专科层次为主的实用型（含管理、操作、服务等）人才。

（二）专业教学内容主要是成熟的技术和管理规范;特别强调要加强实践教学，让学生在校就读期间完成上岗前的实践训练任务，毕业就能基本顶岗工作。

（三）教学过程的特点是从职业分析入手，以能力为中心确定培养目标；设计课程体系和课程内容都要突出能力培养。

（四）衡量教学效果和学习成果的标准是学员掌握和达到培养目标所要求的从事某一职业、岗位（群）应具备的知识和能力，并受到用人单位欢迎。

这种高等教育类型势必会带来对原有教学模式、教学内容、教学方法的整体改革，甚至涉及对教师原有知识结构和教学能力的调整，对教师提出了更高的要求。因此，举办高等职业教育的学校要进一步提高对高等职业教育规律的认识，认真研究高等职业教育的性质和特点。学校要重点解决高等职业人才的规格及培养途径的问题，结合学校实际，边研究，边实践，边总结，使高职特色更加突出。

二、科学制订高等职业教育专业的教学计划

（一）高度重视人才培养目标的定位

成人高等职业教育专业的培养目标，应是把教育对象培养成具有良好思想品德，面向生产第一线或工作现场的实用型高级专门人才，使他们既掌握职业岗位所要求的高等学历教育相应层次的专业（技术）理论，又具有较强的职业岗位技能和实际工作能力，毕业后即能适应职业岗位的需求，很快胜任所从事的工作。

确定培养目标的原则是从职业分析入手，使专业培养目标与一定的职业岗位（群）要求相对应，注重职业岗位所需的职业道德、职业基础知识、职业专门知识、职业技能和能力的培养。为准确把握培养目标定位，要与行业或企业等用人部门共同研究，对专业所要求的理论知识和实践能力作出明确、具体的规定，以确保高职专业的特色。努力克服传统教学模式的影响，真正把高等职业教育的专业目标定位于实用型人才的培养。

（二）科学制订教学计划

高等职业教育的教学计划与目前成人高校的大学专科教育的教学计划在培养目标、内容体系上有明显不同。在内容体系上，普通专科教育以学科划分专业，以该学科的理论体系为框架构建基础课、专业基础课、专业课三段式课程体系，讲求学科体系的系统性、完整性。高等职业教育内容是根据职业岗位的实际需要，以能力为中心构建课程体系，讲求职业针对性、岗位适应性。

1. 制订教学计划的基本要求

制订高等职业教育专业教学计划应首先从职业岗位（群）调查入手，依据职业岗位规范对知识和能力素质的要求，制定明晰、具体的培养目标。

把培养目标作为课程设计的主要依据，课程结构由基础课、专业（技术）课、实践课三部分组成，先确定应开设的专业（技术）课、实践课，再由此安排基础课。

课程内容要为培养目标服务，要把能力培养贯彻于整个教学计划，重视实践教学。基础课内容应符合有关基本要求，满足专业课的需要，以必需、够用为度，所谓“必需、够用为度”，并不是简单地把本科或普通专科基础理论进行压缩，而是以职业岗位规范以及履行职业岗位职责过程中需要的知识和基础理论为标准设置课程，确定课程内容；专业课内容应适应职业岗位（群）的要求，有较强的针对性和实用性；实践课是把上述两部分内容应用到实际岗位上进行综合实践训练，培养学生在生产第一线岗位上的实际工作能力与动手能力。

建议基础课和专业（技术）课的学时比大致为 1∶1；理论教学时数与实践教学时数比大致为 3∶2。

2. 切实做好专业教学计划的论证工作和实施准备工作

开办高职专业必须符合本市经济建设和社会发展对该专业高等职业人才的需求，应该是社会、行业所急需的专业。专业要经过调研，有详尽的专业开办论证报告。要组织企事业用人单位的管理干部、技术人员及有关专家、教师对教学计划进行充分论证。举办学校应积极争取行业、企事业单位在人力、物力、财力等方面的支持与合作；在提供部分专业教师、实习指导教师、实验设备、实习基地等方面充分发挥行业、企事业单位的资源优势。

（三）重视课程设计与开发

1. 重视高等职业教育的课程教学大纲建设

高等职业教育教学内容、教学体系的特殊性决定了课程设计与开发的重要性。要认真进行课程设计，注意开发新课程。教学大纲是组织教学的依据，要加强高等职业教育的教学大纲建设，坚持开课一定要有教学大纲的原则。教学大纲应符合教学计划要求，与培养目标、规格层次相适应。制定教学大纲应以职业岗位规范或用人单位的要求为依据，按照职业能力、岗位职责精心确定课程目标、教学内容和课程的重点、难点。教育行政部门将组织有关学校经过充分论证，在推出高职专业示范性教学计划的基础上，推出示范性教学大纲，指导各高职专业教学大纲建设。

2. 重视选用、开发高等职业教育的特色教材

要精心选择和重视开发符合培养实用型人才要求的教材。教育行政部门也将有计划地组织高职专业教材的编写工作，总结高职专业教学改革的成果，有计划地编写出一批适合高职专业教学，适合成人学习的特色教材。

三、切实加强实践教学，突出能力培养

高等职业教育专业应重视实践教学。要根据职业岗位规范对能力的具体要求，确定实践课及实践教学环节，在制订教学计划时要具体落实实践教学环节。实践教学环节要通过实际操作、实验模拟等方式进行。

实践课应有教学大纲。实践课教学大纲同样要符合教学计划要求，与培养目标、规格层次相适应；要有明确的教学目的与要求，有课程内容、课程组织实施的办法、进度。考核要有明确、具体的标准，标准即职业岗位（群）所需的能力、技能。

学校要按照专业教学计划加强专业模拟（实验）室的建设，无法在本校进行的实验、实习应有校外基地。由行业、企业提供的实验设备、实习场地，应有书面协议，以确保其稳定性。要严把毕业质量关，要对照培养目标逐项检查是否达到各项要求。学生的毕业设计（论文）应尽量以学生在生产、工作中遇到的实际问题为题，以提高解决实际问题的能力。教育行政部门要定期抽样检查毕业生毕业设计（论文或综合作业）及毕业答辩的情况。

根据职业、岗位的需要，应积极组织学生参加社会或行业认可的资格证书考试，使学生毕业时取得多种证书。

四、加强高职专业的教师队伍建设

高职专业的培养目标是培养面向生产第一线或工作现场的高层次实用型人才，这就要求高职专业的教师既要有较高的专业理论水平，又要有较强的职业技能。因此，开办高职专业的学校要有切实可行的途径和办法以加强教师队伍建设，进一步优化教师的知识结构，以提高能力水平，使之适应高职专业的教学要求。教师队伍的构成应以现有的教师为主，重视增强现有教师的专业实践经验，促使他们向“双师型”方向发展。同时聘请行业或社会上有一技之长的专家或技术人员兼职讲授高职专业有关技术、技能课程，以加强高职专业课程的实践性。

五、加强对高等职业教育的研究

高等职业教育目前尚处在起步阶段，有许多课题需要在实施中加以深入研究与探索。学校要加大教学改革力度，重视建立一支教学设计人员队伍，重视教学研究活动，在培养模式、教学内容、教学模式、教材建设、师资队伍建设等方面需不断地总结经验，探索规律，办出特色，以适应我国科技进步、产业结构调整及社会经济发展的需要。

附录 2–2

教育部关于印发《普通高等学校高职高专教育专业设置管理办法（试行）》的通知

（教高〔2004〕4 号）

各省、自治区、直辖市教育厅（教委），新疆生产建设兵团教育局：

为引导我国高职高专教育持续健康发展，扩大高等学校办学自主权，尽快形成高职高专教育专业管理的科学运行机制，我部印发了《普通高等学校高职高专教育指导性专业目录（试行）》(以下简称《目录》)。为了配合《目录》的使用，我部制定了《普通高等学校高职高专教育专业设置管理办法》(试行) (以下简称《办法》)，现印发给你们，请参照执行，并将执行过程中的有关情况及时反馈给我部高等教育司。

对《目录》的管理遵循“专业大类原则不变，专业类相对稳定，专业基本放开”的原则。我部每两年对专业目录进行一次调整；省级教育行政部门可依据高等学校的办学条件、办学质量和办学效益等实际情况，核定学校举办高职高专教育的专业类范围和每年新增专业的数量；学校可在核定的专业类内自主调整和设置专业。各地教育行政部门应以《目录》和《办法》为依据，及时对本地现有高职高专教育的专业设置情况开展调查并逐步进行必要的调整。

请各省级教育行政部门将本地所有高等学校现设高职高专教育专业调整后的情况填写表格 (见附件二)，并将相应的电子表格 (.XLS 格式) 一并于 2005 年 1 月 31 日前报送我部高等教育司。

附件：

一、普通高等学校高职高专教育专业设置管理办法 (试行)

二、普通高等学校高职高专教育专业设置情况表（略）

教育部

二〇〇四年十月十九日

普通高等学校高职高专教育专业设置管理办法（试行）

一、为推进高等学校面向社会依法自主办学的进程，加强高职高专教育专业设置的宏观管理，促进高职高专教育的持续健康发展，根据《中华人民共和国高等教育法》《中华人民共和国职业教育法》，以及当前我国高职高专教育改革和发展的实际状况，制订本办法。

二、由教育部组织制定的《普通高等学校高职高专教育指导性专业目录》（以下简称《目录》）是国家对高职高专教育进行宏观指导的一项基本文件，是指导高等学校设置和调整专业，教育行政部门进行教育统计和人才预测等工作的重要依据，也可作为社会用人单位选择和接收毕业生的重要参考。教育部将按照专业大类目录原则不变、专业类目录相对稳定、专业目录基本放开的原则对《目录》进行管理。

三、《目录》所列专业是根据高职高专教育的特点，以职业岗位群或行业为主兼顾学科分类的原则进行划分的，体现了职业性与学科性的结合，并兼顾了与本科目录的衔接。专业名称采取了“宽窄并存”的做法，专业内涵体现了多样性与普遍性相结合的特点，同一名称的专业，不同地区不同院校可以且提倡有不同的侧重与特点。各省级教育行政部门和高等学校在管理和设置高职高专教育专业的过程中，应充分发挥《目录》的指导作用。

四、《目录》分设农林牧渔、交通运输、生化与药品、资源开发与测绘、材料与能源、土建、水利、制造、电子信息、环保气象与安全、轻纺食品、财经、医药卫生、旅游、公共事业、文化教育、艺术设计传媒、公安、法律 19 个大类，下设 78 个二级类，共 532 种专业。为体现职业教育的特点，管理类专业暂分别归属于不同的专业大类中。

五、各省级教育行政部门可通过检查、评估等方式，依据高等学校的办学条件、办学质量和办学效益等实际情况，核定学校举办高职高专教育的专业类范围和新增专业的数量。原则上，高等学校可在核定的专业类中自主设置和调整目录内专业，也可依据专业目录中的专业名称以“( )”形式标出专业方向或本校该专业内涵的特色。学校依法自主设置的专业应报所属省级教育行政部门备案。省级教育行政部门指导院校设置和调整高职高专教育专业时，还应注意：根据有关规定制定《目录》外专业设置标准与听证制度，以保证专业设置的科学性和规范性；按照国家有关规定管理医学类、公安类等国家控制专业；高等学校的专业设置范围和年增专业数量等权限应与院校的评估结论挂钩；对连续三年达不到本省份平均就业率的高职高专教育专业，应通过调节招生计划等方式减少或限制招生。教育类专业（分类代码 6602）一般限于师范高等专科学校设置。

六、各省级教育行政部门应从 2004 年开始，于次年 1 月底前将备案的高职高专教育专业及相关内容汇总整理后，填写《普通高等学校高职高专教育专业设置情况表》报送教育部高等教育司。教育部将对各地上报的专业信息进行汇总，并向社会公布，以促进信息交流，实现资源共享。

对新增设的《目录》外专业，省级教育行政部门应按照目前的代码序列顺序编制相应的专业代码，并在代码后用本省份简称（如“冀”“鲁”）标出，供本省份使用。教育部将对上报的《目录》外专业进行统筹协调，每两年对《目录》进行一次更新。对于设置较普遍的《目录》外专业，根据举办情况给予正式专业代码并予以公布。

七、高等学校要根据我国经济发展、科技进步和产业结构调整的要求，以适应生产、建设、管理、服务第一线岗位的需要为原则，从本校高职高专教育师资、实训等办学条件出发，特别应注意遵循市场经济条件下经济发展和职业岗位的变化规律，调整和设置专业。同时，应注意遵循高等教育规律，保持教育工作的相对稳定性。

八、各省级教育行政部门可根据本地区的具体情况，依照本办法精神制定本省（自治区、直辖市）的高职高专教育专业设置管理的《补充规定》或《实施细则》，切实加强对本地区高职高专教育专业设置的宏观管理和指导。努力形成合理的专业结构和布局，促进我国高职高专教育规模、结构、质量、效益协调发展。

九、本办法适用于独立设置的高职高专院校、本科院校举办的职业技术学院，也可供独立设置的成人高等学校和有关高等教育机构参考使用。

附录 2–3

北京市教育委员会
关于印发《北京市高等职业教育实训基地管理规程（试行）》和
关于《北京市高等职业教育实训基地验收标准（试行）》的通知

京教高〔2001〕14 号

各有关高校：

为大力发展高等职业教育，进一步加强北京高等职业教育实训基地建设，规范实训基地管理，现将《北京市高等职业教育实训基地管理规程（试行）》（以下简称《规程》）和《北京市高等职业教育实训基地验收标准（试行）》（以下简称《标准》）印发给你们，请遵照执行。

我委将依据《标准》对各市属市管高校高等职业教育实训基地进行验收，验收合格的实训基地，将挂牌为北京市高等职业教育实训基地，实行资源共享。凡申请验收的实训基地，要按照要求填写“北京市高等职业教育实训基地验收申报表”（一式七份，略），于 7 月 15 日之前上报市教委高教处。

具体验收时间另行通知。

各部委高校可参照《规程》和《标准》，进一步加强高等职业教育实训基地建设和管理工作，我委暂不对有关实训基地进行验收。

二〇〇一年六月二十一日

北京市高等职业教育实训基地管理规程（试行）

第一章　总则

第一条　高等职业教育实训基地是对学生进行专业岗位技术技能培训与鉴定的实践教学单位，是实现高等职业教育目标的重要条件之一，其教学基础设施与工作状况直接反映学校的教学质量与教学水平，必须重视和加强实训基地的领导、建设和管理。

第二条　高等职业教育实训基地是高等职业教育机构中教学实体之一。必须全面贯彻党和国家的教育方针，遵循教育、教学的基本规律，努力培养学生的专业基本能力、基本技能和职业素质，不断提高教学质量及教学水平。

第三条 高等职业教育实训基地的建设要按照统筹规划、合理设置、全面开放和资源共享的原则，努力提高办学的社会效益与经济效益。

第四条 为发展高等职业教育，促进高等职业教育实训基地的建设与发展，全面规范实训基地的管理，特制定本规程。

第二章 实训基地的基本功能与主要任务

第五条 实训基地的基本功能为：完成实践教学任务，承担高等职业教育学历、非学历职业技术技能培训；负责专业技术技能鉴定考核工作；进行专业研究、技术开发、生产及新技术的应用推广等。逐步发展为培养高等职业教育人才的实践教学、职业技术技能培训、鉴定考核和高新技术推广应用的重要基地。

第六条 实训基地的主要任务：

1. 根据培养目标的要求制定专业技术技能培训教学大纲，组织编写实训教材。

2. 根据教学计划的要求和专业岗位群的技术技能要求，制定实训计划和方案。

3. 按照专业岗位群的实际和教学大纲要求组织和实施模拟专业岗位技术培训。

4. 依据科学技术的发展、岗位需求的变化及新生工作岗位的定向，开发新的职业技术技能培训项目与培训内容。

5. 组织进行专业技术技能资格鉴定工作，颁发国家认可的专业技术资格证书。

6. 承担对双师型师资队伍的培训。

第七条 实训基地要积极创造条件，开展高等职业教育的科学研究和专业技术应用研究，努力实现产学研相结合，在开发推广新技术、新工艺和新材料等方面，发挥重要作用。

第八条 实训基地要不断充实与改进培训内容，改革培训方法，培养学生职业技术技能及独立解决实际问题的能力和创新能力，培养学生的职业道德和团结协作精神，全面提高学生的综合素质。

第三章 实训基地建设

第九条 高等职业教育是“培养生产、建设、服务、管理第一线的高级技术应用型人才”。因此实训基地的建设要突出以下特点：

1. 在实训过程上要具有专业基本技术技能的仿真性。使学生按照未来专业岗位群对基本技术技能的要求，得到实际操作训练。

2. 在技术要求上要具有专业领域的先进性。使学生在实训过程中，学到和掌握本专业领域先进的技术路线、工艺路线和技术实际应用的本领。

3. 在内容安排上要具有综合性。使学生通过实训不仅掌握本专业的核心技术和技能，而且熟悉和了解与专业相关的技术和技能。得到基本能力、基本技能和职业综合素质的全面培训。

4. 在环境和总体设计上要具有社会开放性。不仅能承担高等职业学历教育的基本技术技能实训，而且能承担各级各类职业技能的培训任务，使学校实训基地紧密与社会经济发展相联系。

第十条 高等职业教育机构，既要重视和加强校内实训基地的建设，又要重视和加强校外实训基地的建设。校内实训基地主要是对学生进行专业岗位群基本技术技能的模拟实操培训，校外培训基地则是对学生直接参加生产和实际工作进行现场培训。校内、外实训基地相辅相成，紧密结合，以全面培养学生实际工作能力和综合素质。

第十一条 高等职业教育的实训基地，按其职能与规模可分为：市级、校级与专业级三个层次。市级实训基地主要是由市教委投资或政策支持，高新技术与通用技术相结合，具有一定规模，面向全市高等职业教育，在技术与管理上具有示范性的实训基地。校级实训基地主要是由学校或社会投资，面向本校师生，在技术和管理上更具有本校性质和专业特色的实训基地。专业实训基地主要是针对某一专业特殊需要，为本专业人才培养服务的实训基地。市级实训基地，需经所在学校申请、专家评审，由市教委批准命名。

第十二条 实训基地建设要根据首都社会经济发展和高等职业教育发展的需要，统筹规划、合理布局，经过论证、审批之后，分批分期、有组织有计划地实施。既要满足当前高等职业教育对人才职业技术技能培训的需要，又要考虑可持续发展的需求，同时要强化社会效益与经济效益。在建设的同时，尽快建立起自我运作、自我建设、自我发展的运行机制。

第十三条 实训基地建设要通过政府投入、学校自筹、实训基地自筹、校企共建、学校与科研单位或行业联合等多渠道筹集经费，走共同建设、共同发展的道路。

第四章 实训基地组织与管理

第十四条 高等职业教育机构，要加强对实训基地的领导和管理，要建立定期检查指导工作制度，解决实训基地建设和管理工作中的实际问题，帮助实训基地做好建设、发展、培训的各项工作。要根据实训基地的特点和需要建立既具有教育教学特征，又具有社会专业实际工作特征的强有力的实训基地组织管理机构。

要选派数量适当、思想品质好、专业理论水平高、专业技术能力强和具有一定组织能力的人员担任实训基地的管理人员和指导教师。以保证实训基地各项任务的顺利完成及实训质量的不断提高。

第十五条　实训基地要建立科学、有效、严格的队伍建设和人员管理制度，有明确的岗位职责及分工细则，有严格的考核办法和奖惩制度，有落实的培养师资计划和实施措施，实训基地人员，特别是实习指导教师要有合理的学历、技术职务和技能结构，以保证实训工作质量的不断提高和实训基地建设的不断加强。

第十六条　实训基地要以教育教学为中心，建设科学、健全、严格的实践教学制度。建立健全规范且能严格执行的教学计划、教学大纲、教学规程等教学文件。要建立职业技术技能、职业综合能力、职业素质有机结合的实训教学体系，并具有组织实施的各项规章制度。要建立教学质量检查、监督、保障、调控体系，并具有规范的教学过程运行管理制度。要深化教学改革，不断开发新的实训项目，更新教学内容，改进教学方法，以保证教学质量与教学水平的不断提高。

第十七条　实训基地要建立完善的设备设施及物资管理制度。做到账、物、卡相符，仪器设备维修及时，设备完好率达到90%以上。建立仪器设备专人管理和技术档案制度，实现现代化管理，不断提高设备设施的利用率。

第十八条　实训基地要严格遵守国家有关部门颁布的法规、法令及条例，建立实训环境管理和劳动保护的管理规定，安全操作管理规程和文明生产措施。营造良好的育人环境。

第十九条　北京市教委在高等学校投资建设的实训基地的调整与撤销，须经市教委批准。

第二十条　校外实训基地要签有合作协议，其管理按实训基地所在单位相关规定及管理办法执行，但必须要有保证教学任务完成和教学质量提高的制度和措施。校外实训基地的调整与撤销，应经合作双方同意。

第五章　实训基地检查与评估

第二十一条　要建立实训基地检查、验收制度。实训基地基本建成之后，市教委要依据实训基地建设方案和有关规定对各实训基地组织专家进行验收，并对实训基地运行及教学质量进行检查。

第二十二条　建立实训基地的评估考核制度。市教委按照实训环境、管理体制、培养目标、实训基地的效益、对外培训等方面制定评估、考核的指标体系和实施细则，并对其开展评估工作。对成绩显著的集体和个人进行表彰和鼓励，对违章失职或因工作不负责任造成损失者，除赔偿损失外，要进行批评教育。

北京市高等职业教育实训基地验收标准（试行）

I 实训基地建设

I–1 指导思想与规划

1. 实训基地的建立有充分的调研、论证，高等职业教育特色鲜明，目标定位准确，符合首都发展特点。

2. 指导思想适应北京地区社会经济发展和产业结构调整，满足学校专业实践教学要求，以培养技术应用能力和职业基本素质为中心，以行业职业岗位（群）为标准，坚持产学研结合的培养途径。

3. 建设规划目标明确，有具体的分阶段实施计划和配套措施，实训室（或车间）设置基本合理，能满足实践教学要求，已取得阶段性成果。

I–2 基本功能

1. 能完成所承担的实践教学任务。包括完成教学计划规定的能力训练；按照职业技术技能的规范开展职业技术技能训练；按照职业活动环境的实际要求来规范学生的行为准则；制定各种规章制度（安全、操作、管理等），对学生进行职业素质训练。

2. 能承担高等职业教育学历和非学历职业技术技能训练。

3. 能承担专业技术技能的鉴定和考核工作。

4. 能进行专业研究开发、生产及新技术的推广应用工作。

5. 能承担双师型教师的培训任务。

I–3 组成框架

1. 实践教学基地内由多个能进行操作、训练、实习等实训室（或车间）组成，总体框架及布局合理，并且有学生独立自主进行创意的实践条件。

2. 实践教学基地能满足教学要求，具有相应的职业氛围，具有一定的仿真性和综合性，技术先进程度适应行业现状和发展趋势。

3. 实践教学基地既面向各类学校，也面向社会开放。

I–4 实践教学指导队伍

1. 实训室主任由具有相应中级以上技术职务，能够进行技能实训指导的技术带头人担任。

2. 实践教学指导人员结构合理，实践教学能力强。其中 80% 以上人员具有大专以上学历或中级职务，技艺操作类实习指导教师中具有高级技术职务的≥ 20%，其余人员必须具有专业指导能力，并有相应的资格证书。

3. 有实践教学指导人员培养规划和措施。

I–5 场地与环境

1. 核心技术技能实训室生均面积能满足学生独立操作的教学要求，与职业活动环境接近。

2. 安全有保障，无安全隐患。

3. 各实训室的通风、照明、控温、控湿等设施基本完好。能保证达到设计规定的各项标准。电、水、气管道布置安全、规范。

4. 各实训室有三废（废气、废渣、废液）处理措施。

5. 实训室干净整洁，育人环境良好。

I–6 仪器设备与经费投入

1. 核心技术技能实训室的仪器设备配置合理，能满足学生独立操作的教学要求。

2. 仪器设备维修、保养、更新的经费有稳定的来源和可靠的保证。

Ⅱ实践教学质量保障与改革

Ⅱ–1 教学文件

1. 有完整的专业职业分析，职业能力分析，职业技术技能分析的资料，有明确的职业技术技能培训目标和需求。

2. 实践教学计划、教学大纲、教学任务书、实训教材等教学文件规范齐全，执行严格。

3. 有适应社会行业岗位群的职业技术技能的需求，并有科学的能力与技能测试方法规定。

Ⅱ–2 教学实施

1. 每个实训项目、单元、工位、技术技能培训标准明确、实施落实。

2. 每个实训项目、单元、工位、技术技能培训考查、考核严格执行，并有记载。

3. 实践教学指导人员落实，有明确的岗位职责及分工细则。

Ⅱ–3 教学体系

1. 初步形成了培养学生职业技能、职业社会能力和职业素质有机结合的实践教学体系。

2. 实践教学体系与理论教育体系有机结合、相互渗透，实施效果良好。

Ⅱ–4 教学改革

1. 教学观念领先，改革力度大，不断开发新的实训项目且有成效。

2. 结合具体实训项目改革教学方法有成效。

3. 积极开展教学研究，并取得较好成果。

Ⅲ校内基地管理

Ⅲ–1 对实训基地的领导

1. 有检查、指导制度并且落实。

2. 对实训基地领导、人员的配备、教育、管理有制度且落实。

3. 帮助解决实训基地的实际问题。

Ⅲ–2 组织管理机构

1. 管理机构健全、体制合理，既具有教育教学组织特征又具有社会实际工作组织特征。

2. 组织机构岗位职责明确，有分工细则，运行情况良好。

3. 有严格规范的教学质量检查、监督、调控、保障体系及运行机制。

Ⅲ–3 规章制度

1. 建有科学、有效、严格的队伍建设和人员管理制度，并能组织实施。

2. 建有健全规范且能严格执行的教学计划、教学大纲、教学规程等教学文件，并有规范的教学过程运行管理制度并能贯彻执行。

3. 建有严格的设备、设施及物资管理制度。

4. 建有严格的实训环境，劳动保护、安全操作、文明生产的规章制度。

5. 建有严格的实训基地评估考核制度，并能组织实施。

Ⅳ实践教学质量与效益

Ⅳ–1 实践教学质量

1. 抽测学生实训、实习报告综合评价良好。

2. 抽测学生基本技术技能，多数学生达到合格标准。

3. 抽测学生综合应用所学知识分析解决专业实际问题的能力，多数学生达到合格标准。

4. 学生取得专业技术资格证书的比例逐年提高。

Ⅳ–2 效益及社会反应

1. 学生对实训教学反应较好，用人部门对毕业生的实践动手能力反映较好。

2. 能积极开展科研、生产实验、技术服务和技术开发工作，以及人员培训取得初步成效。

3. 实训基地社会声誉好。

第三章　学　生

1991 年至 2010 年期间，北京市职业教育学校学生工作在推行招生计划体制及收费改革、完善并规范学籍管理、实行学生奖学金与贷学金相结合的改革以及毕业生自主择业等方面发生很大变化。

招生工作方面。北京市自 1994 年起开始逐步实施招生计划体制改革。普通中等专业学校实行国家任务计划和调节性计划相结合的招生计划形式，毕业后大部分人自主择业的机制，逐步代替现行招生计划中的国家任务和调节性两种计划形式。2003 年起全市所有区（县）全部实行建立在初中毕业会考基础上的多种考试招生办法并存、统分结合的新的高级中等学校招生制度。逐步实行收费和奖学金、贷学金相结合的制度。“十一五”规划期间，推进招生考试制度改革，推进中等职业学校招收未升学高中毕业生改革，扩大高等职业院校自主招生与专升本的比例，为高职学生进一步深造提供机会。

学籍管理方面。北京地区中专学校 1993 年开始使用“学生成绩及学籍管理系统”软件。1992 年市教委转发国家教委颁发的《职业高级中学学生学籍管理暂行规定》，并根据北京情况作出补充规定。1996 年 4 月，市教委颁发《关于北京地区普通中等专业学校学生学籍学历管理工作有关问题的通知》，提出北京普通中专学校学生毕业证书、毕业生登记表等由市教委统一印制。2000 年 11 月，市教委提出实行入学电子注册，2002 年市教委分别下发对中专、职高、技校在校学生学籍管理的规定，在学生成绩、升留级、奖惩办法等方面有新的变化。

思想行为管理方面。市教委重视在学生日常行为管理过程中，加强学生管理工作队伍建设，通过班主任、任课教师、学生科、团委和行政管理服务人员四支队伍建设，形成教书育人、管理育人、服务育人的全员育人局面。在奖学助学方面，采取了奖励升学、奖学助学、助学贷款、勤工俭学等方式。2009 年，北京市下发《关于进一步加强中等职业学校学生管理工作的意见》，就加强学生管理工作提出意见：一是加强对中等职业学校学生管理工作重要性和紧迫性的认识；二是突出重点，加强创新，努力提高职业学校学生工作的实效性，强化对职业学校学生管理工作中突出问题的管理，构建育人网络，创新评价机制；三是强化保障，切实把职业学校学生管理工作的各项要求落到实处。

毕业就业方面。1992 年 5 月，市教育局、市职教中心、市劳动局交流中心联合成立“北京市职业教育人才供求协作组”，1997 年，国家教委下发《关于中等专业学校招生并轨改革的意见》，在毕业生就业等方面采取同一政策，所有职校毕业生进行劳动力市场自主择业。2003 年后，在坚持自主择业、市场调节就业和政府促进就业的方针下，职业学校面向市场的“订单班”“校企联合班”“冠名班”等兴起，职业院校毕业生就业形势良好，毕业生就业率达 90% 以上。2010 年市教委在高职教育通气会上，发布北京高职教育就业率连续三年超过 96%。

第一节　招生工作

中等职业学校招生工作　市教育局在招生政策方面根据教育部的要求和北京职业教育的实际情况不断进行调整。1991 年，《北京市高级中等学校招生工作意见》在招生办法中规定：高级中等学校（普通高中、中等专业学校、技工学校、职业高中）统一招生，学生自愿报名，德、智、体全面衡量，择优录取。市教育局首次提出拟在在部分职业高中扩大进行招收自费生试点。1992 年，先在职业教育比较发达发的部分城近郊区和个别远郊区试点，试点先选择部分社会需求量大，报名人数较多的热门专业，如外贸、外汇、英语、烹饪、汽车驾驶等专业工种。1993 年在国家任务中招收了 30% 的收费生，收费标准每年不高于 1500 元。1994 年，市劳动局下发《关于北京市技工学校招收收费生有关问题的通知》，明确技工学校招收的收费生控制在全市技工学校招生计划总数的 30%。1995 年招收费生的比例由 1994 年的 30% 增加到 50%；招收了“不转户口，自主择业”的学生近 3000 余人。1996 年，中等职业技术类学校实现收费并轨，将招收收费生学校的招生比例由 1995 年的 50% 扩大到 80% 左右。市劳动局 1996 年在 6 所技工学校开展通过职业能力测试进行录取的招生改革试点，报名与录取比例为 7∶1，在招收“农转非”学生的专业和对象上有了新突破，有 20 家企业对技校所设专业进行调整，撤销 16 所三年以上不招生的达不到办学要求的学校。

1992 年 6 月，市教育局下发《北京市教育局关于北京市部分普通高中“高三分流”改办职业高中班工作的通知》，1992 年计划招生 2160 人，由 21 所职业高中与用人单位联合办学，联办单位多数是国营大中型企业，以第三产业为主，一部分是为第二产业培养技术工人。学制：根据社会需要和学生自愿，对部分已经完成高中二年级学习任务的学生实行分流，改办职业高中班，学习比较简单的专业工种，学制可以一年，比较复杂的专业工种，学制一年半至二年。修业期满，考试合格，德智体达到毕业标准的，发给职业高中毕业证书，以上做法称为“高三分流”。1993 年招生工作的改革措施包括:招收国家任务中的收费生。根据《国务院大力发展职业技术教育的决定》中关于非义务教育中的职业技术教育可以收费，用于补充教学方面的开支和《中国教育改革和发展纲要》提出要收取非义务教育阶段学生学杂费的规定，经胡昭广副市长同意并在市高教局关于在国家任务中招收 30% 的收费生的请示批示，1993 年在国家任务中招收了 30% 的收费生，收费标准每年不高于 1500 元。国家教委 1994 年 3 月印发了《关于普通中等专业学校招生和毕业生就业制度改革的意见》，招生计划从 1994 年开始，国家只下达分省、分部门所属普通中等专业学校招生计划总数，不再下达分学校招生计划。1995 年，市计委、市政府文教办公室、市教育局联合发文就职业高中、职业中专招生计划提出：加强对职业高中（中专）招生工作改革和管理。各区（县）要根据本区（县）职业高中发展规划，通过安排招生计划，加强宏观调控；加快职业高中学校布局和专业（工种）调整。市教委 1995 年下发《北京市高级中等学校招生工作意见》，其中重点提出：高级中等学校（普通高中、中等专业学校、技工学校、职业高中）统一招生，学生自愿报名，德、智、体全面衡量，择优录取。同时提出为保证师范学校新生的质量，使那些德、智、体全面发展，并适合做教师工作的初三毕业生能积极报考师范学校，尤其要动员男生报考师范学校。城区、近郊区师范学校可继续招收保送生，并鼓励城区师范学校招收部分外区、县的优秀考生，继续在重点高中校举办高师预备班。1995 年招生任务，要求优先安排社会需要、毕业生供不应求的专业，优先安排联合办学、委托培养和企业自办学校和专业，优先安排市级重点职业高中和独立设置的职业高中。市级重点校和农村一批骨干示范校每校在校生都要达到或超过千人，一批学校达到 1500 人，独立设校的学校在校生应达到或超过 600 人，要控制供过于求的专业的招生，城近郊区不再开设新校和热门专业新的办学点。为适应教育改革的需要，北京市职业高中逐步扩大招收收费生的比例，各区、县教育局在编制 1995 年招生计划时，招收收费生的名额按本区、县职业高中年度招生计划总数的 50% 以内，招收收费生主要是教育部门自办的社会需求量大、报名人数多、学校办学潜力大、教学质量高的热门专业（工种）。在招生简章中要注明招收收费生的学校、专业（工种）人数、收费标准。同一学校、同一专业（工种）的非收费生、收费生要分别列出，编制两个专业（工种）代码。

市劳动局1996年在6所技工学校开展通过职业能力测试进行录取的招生改革试点，报名与录取比例为7∶1。在招收“农转非”学生的专业和对象上有了新突破，有20家企业对技校所设专业进行调整，撤销16所三年以上不招生的达不到办学要求的学校。1997年，市教委就加强各类高级中等学校招生和学籍管理召开北京市中等学校招生工作委员会第九次会议，会议决定：“要严格禁止和整治招生录取后的非正常二次流动，保证招生工作的正常秩序。教育行政部门和各业务主管部门要重申学籍管理规定，加强学籍管理并加强对各类中等学校招生录取和学籍管理工作的监督检查。”根据这次会议精神，提出坚决制止一些学校在招生期间“招转并举”“以转代招”等错误做法。并重申有关规定对经市中招办办理录取手续获得入学资格或已到录取学校报到注册的学生，其他任何学校不得擅自再行所谓录取，也不得擅自接收就读；在招生录取期间，因纠正偏差需要改为其他学校录取的学生，由区（县）招办、原录取学校和新录取学校持有关录取材料，到市中招办申请办理改录手续；对到录取学校报到注册之后，因特殊情况需要转学的学生，要严格按照北京市教育委员会《北京地区普通中等专业学校学生学籍管理办法》《北京市中、小学学生学籍管理办法》《关于转发国家教委关于颁发〈职业高级中学学生学籍管理暂行规定〉文件的通知》中有关转学规定办理。对违反以上规定的学生，不承认其学籍，学校不得发给毕业证书，各区（县）教委、教育局、成教局对违反上述规定的学校有关责任人要严肃查处。

1998年2月，市教委印发《北京市高级中等学校招生考试改革试点工作若干实施意见的通知》，提出试行升学指标分配与初中办学水平综合评价结果挂钩，多种升学办法并存的招生制度。首先在崇文区、海淀区、顺义县进行高级中等学校招生考试改革试点。三个改革试点区（县）1998年不参加全市毕业统一升学考试，由试点区（县）按照国家有关规定和改革精神，自行组织命题考试。部分高级中等学校还可以采取依据毕业会考成绩实行登记入学的招生办法。1999年1月，市教委印发《北京市建立初级中学毕业会考制度及改革高级中等学校招生考试制度意见》，继续深化考试、招生改革。以区（县）管理为主的考试、招生改革总目标是：在市教委宏观指导下，进一步完善崇文、海淀、顺义3个区的试点经验，由点及面，到2000年全市所有区（县）全部进入改革序列。最终建立主要由区（县）政府及其教育行政部门管理的初中毕业会考制度；跨区（县）招生学校的指标分配制度；多种考试和招生办法并存、统分结合的高级中等学校招生考试制度。改革方案包括：建立初中毕业会考制度；改革高级中等学校招生考试制度；改变全市初级中学毕业、升学统一考试制度，建立在市教委宏观管理下，以区（县）管理为主的多种考试招生办法并存、统分结合的高级中等学校招生考试制度，以适应本市普及高中阶段教育、全面提高各类高级中等学校和九年义务教育办学水平的需要。有特殊要求的职业类高级中等学校，经有关部门批准，可以在规定招生范围和规定的时间内，实行加试、面试并依据区（县）组织的统一招生考试成绩录取；或以专业技能测试成绩为主，参照毕业会考成绩进行单独招生录取。部分高级中等学校还可以采取依据毕业会考成绩实行登记入学的招生办法。

市教委 2000 年 11 月下发《关于改革北京市中等职业学校招生学籍管理制度及毕业证书发放办法的意见》，就改革中等职业学校的招生制度提出：一是在每学年度中等职业学校招生前，由市教委向社会公布全市当年具有招生资格的各类中等职业学校名单及学校办学规模。二是学校可根据专业特点不同，采用参加统一考试招生或提前单独招生的招生录取办法，并报市教委备案。三是放宽入学年龄限制。四是国家级重点中等职业学校经市教委批准后可面向全国招生。五是国家级和省部级重点中等职业学校可招收一定数量的保送生，其额度不超过本校当年招生计划的 3% ~ 5%。六是招生工作完成以后，各中等职业学校须统一填写“北京市中等职业学校新生学籍登记表”。

市教委在《关于 2008 年在部分中等职业学校继续进行招收未升学高中毕业生试点工作的通知》中决定：在供销学校等 22 所中等职业学校继续进行招收未升学高中毕业生试点工作。招生对象为 2008 年本市未升学高中毕业生（含参加单考单招及自主招生的三校生）。该通知就入学手续、学籍注册、办理“农转非”手续、学习期限等方面做出具体规定。其中，学习期限规定，学生入学后经过 1 ~ 2 年相关专业学习，完成规定课程，成绩合格，取得中等职业学校毕业证书，通过考核可获得相应职业资格证书或技术等级证书。此外还规定，面向未升学高中毕业生开展中等职业教育，财政拨款标准和渠道不变。经物价部门批准，按照现行的中等职业学校相关专业收费标准进行收费。市教委制定下发《关于做好 2009 年高级中等学校考试招生工作的意见》，提出统筹人民群众日益增长的接受普通高中教育的需求和首都经济社会发展对职业技术人才的实际需要，促进普通高中教育与中等职业教育协调发展；统筹区域教育资源，优化教育结构，整体提升基础教育办学水平和教育质量；积极推进课程改革和综合素质评价，全面实施素质教育；深化考试招生制度改革，保持政策相对稳定，以促进“教育公平”为基本出发点，保证招生工作规范有序进行，维护人民群众切身利益，促进首都和谐社会建设。针对该年全市初中毕业生预计 9 万人，初步确定各类高级中等学校招生规模 9.7 万人。安排普通高中招生规模约 6.1 万人,职业教育招生规模约 3.6 万人。其中，五年制高等职业教育招生规模 0.35 万人，普通中等专业学校招生规模 1.45 万人，职业高中招生规模 1.0 万人，技工学校招生规模 0.8 万人。高级中等学校招生计划的编制按市、区（县）两级管理权限和工作程序进行。市教委负责对全市各类高级中等学校招生计划的宏观管理、统筹和指导。五年制高职和中专学校招生计划由市教委、市发展改革委联合下达；市劳动保障局负责安排技工学校分学校招生计划；区（县）教委负责安排本区（县）普通高中和职业高中分学校招生计划，具体招生计划经市教委审核平衡后以区（县）教委的名义分解下达，并刊登招生简章。文件还要求在部分中等职业学校继续进行招收未升学的应、往届高中毕业生进行中等职业教育试点工作。试点学校要从社会人才需求、学生特点和就业需要出发，有针对性地开展职业教育。技工学校分学校招生规模、各普通中等专业学校招生规模以及各区（县）普通高中和职业高中分学校招生计划报市教委。关于阅卷工作规定，北京市高级中等学校招生考试坚持“统一命题、统一制卷、统一考试、分区（县）阅卷”的原则并采取网上评卷方式,评卷工作由区（县）负责组织实施。关于招生录取工作规定：高级中等学校招生录取分为提前招生录取、“招优”录取和统一招生录取三种方式。2010 年，北京市共有中等职业学校 145 所，普通中专校 35 所，成人中专校 11 所，职业高中 61 所，技工学校 38 所。普通中专学校毕业生 23609 名，招生 17620 名，在校生 67154 名;教职工 4830 人，专作教师 2439 人；占地面积 95.47 万平方米。1991—2010 年中专、职高、师范、技校招生情况见表 3–1。

表 3–1　　1991—2010 年北京中专、职高、师范、技校招生情况一览表

年份	中专		职高		师范		技校	
	学校（所）	招生（人）	学校（所）	招生（人）	学校（所）	招生（人）	学校（所）	招生（人）
1991	118	16790	174	16518	20	4099	177	11748
1992	117	17119	179	19015	20	4279	163	14944
1993	117	21265	178	22757	20	4836	164	15904
1994	119	22930	180	29421	20	5254	152	15883
1995	119	27911	171	38293	20	4559	164	18173
1996	118	30291	177	37410	20	3704	164	18000
1997	118	36082	174	41318	20	2128	141	23030
1998	118	38003	173	39590	20	1419	141	25215
1999	111	34294	168	31004	18	550	143	25215
2000	108	27186	144	21965	16	249	141	25515

续表 3-1

年份	中专		职高		师范		技校	
	学校（所）	招生（人）	学校（所）	招生（人）	学校（所）	招生（人）	学校（所）	招生（人）
2001	67	30515	106	28345	2	198	141	18518
2002	59	32893	96	28999	1	161	51	20296
2003	62	35271	97	25946	1	278	48	21800
2004	56	33038	77	25538	1	213	46	18101
2005	52	32807	75	27100	1	264	45	17000
2006	47	27812	75	22786	1	338	46	13262
2007	41	21560	76	20637	1	312	46	19090
2008	36	18404	72	20905	1	325	45	15448
2009	36	18404	72	20905	1	299	43	19241
2010	35	17620	61	21562	1	410	38	20359

高等职业院校招生工作 高等职业院校在招生政策上落实中等专业学校综合改革试点方案中“中专毕业生中优选部分学生，通过考核并经有关部门批准，进入高等学校学习深造，接受高等职业技术教育”。1993 年，经国家教委决定，依托部分有条件的重点中专学校进行高级职业技术班的试点工作，经市政府同意 1993 年在科技大学、工业大学、联合大学自动化工程学院试办 3 个高职班。经市高教局选定批准，在计算机工业学校、无线电工业学校、机械工业学校、二轻工业学校、建材工业学校招生。从参加报名考试的 500 多名学生中录取了 128 名。学习两年至两年半，学习期满向合格者颁发大学专科学历证书并由原中等专业学校负责分配。1994 年，国家教委批准煤炭工业学校为全国试办高职班的 10 所中等专业学校之一。另外，无线电学校等 4 所中等专业学校与联大、北工大联合办了 5 个高职班，共招学生 156 名。1995 年，无线电工业学校等 11 所中专学校与北工大、联合大学举办了 12 个高职班，从中专学生中招收了 359 人。1996 年 9 月，25 所中专校和 106 所职高共 1990 人参加高职教育入学考试，招生学校是联大和海淀走读大学。招生专业 258 个，计划招生 882 人，实际录取 921 人，从中专、职高中选拔大批优秀毕业生上高职，在北京市尚属首次。

招生管理制度改革，1997 年，市教委制定《关于北京市高等职业教育招生工作的意见》，要求北京各高校依据文件组织高职招生工作。1999 年，《中共中央国务院关于深化教育改革全面推进素质教育的决定》提出：高等职业教育（包括高等专科学校）的招生计划改由省级人民政府制定，其招生考试事宜由省级人民政府自行决定。在高职招生录取工作的组织与管理方面，打破长期以来“以中央为主，中央、地方、高校三级体制，将高等职业教育的招生计划、考试权力下放给地方”。为此，高职教育招生考试主要由市政府组织管理。1999年，市教委试行按新的管理模式和机制运行高职教育招生政策，试办高职教育的学校全部面向本市招生。招生对象为参加当年全国普通高校统一招生考试的考生。可根据考生的文化课和职业技能课的考试成绩，提出录取标准，经高招委审定后执行。试办学校根据社会需求提出设置意见并组织论证，报市教委、市计委审定。按照新的管理模式和运行机制招收学生的学校，实行学生缴费上学为主、政府补贴为辅。收费标准由市物价局、市财政局和市教委根据高等教育生均培养费标准，在普通高等教育学费标准的1.5倍至2倍范围内进行审批。招收的城镇户口考生不办理户口迁移手续。招收的农业户口考生，毕业时凭有效毕业证明办理“农转非”手续。具体办法由市计委、市教委和市公安局制定。在校生的管理按《普通高等学校学生管理规定》执行。凡学业合格的学生，毕业时由学校按照规定发给国家承认的、由学校印制的专科学历毕业证书。毕业生就业实行学校推荐、自主择业、不包分配。毕业生就业不使用教育部统一印制的“普通高校毕业生就业派遣报到证”。从中等职业学校应届毕业生中招收学生，需经北京教育考试院审定考试科目并统一组织命题考试。根据考生的文化课和职业技能课的考试成绩，提出具体的录取标准，经高招委审定后执行。独立设置的成人高等学校与中等专业学校经批准合并后，在举办高职学历教育的同时，可继续举办中专学历教育，但应根据办学条件状况相应减少成人高等教育招生数量。高等职业技术教育的招生录取工作与普通高等学校专科生录取同批次进行。具体办法由北京教育考试院制定，经高招委审定后执行。为保证教学质量和办学秩序，市教委、市计委将组织专家咨询委员会在综合考察学校的办学条件、专业设置、管理水平等基础上，确定试办学校的资格并实行“两年试办期”制度。对于不能按照规定提供办学条件，不能保证办学质量以及管理混乱的学校，将取消其继续办学的资格。

2000年6月2日，市教委、市发展委在《关于北京市按新的管理体制和运行机制举办高等职业技术教育的补充通知》中进一步明确，高等职业技术教育要坚持新的管理模式和运行机制的改革方向，继续推进高等职业教育的发展。高等学校举办高职教育，专业设置要坚持与生产服务第一线的实际需要紧密结合，注重实践能力的培养，突出特色，提高质量。现有的普通专科，除少数特殊专业外，都应加强专业建设、培养目标、课程和教学内容体系等人才培养模式改革，加快向高等职业教育过渡。从2000年起，普通专科和高等职业教育招生计划统一编报下达，招生安排在同一批次录取。2000年秋季入学的普通专科学生和高职学生毕业时均由学校颁发相同的专科毕业证书，使用相同的就业介绍信。高职计划主要招收北京地区生源，少数北京生源不足的艺术类高职专业，经过批准，可少量招收京外生源。招收的京外生源，一律不办理户口迁移手续，毕业时应回生源所在省市就业，对农业户口毕业生，北京市不负责办理“农转非”手续。高职学生享受按月发放的物价补贴。在京的中央部委院校可参照此通知执行。

北京不断改进高职教育招生模式，探索多元评价、多样化招生考试制度改革。目前有“单考单招”“自主招生”“高会统招”“五年一贯制招生”等多种高等职业教育招生形式。北京考生可以通过四种途径进入高等职业院校接受高职教育。“单考单招”是以中等职业教育学生（中专、职高、技校）毕业生为主要对象，是高等职业教育选拔学生的一种重要方式。考试科目为“3+X”，包括语、数、外进行统考，X 是综合专业课或专业基础课，由招生院校自主命题。1993 年，国家教育行政部门提出在北京等四省份施行“从中等职业学校选拔部分毕业生直接上高职的试点”。1994 年，高职“单考单招”由北京市高招办组织命题、考试、统一画定录取分数线，各招生院校择优录取。“自主招生”，参加各试点高职院校的高等职业教育自主招生考试。北京 2006 年开始开展自主招生考试试点。“自主招生”由学校自主进行入学测试、自主确定入学标准、自主实施招生录取，考生参加院校自主招生测试合格后，可直接被录取。2010 年，北京有 12 所独立设置高职院校参加高职自主招生。自主招生将高中阶段成绩、笔试、面试成绩相结合。自主招生扩大了高职院校招生自主权，促进了优秀创新人才选拔和高校招生录取制度改革，受到了广大高职院校和考生的欢迎。“五年一贯制”高职招生从 2005 年开始，也是北京高等职业教育招生制度的一项重要改革尝试。初等中学毕业生参加北京市中等教育入学考试，可进入五年制高等职业教育相关专业学习。学生通过 5 年学习，取得中等职业教育和高等职业教育两个毕业证。到 2009 年时，北京已经有 7 所高职院校面向全市招收初中毕业生，实行五年一贯制的高等职业教育，首届毕业生近 600 人已经走出校门，社会反馈良好。“高会统招”，参加普通高等教育入学考试；是北京普通高中毕业生参加高职录取的主要途径。“高会统招”是主要根据“高考成绩—会考成绩”录取的模式。2010 年，北京继续探索高职入学制度改革。高职招生开始全面推行“高考统考科目成绩加会考成绩”的录取办法，并将综合素质评价纳入统招录取、自主招生。高等职业教育“高考”加“会考”录取改革被普遍认为是北京高考改革方案的一大亮点，这不仅是高等职业教育招考制度的一次重大改革和尝试，对于整个普通高考制度的改革都有先行先试的重要意义。

北京高职院校2001年开始重点面向应届高中毕业生与中等职业学校学生，通过国家统一“高考”招收学生，共招收近3万人。全日制高职招收1.9万人，较2000年增长58.3%。2001年北京批准新增了119个高等职业教育专业。2002年新批准设立农职院、吉利大学等4所高等职业技术学院。至2005年，北京独立设置高职高专院校20所，在校生数5.8万人。2007年，市教委下发《关于继续做好北京市高等职业教育自主招生试点工作的通知》，明确继续在部分高职院校进行高等职业教育自主招生试点工作。参加试点院校有首钢工学院、电科院等10所。招生计划总计2080人。

市教委经教育部批准2007年制定并下发《关于继续做好北京市高等职业教育自主招生试点工作的通知》，明确继续在部分高职院校进行高等职业教育自主招生试点工作。参加试点院校有首钢工学院、电科院、劳动保障职院、信息职院、工业职业技术学院、农职院、财贸职院、政法职院、北大方正软件职院和汇佳职院10所。招生计划总计2080人。通知要求：试点院校要高度重视，加强对自主招生工作的领导，成立由分管校（院）长负责的招生工作领导小组和由招生办、监察部门负责人为主的招生录取小组，凡属考试、录取中的重大问题，须集体研究决定。要加强研究，提高命题水平，并加强对命题工作的组织管理；加强对面试教师的培训，保证考试的公正规范；要选派政策水平高、工作认真负责、作风正派、秉公办事并经过培训的骨干教师参加录取工作，凡有直系亲属当年报考者不得参与招生考试工作。试点院校要按照“严格程序、加强管理、接受监督”的原则，以及“条件明确化、程序规范化、招生办法公开化、录取结果公示化”的要求，科学、详细制定自主选拔录取方案并向社会公布，认真做好报名、考核、录取、公示等各个环节的工作。确保当年在试点学校、招生计划扩大后，北京市高职自主招生工作平稳、顺利进行。试点院校的高等职业教育自主招生计划纳入各校2007年总计划数内，未完成的计划可转入当年夏季招生计划。已录取的考生不再参加当年普通高等学校招生全国统一考试和录取。2008年至2010年，市教委决定继续在部分高职院校进行高等职业教育自主招生试点工作。2008年，参加试点院校增加了经济管理职业学院，由10所增加至11所，招生计划总计2340人。2009年，参加试点院校仍为11所，招生计划总计2470人。2010年，增加了北京体育职业学院，由11所增加至12所，招生计划总计2715人。

市教委制定并下发《2010年普通高等学校招生考试改革方案的通知》，提出总体思路，按照“引导方向、系统设计、分层定位、重点突破、稳步推进”实行综合改革。该方案提出高职招生主要采取形式：高会统招、单考单招、自主招生，高中会考成绩与综合素质评价在高会统招、自主招生的招生方式中将作为录取的重要依据。进行高职招生的普通高等学校根据各专业的培养目标，分别确定文理两类的招生计划，同时从会考备选科目中选定2门或3门提出成绩等级要求，并提前公布。根据高等职业教育特点，志愿设计以“专业＋学校”为志愿单位，即一所学校的一个专业为一个志愿单位，体现考生的专业选择（职业性向）与高等职业院校的专业要求紧密结合。录取方式中的单考单招该方案指出，以全市统一组织的公共文化课考试成绩与学校进行的专业课考试成绩为录取主要依据，招生对象为中等专业学校、职业高中、技工学校毕业生。入学标准中，综合素质评价、高中会考成绩与学生高中阶段成绩作为重要组成部分；考试方式上突出面试环节，注重考查学生的职业性向与潜质；对专业技能表现突出的考生可优先录取。2009年，市教委开展“中高等职业教育衔接沟通试验”，“选择部分职业院校和专业，通过自主招生与课程衔接方式进行‘3年＋2年’分段中高等职业教育衔接与人才培养模式改革办学试验”。在此基础上，市教委确定了17所中、高等职业院校，在汽车制造与维修等10个专业开展“3＋2”中等、高等职业教育衔接办学试验。2001—2010年北京高职院校招生情况见表3-2。

表3-2　　2001—2010年北京高职院校招生情况一览表

年份	高职院校（所）	招生（人）	在校生（人）
1999	5	7911	7911
2000	6	—	—
2001	7	6840	15512
2002	7	13737	29755
2003	18	14038	25413
2004	21	16821	36902
2005	20	24050	54768
2006	21	25630	69876
2007	22	27242	77677
2008	22	27515	78111
2009	24	27663	79060
2010	24（25）	24869	77621

说明：从2000年起，普通专科和高等职业教育招生计划统一编报下达，招生安排在同一批次录取

第二节　学籍管理

中专学校学籍管理　北京地区中等专业学校1993年开始使用“学生成绩及

学籍管理系统”软件。北京地区中等专业学校（除艺术、体育类学校外）中，统一使用一轻工业校编制的“北京中等专业学校学生成绩及学籍管理系统”软件进行新生注册。市高教局中专处分两批对79所学校的100名工作人员进行了上机实际操作培训，学生毕业证书验印实现计算机管理。国家教委1994年4月1日印发《普通中等专业学校学生学籍管理规定》。内容包括:入学与注册、成绩考核。其中成绩考核包括学业和操行两个方面。学业方面，按照教学计划的规定，考核学生的学习成绩;操行方面，对学生的思想品德、组织纪律等方面进行考察评定。考核成绩应记入学生本人档案。学生学业成绩的考核分为考试和考查两种。考试成绩的评定，采用百分制或四级制（优秀、良好、及格、不及格）评定；考查成绩按合格、不合格评定。主要有升级与留级、转学与转专业、休学与复学、退学、纪律与考勤、奖励与处分、毕业等共计10章，中专学校均按此规定进行学籍管理。1996年北京市教委成立后，各类学生学籍学历管理工作由市教委学生处归口负责。1996年4月，市教委颁发《关于北京地区普通中等专业学校学生学籍学历管理工作有关问题的通知》，提出北京普通中专学校学生毕业证书、毕业生登记表等由市教委统一印制。1997年1月27日，市教委下发《关于印发北京地区普通中等专业学校学生学籍管理办法（试行）的通知》,共9章58条。1998年，市教委正式印发了《北京市职业高中职业中专学校学生学籍管理办法》。主要有入学与注册，成绩考核，纪律与考勤，升级与留级，休学与复学，转学、转专业，退学，毕业、结业、肄业，奖励与处分，附则共10章39条。2000年11月，市教委下发《关于改革北京市中等职业学校招生学籍管理制度及毕业证书发放办法的意见》，该意见就改革中等职业学校学籍管理制度提出：下放各类中等职业学校学生的学籍管理权限，实行电子注册制度。学生学籍由学校管理，其学籍变动情况应按学校类别分别报市、区（县）教育行政部门备案。允许学校自行审批并办理中等职业学校之间学生转学或转专业的手续。学生转专业一般应在专业课开始之前；原则上提前录取和登记入学的学生不能跨学校转学；中招统一录取的学生低分段不得转入高分段学校或专业。外省市中等职业学校学生转入北京市学习须经市教委批准。改革中等职业学校毕业证书发放办法，提出：统一各类中等职业学校毕业证书样式，毕业证书由市教委统一印制，各中等职业学校自行审核发放。市教委将不再对各类中等职业学校学生毕业证书进行统一验印。学生毕业时，各学校须填写“北京市中等职业学校毕业生登记表”，将毕业生名单和毕业证书发放情况报市教委备案。2002年1月，市教委下发《关于印发〈北京地区普通中等专业学校学生学籍管理办法〉的通知》及《北京市职业高中职业中专成人中等专业学校学生学籍管理办法》的通知。2006年9月，市教委颁发《关于在普通中等专业学校试行学生学籍网上办公的通知》，决定从本学期开始，通过“北京地区普通中等专业教育学籍学历管理工作服务平台”实现转学、学籍变动的网上审核、确认、批复的管理模式。文件还明确各校学籍管理电子印章专用及学籍变动。教育部2010年5月印发《中等职业学校学生学籍管理办法》共9章，关于学习形式与修业年限，学校对实行学分制的学生，提前或推迟毕业，提前毕业一般不超过1年，推迟毕业一般不超过3年。

职业高中学籍管理 1992年3月，在国家教育委员会颁发的《职业高级中学学生学籍管理暂行规定》中，就学生入学、考试升留级、毕业结业以及奖励处分方面做出明确规定。职业高中在学生入学与注册中规定主要有：职业高中按省（自治区、直辖市）、地（市、州）教育行政部门的有关招生规定录取新生，由学校发给录取通知书；凡被录取的新生，须持录取通知书和有关证件按学校规定到校，办理入学手续；新生入学后，学校应在三个月内按照招生规定复查；每学期开学时，学生要按期到校办理注册手续。学校对学生进行德、智、体等方面考评、考核，成绩和评语记入本人档案；德育考评的内容，包括学生的政治觉悟、思想意识、道德品质、组织纪律以及学习和劳动中的表现等，学校每学期均要对学生进行操行评定，毕业时进行毕业鉴定；考核分为考试和考查两种，成绩评定采用百分制或四级（优秀、良好、及格、不及格）分制。在纪律考勤中规定：学生上课、自习、实习、实验、公益劳动、集体活动、军训等，都要考勤。在升级与留级中规定：学生每学年学完教学计划规定的课程，经考核成绩及格者或只有一门课程不及格者，准予升级；在毕业与结业中规定：在籍学生，思想品德合格，学完教学计划规定的全部课程，考核成绩及格，准予毕业，发给地、市、州教育行政部门验印的毕业证书。在奖励与处分中规定：对德、智、体、美、劳全面发展表现突出及有某方面突出事迹的学生，学校可分别授予“三好学生”“优秀学生干部”称号或单项荣誉称号，记入学生档案。对各学年均被评为“三好学生”的应届毕业生，可授予“优秀毕业生”称号，颁发“优秀毕业生荣誉证书”；对极少数犯有严重错误或多次犯错误而又屡教不改的学生，要给予批评教育或纪律处分。处分分为警告、严重警告、记过、留校察看、勒令退学、开除学籍6种。

1992年8月，北京市教育局在《关于我市举办高中后职业高中、职业中专班的通知》中提出，在高等院校以及中专、技校招生按计划录取完成以后，在不能升学的考生中，征求本人同意并填写志愿，举办职业高中、职业中专班。一般专业工种，学制可以一年；举办职业中专班或比较复杂的专业工种，学习一年半至二年。学校根据用人单位需要和专业工种特点，确定培养目标，制订教学计划，一般以专业技能培训为主。学生修业期满，考试合格，德智体达到标准的，发给职业高中或职业中专毕业证书。1993 年 7 月，市教育局结合职业高中、职业中专的具体情况，作出了补充规定。市教育局转发了国家教育委员会《关于颁发〈职业高级中学学生学籍管理暂行规定〉的通知》，职业高中（中专）必须按市教育行政部门职业高级中学招生的有关规定录取新生，经市中招办审批批准后由学校发给录取通知书；新生入学后，学校应在三个月内按照招生规定复查。学校应及时将补录学生和学籍变动情况记入学生名册。职业高中（中专）学生档案应包括：北京市高级中等学校统一招生报名单、职业高中毕业生登记表、职业高中学生考试（考查）成绩登记表、职业高中学生评语表、体格检查表、体育合格情况登记卡、身体素质测验登记卡、职业高中毕业生家庭情况调查表及奖惩材料，共青团员的学生应有团员组织档案，特长生应有证明材料；学生一般不得转学、变专业。从 1993 年招收新生开始，将实行毕业证书制，毕业证书由市教育局统一验印。评选“三好学生”“优秀学生干部”等问题，参照本市普通中小学学生学籍管理的有关规定执行。

1998 年，市教委正式印发了《北京市职业高中职业中专学校学生学籍管理办法》，主要有入学与注册，成绩考核，纪律与考勤，升级与留级，休学与复学，转学、转专业，退学，毕业、结业、肄业，奖励与处分，附则共 10 章 39 条。2002 年 1 月，市教委下发《北京市职业高中职业中专成人中等专业学校学生学籍管理办法》。共 9 章 32 条。在成绩考核中有明显变化，如在 2002 年的学籍管理规定中增加“经市教委批准，学校可以实行学分制。实行学分制学校的学生，按照教学计划规定学完某门课程，经考核成绩合格，即获得该课程学分。学生按规定完成本专业全部课程的学习，成绩合格，取得规定的学分，即可准予毕业”。在成绩考核中还制定了 7 种可以申请免试或免修相应科目的课程的情况。另外在留级、处分等条款上更体现了人性化。

高职院校学籍管理　北京高职校学生学籍管理参照《北京地区普通中等专业学校学生学籍管理办法》，按照市教委五年制职业教育试点要求。学籍管理主要包括入学与注册、成绩考核、升级和留级、转学、休学与复学、退学、纪律与考勤、奖励与处分、高职阶段学籍的取得、附则共 10 章。2009 年，随着独立设置的高等职业教育院校的建立，各高职院校的学生管理参照高等教育的学籍管理和中等学校学籍管理执行。电科院 2009 年制定了学院的学籍管理规定。2007 年，市教委转发教育部《关于印发普通高等学校新生学籍电子注册暂行办法的通知》，市教委结合北京市的实际提出要求。主要有新生学籍电子注册与毕业生学历证书电子注册相衔接，经过学籍电子注册的学生获得毕业证书才能获得学历证书电子注册。要求加强协调，统筹管理。按照教育部要求，市教委建立北京地区高等教育学籍学历管理工作平台，对北京地区各类高等教育的学籍学历管理工作进行统筹。同时下发了教育部普通高等学校新生学籍电子注册暂行办法，共 17 条，电子注册从 2007 年新生开始实施。2009 年，市教委转发教育部《关于加强普通高等教育学生学籍电子注册工作的通知》，请各院校遵照执行。2009 年，普通高等教育新生学籍和在校学生学年进行学籍电子注册工作，对新生学籍电子注册提出工作要求。

技工学校学籍管理　1992 年 3 月，北京市劳动局转发劳动部《关于颁发〈技工学校学生学籍管理规定〉的通知》，并结合北京市技工学校的实际情况，作出补充规定。主要内容包括：入学与注册，北京市技工学校以就近招生为主，新生因故不能按期报到者，向学校申请延期报到不得超过七天。未经学校批准，逾期不报到者，取消入学资格。经市劳动局批准招收农业户口转城镇户口学生的技工学校，对初步审查准备录取的学生，由学校重新组织体检，体检合格者，方能录取，办理城镇集体户口；体检不合格者，退回北京市中等学校招生工作委员会办公室。关于成绩考核：文化课和专业技术理论课的考核成绩以平时和期末考试成绩为依据，评定学期成绩，课程结束时，综合评定总成绩。生产实习课的考核成绩以平时分课题训练考试成绩和综合课题考试成绩为依据，评定学期成绩。体育课成绩要与课外锻炼活动（主要指施行《国家体育锻炼标准》的达标活动）成绩综合进行评定。学生补考成绩合格，一律记 60 分或及格，并注明“补考”字样。学校对学生进行操行评定的内容应包括：学生的政治觉悟、思想品德、遵纪守法、学习态度和生产劳动表现等，写出评语，并评记等级（优秀、良好、及格、不及格）。升级、试读、退学与转学：技工学校要突出生产实习课教学，学生每学期的生产实习课成绩不及格，应随班试读一学期。确定学生退学或结业，学生补考不及格的课程以学校规定的主要课程计算。对劝其退学、责令退学和开除学籍的学生，在三个月之内，由学校将其档案退回原户口所在街道（乡镇）。对按计划招收农业户口转城镇户口的学生，由学校在三个月之内，将其档案退回原户口所在街道（乡镇），同时办理退户手续，恢复其原农业户口。1997 年，市劳动局首次对北京行政区域内技工学校实行注册登记制度。年底共向北京市 141 所技工学校颁发了“北京技工学校登记证”。

第三节 日常管理

一、思想品德教育

思想品德教育 1991 年，国家教委关于《中等师范学校德育大纲》中提出六个方面的问题：一是德育目标。通过中师阶段的教育，使学生达到以下目标：热爱社会主义祖国，热爱中国共产党，热爱教育事业，拥护党在社会主义初级阶段的基本路线，逐步树立为人民服务的思想和为实现社会主义现代化、实现共产主义而奋斗的远大志向，成为在品德、智力和体质方面全面发展的合格的小学、幼儿园教师。二是从德育内容上提出了在学生中进行党的社会主义初级阶段基本路线教育；马克思主义基本观点教育；爱国主义教育；社会主义的民主和法制教育；独立自主、自力更生、艰苦奋斗教育；劳动教育；理想和人生观教育；道德教育；专业思想和师德教育；集体主义教育；纪律和行为规范教育；个性心理品质教育共十二个方面的内容。三是德育原则。提出坚持社会主义方向、突出师范特点、从学生的实际情况出发、坚持正面教育四点原则。四是指出了德育实施途径——包括思想政治课、各科教学、班主任工作、共青团、学生会、校班会、课外活动、劳动、社会实践和教育实践、家庭教育、社会教育等。五是针对学生的思想品德评定，提出评定内容与标准、评定原则、评定方法。六是德育领导和德育工作队伍建设等问题。

1998 年，市委教育工委印发《关于印发北京市中等职业学校德育工作纲要（试行）的通知》。纲要中明确了德育目标、德育原则、德育内容、德育途径、德育实施与管理、德育研究，推动全市职业学校的德育工作开展。纲要明确的德育工作的目标，是使学生初步形成科学的世界观、人生观和价值观；具有社会公德、文明行为习惯，遵纪守法的品质；具有健康的心理和身体，勤奋学习，积极实践，努力掌握文化知识、专业理论和技能；使学生正确认识社会，学会生存；正确认识职业，学会创造；正确认识竞争，学会合作；正确认识自我，学会发展。使学生成为德智体等方面全面发展的“四有”新人；并把其中优秀学生培养成有共产主义觉悟的先进分子。关于德育原则提出了方向性原则、整体性原则、实践性原则、主体性原则、开放性原则。德育内容包括：马克思主义、毛泽东思想和邓小平理论教育，爱国主义教育，党的路线、方针政策和形势教育，集体主义教育，基础道德和社会公德教育，职业理想和职业道德教育，艰苦奋斗、艰苦创业的教育，民主与法制教育八个方面。职业学校还要对学生进行健康教育和审美教育。德育途径主要包括：思想政治课和职业道德课教学、各门课程的课堂教学、生产实习课程的教学、年级（专业）和班级教育、党团工作和学生会工作、劳动及社会实践和军事训练、校园文化建设、家庭与社会教育八个方面。2001 年 4 月，市教委转发教育部《关于中等职业学校德育课课程设置与教学安排意见的通知》，并要求各校要认真执行教育部德育课必修课课程教学安排，做好 2001 年秋季入学新生的课程教学准备工作。中等职业学校德育课分为必修课程与选修课程两部分。必修课程包括职业道德与职业指导、哲学基础知识、经济与政治基础知识、法律基础知识四门课程。选修课程由各地根据实际情况开设，报教育部职业教育与成人教育司审批之后由地方组织实施。

2004 年，教育部印发《中等职业学校德育大纲》，大纲规定了国家对中等职业学校德育工作和学生德育的基本要求，是中等职业学校开展德育工作的基本规范，学校要根据学生不同年龄阶段身心发展的特点和职业发展的需要，分阶段、有针对性地设置心理健康教育的具体内容。根据学生特点和他们在成长、学习、生活和求职就业等方面的实际需要进行教学、咨询、辅导和援助，提高全体学生的心理素质和心理健康水平。2007 年 11 月 16 日，市教委下发《关于进一步加强中等职业学校德育工作的意见》，提出了指导思想和主要工作。包括课堂教学主渠道建设、职业思想与道德教育、文明礼仪教育、心理健康教育、法制教育、学校文化建设。2008 年，市教委转发教育部《中等职业学校德育课课程设置与教学安排的意见》。该意见指出：中等职业学校德育课是学校德育工作的主渠道，是各专业学生必修的公共基础课，是学校实施素质教育的重要内容。德育课分必修课和选修课两部分，包括职业生涯规划、职业道德与法律、经济政治与社会、哲学与人生四门课程。心理健康作为选修课纳入德育课程体系。2008 年 12 月 5 日，市职教学会德育与学生管理研究会成立，同时举行了“创新学生工作，提高教育质量”的专题论坛。

行为规范教育　劳动部 1990 年印发《技工学校学生日常行为规范》，技工学校学生日常行为规范包括五个方面共 23 条。包括遵纪守法勤奋学习、尊敬师长团结同学、热爱劳动文明生产、遵守公德勤俭节约、自尊自爱仪表端庄。1991 年 1 月 22 日，市教育局转发国家教育委员会《关于颁发〈中等师范学校德育大纲（试行）〉等两个文件的通知》的通知，要求结合北京市具体情况，就贯彻《中等师范学校德育大纲（试行）》和《中等师范学校学生行为规范（试行）》问题提出意见。1993 年 9 月 8 日，市高教局发出《关于在北京中等专业学校开展“文明校园”建设活动的通知》，要求在中等专业学校开展“文明校园”评选工作。

1993年9月23日，市教育局《关于对我市职业高中学生进行礼仪教育的通知》，明确对职业高中学生进行礼仪教育是职业高中加强德育和精神文明建设的具体措施之一。决定对职业高中学生进行礼仪教育，全面贯彻《北京市中小学生礼仪常规》，通过提高认识，明确对职业高中学生进行礼仪教育的意义；在职业高中贯彻《礼仪常规》的过程中，要紧密结合职业高中专业（工种）的特点，市教育局决定自1993年秋季开始全市职业高中全部开设礼仪课。把礼仪教育与职业道德教育有机地结合起来，并根据行业特点的需要，制定礼仪规范要求和训练内容。职业高中在向学生进行礼仪教育的过程中，要注意加强校园文化建设，为学生创造具有教育意义和专业特色的优美环境。1993年10月，市高教局组织10名专家组成的评估小组，对铁路电气化学校、化工学校进行了评估试点。1993年10月28日，市高教局中专处、中专教育研究会德育工作组在农校召开“在社会主义市场经济条件下中等专业德育工作研讨会”，市委教育工委副书记倪益琛等市教委有关领导以及各中职学校的校长、书记和党团干部等70余人参加会议。1994年5月，市教育局转发国家教委关于正式颁发《中学生日常行为规范》（以下简称《规范》）文件的通知，并结合北京市的实际情况，提出明确行为规范养成教育在学生素质教育中的重要作用，要使每个学生记住并落实到行为当中。教师言传身教、率先垂范，在提高自身思想道德素质和职业道德水平的前提下对学生进行《规范》教育和训练；争取家长和社会的广泛支持与配合，纳入家庭教育指导行动当中。创设良好的社会教育氛围。各中学要将学生执行《规范》的实际效果作为思想品德评定的重要依据；区（县）教育行政部门要将贯彻《规范》的情况作为对学校督导检查和教育质量综合评价的一项重要内容。市教育局将继续评选实施《规范》的标兵学校。国家教育委员会颁发的《中学生日常行为规范》内容共五方面40条。包括：自尊自爱，注重仪表；真诚友爱，礼貌待人；遵规守纪，勤奋学习；勤劳俭朴，孝敬父母；严于律己，遵守公德。

1997年，市教委下发《关于加强中等职业学校职业道德教育的意见》，文件中明确中等职业学校职业道德教育的内容和途径，提出中职校职业道德教育要完成“六个一”计划。即落实一个意见（关于加强中等职业学校职业道德教育的意见）；开好一个大会（加强中等职业学校职业道德教育大会）；出版一本专集（《中等职业学校职业道德教育经验集》）；开辟一个专栏；组织一次活动（以职业道德命题的学生征文活动）；举办一次比赛（以职业道德为主题的演讲比赛）。1998年，市教委转发教育部下发的《在大中小学生中集中开展文明礼貌教育活动的通知》，要求各区（县）教育局、成教局、各高等学校、中等专业学校认真贯彻落实文件精神，开展好文明礼貌教育活动。2001 年 3 月，市教委转发教育部《学习贯彻中共中央办公厅国务院办公厅关于适应新形势进一步加强和改进中小学德育工作意见的通知》，要求各区（县）教委、教育局、各中等职业学校、市教委有关直属单位，认真落实并制定计划及措施。2003 年 1 月 3 日，市教委下发《关于印发〈北京市中小学生守则（试行）〉〈北京市中小学生日常行为规范（试行）〉的通知》，要求各区（县）教委、各中等专业学校于 2002—2003 学年开始试行。在试行守则和规范过程中，与德育工作的创新结合起来，与贯彻《公民道德建设实施纲要》和《奥运行动计划》结合起来，与班风、校风建设的检查和评比结合起来，与学生质量综合评价结合起来。2003 年 3 月 27 日，市教委与首都治安治理办公室、市公安局、人事局、财政局、司法局、团市委、妇联等部门联合下发《关于加强对有严重不良行为学生管理和教育的意见》，提出要求各部门加强对有严重不良行为的学生要加强管理和教育工作，实行工读教育，做好教育、矫治和转化工作。加强法治教育和针对性强的管理教育措施，预防和减少青少年犯罪。2004 年 10 月，市教委正式颁布了《北京市中学生日常行为规范》，2005 年 4 月，市教委下发《关于做好当前学生思想教育工作的通知》，要求各区（县）教委、各学校要高度重视职高、中专学生的思想动态，及时了解和把握学生的思想情绪、行为表现，结合学生的实际有针对性地做好思想疏导、引导工作。加强学生管理，进一步完善学校的规章制度，提高学生守法、依法办事的自觉性，加强学生的法制教育，引导学生知法、懂法、守法。平谷区第一职业学校提出学生德育“四自”与“五养成”方针，也是北京市职业高中德育精华。“四自”——帮助学生自我教育、自我管理、自我约束、自我服务；“五养成”——养成良好的文明习惯、生活作风、吃苦耐劳品质、遵纪守法意识、职业道德素养。求实职业学校提出：在德育中坚持教导学生“学会做人、学会做事，把学生应尽的义务和责任还给学生”。黄庄职业高中创新德育内容与方法，形成职业教育特色校园文化。该校确立了培养“有尊严的成功职业人，负责任的幸福社会人”的育人目标，开发“自我认知、自我管理、自我超越”的“三自”系列德育课程；创建学生会自主竞选、“仿奥运”运动会、专业技能大赛、学生实训管理委员会、社会实践“五大育人品牌”；将核心办学理念融入到校园景观文化和专业文化创设之中，构建了企业化实训环境和以“黄职八景”为载体的校园环境，突显人文育人特色。2008 年，职业学校师生参与北京奥运会、残奥会志愿服务，其中昌平职业学校的礼仪培训得到国内外的广泛关注，8 名学生成为奥运场馆颁奖礼仪志愿者，85 家国内外媒体对此进行了专访。2009 年 3 月 31 日，市教委下发了《关于进一步加强中等职业学校学生管理工作的意见》。

心理健康教育　1996年1月，首都铁路卫生学校、信息管理学校等25所学校根据国家教委关于健康教育试点的部署开始进行健康教育试点，取得良好的效果。1996年10月，根据试点结果，市教委发文《关于在全市普通中专职业高中开展健康教育的通知》，决定从1996—1997学年第二学期开始，在全市普通中专、职业高中开展健康教育。国家教委组织编写的《学生健康指南》作为统一教材，各校也可以收集材料编写相应的补充教材。1997年9月，铁路机械学校建成了心理测试及训练室并投入使用。实验室配备DXC–3型心理测试仪，通过与计算机联网，可对个体及团体36人同时进行多种人格、心理素质及能力测试，并能打印出测试结果图表。1999年7月,北京护校建立了学生心理健康咨询机构。该机构名称为“学生心理健康之家”，由心理教师在全体学生中进行心理健康调查，建立心理健康档案，并输入计算机，每周开展对学生进行心理咨询，解决学生心理问题，建立咨询信箱，学生可以通过信函咨询和预约咨询。2000年6月，市教委组织职业学校心理教程教材培训班，培训班系统介绍了职业学校心理教程内容、特点、原则、方法等。全市16个区（县）60所职业高中、15所中专学校100名教师参加学习。2004年3月，市教委下发《北京市中小学和职业学校心理健康教育工作纲要（试行）的通知》，决定从2004年开始，全市中小学和职业学校要以教育部制定的《中小学心理健康教育指导纲要》和《北京市中小学和职业学校心理健康教育工作纲要（试行）》为指导，推动心理健康教育全面开展。纲要还就心理健康教育的内容、途径与方法、组织与实施等做出规定。

2006年5月，市委宣传部、市委教育工委、市教委和首都文明办联合召开心理调适教育崇文区现场会。崇文区教委2004年、2005年组建心理调适教育专家指导团，建立心理咨询室，完成心理调适教材编写，组织心理培训等。2010年3月，实美职校开始将心理辅导引入课堂教学，学校邀请中国红十字会心理讲师到校为学生讲心理课，同时学校将中国红十字会心灵阳光工程“跨在门槛上的青少年（YTL）教育”项目引入校园，红十字会心理讲师为学生进行了为期14周的心理辅导讲座。（YTL）教育项目所用教材是匈牙利同名教材中文版，内容传至40多个国家，在中小学、师范学校中广泛使用。

校园文化建设　校园文化建设包括学校自然环境建设和人文环境建设两个方面，要根据职业教育的特点，充分运用能体现职业教育特色的元素，丰富校园文化的内涵。职业高中在积极参与课程改革过程中，职业教育思想、办学方针极大地丰富了首都中等职业教育的思想宝库和校园文化。劲松职业高中提出“汇集劲职特色、传承劲职文化、弘扬劲职精神”——“以人为本、特色创新、打造品牌、服务社会”“走内涵发展之路、创职教品牌学校”，鲜明地提出“实施精细化管理、开展精诚合作、打造精品专业、培养精英人才”的办学思路。

2010 年 5 月，教育部、人力资源和社会保障部联合下发《关于加强中等职业学校校园文化建设的意见》，市教委《转发教育部、人力资源社会保障部〈关于加强中等职业学校校园文化建设的意见〉的通知》，提出做到“五结合”要求：各中职学校要将加强校园文化建设纳入学生思想道德教育的总体规划；要结合本区域、本学校实际，把加强校园文化建设与学生思想道德教育紧密结合；把加强校园文化建设与贯彻落实《国家中长期教育改革和发展规划纲要（2010—2020 年）》紧密结合；把加强校园文化建设与学校基础建设紧密结合；把加强校园文化建设与职业教育特点紧密结合；把加强校园文化建设与学校信息化建设和应用紧密结合。

二、学生管理工作

随着社会经济生活日新月异的发展，职业学校生源情况也在不断发生变化，学生管理面临着很多新情况、新问题。北京市各类职业学校按照“合法、科学、规范、可操作性强”的原则，修订和完善学校各项学生管理制度和规范，形成一整套教育教学活动的基本规范。同时，通过班主任、任课教师、学生处（科）、团委和行政管理服务人员四支队伍建设，形成教书育人、管理育人、服务育人的全员育人局面。

北京市各类职业学校学生管理工作一般是由各学校学生处（科）直接负责。工作内容包括：招生工作、学籍管理、学生生活管理、学生资助管理、学生活动、学生毕（就业）分配工作等。学生处（科）对班级的管理主要是通过班主任来实现的。1996 年，北京市教育委员会成立后，全市普通中等专业学校学生的学籍、学历管理工作，毕业生思想教育、就业指导和创业工作，毕业生供需招聘活动，毕业生派遣工作由市教委学生处负责统一管理。在历年学生学籍管理工作中，主要分为“入学与注册”“休学、复学和退学”“转学和转专业”“纪律和考勤”“成绩考核”“升、留级及毕业”“奖励和处分”等方面。同时制定相应的具体条款，各学校在统一的规定下制定具体执行条款的不同细则，以便于操作。校班会是学校领导和班主任对学生进行政治思想教育和日常思想品德教育的重要阵地。学校领导要运用校班会对学生进行思想品德教育，特别是加强党的方针政策和时事形势教育。校班会要有计划性和针对性，做到内容充实、形式多样。

评优树先工作　1991 年，市高教局与团市委联合开展评选“三好学生”“先进集体”工作，由学校学生管理部门和团委组织实施。1994 年 10 月，市教育工委、市高教局、共青团市委决定在全市开展评选“三好学生”“优秀学生干部”“先进集体”的工作。并下发通知和颁布评选条件。市高教局中专处对中专学校评选工作的办法下发了补充通知。1994 年全市中专校共评选出市级“三好学生”95 人，“优秀学生干部”31 人，市级先进班集体 30 个。1991—1998 年，市高教局与团市委每年联合开展学校评选市级“三好学生”“优秀学生干部”“先进集体”工作。2001 年，市教委对现行的评选条件和办法进行了修改。就高中阶段“三好学生”提出条件是思想品德好、学习好、身体好。“优秀学生干部”条件是：“思想品德好”和“身体好”均应达到同层次市级“三好学生”标准，表现突出。“先进班集体”条件之一要求班委会、团支部（中队委）起到核心作用。高中阶段的市级“三好学生”每学年在毕业年级中分别按当年毕业生总数的 5%、4% 和 3% 的比例评选。奖励办法包括：对获得北京市“三好学生”和“优秀学生干部”称号的学生，由市教委颁发证书，升学时适当优先。对获得北京市“先进班集体”称号的集体，市教委颁发奖状；学校对建设先进集体有贡献的班主任给予表彰并记入学校档案。市教委 2009 年重新修订《北京市中小学市级三好学生、优秀学生干部和先进班集体评选办法》，该办法适用于全市中小学校（含民办学校）、中等职业学校。关于表彰奖励方面：获得市“三好学生”和“优秀学生干部”称号的学生，由市教委颁发证书。对获得市“先进班集体”称号的班级，市教委颁发奖状，区（县）和学校对获市级先进班集体有贡献的班主任给予表扬或奖励，并记入班主任工作档案。2010 年，市教委修订中小学三好学生“身体好”的条件为“体育课成绩优良并达到《国家学生体质健康标准》优先等级”，即体育课成绩优良、《国家学生体质健康标准》测试成绩达到 85 分以上。

班主任工作　市高教局决定从 1990 年起，每年在教师节期间，表彰中专学校优秀班主任。为加强班级工作，各中专校都制定了班主任和班级工作的考核办法，发放班主任津贴。学校通过制定“班主任手册”，考核班级工作：内容有早操、晚自习、班会、班主任会，对班委会、团支部工作的指导，学生的思想教育及做后进同学转化工作等诸多方面。为加强班级工作，北京各中专校都制定了班主任和班级工作的考核办法，发放班主任津贴。煤炭工业学校“班主任手册”规定：专职德育工作人员要从德、勤、绩、能四方面进行考核。考核分两部分，间接的实际考核：考核班级工作；直接的对象考核：内容有早操、晚自习、班会、班主任会、做后进同学转化工作等。建材工业学校对班主任的考核内容有两项：班级效果，工作量多少。其考核结果将影响班费、班主任津贴、文明班集体评比、班优秀干部名额以及影响学生操行成绩评比时优良名额，也是评选优秀班主任的主要依据。农业学校关于班主任工作考核及班主任津贴的发放办法（试行）规定了班主任工作量化考核标准及计分办法，班主任由专业科负责考核，班主任津贴按得分数发放，每月发 15 ~ 30 元不等。各学校关于班主任费标准不同，1991 年至 2010 年大致在 30 ~ 300 元之间。

1991 年 1 月 22 日，市教育局转发教育部《中等师范学校德育大纲（试行）》文件的通知，同时对班主任的工作提出要求。班主任是班级的组织者和领导者，班主任工作是对学生进行日常思想品德教育和指导学生健康成长的最重要的途径。班主任要结合本班实际情况，有计划地开展教育活动；要加强班级管理，组织和建设班级集体；要发挥学生的主体作用，重视学生干部的培养；要加强与任课教师的联系，协调教育要求和步调，发挥教师集体的教育作用；要密切学校、家庭、社会的联系，做到校内外教育结合。各类职业院校都十分重视班主任工作，包括班主任的选拔、班主任的培养、班主任的工作指导、班主任工作交流、班主任的工作考核及待遇等。

2010 年 9 月，教育部、人力资源和社会保障部制定《关于加强中等职业学校班主任工作的意见》，就加强中职学校班主任工作提出几点意见。一是班主任的主要工作职责：学生思想工作和班级管理工作；二是要组建班委会，做好学生的综合素质评价工作；三是组织班级活动，开展形式多样的主题班（团）会活动；四是进行职业指导工作；五是做好沟通协调工作（与学校和家长的沟通）。班主任应从本校在职教师中选聘，助理班主任可从本校党政干部、共青团干部、教学辅助人员、退休教师和学校外聘教师中选聘。校长负责班主任和助理班主任的选聘工作，班主任和助理班主任的聘期由学校确定。要严格中等职业学校班主任任职资格和条件，要保障中等职业学校班主任待遇，要加强中等职业学校班主任培训。文件强调各级教育行政部门、人力资源社会保障行政部门和中等职业学校要将班主任的表彰奖励纳入教师、教育工作者的表彰奖励体系，对长期从事班主任工作或在班主任工作岗位上做出突出贡献的教师按照国家有关规定予以奖励。学校应完善班主任日常管理制度，建立班主任工作档案和考核机制，定期组织对班主任的考核工作。班主任工作考核结果作为教师聘用（聘任）、奖励、工资发放的重要依据。学校选拔管理干部应优先考虑长期从事班主任工作的优秀班主任。市教委、市人力资源和社会保障局联合转发了教育部、人力资源和社会保障部 2010 年下发的《关于加强中等职业学校班主任工作意见的通知》，结合本市实际提出

4点要求。其中特别强调班主任工作的重要性以及班主任选配的标准，明确班主任应当从取得教师资格、思想道德素质好、业务水平高、身心健康、乐于奉献的任课教师中选聘。文件还提出要最大程度关心班主任教师的学习、工作和生活，制定措施，切实提高中小学班主任的地位和待遇，完善奖励制度，加强队伍管理。

学生会、共青团工作　共青团、学生会是学校德育工作中一支富有生气的力量。共青团、学生会要在学校领导下，根据各自特点和工作任务，充分发挥组织作用，开展健康有益、生动活泼的活动。要教育团员起模范带头作用，带领广大学生树立远大理想，培养良好道德风尚，继承革命传统，学会自我管理。职业学校一般都设有学生会和共青团基层组织，负责有关学生工作事物。如社团工作、思想政治工作、宣传工作、文体工作等。中等职业学校学生会组织条例规定：学生会是由全校学生大会选举产生的，委员7～15人，学生会设主席1人，副主席1～2人，任期一年。根据工作需要设有宣传部、文娱部、体育部、生活部等，各部设有部长。班级里设有班委会，班长1人，委员2～4人。部分职业学校设有督察部等检察职能的部门，以检查、评比班级为主，负责升旗仪式、校园广播、组织运动会、艺术节等。学生会职责分工明确。有定期会议、总结工作等。大部分学生干部都希望成为学生会的成员。学生会成员是学生中比较优秀的，有较强的组织能力，学校对这些学生会干部有指导和培养的责任。各级各类职业学校的共青团组织（团委、团总支）职责是在学校党组织（党委、党总支）的领导下，发挥党的助手作用，协助学校行政做好工作。协助党组织和行政进行思想政治工作，团委、团总支要定期召开大会，并进行定期换届改选。

第四节　奖学、助学

奖学、助学　中等职业学校升学奖励：1992年，北京市高级中等学校招生工作意见中对初中阶段获得金帆奖、银帆奖的学生，可免试升入本市各类高级中等学校。市级三好学生参加统考后直升本校普通高中或职业高中的，不参加统一录取。参加统一录取的市级三好学生，每科加一分给予鼓励；对学科或文体、科技有突出特长的考生，对烈士子女、台籍学生、华侨子女和少数民族考生每科加一分给予照顾；师范学校对边远山区定向招收的考生，对有音、体、美特长的考生，可比全市最低录取标准降低两个分数段录取。1997年3月，市教委制定《优秀普通高中生、中等职业毕业生保送上大学办法》。

教育部提出学校、教育部门、主管部门、企事业单位、社会团体均可以设立奖学金，对品学兼优的学生给予奖励；对选择学习艰苦专业的学生，可减免学费或设立专项奖学金，予以鼓励；委托培养生与自费生均可参加优秀学生奖学金评定的要求。市教育局、财政局 1994 年下发《关于调整我市中等师范学校学生助学金、生活补贴标准的通知》，文件决定：自 9 月 1 日起增发生活补贴。中等师范学校学生每月增发 25.5 元生活补贴。列入“人民助学金”预算支出科目。原中等师范生每月 39.5 元的粮油、副食品价格等补贴仍继续享受。调整本市中等师范学校学生奖学金标准：中等师范学校学生专业奖学金在原每生每月 32.3 元的基础上调整为 50 元，即每生每月增加 17.7 元。1997 年 9 月，市教委、市财政局下发《关于提高市属高等师范、农业学校专业奖学金标准的通知》，对市属高等师范、农校专业奖学金由每生每月 50 元提高到每月 70 元。1998 年 10 月，市财政局、市教委联合印发《关于发放大中专学生生活物价补贴的通知》，统一对历年出台的各项生活物价补贴进行规范，标准为：市属普通大专院校每生每月 60 元，市属师范院校每生每月 100 元，市属农业院校每生每月 116 元，市属普通中等专业学校每生每月 58 元，市属中等师范学校每生每月 80 元。学生生活物价补贴的经费来源仍由原渠道负担。在教育事业费类“高等学校经费”“中等专业学校经费”款下“助学金”目级科目下增设“学生生活物价补贴”节级科目中列报。2006 年 7 月 24 日，财政部、教育部印发《中等职业教育国家助学金管理暂行办法》。办法规定：国家助学金主要用于资助中等职业学校全日制一、二年级家庭经济困难学生生活费开支，每生每年 1500 元，由中央和地方政府共同出资设立。民办中等职业学校要从事业收入中足额提取 5% 的经费，用于家庭经济困难学生的学费减免、校内奖学金、助学金和特殊困难补助等方面的开支。中等职业教育实行以国家助学金为主，以校内奖学金、学生工学结合、顶岗实习、学校减免学费等为辅的资助政策体系。2006 年，市政府在《北京市中等职业学校助学金制度实施办法》中明确：享受助学金的对象包括在公办全日制中等职业学校（含中等专业学校、技工学校、职业高中）。助学金的标准共分甲、乙两个等级及临时性困难补助：持有“北京市城市（农村）居民最低生活保障金领取证”的城乡低保家庭学生和享受社会优抚待遇的革命烈士子女、孤儿享受甲等助学金。即：免交学费（最高每学年免 2200 元），每人每年可获得生活、学习补助 1000 元。除享受甲等助学金的家庭经济困难学生外，对其他家庭经济确实困难的学生，各学校可根据其家庭实际困难程度设立乙等助学金，给予困难学生不同程度的补助。因突发事件导致家庭经济困难的学生享受临时性困难补助。发生困难的当年可获得一次性困难补助 3000 元。以上各等级补助不同时享受。甲等助学金所需费用按财政隶属关系由财政予以解决。截至2006年12月底，市财政共拨付1081万元用于2006—2007学年度全市甲等助学金的发放。从2007—2008学年度起职业高中市、区（县）各负担50%，学校每年从学费收入中提取不低于5%的经费用于乙等助学金和临时困难补助。

2007年8月29日，市教委、市财政局、市劳动和社会保障局联合下发关于印发《北京市中等职业学校国有助学金管理实施办法》的通知，办法明确：中等职业学校国家助学金分为三等：一等国家助学金每人每年4000元，用于资助享受城乡居民最低生活保障（以下简称“低保”）待遇和生活困难补助的重残人家庭的学生、享受社会优抚待遇的革命烈士子女和孤儿的学生；二等国家助学金每人每年1800元，用于资助农村户籍及就读农林类专业的学生；三等国家助学金每人每年500元，用于资助未享受一等、二等国家助学金的其他学生。市政府还提出建立中等职业学校政府奖学金制度。对品学兼优、职业技能水平突出的优秀中等职业学校学生予以奖励。奖励面为学生人数的5%，每生每年2000元。经费由市财政负担。2007年8月，市教委、市财政局、市劳动和社会保障局联合下发关于印发《北京市中等职业教育政府奖学金制度暂行办法》的通知，奖学金标准为每生每年2000元，以学校为基本单位评定。享受奖学金的人数可占全校实行本办法学生总数的5%。资金来源为市财政资金支出。至2007年年底，市教委拨付中等职业学校国家助学金2亿元，受助学生1.5万人。同时，拨付政府奖学金1500万元，受助学生7720人。2009年，市教委、市财政局、市劳动和社会保障局、市民政局调整中等职业学校二等国家助学金认定范围。调整后，农村户籍学生、就读农林专业的学生，以及经民政部门认定为家庭月人均收入高于本市当年城乡低保标准、低于本市当年城乡低收入家庭认定标准的城乡低收入家庭学生，可以申请二等国家助学金，每人每年1800元。调整后的认定范围自2009年9月1日起实行。

2005年，《国务院大力发展职业教育的决定》中明确提出对高等职业院校学生的资助按照国家高等学校学生资助政策执行，针对有家庭困难的同学资助，2007年，《国务院关于建立健全普通本科高校、高等职业学校和中等职业学校家庭困难学生资助政策体系的意见》提出按照“加大财政投入、经费合理分担、政策导向明确、多元混合资助、各方责任清晰”的基本原则，加大财政投入，落实各项助学政策，扩大受助学生比例，提出国家助学金资助面平均约占在校生总数的20%，提高资助水平，从制度上基本解决家庭经济困难的同学的就学问题。2007年，市教委、市财政局、市民政局修订市高职校国家奖学金、国家励志奖学金标准。国家奖学金的奖励标准为每人每年 8000 元。国家励志奖学金的建立标准为每人每年 5000 元。北京市国家助学金分为两等，一等助学金标准为每人每月 320 元。二等助学金标准为每人每月 160 元，每年按 10 个月发放，家庭经济特别困难学生的认定，一般以享受最低生活保障待遇为基本标准。其中，更为困难的学生可享受一等北京市国家助学金。获得国家奖学金、国家励志奖学金的学生应为高校在校生中二年级以上（含二年级）的学生。同一学年内，申请并获得北京市国家助学金的学生，可同时申请并获得国家奖学金或国家励志奖学金；获得国家励志奖学金的学生不能同时获得国家奖学金。根据市民政局、市财政局、市教委、市残联《关于实施高等教育新生入学救助办法的通知》，享受北京市城乡居民最低生活保障待遇和生活困难补助的重残人家庭的当年高校新生可以得到不高于 4000 元的教育救助，各学校在审定学生助学金申请时要考虑各项补助政策的衔接，避免学生重复享受资助，使政府教育资助经费和救助经费发挥最大效益。国家奖学金由教育部于每年 11 月 15 日前批复。国家励志奖学金由北京市学生资助管理中心于 11 月 15 日前批复。每年 11 月 30 日前将国家奖学金、国家励志奖学金一次性发放给获奖学生，颁发国家统一印制的国家奖学金奖励证书，获得国家奖学金、国家励志奖学金应计入学生学籍档案。市国家助学金应按月发放到受助学生手中。此外，文件还规定各高校要按照国家有关规定，必须从学费收入中足额提取 10% 的经费，用于学费减免、国家助学贷款风险补偿、勤工助学、校内无息借款、校内奖助学金和特殊困难补助等方面的开支。并且要实行分账核算、专款专用。

2010 年，市教委、市财政局决定对大专、中专学生生活物价补贴标准进行调整。调整后的大专、中专学生生活物价补贴标准为：市属普通大专院校：每生每月 60 元；市属院校师范专业：每生每月 200 元；市属院校农学专业：每生每月 200 元；市属普通中等专业学校：每生每月 58 元；市属中等师范学校：每生每月 80 元。学生生活物价补贴的经费来源仍由原渠道负担。在“教育”类“高等教育”“高等职业教育”“中等职业教育”款下“助学金”目级科目下的“学生物价补贴”节级科目中列报。

助学贷款　2000 年 2 月 2 日，市教委、市财政局下发《关于国家助学贷款管理规定（试行）》的实施办法共计 11 条。市教委、市财政局、市商业银行印发《北京市国家助学贷款操作规程（试行）》。该规程指出：国家助学贷款分担保方式和信用方式两种，担保方式借款人应提供银行认可的担保人，无法提供担保的学生可申请信用贷款方式，但需由所在学校与银行签订银校协议。2007 年，市政府就建立健全本市普通本科高校、高等职校和中等职校家庭经济困难学生资助政策体系中，提出继续实行国家助学贷款政策。根据本市关于进一步完善市属普通高等学校国家助学贷款工作有关文件精神，借款学生在校期间的贷款利息全部由财政安排，毕业后全部自付,借款学生毕业后开始计付利息。延长还贷年限,借款学生毕业后视就业情况，在 1 年至 2 年后开始还贷、6 年内还清。同时按贷款当年发生额的一定比例建立国家助学贷款风险补偿专项资金，由市财政和有关院校各负担 50%。

勤工俭学 开展“工学结合、半工半读”试点工作，积极探索以生产实习为核心的助学制度。市教委为此转发了《教育部关于在部分职业院校开展半工半读试点工作文件的通知》文件,制定了《北京市部分中等职业学校中进行工学结合、半工半读培养模式试点工作方案》。财政部、教育部 2006 年 7 月印发的《中等职业教育国家助学金管理暂行办法》规定：中等职业学校在校三年级学生通过工学结合、顶岗实习获得一定报酬，用于支付学习和生活费用。2006 年 11 月，市教委转发教育部关于在部分职业院校开展半工半读试点工作文件，并提出已被教育部确定为全国职业教育半工半读试点的学校要将试点工作方案报市教委，试点工作方案应包括试点的专业范围、时间、半工半读的形式、合作的企业、半工半读教学组织与管理制度、教学方案等项内容。市教委将确定 4 ~ 5 所有条件的学校作为市级试点学校。2007 年，市教委结合实际，经学校自愿申报，市教委审核，决定在二轻工业学校等 7 所学校的 15 个专业进行工学结合、半工半读的试点。使学生通过半工半读，获取一定的报酬，用于支付学习和生活费用，使其顺利完成学业。为配合此项目的落实，市教委采取了边试点边研究的方法，将半工半读理论研究与实践探索列入北京市教委 2007 年立项课题，以便及时总结试点经验，解决试点中出现的问题。昌平职业学校等市属 2 所中等职业学校作为全国职业教育半工半读试点院校，积极开展了此方面的研究。试点工作要求：成立由校长或主管校长任组长的试点工作领导小组，选择好合作企业，并就合作事宜与合作单位签订协议，明确双方的权利、义务以及学生实习期间双方的管理责任；要进一步深化试点专业的课程体系改革，与合作企业共同研究制订试点专业的培养方案和实施计划，努力把知识传授和技能培养紧密结合起来，确保教学实习的内容、形式和管理方式有利于学生的身心健康，有利于培养学生良好的职业道德，有利于学生综合职业能力和就业能力的提高；试点学校要积极探索多样化的半工半读实现形式，改革教学和管理制度，实行学分制和弹性学制，创新教学质量评价体系和学生考核办法，保证学生顺利完成学业；试点学校要加强与合作单位的沟通协调，遵守国家有关教育培训、劳动就业、生产安全和未成年人权益保护等方面的法律、法规和有关规定，加强对学生的劳动纪律、生产安全、自救自护和心理健康等方面的教育，保障学生的各项合法权益不受侵害。

2010年，教育部落实《教育部关于职业院校试行工学结合、半工半读的意见》和《中等职业学校学生实习管理办法》，下发了《关于应对企业技工荒 进一步做好中等职业学校学生实习工作的通知》，规范中等职业学校学生顶岗实习管理。通知要求：中等职业学校要积极组织三年制学生在第三学年和四年制学生在第四学年到生产服务一线参加顶岗实习。对于当前企业急需的技术工种，中等职业学校在确保教学任务完成的情况下，可对专业对口的学生采用更加灵活的方式，把学生实习与企业技工需求结合起来，改变传统的学习、实习方式，科学合理地安排好学习和实习，实现校企合作双赢；各地教育行政部门和中等职业学校要根据本地区实际，做好顶岗实习的跨区域合作工作。

2010年，市教委、市财政局决定对大中专学生生活物价补贴标准进行调整。调整后的大中专学生生活物价补贴标准为：市属普通大专院校：每生每月60元；市属院校师范专业：每生每月200元；市属院校农学专业：每生每月200元；市属普通中等专业学校：每生每月58元；市属中等师范学校：每生每月80元。

第五节 毕业、就业

职业道德教育 1991年1月18日，市教育局《加强与改进职业高中（学校）教学工作的意见》指出，对学生进行职业道德教育、职业纪律教育是职业高中（学校）德育工作的重要特点。1993年5月，国家教育委员会下发《关于颁发〈中等职业技术学校职业道德教学大纲〉（试用）的通知》，市教育局1994年2月转发该通知，并要求各区（县）职业高中（学校）严格执行国家教委制定的《职业道德教学大纲》；各职业高中（学校）在使用国家教委统编的职业道德课教材时，根据国家教委通知要求，紧密联系专业特点，制定不同专业（工种）的具体规范；市、区（县）职业教育中心加强对职业道德课的教研和教师培训工作并及时总结经验。2004年10月，教育部下发《中等职业学校德育大纲》中明确：职业指导是中等职业学校德育的重要途径，加强职业意识、职业理想、职业道德和创业教育，引导学生树立正确的择业观，提高就业创业能力，提高就业服务的水平和质量。各中等职业学校在学生德育教育中注意做好学生职业指导，力求帮助学生树立正确的择业观，提早养成良好的职业道德行为，提高就业能力，培养创业意识。

市教委高校就业指导中心成立于1993年，市教育系统人才交流服务中心成立于 1998 年，2000 年政府机构改革后两“中心”合并，为市教委直属事业单位，并建立学生就业指导信息网，定期组织招聘会。各学校学生处（科）负责毕业生毕业离校及就业指导和派遣工作。在历年学生就业工作的实践中，形成了一些好的经验。

创业教育 1997 年 9 月，北京市确定电子学校、八一农业机械化学校、城乡建设学校、农业学校、水利水电学校、大兴县第一职业高中、求实中学、门头沟职教中心校 8 所职业学校为“创业教育”试点单位。试点校所涉及专业为电子技术、汽车修理、工业与民用建筑、园林艺术、计算机广告设计、中餐烹饪和畜牧等。市教委 1998 年 4 月又下发《关于开展创业教育试点的通知》，决定先在 10 所中等职业学校进行创业教育试点工作，总结经验后，逐步推开。通知要求各有关局（总公司）、区（县）教委（教育局）对试点校加强领导，使学校创业教育顺利开展，并通过创业教育，达到提高办学质量的目的。2000 年 1 月，市教委决定在中职学校开设“创业教育”课程。《关于在我市中等职业学校开设创业教育课的通知》指出，创业教育是中等职业学校的必修课，自 2000 年春季开始开设，在文化课或专业课中安排，总计 30 ~ 40 学时，并在学生毕业前（二年级或三年级第一学期）讲授。对于本届毕业生可集中时间，在毕业前抓紧落实。创业教育课以北京市职业教育教材建设领导小组组织编写的《创业教育》教材（通用型）为基本教材，并针对专业设置配套使用《小企业创业指导》（专业型）教材（专业型教材将陆续编写出版）。教材的征订、发行工作由市职成教教材发行部负责。各校应选配有一定教学水平和教学经验的教师担任创业教育课的教学。创业教育课的教研工作和师资培训工作由北京教科院职教研中心负责。市教委对全市中等职业学校开设创业教育课的情况进行指导、管理。要求各区（县）、学校对创业教育课要高度重视，要提高对中等职业学校开展创业教育的认识，探索和研究教学方法，提高教学效果，使创业教育真正达到增强学生创业意识、提高创业能力的目的。同年 3 月，市教委、市职成教材建设领导小组办公室和教科院联合召开北京市职业学校开设创业教育课程工作会议。来自全市 20 个区（县）教委、教育局和中专校领导 115 人参加会议。会议宣布在全市中等职业学校开设创业教育课，推荐职成教材建设领导小组办公室编写的《创业教育（通用型）》教材为基本教材的决定，部署创业教育课的教材征订、师资培训和教学工作安排。市职成教材建设领导小组办公室和教科院联合举办北京地区创业教育师资培训班。来自 20 个区（县）100 多所中等职业学校校长和教师 370 人参加培训。2002 年 3 月，市教委在《关于进一步加强中等职业学校创业教育课教学工作的通知》中就进行创业教育提出四点要求。一是凡属市教委向社会公示招收应届初中毕业生的各类中等职业学校必须开设创业教育课。创业教育课安排 30 ~ 40 学时，学校可根据学生情况分别安排讲授、报告、讨论、社会实践等活动。教师要以创新精神上好创业教育课。二是创业教育课是中等职业学校开设的一门新课，各学校要充分重视，加强领导。要积极组织师生开展调查研究及各种社会实践活动，提高教学质量，培养学生创业意识及创业能力。三是要加强创业教育课的教研工作，教研部门要总结、推广教学的先进经验，解决开课中出现的各种问题，不断提高创业教育课的教学质量。四是市教委将开展全市中等职业学校创业教育课教学检查工作。教学检查的主要内容包括各校开课的课时、师资、教学质量等。

学历提升 1992 年，北京市高等教育局下发《北京普通中专学校综合改革试点方案》，在改革的主要内容方面共计 17 条。其中包括：学校在培养进程中按学生素质分流成三年学制的中技毕业生和四年学制的中专毕业生。在合格中专毕业生中优选 20% 的毕业生，推荐进入有关高等学校学习深造，开辟高等职业技术人才的培养渠道。提出了试点学校不参加全市统一招生，根据社会需要，由高教局组织联合招生和入学考试。扩大招收自费生，自费生与委培生最高不得超过学校总招生计划人数的 30%。自费生不转户粮、不进入国家分配渠道、面向社会自主择业。按照国务院关于“鼓励集体、个人和其他社会力量对职业技术教育捐资助学”的指示精神，并有利于打通为多种经济所有制服务的道路，扩大招收各种类型的委托代培生，可适当降低录取分数线。为有利于提高办学效益，提高教育质量，在部分区（县）试行从普通中学高二学生中，择优招收中专生，学制 2 ~ 2.5 年。另外提出了试行学校有权开除学生和学生中途改换专业。试行“双证书”制度，对毕业生在授予专业毕业证书的同时，经过劳动部门考核，授予技术等级证书等。1992 年 9 月，市教育局组织 12 个区（县）31 所职业高中校举办高中后职教班。1993 年，128 名中专学生相继进入高等学校学习，学习两年至两年半，学习期满向合格者颁发大学专科学历证书并由原中等专业学校负责分配。自 1994 年始，北京市进行了中职教育与成人高职教育转轨的试点。1996 年 9 月，全市 25 所中专、106 所职业高中共 1990 名毕业生参加高等职业教育入学考试。本次高职招生的学校为北京联合大学和海淀走读大学，招生专业 25 个，计划招生 882 人，考试科目为语文、数学、外语三门文化课和两门专业课及专业实践课。共录取 921 人，超额 39 人。从中专、职业高中选拔大批优秀毕业生上高职，在北京市尚属首次。1996 年 11 月，市教委批复东城区职工大学、西城经济科学大学、宣武红旗业余大学、朝阳区职工大学和市总工会职工大学，同意这五所学校在总结以往中高等职业教育试点工作经验基础上，1997 年继续进行与中等职业技术教育接轨的高等职业教育试点。试点专业可按“5+2”考试方式，参加 1997 年成人高考。专业招生计划将列入 1997 年全市成人高等教育统一招生计划（参加 1997 年成人高考的试点学校及专业见表 3–3）。

表 3–3　　1997 年全市成人高等教育统一招生计划试点学校及专业

学校名称	专业名称	接轨的中等职业学校
东城区职工大学	现代会计 国际贸易 商场经营与管理	北京财经学校 东城职业教育中心学校 第一九〇中学
西城经济科学大学	国际贸易 国际贸易 涉外会计 涉外会计	北京市三十八中综合高中 北京外贸职业学校 北京市三十八中综合高中 北京外贸职业学校
宣武红旗业余大学	财会（电算化） 旅游经济	北京市工商管理学校 北京市一四九中学
朝阳区职工大学	旅游饭店管理	劲松职业高中
市总工会职工大学	市场营销	北京商业学校

2000 年 3 月，教育部颁布《高等职业学校设置标准（暂行）》。北京单独考试的高职招生和全国统一招生在报名资格上“接轨”，即：中专、职高、技校的毕业生可以参加普通高考，普通高中的毕业生可以报考单独考试的高职。2002 年 12 月，市教委在普通高等学校实施选拔高等职业教育（专科层次）优秀应届毕业生进入本科阶段学习的试点工作。该工作采取推荐与考试相结合的办法。推荐不超过本校本专业高等职业教育应届毕业生 15% 的学生参加“专接本”考试。考生必须在通过统一考试科目的最低控制分数线后，由招生学校自行画定基础课和专业基础课录取分数线，择优录取。录取人数控制在参加考试学生的 2/3 以内。

2005 年 4 月，北京教育考试院完成“高职升本科”试点招生工作。北京共有 40 所高校参加招生，计划招生 2841 人。61 所高职校推荐 3966 名毕业生参加考试，实际录取 2484 人。该考试采取高等职业教育（专科层次）优秀应届毕业生升入本科阶段学习方法，从 2002 年开始，已举办 4 年。2007 年 4 月，高职升本科试点招生考试举行。全市 33 所高校参加招生，计划招生 1954 人，实际录取 1856 人。2009 年，市教委开展中高等职业教育衔接沟通试验。该试验选择部分职业院校和专业，通过自主招生、课程衔接等方式进行“3+2”分段中高等职业教育衔接人才培养模式改革办学试验，并撰写研究报告，制订衔接建议方案。

就业制度改革　1992 年 5 月，市教育局职教办、市职教中心、市劳动局交流中心联合成立“北京市职业教育人才供求协作组”，主要负责协调、咨询、开发等工作。为企业和服务部门开展工作。1992年5月，市人事局、市教育局根据新制定的《北京市国家行政机关补充工作人员实行考试的试行办法》，对北京市部分职业高中和职业中专毕业生给予录用资格考试待遇。参加公务员考试的有财经、金融、物价、司法、计划统计、行政管理、文秘、档案等14个专业，20所职业高中毕业生1011人。考试科目有政治、语文、数学三科文化课和专业技能知识。文化课考试合格率达97%。考试合格的毕业生按照择优录用原则到机关以及事业单位就职。

1994年3月9日，国家教育委员会印发《关于普通中等专业学校招生及毕业生就业制度改革的意见》，其中针对改革毕业生统包统配的制度问题提出：普通中等专业学校是培养中等专门人才的重要基地，对中等专业学校的毕业生要合理使用，按需上岗。随着社会主义市场经济体制的建立和劳动人事制度的深化改革，要相应改革中等专业学校毕业生统包统配的制度。在现行的招生计划形式下，国家任务招收的学生，原则上仍由学校按照招生计划协议，负责在一定范围内安排就业。学生毕业时，由学校安排毕业生与用人单位"供需见面"，由用人单位择优录用。毕业生若不服从安排，需向学校缴纳培养补偿费。委托培养的学生，毕业时应按照学校制订招生计划时与用人单位签订的合同，毕业后应到委托单位工作，户口可以办理"农转非"。为边远地区及国家重点单位委培的学生，一般不得变更就业单位。凡不愿到原委托单位工作的，应征得委托单位同意，并缴纳培养补偿费。自费生毕业后，自主择业。凡被城镇全民、集体企事业单位和乡镇企业录聘用的农村户口的毕业生，各地教育行政部门商公安部门可根据实际情况办理户口"农转非"。该意见还明确提出：逐步实现毕业生自主择业、人才走向市场的就业制度。随着我国社会主义市场经济体制的建立，劳务市场的不断完善，逐步实行招生面向社会，毕业生自主择业，人才走向市场。同时，要不断健全就业指导与咨询服务。今后，大部分毕业生将逐步实行在国家方针政策指导下，通过人才劳务市场，采取"自主择业"的就业办法。目前可以选择有条件的地区和学校进行试点。要采取有力措施，拓宽人才通向农村、通向艰苦行业和地区的渠道。要积极制定相应政策，为毕业生创造安心工作的条件，鼓励他们到乡镇企业、农村基层单位工作。

1994年8月22日，市委、市政府召开北京中专工作会议。会议代表近300人，各委办局领导，中等专业学校党委书记、校长出席。文教办主任蓝天柱主持，市高等教育局林浦生局长作主报告。市人大副主任陶西平、副市长胡昭广、国家教委职教司副司长陈德才到会并作了重要讲话。会议总结了北京地区中等专业教育事业经过40余年艰辛努力所取得的显著成绩和存在的主要问题。北京地区共有104所普通中等专业学校，开设有工业、农业、医药、卫生、政法、财经、艺术、体育等200多个专业，初步形成了科类齐全、专业覆盖面广的中等专业教育体系，具有一定规模的办学条件和培养能力，40多年来为首都和全国各行业输送了27万多名中等专业人才，其中多数已是产业部门第一线的技术或管理骨干，有些走上了重要领导岗位。中等专业教学改革以加强实践教学为突破口，突出能力培养，具有中等专业教育特色。学校内部管理体制改革取得明显效果，为全国各地中等专业学校提供了经验。会议根据北京地区中等专业学校目前存在的主要问题，提出北京中等专业教育要立足行业、面向社会、服务全国，采取“深化改革，加快发展，优化结构，全面提高”的方针，并把优化布局结构，扩大办学规模，努力提高质量和效益作为2000年前发展的目标。到2000年，在校生由现在的4.9万人增加到8.5万人（不含中等师范）。要实施北京地区中等专业的“321”工程，即办好30所普通中等专业学校，其中20所为市级重点中等专业学校，20所中有10所达到国家级重点中等专业学校的标准。会议确定了当前要着重抓好的九项改革工作：联合办学，提高北京中专教育的整体效益和质量；建立督导制度，加强宏观管理；理顺管理体制，明确管理职责；理顺投资体制，加强财务监督；继续深化学校内部管理体制改革；深化教育教学改革，提高教育教学质量；加强教师队伍建设，提高教师的思想政治素质和业务素质；积极进行招生就业制度改革；与高等学校联合试办高职班。会议文件之一《认清形势　深化改革　优化结构　加快北京中等专业教育的发展》，谈到关于北京中等专业教育要发展，根本出路在于深化改革。当前着重抓好的几项改革工作中，其中第八条：积极进行招生就业制度改革。要逐步建立学生缴费上学，大多数毕业生自主择业的制度，随着经济管理体制和劳动人事制度的改革，应改变由国家“包培养、包分配”的格局，毕业生优先满足主管部门需求外，进行双向选择，择优录用；自费生面向社会，自主择业。高等教育局将与市政府有关部门商议，在“择优录用”原则下，为中等专业毕业生提供择业的机会。对他们要合理使用，以免造成教育和人才的浪费。要提倡毕业生有偿分配。

1999年4月10日，北京市召开“北京市职业教育工作会议”。会议总结了北京市创办职业教育20年来的巨大成果。会议指出：改革开放20年来北京市中等职业学校累计培养毕业生80万人，占全市660万从业人员的12%。其中饭店旅游业10万名从业人员中，一半以上来自中等职业学校。会议印发了《中共北京市委、北京市人民政府关于加快职业教育改革和发展的若干意见》，进一步明确了在新的形势下职业教育的地位。1999 年国家教委印发《试行按新的管理模式和运行机制举办高等职业技术教育的实施意见》，规定按新的管理模式和运行机制招收的高等职业教育为专科层次的学历教育，高职录取的考生不办理迁户的手续，毕业生不包分配，不再适用“普通高等学校就业派遣报道证”，由举办学校颁发毕业证书，毕业就业实行学校推荐，自主择业，不包分配。2000 年起普通专科和高职在同一批次录取，高职招生主要在北京地区录取。少数招收艺术类的高职专业可以招收外地生源。高职教育在招生考试制度改革方面的先行先试为后来的高等学校招生就业改革的全面推行提供了可供借鉴的经验。2004 年 3 月，教育部公布的国务院《2003—2007 教育振兴计划》中，首次明确提出“以就业为导向，大力发展高等职业教育”，具体要求：面向就业需求，深化教育系统内部各项改革，切实将高等学校布局、发展规划、学科专业结构、办学评估、经费投入等方面工作与毕业生就业状况紧密挂钩，把就业率与就业质量作为衡量高等学校办学水平的重要指标。在 2004 年颁布的《教育部关于以就业为导向深化高等教育改革的若干意见》中进一步明确，“高等职业教育应以服务为宗旨，以就业为导向，走产学研结合的发展道路”。高职学生就业成为高职教育改革和发展的导向受到高度重视。2007 年 10—11 月，市教委调查应届中职毕业生就业情况。经过对应届中专和职高毕业生就业情况进行全口径统计，就业率 95.27%，其中，中专就业率 92.6%、职高就业率 97.4%。

2010 年，在市教委高职教育通气会上发布，北京高职教育就业率连续三年超过 96%。“十一五”规划期间，北京发挥高职教育行业办学的优势，开展校企深度合作，加大校企合作“订单式培养”和“双证书”教育，提高了高职学生的就业水平。

毕业（就业）情况 1991—2010 年北京市中专学校共有毕业生 472240 人；职业高中共有毕业生 505294 人；师范学校共有毕业生 41567 人；技工学校共有毕业生 345515 人（1991—2010 年，北京中职学校毕业生情况见表 3-4，高等职业学校毕业生情况见表 3-5）。

表 3-4 北京中职学校毕业生情况（1991—2010 年）一览表

年份	中专学校		职高		师范		技校	
	学校（所）	毕业生（人）	学校（所）	毕业生（人）	学校（所）	毕业生（人）	学校（所）	毕业生（人）
1991	118	17515	176	19864	20	4658	177	11474
1992	117	16190	179	16523	20	4084	163	9255
1993	117	15852	178	17312	20	3883	164	9414
1994	119	15491	180	16987	20	3768	152	11494
1995	119	17697	171	17519	20	3907	164	11065

续表 3-4

年份	中专学校		职高		师范		技校	
	学校（所）	毕业生（人）	学校（所）	毕业生（人）	学校（所）	毕业生（人）	学校（所）	毕业生（人）
1996	118	17233	177	22139	20	4608	164	11000
1997	118	18759	174	27491	20	5042	141	15039
1998	118	23078	173	33000	20	4472	141	18895
1999	111	27266	168	34380	18	3626	143	15491
2000	108	28113	144	35667	16	1125	141	17512
2001	67	32053	106	36310	2	360	141	23027
2002	59	31645	96	28156	1	94	51	22000
2003	62	29248	97	23261	1	244	48	15644
2004	56	34339	77	25092	1	151	46	19035
2005	52	28609	75	27223	1	159	45	18100
2006	47	31161	75	24723	1	278	46	26792
2007	41	30936	76	24951	1	213	46	24980
2008	36	27181	72	25908	1	254	45	21800
2009	36	27181	72	25908	1	322	43	24336
2010	35	23609	61	21616	1	319	38	19162

表 3-5　　北京高职院校毕业生情况（1999—2010 年）一览表

时间	学校（所）	毕业生（人）	在校生（人）
1999	—	—	—
2000	—	—	—
2001	7	1432	15512
2002	7	5617	29755
2003	16	3130	25413
2004	20	3941	36902
2005	19	7738	54768
2006	21	15406	69876
2007	22	19856	77677
2008	22	26385	78111
2009	23	26095	79060
2010	24	25964	77621

见习待遇　1995 年 7 月，市人事局颁发《关于高中毕业后入学的中专、技校和四年以上学制的中专生、高级技校毕业生见习期间工资待遇的规定》，明确：高中毕业后入学的中专毕业生和四年以上学制的中专毕业生分配做干部工作的，试用期、见习期工资 190 元（事业单位含见习津贴 40 元）；分配做工人工作的，学徒期、熟练期工资 140 元，奖金（津贴）参考额 50 元；高中毕业后入学的技

工学校毕业生和高级技工学校毕业生学徒期、熟练期的临时工资 140 元，奖金（津贴）参考额 50 元；上述中专、技工学校毕业生的定级工资按京国工改〔1994〕第 6 号文件规定执行；本规定自发文之月起执行。现正在试用期、见习期（学徒期、熟练期）的上述毕业生，工资未达到本规定标准的，改按本规定执行。

2001 年，市教委、市发改委、市人事局、市公安局联合发文《关于北京地区高等学校高等职业教育毕业生就业有关问题的通知》，该文件就 1999 年本市开始试行按新的管理模式和运行机制招收高等职业技术教育学生 2001 年起陆续毕业问题做出规定。就业方面：一是高等职业教育毕业生实行不包分配、自谋职业的就业制度。各级毕业生就业主管部门要高度重视这部分毕业生的就业工作，有针对性地加强就业指导与服务，使高职毕业生学以致用、人尽其才。二是根据教育部教学〔1999〕2 号文件精神，高职毕业生不再使用教育部统一印制的“全国普通高等学校毕业生就业报到证”。凡参加全国普通高等学校统一招生考试并经北京市高校招生办公室确认录取的高职生，毕业时使用北京市教委统一印制的“北京地区高等学校毕业生就业报到证”。毕业生持正联到用人单位报到，副联为通知书，由学校存入学生档案，随档案转递到用人单位。报到证由北京市教委负责签发。三是高职毕业生的就业程序参照普通高校本专科毕业生的就业工作程序进行。四是经批准招收的京外生源高职毕业生一律回生源省市就业。2001 年起，高职毕业生的工资待遇按照普通大专毕业生工资标准执行。接收方面：一是用人单位凭“北京地区高等学校毕业生就业报到证”接收毕业生，并为其办理录用手续。二是高职毕业生的工资待遇按照普通大专毕业生工资标准执行。三是高职毕业生报到后的身份，根据其录用单位的性质决定。户口方面：一是本市农业户口的高职毕业生，毕业时凭学校出具的证明到北京市人事局开具北京生源高等职业教育毕业生农业户口转为非农业户口介绍信，到学生家庭所在地公安分（县）局户籍部门办理“农转非”手续。二是京外生源农业户口高职毕业生，北京市不负责办理“农转非”手续。

附录 3–1

北京市劳动局关于转发劳动部《关于颁发〈技工学校学生学籍管理规定〉的通知》的通知

市属各有关局、总公司，区、县劳动局：

现将劳动部颁发的劳培字〔1990〕6 号《关于颁发〈技工学校学生学籍管理规定〉的通知》转发给你们，并结合我市技工学校的实际情况，作如下补充规定，望认真贯彻执行：

一、入学与注册

1. 我市技工学校以就近招生为主，新生因故不能按期报到者，向学校申请延期报到不得超过七天。未经学校批准，逾期不报到者，取消入学资格。

2. 经市劳动局批准招收农业户口转城镇户口学生的技工学校，对初步审查准备录取的学生，由学校重新组织体检，体检合格者，方能录取，办理城镇集体户口；体检不合格者，退回北京市中等学校招生工作委员会办公室。

3. 新生入学后的三个月内，经复查证实不符合报考、录取条件，或身体状况不符合标准者，由学校报市劳动局批准，退回学生所在学校区、县中等学校招生工作办公室。

二、成绩考核

1. 文化课和专业技术理论课的考核成绩以平时和期末考试成绩为依据，评定学期成绩，课程结束时，综合评定总成绩。生产实习课的考核成绩以平时分课题训练考试成绩和综合课题考试成绩为依据，评定学期成绩。

2. 体育课成绩要与课外锻炼活动（主要指施行《国家体育锻炼标准》的达标活动）成绩综合进行评定。

3. 学生补考成绩合格，一律记 60 分或“及格”，并注明“补考”字样。

4. 学校对学生进行操行评定的内容应包括：学生的政治觉悟、思想品德、遵纪守法、学习态度和生产劳动表现等，写出评语，并评记等级（优秀、良好、及格、不及格)。

三、休学与复学

因病休学期满的学生，须在期满前一个月向学校提交县以上医院诊断证明，经校务会讨论，校长批准，方可复学

四、升级、试读、退学与转学

1. 技工学校要突出生产实习课教学，学生每学期的生产实习课成绩不及格，应随班试读一学期。

2. 确定学生退学或结业，学生补考不及格的课程以学校规定的主要课程计算。

3. 对劝其退学、责令退学和开除学籍的学生，在三个月之内，由学校将其档案退回原户口所在街道(乡镇)。对按计划招收农业户口转城镇户口的学生，由学校在三个月之内，将其档案退回原户口所在街道(乡镇)，同时办理退户手续，恢复其原农业户口。

五、本通知自发布之日起实行，京劳培〔1985〕43号文《关于修订〈北京市技工学校学生学籍管理的暂行规定〉的通知》同时废止。

一九九二年三月十八日

劳动部技工学校学生学籍管理规定

第一章 总则

第一条 为做好技工学校学生的学籍管理，保证技工学校教学工作的顺利进行，根据《技工学校工条例》，制定本规定。

第二条 技工学校应当建立健全学生学籍管理制度，把严格的管理制度同思想教育相结合，奖励同惩处相结合。

第三条 技工学校学生应当严格遵守学籍管理制度。

第四条 各技工学校均应执行本规定。

第二章 入学与注册

第五条 技工学校按国家计划招收录取的新生，必须持录取通知书和有关证

件，按期到校办理入学手续。因故不能按期入学者，须凭有关证明，向学校申请延期报到（期限一般不得超过两周）。未经准假或逾期两周不报到者，取消入学资格。

第六条 新生在入学后的三个月内，应接受学校复查。经复查证实不符合报考、录取条件。或身体状况不符合标准者，由学校报请所在省、自治区、直辖市招生主管部门批准，取消学籍，退回原地区。

第七条 每学期开学，学生必须按规定日期到校注册。因故不能如期注册，必须请假，否则按旷课处理。

第三章 成绩考核

第八条 学生必须参加教学计划规定的课程考核。成绩载入记分册，并归入本人档案。

第九条 考核分为考试和考查两种，成绩的评定采用百分制或四级（优秀、良好、及格、不及格）制。

第十条 体育课的成绩，要把课内教学和课外锻炼活动结合起来进行综合评定。

第十一条 学生因故不能参加考试，必须事先向学校申请，经批准后缓考，缓考不及格者可补考一次。

第十二条 学生每学期不及格的课程，均可补考一次。补考按学校规定时间进行，记分时应注明“补考”字样。

第十三条 擅自缺考，该课程以0分计，不准补考。考试作弊，应据情节轻重，给予纪律处分。

第十四条 学生要按时参加教学计划规定的和学校统一组织安排的活动。上课、实习、军训等都应考勤，无故不参加者，按旷课处理。

第十五条 学校每学期对学生进行操行评定，在学生毕业时进行操行总评。

第四章 休学与复学

第十六条 学生因病或其他特殊原因不能继续学习，以及请假缺课累计超过该学期的三分之一，跟原班学习确有困难者，可准予休学或令其休学。

第十七条 学生因病休学须有县以上医院诊断证明，休学应填写休学申请书，经校务会议讨论，校长批准后，方可办理休学手续，并报学校主管部门和当地劳动部门备案。

第十八条　经批准休学的学生必须离开学校（户口和粮食关系可留在学校），休学期间停发助学金，医疗费由本人自理。

第十九条　学生休学回家的往返路费由本人自理，家庭生活确实困难的，经本人申请，由学校酌情补助。

第二十条　学生休学以一年为限。休学期满的前一个月应向学校提交有关证明，经审查批准后，原则上随原专业的下一个年级学习。

第五章　升级、试读、退学与转学

第二十一条　学生学完本学年教学计划规定的课程。经考核成绩及格者准予升级。

第二十二条　学生每学期有两门考试科目经补考仍不及格者，应随班试读一学期（试读期一次），试读期间停发助学金。

第二十三条　试读生在试读期末考试成绩及格者，可以转为正式生，有一门主要课程不及格者，应令其退学。

第二十四条　学生每学年有四门考试科目不及格者，休学期满仍不能复学者，一个学期内连续旷课 7 天，累计旷课 10 天以上者，应令其退学。

第二十五条　学生在校学习期间，一般不得转学。因特殊情况必须转到外地的学生，应先向学校提出申请，报当地劳动部门批准，并征得转入地区学校、学校主管部门和劳动部门同意后，方可办理转学证明和入学手续。

第六章　奖励与处分

第二十六条　对德、智、体和生产实习劳动方面表现优秀的学生，可分别给予表扬、记功和授予“优秀学生干部”“三好学生”等称号，并向全校公布，记入学生档案。

第二十七条　对于违反纪律和犯错误的学生，学校应进行批评教育，情节严重或屡教不改者，可给予警告、严重警告、记过、留校察看、责令退学或开除学籍等纪律处分。

第二十八条　处分学生必须经过校务会议讨论，校长批准执行，其中责令退学和开除学籍处分，需报学校主管部门批准并报劳动部门备案。

第二十九条　对给予留校察看以下（含留校察看）处分的学生，经教育帮助后确有显著进步者，可撤销处分。

第七章　毕业与结业

第三十条　学生学完教学计划规定的全部课程。毕业考核和操行总评（毕业鉴定）成绩合格者，准予毕业，由学校发给毕业证书。

第三十一条　学生毕业时，有两门主要课程考试不及格者，应准予补考，补考后仍不及格者发给结业证书；操行总评不及格或生产实习课不及格者，发给结业证书。

第三十二条　学生毕业时，因身体状况不能参加工作者，允许保留学籍一年，病愈后由学校同有关部门联系，酌情安置。

第八章　附则

第三十三条　省、自治区、直辖市劳动部门可按照本规定制定实施细则，并报劳动部备案。

第三十四条　本规定由劳动部负责解释。

第三十五条　本规定自发布之日起施行。

附录 3-2

北京市教育局关于转发国家教委关于颁发《职业高级中学学生学籍管理暂行规定》文件的通知

（京教职字〔1993〕26 号）

各区、县教育局：

现将国家教育委员会 1992 年 3 月 12 日《关于颁发〈职业高级中学学生学籍管理暂行规定〉的通知》（教职〔1992〕3 号，以下简称《暂行规定》）转发给你们，请即组织所属职业高中（中专）认真学习，贯彻实施。现结合北京市职业高中、职业中专的具体情况，作如下补充规定，请一并贯彻执行：

一、职业高中（中专）必须按市教育行政部门职业高级中学招生的有关规定录取新生，经市中招办审批后由学校发给录取通知书。

二、新生入学后，学校应在三个月内按照招生规定复查。复查合格者，注册后取得学籍；不合格者，经区、县教育局同意依有关规定处理，并报市教育局备案。

三、学校应在复查后一个月之内，将合格的新生编制学籍卡片、学生名册，建立学生档案。学生名册一式两份，一份报区、县教育局备案，一份学校留存。学生的学号由区、县教育局统一编排，原则上由七位数字组成，由左向右，届别占两位，校别占两位，班别占一位，班内编号占两位。学校应及时将补录学生和学籍变动情况记入学生名册。职业高中（中专）学生档案应包括：北京市高级中等学校统一招生报名单、职业高中毕业生登记表、职业高中学生考试（考查）成绩登记表、职业高中学生评语表、体格检查表、体育合格情况登记卡、身体素质测验登记卡、职业高中毕业生家庭情况调查表及奖惩材料，共青团员的学生应有团员组织档案，特长生应有证明材料。

四、学生一般不得转学、变专业。个别学生因身体或其他特殊原因需要转学或变专业的，须持区、县级以上医院证明或其他有关证明，向学校提出申请，经学校和联办单位以及所在区、县教育局同意，报市教育局批准后，办理转学或变专业手续。转学、变专业一般在寒暑假期间办理，毕业年级及学生在受处分期间一般不办理。

五、职业高中（中专）不接收借读。

六、留级或复学的学生，如所学专业无后续班级，应服从学校或区、县教育局安排。

七、对学生作出勒令退学或开除学籍的处分，需经校务会议讨论通过，报区、县教育局批准，并报市教育局备案后生效。对开除学籍的学生可发给学生写实性学习证明。

八、学生在校学习期间，被安排到外省市或国外实习、研修，须经区、县教育局同意，报市教育局批准后方可成行，并与接收实习的单位签订协议书，制定学生实习管理办法，报市教育局备案。

九、自1993年招收的新生开始，在籍学生修业期满，思想品德合格，学完教学计划规定的全部课程，考试成绩及格，准予毕业，发给市教育局验印的毕业证书。

十、职业高中（中专）、短期培训等毕业证、结业证、肄业证等有关证书及表格由市教育局统一印制。在未统一印制职业高中的证书、表格、学籍卡片、学生名册、学生评语表、休学、转学证明等有关材料之前，学校可暂自行印制或借用普通高中的上述材料，市教育局将陆续统一印制职业高中专用的学籍表册。

十一、其他未尽事宜，如教育部门向劳动部门办理城镇居民户口的职业高中需转街道的部分毕业生、退学生档案材料移交手续，评选“三好学生”“优秀学生干部”等问题，参照本市普通中小学学生学籍管理的有关规定执行。

十二、本通知自颁发之日起施行，1982年5月20日《北京市教育局关于试行〈北京市职业高中（班）学生管理教育工作的几项暂行规定（试行草案）〉的通知》同时废止。

十三、贯彻实施《暂行规定》及补充规定是为了进一步加强对学生的管理教育工作，建立良好的教学秩序，提高教育质量。在实施过程中，应注意总结经验，将实施中的问题和意见及时报告我局职业教育办公室，以便进一步修订，使之更加完善。

十四、本通知由市教育局负责解释。

一九九三年七月十二日

职业高级中学学生学籍管理暂行规定

职业高级中学学生学籍管理暂行规定

第一章 总则

第一条 为做好职业高级中学（以下简称“职业高中”）学生学籍管理工作，制定本规定。

第二条 学校应建立健全学生学籍管理制度。职业高中学生应建立学生档案。

第三条 本规定适用于职业高中和职业高中班。

第二章 入学与注册

第四条 职业高中按省（自治区、直辖市）、地（市、州）教育行政部门的有关招生规定录取新生，由学校发给录取通知书。

第五条 凡被录取的新生，须持录取通知书和有关证件，按学校规定到校，办理入学手续。因故不能如期报到者，须凭有关证明向学校申请延期报到。未经批准逾期两周不报到者，取消其入学资格。

第六条 新生入学后，学校应在三个月内按照招生规定复查。复查合格者，注册后，取得学籍，不合格者，由学校依有关规定处理，并报上级教育行政主管部门备案。

第七条 每学期开学时，学生要按期到校办理注册手续。因故不能按期注册者，应事先请假，未经批准逾期二周不注册者，按自动退学处理。

第三章 成绩考核

第八条 学校对学生进行德、智、体等方面考评、考核，成绩和评语记入本人档案。

第九条 德育考评的内容，包括学生的政治觉悟、思想意识、道德品质、组织纪律以及学习和劳动中的表现等。学校每学期均要对学生进行操行评定，毕业时进行毕业鉴定。

第十条 考核分为考试和考查两种，成绩评定采用百分制或四级（优秀、良好、及格、不及格）制。考试、考查课的成绩是学生升、留级的依据。

学业考核，要根据教学计划的规定，对学生的文化知识、专业知识、专业技能等进行考核。

体育考核要结合考勤对课内学习成绩及课外体育锻炼活动的情况进行综合评定。

第十一条 有条件的地方，学校要组织学生参加专业技术和工人技术等级考核。

第十二条 学生因故不能参加考核，需事先提出申请，经批准后缓考。

第十三条 学期考核不及格的课程（包括实践课程），可在下学期开学前补考一次。其成绩按及格不及格评定，并应注明“补考”字样。

第十四条 无故不参加考核或考核作弊者，该课程成绩以零分计，不准参加补考，并视情节轻重，给以纪律处分。对确有悔改表现者，经学校批准，在毕业前可补考一次。

第四章 纪律考勤

第十五条 学生要严格遵守国家法律、法令和学校的各项规章制度、纪律。

第十六条 学校要建立严格的考勤制度。学生上课、自习、实习、实验、公益劳动、集体活动、军训等，都要考勤。因故不能参加者，必须请假。学校应对超假或无故旷课的学生，视情节给予批评教育或处分。

第五章 升级与留级

第十七条 学生每学年学完教学计划规定的课程，经考核成绩及格者或只有一门课程不及格者，准予升级。

第十八条 非毕业学年第一学期经补考后仍有二门及二门以上课程不及格者，可随班试读，学年结束时需再补考一次。

第十九条 在同一学年内，经补考后，累计仍有二门及二门以上课程不及格者，应予留级。该生所学专业如无后续班级，应服从学校安排。

第二十条 学生留级超过二次者令其退学。

第二十一条 毕业学年学生不准留级。

第六章 休学与复学

第二十二条 学生因病或其他特殊原因不能坚持学习，以及请假缺课一学期内累计超过两个月，跟原班学习确有困难者，可准予休学或令其休学。

第二十三条 学生休学，要递交休学申请书（因病休学的学生须持县级以上医院出具的诊断证明），经校长批准后，办理休学手续。学生在休学期间，其学籍予以保留。

第二十四条 学生休学，以一年为期，学制为二年的，一次为限，学制为三、四年的，二次为限。

第二十五条 学生休学期满后，应及时申请复学（因病休学的学生须持县级以上医院出具的病愈证明），经学校审查批准后复学，随原专业的下一年级学习或服从学校安排。逾期不申请复学者，按自动退学处理。

第七章　转学与转专业

第二十六条　学生一般不得转专业。对个别学生因身体或其他特殊原因需要转换专业的，须持县级以上医院证明或其他有关证明，向学校提出申请。经学校和联办单位同意后，办理转专业手续，并报地、市、州教育行政部门备案。

第二十七条　学生一般不得转学。因家庭居住地迁移（户口非同一市县），或其他正当理由需要转学的学生，需向学校提出申请，经学校审查，并征得转入学校及其联办单位的同意，报地、市、州教育行政部门批准后，办理转学手续。

第二十八条　转学、转专业，原则上不得从招生录取分数低的学校或专业转入录取分数高的学校或专业。毕业年级的学生不得转专业，转学要严格控制。

第八章　退学

第二十九条　具备以下情况之一的学生，学校可准予退学或令其退学：

1. 留级、休学次数超过规定者；
2. 休学期满仍不能复学或复学后不能坚持正常学习者；
3. 经指定医院诊断，患有精神病、癔病及其他严重疾病、意外伤残不能坚持或不宜在校学习者；
4. 有正当理由，学生家长或监护人提出申请退学者；
5. 未经批准逾期二周不注册者；
6. 因旷课受到处分后，仍不改正的。

就学一年以上而退学的学生，学年成绩合格者，学校应发给肄业证书，并报地、市、州教育行政部门备案。

第三十条　学生非正常死亡或失踪，所在学校需及时向教育行政主管部门报告。

第九章　毕业与结业

第三十一条　在籍学生，思想品德合格，学完教学计划规定的全部课程，考核成绩及格，准予毕业，发给地、市、州教育行政部门验印的毕业证书。

第三十二条　毕业时，学完全部规定课程，经补考后学科成绩仍有不及格或操行总评不合格者，发给结业证书。毕业后一年内经补考（限一次）成绩全部及格或由用人单位（户口所在地区）作出鉴定，证明操行评定达到合格者，可换发毕业证书，并注明“补发”字样，其毕业时间自换发毕业证时算起。

第十章　奖励与处分

第三十三条　对德、智、体、美、劳全面发展表现突出及有某方面突出事迹的学生，学校可分别授予“三好学生”“优秀学生干部”称号或单项荣誉称号，记入学生档案。对各学年均被评为“三好学生”的应届毕业生，可授予“优秀毕业生”称号，颁发《优秀毕业生荣誉证书》

第三十四条　对极少数犯有严重错误或多次犯错误而又屡教不改的学生，要给以批评教育或纪律处分。处分为警告、严重警告、记过、留校察看、勒令退学、开除学籍 6 种。受上述处分的学生，除勒令退学和开除学籍者外，有显著悔改表现的，可以撤销处分。受留校察看处分，一年内经教育仍不悔改者，应勒令其退学或开除学籍。学生处分决定等有关材料应存入学生档案。警告、严重警告、记过处分撤销后，应将有关材料从学生档案中取出，存入学校文书档案。

第三十五条　对学生作出勒令退学或开除学籍的处分需经校务会议讨论通过，报地、市、州教育行政部门批准后生效。勒令退学的学生可发学历证明，开除学籍的学生不发学历证明。

第十一章　附则

第三十六条　各省、自治区、直辖市教委、教育厅（局），各计划单列市教委、教育局可根据本规定，结合实际情况制定实施细则，统一印制毕业证、结业证、肄业证等有关证件及表格

第三十七条　本规定自颁发之日起施行。

第三十八条　本规定由国家教育委员会负责解释。

附录 3–3

国家教育委员会
普通中等专业学校学生学籍管理规定

第一章　入学与注册

第一条　普通中等专业学校按照国家招生规定录取的新生，须持录取通知书和有关证件，按规定日期到学校办理入学手续。因故不能如期报到者，须凭有关证明，向学校申请延期报到（延期一般不得超过两周），无正当理由逾期超过两周不报到者，取消入学资格。

第二条　新生入学登记注册后，学校应在三个月内按照招生规定进行复查。复查合格者，即取得学籍。复查结束后，学校应及时将取得学籍的学生名册报省（自治区、直辖市）教育行政部门和学校主管业务部门备案。

第三条　经复查不符合招生条件者，由学校区别情况，予以处理。凡属徇私舞弊者，无论何时发现，一经查实，均应取消学籍，退回原地区或原单位。情节恶劣者，应报请有关部门严肃处理。

第四条　在新生健康复查中，如发现患有疾病，不能坚持学习，经指定医疗单位诊断，在短期内可以治愈者，由学校批准，回家疗养，保留入学资格一年。疗养期间，不享受在校生待遇（原为职工者，按原单位的有关规定执行）。下学年开学前，经县级以上医院和学校健康复查确已病愈者，应重新办理入学手续。复查仍不合格者和逾期不办理入学手续者，取消入学资格。

第五条　取消新生的入学资格，由学校会同录取新生所在省（自治区、直辖市）招生部门确定，并报学校所在省（自治区、直辖市）教育行政部门和学校主管业务部门备案。

第六条　每学期开学时，学生应按规定日期到学校办理注册手续。因故不能如期报到者，必须履行请假手续，否则以旷课论。未经请假且逾期两周不注册者，按自动退学处理。

第二章　成绩考核

第七条　成绩考核包括学业和操行两个方面。学业方面，按照教学计划的规定，考核学生的学习成绩；操行方面，对学生的思想品德、组织纪律等方面进行考察评定。考核成绩应记入学生本人档案。

第八条　学生学业成绩的考核分为考试和考查两种。考试成绩的评定，采用百分制或四级制（优秀、良好、及格、不及格）评定；考查成绩按合格、不合格评定。考试、考查结果是确定学生升留级的依据。

第九条　学校可试行学分制，试行的具体方案由学校提出，经主管业务部门同意后，报省级教育行政部门审批。试行学分制的学校，学生按教学计划规定学完某课程，经考核成绩合格，即获得该课程的学分。

第十条　每学期或每学年考试和考查的课程门数，按教学计划的规定执行。考试题目和方法，由各学校根据教学大纲的要求确定。

第十一条　公共体育课为必修课，不合格者应重修或补考。对不同体质的学生应有不同的要求，因患有某些疾病或有生理缺陷上体育课确有困难者，经医生证明和教务部门批准，可减少考查项目或免考。

第十二条　学生自学某门课程，经本人申请，并按教学计划要求进行了考核，成绩达 80 分（良好）以上，经学校批准，可以免修，考核成绩作为该门课的成绩记载。该项规定不适用于留级生。

第十三条　考核成绩的评定，以期末考核为主，并适当参考平时成绩。实习（教学实习、生产实习）和结合专业的生产劳动均应进行考核，其办法由各学校自定。

第十四条　学生因故不能参加考试时，须经教务部门批准。凡擅自缺考或考试舞弊（包括协同舞弊）者，该课程以 0 分计，并视情节轻重给予批评教育或纪律处分。

第十五条　凡考核成绩不及格（不合格）或因请假缺考的学生，均应在学校规定的日期内补考。因不及格而补考的，其成绩要注明“补考”字样。学生在校期间，同一门课程的补考不得超过两次。

第十六条　生操行评定应以中等专业学校学生守则为主要依据。操行评定每学期或每学年进行一次，毕业时进行全面鉴定。

第三章　升级与留级

第十七条　学生在每学年学完教学计划规定的课程后，经考核（含补考）成绩合格者或只有一门课程不及格者，准予升级。

第十八条　同一学年内累计不及格课程（经补考后）二至四门（含四门）者，应予留级。不及格课程门数按下列规定计：

1. 凡按教学计划规定的各种实践性教学环节，如单独进行考核，按一门课程计；

2. 毕业设计或毕业论文，按一门课程计；

3. 凡一门课分几个学期讲授，学期、学年都进行考核时，每学年可取其平均值，按一门课程计。

第十九条　学业成绩优秀的学生，如本人申请跳级或提前毕业，并按照跳越年级的教学计划规定的课程考核合格者，经学校批准，并报学校主管业务部门和省（自治区、直辖市）教育行政部门备案后，可允其跳级或提前毕业

第二十条　留级生留级前考核成绩达到 80 分（良好）以上水平的课程，本人提出申请免修时，教务部门可根据该课程的具体情况予以审批。未经批准的，仍须重修。

第二十一条　学生在校期间留级以两次为限（三年级下学制的，以一次为限）；留级生原则上随本专业下一个年级学习；留级生应向学校交付一定数额的培养补偿费，具体标准由学校商有关部门确定。

第四章　转学与转专业

第二十二条　中等专业学校的学生有下列情况之一者，可予转学或转专业：

1. 经学校认可，学生在某专业领域具有一定专长，转学或转专业更有利于其能力发挥者；

2. 因某种疾病或生理缺陷，经学校指定的医疗单位检查证明，确实不宜在原专业学习，但可在其他专业学习者；

3. 经学校认可，学生确有某种特殊困难，不转学或转专业则无法继续学习者；

4. 留级或复学时，本专业无后继班级者。

第二十三条　学生转学、转专业均应由本人向学校提出申请，其后按下列规定办理：

1. 学生在本校范围内转专业，由学校审核，经主管业务部门同意，报省级教育行政部门备案；

2. 转入其他学校者，须经原学校、转入学校和双方学校主管业务部门同意，并报学校所在省（自治区、直辖市）教育行政部门（跨省者须两地教育行政部门）批准。由省级教育行政部门抄送转入学校所在地区的公安、粮油部门。

第二十四条 根据社会对人才需求情况的变化，必要时，由学校提出，经主管业务部门批准，报省一级教育行政部门备案，可以调整部分学生的专业。

第二十五条 转学或转专业时，一般不得从招生录取分数档次低的学校或专业转入录取分数高的学校或专业，不得变动招生时的计划类别；毕业年级的学生原则上不得转学或转专业。

第五章 休学与复学

第二十六条 凡有下列情况之一的学生，经学校批准，可准予休学或令其休学，并发给休学证明：

1、因病或其他特殊原因不能继续学习者；

2、请假累计超过该学期三分之一（包括理论教学、实习和生产劳动时间）者。

第二十七条 学生休学，每次以一学年为期，两次为限（三年及以下学制的，以一次为限）。

第二十八条 因病休学的学生，应回家休养；病休期间的医疗费用由本人自理；休学学生的户口不迁出学校。

第二十九条 学生休学期满后，应于学年或学期前一个月向学校申请复学，经学校审查批准后，原则上随原专业的下一个年级学习。因病休学的学生，在复学时，必须持县级以上医院的健康证明，并经学校复查能坚持正常学习者，方可复学。

第三十条 学校批准学生休学和复学，均应报主管业务部门和省级教育行政部门备案。

第六章 退学

第三十一条 学生有下列情形之一者，经学校批准，可令其退学或准其退学，并通知家长或有关单位，报省级教育行政部门和主管业务部门备案：

1. 同一学年内（或在学期间补考后）考核成绩五门以上（含五门）不及格者；

2. 留级、休学次数超过规定者；

3. 休学期满后不办理复学手续或虽申请复学经复查不合格者；

4. 经学校动员，因病应休学而不休学，且在一学年内缺课超过该学年总学时三分之一者；

5. 经指定医院确诊，患有精神病、癔病、癫痫、麻风等严重疾病及意外伤残不能坚持学习者；

6. 在校期间又考入其他学校（指占用本校学习时间的各类学校）者；

7. 在学期间，擅自结婚或生育者；

8. 未经请假又无正当理由，开学后逾两周不报到者；

9. 自愿要求退学者。

按本规定所作的处理，不属于对学生的处分。

第三十二条　在办理退学手续时，学校应给退学学生核发退学证明，并根据学习的年限（至少学满一学年并取得相应成绩）发给肄业证书。未经学校批准擅自离校者，不发给退学证明和肄业证书。取消学籍和退学的学生，不得申请复学。

第三十三条　退学学生的户口应退回原户口所在地或父母所在地。

第七章　纪律与考勤

第三十四条　学生应严格遵守国家的法律法令和学校的各种规章制度，尊敬师长，勤奋好学，团结同学，讲究卫生，关心集体，爱护公物，讲究文明礼貌，遵守社会公德。

第三十五条　学生不得抽烟酗酒、赌博、打架斗殴，凡违反者，视情节轻重，给予批评教育和适当处分。

第三十六条　学校应建立严格的考勤制度，学生上课、自习、实验、实习、设计、劳动和参加学校组织的集体活动等，均应进行考勤。因故不能参加者，必须请假。凡未请假或超假者，均以旷课论处。对旷课学生应令其检查，并根据其旷课的对数、情节和认错态度进行批评教育和处分。

第八章　奖励与处分

第三十七条　对德智体全面发展或在思想品德、学业成绩、社会工作、锻炼身体、课外活动等某一方面表现突出的学生，可分别授予“三好学生”称号或其他单项荣誉称号，并给予一定奖励，有关材料应存入学生的档案。

第三十八条　对犯有错误的学生，可视情节轻重，给以批评教育或纪律处分。处分分为下列五种：（1）警告；（2）记过；（3）留校察看；（4）勒令退学；（5）开除学籍。

第三十九条　留校察看以一年为期。受留校察看处分的学生，一年内有显著进步表现的，可解除其留校察看处分；经教育不改者，可勒令其退学或开除其学籍。

第四十条　有下列情况之一的学生，可酌情给以勒令退学或开除学籍的处分：

1. 反对党的基本路线，组织煽动闹事，扰乱社会秩序，破坏安定团结，造成严重后果者；

2. 触犯国家刑律，构成刑事犯罪者；

3. 破坏公共财产，偷窃国家、集体和个人财物，造成严重损失和危害者；

4. 打架斗殴、行凶、赌博、偷盗等屡教不改者，品行恶劣、道德败坏，造成较严重后果者；

5. 违反校纪校规，情节极为严重者；

6. 一学期旷课超过 72 学时或在学期间旷课累计超过 108 学时（旷课一天，按 6 学时或当天实有课时计）者。

第四十一条 对犯错误的学生，要加强教育，促其认错悔改；必须处理的，要坚持实事求是的原则，慎重而适当。处理结论要同本人见面，允许本人申诉、申辩和保留意见。对本人的申诉，学校有责任进行复查。

第四十二条 对受处分的学生，勒令退学和开除学籍的除外，有显著进步表现的，可以撤销其处分。

对学生的处分决定应存入学生的档案，撤销处分后，原则上可将有关材料从学生的档案中取出，存入学校的文书档案。

第四十三条 对学生作出勒令退学或开除学籍的处分，须经校长办公会讨论决定，并报省级教育行政部门和学校主管业务部门备案。对于争议较大的决定，省级教育行政部门有权进行调查了解，并做出裁决。

第四十四条 勒令退学的学生，可发给学历证明；开除学籍的学生，不发给学历证明。凡被勒令退学、开除学籍的学生，其户口均应迁回入学前户口所在地或父母所在地。

第九章 毕业

第四十五条 具有学籍，思想品德合格，学完教学计划规定的全部课程（包括实习和毕业设计），经考核合格的学生，准予毕业，并由学校发给经省、自治区、直辖市教育行政部门或由其授权的下一级教育行政部门验印的毕业证书，未经验印的毕业证书一律无效。

第四十六条 毕业时，经补考后不及格课程未达到留级规定者，发给结业证书。结业后，可在一年内按学校规定的时间参加补考一次，补考成绩及格者，换发毕业证书。因品德评定不合格者或毕业前受留校察看处分者，作结业处理，一年后经由用人单位或所在地区作出鉴定，达到合格者或可撤销处分规定者，换发毕业证书。凡毕业时作结业处理，后又取得毕业证书者，毕业时间自换发毕业证书时算起。

第四十七条　普通中等专业学校的毕业生（含结业生）通过以下途径就业：国家任务生（定向生）应服从国家的分配和安排，在条件许可的地方或部门亦可通过供需见面、双向选择的办法就业；委托培养生按入学时与有关方面签订的合同办理就业事宜；自费生原则上自谋职业，也可向学校提出申请，由学校根据具体情况向有关用人单位推荐。对凡应服从分配而不服从分配者，要进行严肃的批评教育，经教育仍不服从分配者或逾期三个月不去报到者，应向学校缴纳一定数额的培养补偿费，其分配资格应予取消。

第十章　附则

第四十八条　本规定自发布之日起执行。原教育部〔79〕教专字 004 号文《普通中等专业学校学生学籍管理暂行规定》同时废止。过去各级部门下发的有关规定或补充规定，如与本规定不符，一律以本规定为准。过去已按原有规定办理的事项，均不再变更。

第四十九条　各省（自治区、直辖市）教育行政部门可根据本规定，并结合当地的实际情况及行业特点制定实施细则，实施细则应报国家教育委员会备案。

第五十条　本规定由国家教育委员会解释。

一九九四年三月

附录 3–4

北京市教育局
关于《1995 年职业高中招生改革试点工作意见》的通知

（京教职字〔1995〕6 号）

有关区（县）教育局，职业高中：

为了搞好今年职业高中招生改革试点工作，请有关区、县教育局、职业高中认真制定好改革试点方案。加强领导，精心组织实施，搞好考试内容和方法的改革，规范收费行为，为大面积推广创造经验。1995 年北京市职业高中招生改革试点方案如下：

为了使职业高中培养出来的学生更能适应首都社会主义市场经济建设和劳务市场对人才的需要，逐步摸索出一套适用于职业高中不同专业特点的招生考试办法，今年，拟选择三个技艺性强专业的七所学校和一所农村学校进行招生改革试点，共计招生 2225 人。

一、外事服务（含中西餐烹饪）

根据外事服务（含中西餐烹饪）专业的特点和学生毕业后到涉外高档饭店工作的需要，可对考生按市招办制定要求进行面试，面试合格者，由区（县）教育局或招生学校确定文化课考试科目和试题，一般考语文、外语、数学或常识等二科至三科。招生学校择优录取；报市办理录取审批手续。今年拟在东城职教中心学校、西城市外事服务职业高中、朝阳劲松职业高中、昌平三中四校进行试点。

二、美容美发专业

根据美容美发专业特点和学生毕业后到涉外饭店、美容美发厅工作的需要，由各校进行面试，加试美术或测试模拟操作，以考察学生的动手能力和审美能力。由各校根据考生面试和加试美术或模拟操作成绩，择优录取报市办理审批手续，今年，拟在劲松职业高中、黄庄职业高中、大兴二职高三校的美容美发专业试点。

三、模特专业

根据模特专业特点和学生毕业后从事服装表演，导购等工作的需要，由各校进行面试、体检和体能测试。各校根据考生身体条件，面试和体能测试成绩，择优录取，报市办理审批手续。今年，拟在市实用美术学校，黄庄职业高中，61中模特专业试点。以上三类专业招生改革试点，凡已被试点学校录取的考生，其毕（肄）业资格，可参照市中小学招生办公室关于提前招生的有关规定办理。

四、农村地区招生改革试点

为了使农村地区更多初中毕业生有接受职业技术教育的机会，改变农村地区职业高中过去一律凭文化课统考成绩录取学生的办法；今年，拟在昌平农职校进行初中毕业生“登记入学”的试点。为了保证初中生文化学习质量，由区（县）教育局对登记入学的初中毕业生进行文化测验。

具体安排，按市招生办统一要求，招生试点工作在5月进行，5月31日前发录取通知书。

一九九五年三月二十日

第四章 教 师

1991年至2010年，北京市全市各级各类职业学校通过明确教职工岗位职责与入职资格，实施岗位聘任制与工资改革，开展各类教师培训与骨干选拔等工作，不断加强教师队伍建设。20年来，教师队伍素质结构不断优化，专业水平大幅提升，管理制度日趋完善。

教师的教育行为是关系到学校教育质量的大问题。提高职业学校教师的入职标准以及思想素养、道德素养，是加强教师队伍建设的关键。1993年，国家教委制定的《全国职业中学校长主要职责及岗位要求》，首先针对教师队伍的带头人校长明确了岗位职责和要求，并且明确职业学校校长上岗前原则上必须在国家教委指定的培训基地或省级教育行政部门指定的单位接受岗位培训，并获得合格证书。对于教师的要求和管理也是逐渐完善的。北京市教委1997年贯彻落实《中华人民共和国教师法》《教师资格条例》和国家教委制发的《教师资格认定的过渡办法》，启动教师资格认定工作。结合北京市教师队伍的实际情况，提出《教师资格认定的过渡办法》的实施意见。2002年，北京市教育委员会颁布《关于全面实施教师资格制度的通告》，明确教师资格制度是国家法定的职业许可制度。此后，各级职业学校教师随全市步伐全部实现了持“教师资格证”上岗。通过明确校长、教师岗位职责，规范上岗资格，全市职业学校教师责任意识得到增强，思想素养、道德素养整体水平迈上了新台阶。

建立教师评聘管理制度，是加强教师队伍建设的重要保障。20世纪90年代初，北京市部分试点中等职业学校开始制定并试行教师聘任管理制度及考核办法，逐步理顺教师职务评聘标准。1994年，根据《中华人民共和国教师法》的颁布实施和国家关于事业单位人员聘用制度的有关规定，全市各级职业学校普遍制定了教师聘任管理制度和具体管理办法，认真实行并完善教师聘任制。各级职业学校按照人事管理规定，科学设置各类岗位，公共基础课教师和专业技能课教师保持合理比例，实行固定岗位和流动岗位相结合、专职岗位和兼职岗位相结合的岗位管理办法，逐步提高具有教师资格证书和职业资格证书的“双师型”教师比例，不断优化教职工队伍结构。

为了不断提高教师业务素养，1990年，北京市先后出台了《北京市中等专业技术教育条例》《北京市加强与改进职业高中（学校）教学工作的意见（试行）》，分别强调了师资队伍建设的重要性，特别是教育教学水平提高的必要性。文件提出了建立教师进修、培训和考核制度。此后，北京市开展了形式多样、内容丰富的师资培训活动。20世纪80年代末至21世纪初，全市建立各种形式和不同规模的教师继续教育基地，特别是职业教育教师基地的发展，对中等职业教育师资的培养培训发挥了重要作用。1996年，北京市教育委员会还下发《关于在中专和职高学校中开展青年教师选优课活动的通知》，通过选优课活动促进了职业教育师资队伍教育教学水平的提高。1997年，北京市教育委员会下发《关于在北京市普通中等专业学校中选拔优秀中青年骨干教师的通知》，决定在北京市普通中等专业学校中首次开展选拔中青年骨干教师的工作。2002年，北京市教育委员会制定《北京市中小学中等职业学校高等学校教师队伍建设“十五”计划》《关于北京市幼儿园中小学中等职业学校教师“十五”时期继续教育工作的意见》，进一步强调继续教育工作的指导思想、继续教育工作的基本原则、继续教育工作目标。2006年，市教委市财政局联合下发《关于实施北京市职业院校教师素质提高工程的意见》，将职业院校教师素质提高工程列为“十一五”规划期间本市职业教育改革和发展的主要任务和实施重点工程之一。工程的总体目标是：全面加强职业院校教师队伍建设，提高教师队伍的整体素质和水平，逐步完善职业院校引进、聘用、选拔和培养教师的体制和机制，形成有利于教师发展并发挥作用的良好环境。工程在北京市高等职业学校和中等职业学校范围内实施。“十一五”规划期间，市财政设立1.5亿元专项经费保证本工程的实施。区（县）和举办职业教育的行业主管部门应对本区域、本行业的职业院校实施本工程给予支持。2007年，北京市教育委员会编制完成了“十一五”时期教师队伍建设意见，提出今后5年全市教师队伍建设的目标、任务和政策措施，包括实施职业院校教师素质提高工程。

职业学校教师待遇也随着教育改革和各项政策的落实而不断得到改善。根据1991年北京市人事局下发的《关于在我市部分事业单位开展3%升级奖励试点工作的通知》，以及1994年人事部、国家教育委员会印发的高等学校、中小学、中等专业学校贯彻《事业单位工作人员工资制度改革方案》三个实施意见通知精神，北京市职业学校普遍实行了专业技术人员、管理人员专业技术职务等级工资制、职员职务等级工资制。技术工人和普通工人分别实行技术等级工资制、职务等级工资制。工资制度改革初期，职业学校人员工资由职务（技术）等级工资和津贴两部分构成。随着工资分配制度改革的不断深入，职业学校教职工工资构成及标准也在不断调整变化。2004 年，学校普遍实施了岗位结构工资制。岗位结构工资由基本工资、岗位津贴和绩效工资三部分组成。2006 年，北京市工资改革规范领导小组办公室下发《关于事业单位工作人员收入分配制度改革的实施意见》，职业学校开始实行岗位绩效工资制度。第一步首先完成岗位工资和薪级工资的套改。至 2010 年，北京市中等专业学校教师工资随市人事局制定的工资改革方案要求，逐步实行基础工资（岗位工资 + 薪级工资）+ 津补贴 + 绩效工资。

第一节　职责与资格

教师职责与资格　1990 年，北京市先后出台了《北京市中等专业技术教育条例》《北京市加强与改进职业高中（学校）教学工作的意见（试行）》。明确提出职业学校教师的学历和专业技术要求。指出“建设一支数量充足、质量较高的师资队伍，特别是专业师资的队伍是提高教学质量的关键所在”。中等职业技术学校的文化课教师、专业课教师、实习指导教师的职业素养亟待提高，责任意识必须加强。此后，在北京市职业学校解决职业教师队伍人员短缺的过程中，注重思想品德标准，还注意吸收补充具有本科以上学历大学毕业生或有专业技术水平的企业工程技术人员。

1997 年，市教委贯彻落实《中华人民共和国教师法》（以下简称《教师法》）《教师资格条例》和国家教委制发的《教师资格认定的过渡办法》，启动北京市教师资格认定过渡工作。市教委结合教师队伍的实际情况，提出《北京市教师资格认定过渡办法的实施意见》。明确凡 1993 年 12 月 31 日在岗、在编的各级各类学校和其他教育机构中从事教育教学工作的教师及承担教育教学任务的其他专业技术人员、教职员，符合教师资格过渡条件的，均可参加教师资格过渡。1993 年 12 月 31 日前已退（离）休或调离学校的教师和其他人员以及 1994 年 1 月 1 日以后补充到教师队伍的人员，不属于教师资格过渡范围。教师资格分为七类，其中第五类为中等专业学校、技工学校、职业高级中学文化课、专业课教师资格（统称中等职业学校教师资格），第六类为中等专业学校、技工学校、职业高中实习指导教师资格（统称中等职业学校实习指导教师资格），第七类为高等学校教师资格。取得教师资格的在职教师，可以在本级及其以下的各类学校任教（中等职业学校实习指导教师资格除外）。申请中等职业学校教师资格，应当具备高等师范院校本科或者其他大学本科毕业及其以上学历，或者具有中等专业学校或技工学校教师职务；申请中等职业学校实习指导教师资格，应当具备各类中等职业学校、普通高级中学毕业及其以上学历并应当具有相当助理工程师以上专业技术职务或中级以上工人技术等级；申请高等学校教师资格，应当具备研究生或者大学本科毕业学历，或者具有高等学校教师职务；其他专业技术人员和教育职员申请各类学校教师资格，必须具备《教师法》第十一条规定的学历。具备教育教学能力（含身体条件），能履行教师职责并胜任教师工作。关于教师资格的认定权限和认定程序明确规定：各区、县所属中等专业学校教师、实习指导教师和职业高中实习指导教师资格，由学校送所在区、县教育行政部门审核后，报市教育委员会认定；局、总公司所属中等专业学校教师、实习指导教师和职业高中实习指导教师资格，由学校送主管局、总公司人事部门审核后，报市教育委员会认定；中央各部委所属中等专业学校教师、实习指导教师和职业高中实习指导教师资格，由学校送主管部委人事部门审核后，报市教育委员会认定。局、总公司所属技工学校教师和实习指导教师资格，由学校送主管局、总公司人事部门审核并经市劳动局汇总复核后，报市教育委员会组织认定；部委所属技工学校教师和实习指导教师资格，由学校送主管部委人事部门审核并经市劳动局汇总复核后，报市教育委员会组织认定。普通高等学校教师资格（含部委在京普通高校），由学校审核后报市教育委员会认定。经教育行政部门认定合格者，由认定机关颁发“教师资格证书”。

北京市教委 2002 年颁布《关于全面实施教师资格制度的通告》。明确自 2002 年 5 月 8 日起，全面实施教师资格制度。通告指出，教师资格制度是国家法定的职业许可制度。在教育行政部门依法批准举办的各级各类学校和其他教育机构中从事教育教学工作的中国公民，必须依法取得教师资格。凡符合《教师法》规定学历，热爱教育事业，具有良好的思想品德，能够履行《教师法》规定的义务，具有相应的教育教学能力的中国公民，均可按照《教师法》和北京市贯彻《〈教师资格条例〉实施办法》的实施意见的有关规定，申请认定教师资格。北京市教育委员会认定高级中学教师资格、中等职业学校教师资格、中等职业学校实习指导教师资格和高等学校教师资格。教师资格认定工作每年春季和秋季各受理一次。北京市教育委员会制定并下发《北京市教师资格教育教学能力测试标准及办法》，明确规定了参加测试人员的基本条件。

2005 年 9 月，北京市教委下发《市属市管高等学校教师职务聘任制实施意见（试行）》。明确规定高等学校教师职务基本任职条件。包括具备良好的思想政治素质和职业道德，遵守宪法和法律，贯彻国家教育方针，履行《教师法》和学校规定的各项义务，身心健康、能坚持正常工作条件。学历及能力方面的条件是取得高等学校教师资格证书（不含自然科学研究人员、社会科学研究人员和实验技术人员职务），具备相应职务的教育教学能力、科学研究能力和实验技术水平，承担相应的课程和规定课时的教学任务。学历、学位、任职年限、外语能力、教育技术能力等条件要求，按照《高等学校教师职务试行条例》和北京市人事局有关规定执行。高级职务人员除应当具备以上基本任职条件外，还应当对本学科具有系统而坚实的基本理论和比较丰富的教学、科学研究经验，教学成绩显著，论文或者著作达到较高水平或者有突出的教学、科学研究成果。

2010 年，在教育部正式印发的《中等职业学校管理规程》中，明确了职业学校实行教师职务制度。逐步提高同时具有中等职业学校教师职务和职业资格证书的专业课教师比例，实习指导教师应当具有相当于助理工程师及以上专业技术职务或者中级及以上工人技术等级。学校建立有利于引进企业优秀专业技术人才到学校担任专、兼职教师的聘任制度。学校可以根据需要通过“特岗、特聘、特邀”等形式，向行业组织、企业和事业单位聘任专业课教师或实习指导教师。

校长职责与资格 校长是履行学校领导与管理工作职责的专业人员。北京市职业学校校长的职责与资格标准始终按照教育部（国家教委）制定的标准执行。1993 年，国家教委制定《全国职业中学校长主要职责及岗位要求（试行）》，明确了职业中学校长的主要职责：对外是学校的法人代表，对内全面领导学校工作，职业中学实行校长负责制。校长要全面贯彻执行党和国家的教育方针、政策、法规。坚持社会主义办学方向，努力培养德、智、体全面发展，具有良好职业道德和技能的社会主义事业的建设者和接班人。按职业技术教育规律办学，致力改革、开拓，不断提高教育质量。认真执行党的知识分子政策和干部政策，团结、依靠教职员工。组织教师学习政治与钻研业务，使之不断提高政治思想、职业道德、文化业务水平及教育教学能力。培养中层干部、班主任、中青年教师和业务骨干，努力建设素质过硬的教师队伍。依靠党组织，积极做好教师和职工的思想政治工作。自觉接受党组织的监督。充分发扬民主，重视教职工代表大会在学校管理中的重要作用，发挥广大教师和职工工作的主动性、积极性和创造性。校长要领导和组织德育工作、教学工作、体育、卫生、美育和课外活动，办好学校的校办企业和生产实习基地、总务工作，配合党组织，支持和指导群众组织开展工作。校长上岗前原则上必须在国家教委指定的培训基地或省级教育行政部门指定的单位接受岗位培训，并获得合格证书。经过岗位培训的校长，任职后，每年应接受一周左右的进修培训，形成制度。关于校长的资历要求包括学历、资历及思想品德要求。高级中学校长一般应具有大学本科毕业的学历或同等学力；职业初级中学校长应具有大专毕业的学历或同等学力。正校长和教学副校长应具有从事三年以上教育教学工作的经历，分管校办产业的副校长应有从事生产或经营的能力。此外，还提出校长的岗位知识要求，除政治理论及政策水平之外，调调要有市场经济的基本知识；要关心、熟悉相关专业的经济技术知识和政策，劳动用工政策和制度。了解学校所设专业有关的基本知识和本地经济社会发展状况及趋势；掌握职业技术学校管理的基本规律和方法，以及与学校管理相关的基本知识、技术和手段；了解国内外职业技术教育的基本情况，熟悉国内相关的一些先进学校的办学经验。岗位能力方面还要求能够根据党和国家的有关方针、政策、法规及当地经济发展的需求，制订及决策学校发展规划、工作计划及学校管理制度；善于做教职工和学生的思想政治工作及开展职业道德教育；领导学校教学及校办产业工作的能力；较好地处理校内外关系，能与社会上各有关单位，特别是和学校所办专业有关的经济、企业部门建立联系，密切合作。具有一定的社交能力；以育人为中心，研究学校教育的新情况、新问题，并从实际出发，总结经验，开拓创新，不断提高质量和办学水平；具有一定的文字能力和较好的口头表达能力。

北京市劳动局 1993 年转发并要求贯彻执行劳动部《关于印发〈技工学校校长任职要求（试行）〉的通知》，其中在校长岗位知识要求方面，强调要了解国内外职业技术教育的有关情况。掌握技工学校管理的基本知识，技工学校教育和生产经营有关的自然科学、社会科学基础知识和公共关系学基本理论，了解本地区社会与经济发展的基本情况。熟悉主要课程的教材教法和生产实习教学法，掌握教育统计、测量及评价的基本理论和基本方法。关于校长岗位主要能力方面更是强调了教学指导能力。包括能够指导理论教学、生产实习教学和教育、教学研究工作。要具有开拓职业教育的创新能力。能够学习推广国内外先进经验，开展教育、教学的研究、实验活动，不断改革创新。能够广泛接触社会，多方获取信息，开展横向联合，善于争取上级有关部门的指导和对学校各项事业的支持，并借助社会力量办好学校。特别提到，校长要领导制订与实施学校长期发展规划，学年、学期教学工作计划和教育、教学改革方案；按国家规定的教学计划、教学大纲，开设各门课程；按照突出技能培训的要求，认真办好实习工厂或模拟训练场所，建立完善生产实习课教学的基本功训练场地或校外培训基地；深入教学第一线，指导教师进行教学和教学研究活动。搞好校办产业，走产训结合的道路，提高经济效益，为教育、教学提供一定的物质基础。

2003 年，教育部根据社会发展与教育改革新变化，又提出《关于进一步加强职业技术学校校长培训工作的若干意见》，强调要努力培养造就一支具有较高政治理论素养，掌握现代科学管理知识，了解社会经济发展需要，富有开拓创新精神，懂教育、善管理、作风优良的高素质职业技术学校校长队伍。进一步完善相关配套政策，逐步建立起与校长选拔、聘任、考核相结合的职业技术学校校长“持证上岗”和校长培训制度。北京市认真贯彻落实对职业技术校长培训和持证上岗这个意见，并通过举办校长培训班等方式逐步对职业学校校长进行职业素养培训。

至2010年，在教育部正式印发的《中等职业学校管理规程》中，明确了职业学校实行校长负责制，并提出聘任具备法定任职条件、熟悉职业教育规律、敬业创新、管理能力强的人员担任校长。新任校长应当经过岗前培训，持证上岗。学校章程中应当明确校长在学校发展规划、行政管理、教育教学管理、人事管理、财务管理等方面的责任、权利和义务。

第二节　聘任与考核

教师聘任　中等职业学校教师聘任工作是随着学校管理体制改革进程逐步推开并不断完善的。20世纪90年代初，北京市6所中等职业学校改革试点工作已经将教师岗位聘任工作进行规范并向全市推广。中等职业学校人员聘用的基本程序是：公布聘用岗位及其职责、应聘条件、工资待遇等事项；应聘人员申请应聘；聘用工作组织对应聘人员的资格、条件进行初审；聘用工作组织对通过初审的应聘人员进行考试或者考核，择优确定拟聘人员；聘用单位负责人员集体讨论确定受聘人员；聘用单位法定代表人或者其委托的代理人与受聘人员签订聘用合同。其中还规定聘用单位聘用人员实行回避制度，即受聘人员凡与聘用单位负责人员有夫妻关系、直系血亲关系、三代以内旁系血亲或者近姻亲关系的，不得被聘用从事该单位负责人员的秘书或者人事、财务、审计、纪检和监察岗位的工作，也不得在有直接上下级关系的岗位工作。单位补充工作人员，除政策性安置和涉及国家秘密岗位确需使用其他方法选拔（安置）人员的以外，都应按照岗位职责和聘用条件通过公开招聘、考试或者考核的方法择优聘用人员。应聘实行执业资格制度岗位的，必须持有相应的执业资格证书。聘用单位应当优先从本单位现有人员中选聘；面向社会招聘的，同等条件下本单位应聘人员优先。聘用单位与受聘人员订立聘用合同（包括如实向受聘人员说明岗位要求、工作内容、工作时间、工作报酬、工作条件、社会保险等情况）。受聘人员有权了解聘用单位的有关情况，并应当向聘用单位如实提供本人的身份证和学历、就业状况、工作经历、专业技能等证明。这种聘任制20世纪90年代逐渐在职业学校得到推广和实施，许多学校到试点校取经，并作为学校人事管理制度不断完善起来。教师考核是实现专业技术人员管理科学化、规范化、制度化的重要步骤。20世纪90年代初，北京市部分中专学校结合各校特点制定出不同系列岗位等级标准，并将各级职务对应的岗位职责作为考核依据。例如，1991年北京市化工学校制定教师岗位等级标准，各岗位又分为A、B、C三级标准，C级为基本标准。北京市农业学校还制定《专业技术人员业务考绩管理规定》，明确专业技术人员学期工作考绩表、专业技术人员业务考绩档案是对专业技术人员工作态度、工作成绩、业务能力和学识水平考核结果的真实记载，是对其进行培训、使用、晋升、奖惩的重要依据，是实现专业技术人员管理科学化、规范化、制度化的重要步骤。考绩表的记载，考绩档案的内容，要求真实准确、系统连贯、保持完整。北京市第一轻工业学校还规定考评结果与结构工资挂钩。各类职称教师考评结果已达标者，按一定比例取综合分前若干名，下一个学期享受上一级职称的工作量工资。考评综合分未达标者，按一定比例取综合分后若干名，下一个学期的工作量工资按下一级职称的标准计算。考评结果与职称评聘工作结合：考评制度建立以后，每学期考评综合分都达标者，在获得晋升职称资格时，可以按资格聘用。如未能全部达标则缓聘。暂缓期两个学期，这两个学期考评都达标方可聘用。考评结果与教学工作任务分配结合：考评结果未达标者，应减少教学工作量，安排他们听课、进修，总结教学工作，提高工作责任心，提高教学水平。该办法还规定教师评定等级每学期评定一次，以德育工作、课堂（实践）教学为主，由各教学科（室）组织。

1996年6月，北京市教育委员会提出《中等专业学校职称改革工作的意见》，进一步完善专业技术职务聘任制，并就北京市中等专业学校职称改革工作关于职务限额管理、关于评审政策等方面提出工作要求。明确已实行结构比例控制的学校按市职改办下达的比例开展专业技术职务评聘工作。由于规模所限，不具备建立结构比例条件的学校，仍按下达职务数额的办法进行控制。对于不具备规定学历人员参评中专教师职务的过渡性政策随着职改的深入发展应适时取消。1996年再过渡一年，从1997年开始中专教师系列要按国家试行条例规定的学历（学位）标准掌握。（1）1966年以前毕业的大、中专毕业生，须进修大学本科相应专业课程两门，参加考试，成绩合格（有结业证明），办理学历破格手续后，可申报高级、中级职务；（2）1967—1976年之间毕业的大专毕业生，须进修大学本科相应专业课程三门，参加考试，成绩合格（有结业证明），办理学历破格手续后，可申报高级、中级职务；（3）1967—1976年之间毕业的中专毕业生，须进修大学本科相应专业课程四门，参加考试，成绩合格（有结业证明），办理学历破格手续后，可申报中级职务。此外，提出普通高等学校1970—1976年入学的毕业生，在中专教学工作中，业绩突出，水平、能力达到高级讲师任职条件的讲师，可以按照有关规定申报、评审高级讲师职务。具有规定学历（非后补学历）人员申报高一级职务应达到试行条例规定的任职年限。先从事专业技术工作后取得规定学历的，取得规定学历后的任职年限要达到规定年限后才可以申报高一级职务。不具备上述规定学历（学位）、任职年限要求，但现职以来成绩优异、贡献突出，符合破格条件的教师，经报市职改办批准后可破格申报高一级职务。外语考试按市职改办的统一规定执行。申报中专高级讲师职务，必须参加100学时的教育理论培训取得合格证的规定本年仍然有效。对教师的考核，各类学校还有不同的做法和标准。进入21世纪后，随着学校人事管理制度的不断完善，教师聘任与考核已经成为学校管理的常态工作。

2002年，北京市高等学校首次实行聘用合同制。主要包括：建立新型用人制度。破除职务终身制和人员单位所有制，按照“按需设岗、公开招聘、平等竞争、择优聘用、严格考核、合同管理”的原则，促进学校自主用人，保障教职工自主择业，维护学校和教职工双方的合法权益，建立人员能进能出、职务能上能下、待遇能高能低的充满生机与活力的新型用人制度。根据需要合理设岗。学校根据编制管理规定，在核定的编制比例及数额内，根据学科建设和教学、科研、管理任务的需要，科学合理地设置各级各类岗位。要坚持因事设岗，明确岗位的职责、任职条件、权利义务、待遇和聘用期限，公开招聘，竞争择优。首次实行聘用合同制为全员聘用，其对象主要为本校在编教职工。学校按照岗位的职责和聘用的条件，公开招聘，教职工竞聘上岗，学校择优聘用。为保证教育、教学的正常秩序，在首次实行聘用合同制时教职工未经学校同意不得拒聘。凡单方要求与学校解除工作关系的教职工，应按照有关规定提出辞职申请，经学校批准后，按规定程序办理辞职手续。未经学校批准擅自离职的人员，经批评教育拒不返回的，按自动离职处理。以后被其他单位聘用，工龄从重新录用之日起计算。依法签订聘用合同。学校依照北京市人事局《北京市事业单位实行聘用合同制暂行办法》文件规定的聘用合同文本，结合本校实际，充实聘用合同文本内容。聘用合同期限分为有固定期限、无固定期限和以完成特定工作的时间为期限。重点岗位一般适用无固定期限合同。聘用合同书由学校法定代表人或者其书面委托的代理人代表用人单位与受聘人签订。合同双方应当面分别签字，并加盖学校印章。在首次实行聘用合同制之前，教职工已经与单位签订了有关协议的，原协议依然有效。严格考核，合同管理。进一步健全考核制度，加强聘后考核与管理。学校要本着客观、公正、科学、规范的原则，按照合同约定的岗位职责及考核方式对聘用人员进行考核。考核结果是续聘、解聘或调整岗位的依据。

2002 年 12 月，市教委转发并贯彻执行北京市人民政府办公厅《关于印发北京市事业单位聘用合同制试行办法》。该办法指出：事业单位聘用合同制是指事业单位与受聘人员依据国家有关法律、法规、规章和政策，在平等自愿、协商一致的基础上，通过签订聘用合同，确定聘用关系，明确双方权利和义务的人事管理制度。事业单位聘用人员应贯彻公开、平等、竞争和择优的原则，保证职工的参与权、知情权和监督权。事业单位除按照国家公务员制度进行人事管理及转制为企业的以外，都要逐步试行人员聘用制度。聘用工作组由本单位人事部门负责人、纪律检查部门负责人和工会或者群众代表组成，根据需要也可以聘请有关专家参加。聘用合同制的实施方案由聘用工作组织提出意见，并经职工代表大会或者职工大会审议。聘用单位的人员聘用、考核、续聘和解聘等事项由聘用工作组织提出意见，报本单位负责人员集体讨论决定。还规定事业单位设置岗位、聘用人员，不得突破核定的编制数额。此外，对事业单位领导人员的任用，提出要根据干部人事管理权限和规定的程序，可以采用招聘或者任命。

职业学校教师聘任与考核工作不仅作为制度不断得到完善，而且它是与学校岗位设置、教师专业技术职称、工作能力相结合的。关于学校岗位设置问题，北京市人事局、北京市编制办公室是有明文及总的核定指标并与人员经费相挂钩，这个指标一旦得到核准原则上不能突破。20 世纪 80 年代后期，职业学校开始进行专业技术职称评定工作。职业学校专业技术职称设有高级、中级、初级三等。其中教师系列高级职称包括教授、副教授（中专学校为讲师），中级职称为讲师，初级职称为助理讲师（实验室教师按实验研究专业技术职称系列）。进入 20 世纪 90 年代后，北京市教育系统的职称改革工作除按市职改办、市教委 1998 年制定的《关于继续做好高等学校、中等专业学校职称改革工作的通知》和《关于中小学、中师教师 1998 年职称改革工作的通知》办理，1999 年，北京市科技干部局、北京市人事局、北京市教育委员会又联合下发《关于进一步做好北京市教育系统职称改革工作的通知》，结合教育系统的实际情况，作出补充规定。提出要严格实行专业技术职务聘任制，加强岗位设置，按岗择优评聘，实行竞争上岗，职务能上能下。对取得专业技术职务任职资格并受聘担任相应职务的人员，从聘任的下月起兑现职务工资。实行定期聘约管理，聘约期满，聘任关系自然终止。对续聘者重新签订聘约。本市各学校、各有关单位对解聘专业技术职务的人员要降低工资，对低聘、解聘专业技术职务的人员要按中共北京市委组织部、北京市人事局 1994 年《关于机关、事业单位工作人员职务变动后确定工资的有关问题的暂行规定》办理，并按管理权限审批后装入本人档案。因解聘、低聘专业技术职务而腾出的职务数额可继续使用。被低聘专业技术职务的人员，其原已取得的专业技术职务任职资格继续有效，今后若再聘任相应职务，从受聘的下月起重新兑现相应的职务工资，并办理兑现工资手续装入本人档案。还要求按各校、各有关单位实际聘任人数备案并核定职务数额。此外，根据 1992 年《关于北京地区高等学校继续做好专业技术职务聘任工作的意见》要求，对已取得高等学校教师高级职务部分评审权的市属高校破格晋升人员按校内正常评审程序通过后，提出一律报市级评审组织审定的规定不再执行，上述学校可直接进行评审。文件对学历和计算机考试的要求也作出修订。

为贯彻落实北京市人才工作会议精神，进一步深化高等学校职称制度改革，提高教师队伍的整体水平，促进北京市高等教育事业的全面发展，2005 年，北京市人事局、北京市教育委员会联合下发《关于试行高等学校教师职务聘任制有关问题的通知》，决定从 2005 年起，本市市属（市管）普通高等学校试行教师职务聘任制，2007 年年底前，本市各高等职业学校、成人高等学校逐步实行教师职务聘任制。《北京市高等学校教师职务聘任管理办法》规定，高等学校教师职务聘任遵循按需设岗、公开招聘、平等竞争、择优聘任、严格考核、合同管理的原则。北京市人事局会同北京市教育委员会根据北京市高等学校教学与科学研究任务及发展的要求，制定北京市高等学校教师职务结构比例标准。高等学校根据主管部门核定的人员编制和结构比例标准，确定本校教师职务结构比例方案，设置教师职务岗位，并报北京市人事局和北京市教育委员会审核、备案。高等学校依据国家和北京市有关规定，结合本校实际，制定本校教师职务聘任条件。文件要求学校聘委会下设考核组和评议组。明确考核组负责对应聘人员的思想政治表现、职业道德、业务水平和工作实绩进行考核。评议组负责对应聘人员的学术水平和技术能力的评议。评议组一般应由 5 名以上本学科领域具有与评议级别相同或较高职务的校内外专家组成。高等学校教师职务聘任基本程序是：发布拟聘岗位信息；受理应聘人员申请（应聘人员应符合国家规定的高等学校教师职务任职基本条件，并具备履行应聘职务岗位职责的教学、科学研究能力和实践能力）；考核、评议；聘委会综合考评意见，提出拟聘人选；公示；校、院（系、所）长办公会审定聘任人员；学校校长或校长书面授权的代理人与受聘人员签订聘任合同，并颁发聘任证书。

至2010年，各级职业学校职称评聘工作一直按有关规定延续进行，但是在聘任工作方面却逐步由初期的评聘结合发展成为评聘分离。由于更重视教师的工作能力，许多学校出现了高职低聘和低职高聘情况。

第三节　岗位培训

教师岗位培训　自1990年《北京市中等职业建设教育条例》《北京市加强与改进职业高中（学校）教学工作的意见（试行）》后，统筹安排职业技术教育教师培训计划，“建立一支数量充足、质量较高的师资队伍”逐步被提到学校工作议事日程。

1995年，北京市高教局决定分期分批对中专50岁以下的教师进行职业技术教育理论的培训。第一期培训班在北京市仪器仪表工业学校举办。全市245名教师参加了学习。培训后每位教师撰写论文一篇，并命题答卷，培训班组织人员阅卷评分，结果183名教师取得了合格证书。这次培训班由北京中专教育研究会培训部和高教局中专处联合举办，并与1995年的高级职称评审挂钩：凡未按规定参加培训或培训考核不合格的，均不准申报高级职务的评审。

1996年4月，北京市教育委员会下发《关于在中专和职高学校中开展青年教师选优课活动的通知》，促进北京职业教育师资队伍的建设。中专和职高学校中开展青年教师优秀课评选活动范围：北京地区中等专业学校、职业高中。凡能坚持四项基本原则、遵守教师职业道德、热爱本职工作的在编青年教师（1956年1月1日以后出生）均可参加。优秀课条件包括：教学内容符合教学大纲与授课计划的要求，深、广度适宜。教学目的明确，概念准确，重点突出，难点处理得当。根据教学内容，理论联系实际进行思想教育，对学生要求严格，注意培养良好学风。备课充分，讲授熟练，语言简练、流畅。板书设计合理，字图规范、工整。重视直观教学，教具、挂图使用得当。重视启发性教学，调动学生积极性，发展学生智力，培养能力。教学方法有改革，教学效果好，受到学生好评。教案内容正确，繁简适当，重点难点明确，有教学方法、板书设计，书写工整、规范。审批手续齐备。在学校上两年业务考核中成绩为优秀或良好以上。选送市教委的青年教师必须是学校评优课中的获奖教师。各校申报名额原则上按每校30名青年教师推荐1名的数额申报；不足30名的学校，确有符合条件的也可申报1名。市教委将聘请教学经验丰富、有一定学术水平、秉公办事的教学专家和教育工作者组成评选委员会进行评选。评选工作将采取看申报材料、教案、听课等方法进行。对评选出的 50 名（中专、职高各 25 名）左右的市教委级优秀青年授课教师，授予荣誉证书，每人发奖金 500 元。经费由市教委和申报单位共同负担。当年经专家听课评审，确定出 60 名青年教师优秀课。

1997 年，北京市教育委员会下发《关于在北京市普通中等专业学校中选拔优秀中青年骨干教师的通知》，决定从 1997 年开始在北京市普通中等专业学校（含中央部属中专学校）中首次开展选拔中青年骨干教师的工作。选拔范围是北京地区普通中等专业学校（不含中等师范学校）中年龄在 45 周岁以下（本年度指 1952 年 1 月 1 日以后出生），具有大学本科及以上学历和中级以上（含中级）专业技术职务的专任中青年教师。中青年骨干教师条件包括 7 个方面：（1）热爱社会主义祖国，拥护党的基本路线，忠诚党的教育事业。（2）具有良好的职业道德，遵守法纪，教书育人，为人师表，治学严谨、勤奋。（3）能积极承担学校安排的教学和科研任务，工作成绩突出，并具有良好的团结协作精神。（4）能独立地承担一门及以上基础课或两门专业课的教学工作，能使用先进教学手段和设备，教学效果良好（承担教学工作量不低于本校教师年平均课时数）。（5）具有较扎实的理论基础和专业知识，了解本学科的发展动态，并有较强的实践技能，教学改革和教学成绩显著。（6）具有较强的科研能力，在教学科研方面取得一定水平的研究成果。（7）能阅读本专业外文资料，掌握一门外国语。除了具备上述基本条件外，还应具备以下条件之一：教书育人成绩显著，获得省、直辖市、部委级表彰或被评为委、办、局（总公司）级教书育人的先进工作者，并持有获奖证书；教学成果突出，获得局（总公司）级及以上奖励，并持有获奖证书；在省、部委级以上刊物发表过有较高水平的教学或科研学术论文；正式出版过专著，参编全国通用教材或编写（主编）有省、直辖市内通用的教材及教学参考资料；科研成果获得省、直辖市、部委级奖励，或多次获得委、办、局（总公司）级奖励；承担或参加省、部委级科研课题或科技开发项目，并取得较大经济效益或社会效益，且本人为主要贡献者。普通中等专业学校推荐中青年骨干教师的名额比例一般不得超过本校 45 岁以下中青年教师总数的 6%，按推荐比例计算名额不到一人的学校，确有符合条件的，经市教委师资处同意可推荐一人。有关政策措施包括：各学校要将优秀中青年骨干教师的培养选拔工作列入本校教师队伍建设规划，并制订切实可行的培养计划。在工作上应充分发挥他们的作用，给他们压担子，让他们注意在实践中锻炼提高。对评选出来的中青年骨干教师，要在思想政治、业务、生活待遇等方面，给他们创造良好的成才环境，鼓励他们继续多出成果。并在参加国内外学术考察活动、业务进修提高和专业技术职务评审聘任等方面予以优先。加强对中青年骨干教师的考核工作，每年度考核一次，并建立业务考核档案。全市 50 余所学校 149 名中青年教师申报参加评选。共有 109 人被评为 1997 年度普通中专学校中青年骨干教师，并获得证书。根据“教师队伍建设工程”中所确定的目标“到 2000 年本市普通中等专业学校青年骨干教师占青年教师总数的 15%”。

1999 年，北京市教育委员会办公室转发开展高等学校教师岗前培训有关问题的通知。要求当年新补充到学校从事教育教学工作的教师（含当年应届毕业生和从其他职业或岗位转到教育岗位上的人），原则上应于到学校后的一年内完成岗前培训。北京市高校师资培训中心从 1999 年起每年举办三期岗前培训班。时间安排分别为：每年上半年，每周一天。另外两期在暑期和每年 9 月集中办班。北京高等学校教师岗前培训实行统一命题考核考试。高等教育学、高等教育心理学、高等教育法规、高等学校教师职业道德基础知识四门课程的考核考试，由市教委委托北京市高校师资培训中心统一组织命题。其中高等教育学、高等教育心理学课程的考试以闭卷考试为主，并有一定比例的开卷内容。高等教育法规、高等学校教师职业道德基础知识课程的考试采取开卷考试与考核相结合的方式。考试不合格者须重修。从 1999 年起，各办班学校统一使用教育部组织编写的培训教材进行岗前培训。岗前培训考试均合格者由市教委颁发教育部人事司监制的“岗前培训合格证书”。

截至 2000 年年底，北京市中等职业学校专任教师 1.8 万人。教师队伍结构得到改善，教师队伍整体素质进一步提高。首先，教师学历水平总体上普遍达到国家规定的学历标准。职业高中文化课教师学历达标率为 59.94%，专业课教师学历达标率为 40.05%。其次，教师队伍进一步年轻化，中青年教师成为主要力量。培养了一批青年学科带头人和骨干教师。

2002 年 4 月，北京市教育委员会制定《北京市中小学中等职业学校高等学校教师队伍建设“十五”计划》。提出全面实施科教兴国战略，加速北京市教师队伍建设现代化进程，为率先实现首都教育现代化奠定坚实基础。面对教师队伍建设还存在一些不容忽视的问题和困难，如教师队伍整体素质与实施素质教育以及教育现代化的要求不相适应，教师学科结构不尽合理，地域分布不够均匀，优质师资、拔尖人才仍然缺乏，难以适应学科调整和发展的需求，适应教师需要的教师终身学习体系尚未形成，教师管理体制有待完善。面对知识经济初见端倪以及中国加入 WTO 的新形势，北京率先实现教育现代化的目标越来越依赖于建设一支高素质和高水平的教师队伍。一流的教育需要一流的教师队伍来保障。教育发展对教师整体质量提出了更高的要求，进一步优化教师资源配置和提高教师队伍整体素质成为“十五”计划期间教师队伍建设的核心问题。市教委提出“十五”计划时期教师队伍建设的总体目标：以全面提高教师队伍整体素质为中心，以体制创新、改革发展为动力，以结构性调整、用人制度改革和骨干教师培养为重点，实现教师队伍建设的两大转变：即从以数量为主的发展向注重教师整体素质提高的转变；从传统的人事管理向有效开发、合理配置教师资源的转变，形成一支素质优良、结构合理、富有活力的教师队伍。为实现教师队伍建设“十五”计划目标，北京市教育委员会还制定了《关于北京市幼儿园中小学中等职业学校教师“十五”时期继续教育工作的意见》，进一步强调继续教育工作的指导思想、继续教育工作的基本原则、继续教育的工作目标。明确继续教育的对象为取得教师资格证书的在职教师（含新分配到学校任教，达到《教师法》规定学历要求，但尚未取得教师资格证书的各类学校毕业生）。继续教育的内容为思想政治教育和师德修养，专业知识及其更新与扩展，现代教育理论与实践，基础教育新课程理念，教育科学研究，教育教学技能训练和现代教育技术，信息技术教育、现代科技与人文社会科学知识等。“教师职业道德修养”“教师及学生心理健康”为全体教师的必修课。“现代教育信息技术应用”为 1960 年 1 月 1 日以后出生教师的必修课。其他培训内容作为选修课。提倡教师在选修本学科课程的前提下，根据自身的实际水平和需要跨学科选修其他课程。继续教育的类别为非学历教育和学历教育。非学历教育包括：（1）新任教师培训。指对新任教师（新分配到学校任教，达到《教师法》规定学历要求的各类学校毕业生）在到岗一年内，适应教育教学工作需要所进行的培训。培训时间为 120 学时，其中校本培训不少于 60 学时。培训的主要内容为教育政策法规、现代教育理论与教育改革发展动态、学科课程、教材教法、教育教学基本技能、班主任工作和学生心理咨询等。非师范教育类专业的毕业生，还应进行教育学、心理学的培训。新任教师在培训考核合格后，方可转正并确认教师职务，并从下年度起参加教师岗位培训。（2）教师岗位培训。指列为继续教育对象的教师均应参加的、使其更好地履行岗位职责所进行的培训。培训时间为每年 72 学时，五年为一个周期，共 360 学时，可以相对集中安排。培训形式可灵活多样，采取面授、网上学习、研讨、行动研究、参观考察、导师带教、主题组班、课题研究、经验交流、自学等。（3）骨干教师培训。开设“星期六特级教师课堂”专题讲座，充分利用中央在京高等学校和科研院所师资与智力优势，请两院院士或有关专家为特级教师授课。举办市级中青年骨干教师研修班。采取面授与研讨相结合、学习与实践相结合的形式，开展教育科研课题的研究。实行

“双导师制”（为每位骨干教师安排一位教育理论方面的导师和一位教育实践方面的导师）进行全程跟踪指导等。学历教育包括未达到《教师法》规定学历要求的教师,要参加学历教育,以取得合格学历;已达到《教师法》规定学历要求的教师,可参加提高学历层次的培训，所学专业原则上应与担任的教学工作对口，有条件者根据工作需要可跨学科学习。参加学历教育，并在“十五”继续教育期间取得相应证书的教师，可免于参加同期教师岗位培训（继续教育必修课除外）。关于继续教育的考核规定:教师必须在规定时间内完成规定学时的学习，并参加考核。考核采取学分制的办法。“教师职业道德修养”“教师及学生心理健康”“现代教育信息技术应用”三门必修课的考核由全市统一组织，分别采取书面或实际操作的方式。其他课程的考核根据任务划分进行组织，可采取专题测验、开卷考试、总结经验、撰写论文、教学观摩、教学基本功演示等多种方式进行。考核工作按照单位的隶属关系分别由市、区（县）教师培训机构和有关局、总公司人事（教育）部门或培训机构负责。对完成规定学时的学习，并经考核合格，达到规定学分的教师，颁发北京市教育委员会统一印制的中等职业学校教师“十五”计划时期继续教育结业证书。为完成“十五”计划期间教师继续教育目标任务，还建立了市、区（县）、学校三级管理和三级培训网络体系、业务指导系统和信息服务系统。逐步形成市、区（县）两级教师培训机构为主，学校为重要培训基地，教研、科研、教材、教育信息中心、电教等部门密切合作，高等院校等其他教育机构广泛参与，充分利用现代远程教育手段开展网上培训的开放式继续教育培训体系。同时,注意加强继续教育的课程教材建设、继续教育科学研究,明确相关政策。继续教育有关政策包括：将是否重视继续教育以及开展继续教育取得的成效作为评估区（县）教育行政部门及学校工作的重要内容之一。要保证继续教育的组织实施，并将此作为教师考核、晋升、聘任、奖励的依据之一。建立政府、学校和教师个人共同分担的继续教育经费投入体制。教师个人承担的继续教育学费不超过总学费的 20%。学校要科学合理地安排好教师的工作和学习时间，既要保证学校教学任务的完成,又要支持教师参加继续教育培训。参加培训以业余时间为主。各区（县）教育行政部门可在 7% ~ 10% 的附加编制内安排一定编制用于保证教师接受继续教育。经学校批准占用工作时间参加继续教育培训的教师，培训期间享受国家规定的工资及福利待遇等。

2006 年，为加快北京市职业院校（高职、中职）专业教师队伍能力建设，促进职业院校教师专业水平的提高，市教委、市财政局联合下发《关于实施北京市职业院校教师素质提高工程的意见》,将职业院校教师素质提高工程列为“十一五”

规划期间本市职业教育改革和发展的主要任务和实施重点工程之一。工程的总体目标是：全面加强职业院校教师队伍建设，提高教师队伍的整体素质和水平，逐步完善职业院校引进、聘用、选拔和培养教师的体制和机制，形成有利于教师发展并发挥作用的良好环境。工程的具体目标是："十一五"规划期间，全市将建设10个左右职业院校与企业共建的专业性职业院校教师培训基地，逐步形成高质量、有特色的北京市职业院校教师培训体系；重点支持50个左右专业创新团队，选拔1200名左右优秀青年骨干教师，提高教师队伍整体水平，增强教师的竞争意识和创新能力；有计划地组织和资助2500名左右教师接受专业培训，或进入国内高校、科研院所攻读与本专业相关的硕士学位、做访问学者、参加单项课程学习等研修活动；选派500名左右教师到国外接受专业培训，提高教师的学历层次和专业水平；支持职业院校从行业企业引进、聘任一批优秀的专业技术人员及高水平的技术技能型人才，改善教师队伍结构；有计划地组织专业教师深入企业实践；鼓励职业院校专业教师参加职业培训和技能鉴定，获取职业资格证书。不断提高教师技术应用能力和实践教学能力，加快"双师型"教师队伍建设。工程在北京市高等职业学校和中等职业学校范围内实施。"十一五"规划期间，市财政设立1.5亿元专项经费保证本工程的实施。区（县）和举办职业教育的行业主管部门应对本区域、本行业的职业院校实施本工程给予支持。工程由"北京市职业院校教师培训基地建设计划""北京市职业院校教师人才引进与选拔计划""北京市职业院校教师企业实践计划""北京市职业院校教师国内外研修计划""北京市职业院校教师获取职业资格证书计划"五大类别共9个计划构成。北京市职业院校教师培训基地建设计划——是指在与北京高新技术产业、现代制造业、现代服务业发展相对应的专业大类，成立10个左右专业性职业院校教师培训基地。由专业基础较好的职业院校与合作企业联合申报，充分发挥职业院校在校企合作、课程改革、实训基地建设和教师队伍建设等方面的优势，突出校企合作在职业院校教师培训中的作用，着力提高全市职业院校教师素质，强化实践教学能力。"十一五"规划期间，市财政设立5000万元专项经费支持本计划的实施。北京市职业院校教师人才引进与选拔计划——是指从行业企业引进、聘任优秀的专业技术人员及高水平的技术技能型人才，以及从职业院校选拔优秀的专业教学人才。该计划由企业人才引进计划、兼职教师资助计划、专业创新团队选拔计划、优秀青年骨干教师选拔计划4个子计划组成。企业人才引进计划——市财政设立400万元专项经费，支持职业院校从行业企业引进优秀的专业技术人员及高水平的技术技能型人才充实专业教师队伍。从2007年起，全市每年从行业企业选择一批具有丰富实践工作经验的专业技术人员、管理人员、技术工人调入职业院校成为专任教师。兼职教师资助计划——市财政设立 1000 万元专项经费，支持职业院校从相关行业企业聘请优秀的专业技术人员及高水平的技术技能型人才，兼任专业课教学任务或实习指导教师任务。专业创新团队选拔计划——市财政设立 1000 万元专项经费，在职业院校骨干特色专业以及具备发展条件的专业教师队伍中，遴选并重点支持 50 个左右专业创新团队。2007 年遴选出 20 个左右专业创新团队，2008 年、2009 年各遴选出 15 个左右专业创新团队。优秀青年骨干教师选拔计划——市财政设立 1000 万元专项经费，对表现突出、能发挥骨干带头作用的优秀青年教师给予重点培养，鼓励骨干教师参加专业进修、企业实践、教育科研及学术会议等活动。从 2007 年起，每年遴选出 300 名左右的优秀青年骨干教师。北京市职业院校教师企业实践计划——是指支持和鼓励职业院校专业教师以多种形式到生产实践一线进行相关实践活动，有效地解决教师理论与实践脱节、学校实习实训设备和条件不足的矛盾，提高教师的实践教学能力。“十一五”规划期间，市财政设立 2000 万元专项经费支持本计划的实施。北京市职业院校教师国内外研修计划——是指选派中青年骨干教师在国内、国外接受专业培训等研修活动，提高教师的学历层次和专业水平。本计划由“国内研修计划”和“国外研修计划”两个子计划构成。国内研修计划——市财政设立 2500 万元专项经费，对 2500 名左右专业教师国内研修给予资助。组织教师接受专业培训，鼓励教师进入国内高校、科研院所攻读与本专业相关的硕士学位、做访问学者或参加单项课程学习等研修活动。优先资助专业创新团队带头人和优秀青年骨干教师。国外研修计划——市财政设立 2000 万元专项经费，对 500 名左右专业教师国外研修给予资助。组织教师到国外接受专业培训，学习和借鉴发达国家职业教育的先进理念、方法和技术，提高教师的职业能力和专业水平。优先派出专业创新团队带头人和优秀青年骨干教师。北京市职业院校教师获取职业资格证书计划——市财政设立 100 万元专项经费，鼓励职业院校专业教师参加相关专业的职业资格培训和技能鉴定，获取职业资格证书，使教师具备真正参与生产、经营、管理活动的必要条件，加快“双师型”教师队伍建设。市教委会同市财政局、市人事局、市劳动和社会保障局成立北京市职业院校教师素质提高工程领导小组（以下简称“工程领导小组”），负责提出年度工作计划，协调监督工程的实施；成立北京市职业院校教师素质提高工程专家委员会（以下简称“工程专家委员会”），负责工程实施过程中的相关技术工作。市教委人事处负责日常工作。各职业院校作为工程实施单位，按照工程领导小组统一部署和要求，负责做好工程在本校的实施与管理。

此外，该项工程还制定有北京市职业院校教师培训基地建设计划实施办法、北京市职业院校企业人才引进计划实施办法、北京市职业院校兼职教师资助计划实施办法、北京市职业院校专业创新团队选拔计划实施办法、北京市职业院校优秀青年骨干教师选拔计划实施办法、北京市职业院校教师企业实践计划实施办法、北京市职业院校教师国内研修计划实施办法、北京职业院校教师国外研修计划实施办法、北京市职业院校教师获取职业资格证书计划实施办法9项实施办法（试行）。

2007年8月，北京市教育委员会根据《北京市“十一五”时期教育发展规划》精神和“十一五”规划时期北京教师队伍建设发展的需要编制完成了“十一五”规划时期教师队伍建设意见，提出今后5年全市教师队伍建设的目标、任务和政策措施。其中包括实施职业院校教师素质提高工程。北京工业职业技术学院“高等教育普及化下北京高职院校发展研究”入选人才强教计划学术创新团队（2010年该项目通过评审验收）。

2010年，北京工业职业技术学院“自动生产线课程教学团队”“通信技术专业教学团队”，北京电子科技职业学院“生物技术及应用教学团队”，北京财贸职业学院“导游专业核心课程教学团队”“物流管理专业教学团队”获得优秀教学团队称号。

校长岗位培训 1991年夏，北京市职业术教育中心6500平方米大楼竣工，暑假和寒假，分别举办了一期职业高中校长岗位培训。1993年2月，为提高职业中学校长的素质，并作为今后选派和培训职业中学校长的依据，国家教委制定《全国职业中学校长主要职责及岗位要求》。明确校长上岗前原则上必须在国家教委指定的培训基地或省级教育行政部门指定的单位接受岗位培训，并获得合格证书。经过岗位培训的校长，任职后，每年应接受一周左右的进修培训，形成制度。现任校长未经培训者，由省、自治区、直辖市、计划单列市教育部门制订计划，于3 ~ 5年内分期分批进行培训。对不具备规定学历的职业中学校长，应视不同情况区别对待。加强校长培训工作，提高校长的政治、业务理论素养和管理能力，造就一支高素质的职业技术学校校长队伍，成为职业教育改革与发展中一项十分重要而紧迫的任务。

2000年，为了切实加强职教管理干部队伍建设，进一步巩固完善中等职业学校校长岗位培训和持证上岗培训制度，教育部决定“十五”计划期间分期分批进行中等职业学校校长培训，以更好地适应中等职业教育改革和发展需要。并要各省、自治区、直辖市、计划单列市教育行政部门根据本地区职业教育发展规划和中等职业学校的现状，抓紧制定中等职业学校校长培训“十五”规划，进一步明确“十五”计划期间中等职业学校校长培训的指导思想、原则、目标任务及措施。21世纪初，教育部及北京市高度重视职业技术学校校长培训工作，开展了形式多样、内容丰富的培训活动。

2003年，教育部又提出《关于进一步加强职业技术学校校长培训工作的若干意见》，就推进校长培训工作，要求建立和完善科学化、规范化的职业技术学校校长培训制度。以改革创新为动力，以学习社会主义市场经济理论、现代教育科学理论和管理知识为重点，以提高校长管理能力为目的，大力加强职业技术学校校长培训工作，努力培养造就一支具有较高政治理论素养，掌握现代科学管理知识，了解社会经济发展需要，富有开拓创新精神，懂教育、善管理、作风优良的高素质职业技术学校校长队伍。职业技术学校校长培训对象为：国家和社会力量举办的中等专业学校、职业高中、成人中等专业学校的新任或拟任校长、在职校长。校长培训的工作目标是使职业技术学校校长具备现代教育管理理论素养，提高全面贯彻党的教育方针、推进实施素质教育的能力和水平，努力造就一支整体素质较高的职业技术学校校长队伍。进一步完善相关配套政策，逐步建立起与校长选拔、聘任、考核相结合的职业技术学校校长“持证上岗”和校长培训制度。校长培训的主要任务是：对职业技术学校新任或拟任校长，在上岗前或任职后规定时间内进行任职资格培训；对在职校长进行国家规定学时的提高性培训；在全员培训的基础上，组织富有办学经验并具有一定理论修养和研究能力的校长进行高级研修。校长培训的主要内容：一是深入学习邓小平理论和“三个代表”重要思想，全面提高思想政治素质，树立正确的世界观、人生观、价值观。二是学习社会主义市场经济理论和法治建设理论，增强职业教育为社会经济发展服务的意识，提高依法治教的水平。三是学习现代教育科学理论，特别是职业教育方面的知识，如职业教育政策法规、现代职业教育基本原理、经济形势和国内外职业教育改革与发展动态、现代教学理论与课程开发、职业技术学校管理理论与实践、职业指导和创业教育、现代教育技术等，提高业务理论水平和管理学校的能力。校长培训主要包括任职资格培训：按照职业技术学校校长岗位职责和任职条件的要求，对新任或拟任校长，在上岗前或任职后半年内进行的以掌握履行岗位职责必备的知识和能力为主要内容的培训，培训时间不少于300学时；在职校长提高培训：面向在职校长进行的以树立新理念、学习新知识、掌握新方法、开拓新思路为主要内容的培训，培训时间每5年累计不少于240学时；骨干校长高级研修：对富有办学经验并具有一定理论修养和研究能力的在职校长进行的，以分析新形势、研究新问题、总结新经验、形成新成果为主要内容，旨在培养职业技术学校教育教学管理专家的研修活动。职业技术学校校长培训可区别不同情况，采取分散自学与集中授课、专题研修与实践考察、分段教学与累计学时（学分）相结合等形式进行。职业技术学校校长培训要建立并逐步完善国务院教育行政部门宏观管理和指导、省级教育行政部门主管、培训机构具体实施、职业技术学校积极参与、行业和企业配合支持的管理体制和运行机制。该意见还明确：国务院教育行政部门负责宏观管理和指导全国职业技术学校校长培训工作。各省级教育行政部门主管本地区职业技术学校校长培训工作。主要职责是：根据国家有关要求，制定相关配套政策，建立校长培训制度；制订并组织实施本地区职业技术学校校长培训的长远规划和年度计划；认定职业技术学校校长培训机构，加强对校长培训机构的指导和建设，不断改善校长培训机构的办学条件；监督、检查所辖地区及职业技术学校的校长培训情况。学员完成任职资格培训规定课程，经考核合格，由具有培训资质的培训机构颁发教育部统一格式、省级教育行政部门印制并编号的"职业技术学校校长任职资格培训合格证书"，以此作为校长任职上岗的必备条件。在职校长每完成一阶段提高培训课程，经考核合格，由培训机构颁发阶段性培训证明。累计完成提高培训规定的学时（学分）后，经省级教育行政部门审核，由具有培训资质的培训机构颁发省级教育行政部门统一格式并印制的"职业技术学校校长提高培训结业证书"，以此作为校长任职考核的重要内容和继续任职的必备条件。在职校长完成高级研修相关课程，经考核合格，由具备培训资质的培训机构颁发教育部统一格式的"职业技术学校校长高级研修班结业证书"。教育部委托北京师范大学等 11 个全国重点建设职教师资基地举办骨干校长高级研修班。

第四节　工资待遇

继 1987 年北京市中等专业学校改革试点实行 3% 升级奖励工作后，北京市人事局 1991 年又下发《关于在我市部分事业单位开展 3% 升级奖励试点工作的通知》，进一步明确在前段试点工作的基础上对各试点单位进一步扩大试点。试行办法规定：升级奖励是对有功人员的一种带有荣誉性的物质奖励，必须严格掌握奖励条件，受升级奖励的人员必须是在工作中尽职尽责做出显著成绩的。升级奖励指标按上一年度本单位在编人数的 1% ~ 3% 掌握，中层以上领导人员所占升级奖励比例最多不得超过本单位升级奖励指标总数的 20%。在这些受奖的中层以上领导人员中，单位正、副职领导人数最多不得超过 15%。工人占多数的事业单位，工人升级奖励指标须占相应比例，不得低于干部升级奖励指标。升级奖励采取浮动与固定相结合的形式。受到升级奖励的人员可在其现工资基础上向上浮动一级工资，受奖后连续三年保持先进的人员，经领导与群众评定后，可将浮动的一级奖励工资固定下来，进入档案工资。否则取消其浮动的一级工资。对表现不好的可随时取消其浮动的一级工资。受升级奖励的人员在工资浮动期间调离本单位的，其浮动工资不再保留。本人职务工资已达到最高等级的，不再给予升级奖励，可给予其他奖励。对受过升级奖励的人员，一般不再给予升级奖励。如奖励工资固定后，本人又有新的突出贡献，确需再给予升级奖励的，必须报市人事局审批。属于市委管理的领导干部的升级奖励，由区、县局一级单位将有关材料报送市人事局，经确认符合升级奖励有关规定后，由市委各主管部委按干部管理权限办理审批，由市人事局备案。受到浮动升级奖励的人员，符合将浮动奖励工资固定下来、进入档案工资条件，由区、县、局一级单位报市人事局办理固定手续。受到升级奖励（包括升级奖励浮动期间）的人员因行政职务和专业技术职务发生变化，不论其职务工资是否增加，均不能在新的职务工资标准的基础上再提升一级工资。

1994 年，人事部、国家教育委员会印发高等学校、中小学、中等专业学校贯彻《事业单位工作人员工资制度改革方案》三个实施意见的通知，其中包括中等专业学校贯彻《事业单位工作人员工资制度改革方案》的实施意见。该方案明确中等专业学校专业技术人员、管理人员分别实行专业技术职务等级工资制、职员职务等级工资制。技术工人和普通工人分别实行技术等级工资制、等级工资制。工作人员工资由职务（技术）等级工资和津贴两部分构成。职务（技术）等级工资为工资构成中固定的部分，主要体现工作能力、责任、贡献、劳动的繁重复杂程度；津贴为工资构成中活的部分，主要体现各类人员的岗位工作特点和实际工作的数量、质量差别。在各单位工资总量构成中，固定部分占 70%，活的部分占 30%。职务（技术）等级工资包括：中等专业学校教师执行中等专业学校教师专业技术职务等级工资标准（见表 4–1）。中等专业学校教师在此次工资套改后职务工资标准提高 10%。中等专业学校中其他系列专业技术人员分别执行国家规定的相关职务系列同类人员的职务等级工资标准。中等专业学校行政人员实行国家统一的事业单位职业职务等级工资制度，执行职员职务等级工资标准学校行政人员一般根据其学校具体情况分别执行三级至六级职员职务等级工资标准（见表 4–2）。中等专业学校党务工作人员及工会、共青团等工作人员，参照同级行政人员工资标准执行。中等专业学校技术工人按照高级技师、技师两个技术职务和高级工、中级工、初级工三个技术等级工程标准执行（见表 4–3）。普通工人执行普通工人等级工资标准（见表 4–4）。

表 4–1　　中等专业学校教师专业技术职务等级工资标准一览表　　单位：元 / 月

职务等级	职务工资标准										津贴部分
	一	二	三	四	五	六	七	八	九	十	
高级讲师	275	305	335	365	395	435	475	515	555		64 ~ 238（按在工资构成中占 30% 计算）
讲师	205	225	245	265	285	315	345	375	405	435	
助理讲师	165	179	193	213	233	253	273	293	313	333	
教员	150	162	174	192	210	228	246	264			

表 4–2　　中等专业学校教师职员职务等级工资标准一览表　　单位：元 / 月

职务等级	职务工资标准										岗位目标管理津贴
	一	二	三	四	五	六	七	八	九	十	
一级职员	480	520	560	605	650	695					62 ~ 298（全额拨款单位，按在工资构成中占 30% 计算）
二级职员	335	370	405	440	480	520	560				
三级职员	235	260	285	310	340	370	400	430			
四级职员	180	198	216	234	252	276	300	324	348	372	
五级职员	160	174	188	202	216	233	250	267			
六级职员	145	157	169	181	193	207	221				

表 4–3　　技术工人技术等级工资标准一览表　　单位：元 / 月

技术职务技术等级	技术等级工资标准										岗位津贴
	一	二	三	四	五	六	七	八	九	十	
高级技师	245	267	289	315	341	367	393	419			62 ~ 180（全额拨款单位，按在工资构成中占 30% 计算）
技师	205	223	241	259	283	307	331	355	379		
高级工	180	196	212	228	248	268	288	308	328	348	
中级工	160	174	188	202	220	238	256	274	292	310	
初级工	145	157	169	181	197	213	229	245	261	277	

表 4–4　　普通工人等级工资标准一览表　　单位：元 / 月

等级工资标准													津贴
一	二	三	四	五	六	七	八	九	十	十一	十二	十三	
135	146	157	168	182	196	210	224	242	260	278	296	314	58 ~ 135（全额拨款单位，按在工资构成中占 30% 计算）

津贴的发放贯彻按劳分配的原则，依据考核情况，与工作人员数量和质量直接挂钩，多劳多得，少劳少得，不劳不得，不能平均发放。津贴的实施按国家规定的比例实行总量控制，政策指导，学校自主分配。上级主管部门以学校为单位

按工资构成 30% 的比例核定各校的津贴总额。学校可在核定的津贴总额内，根据国家有关规定及本实施意见，结合本单位实际情况，具体确定津贴项目、档次、标准和实施办法，报上级主管部门、人事部门审批后实施。中等专业学校一般设立下列津贴：教师课时津贴、职员岗位目标管理津贴、领导职务津贴、工人岗位津贴。课时津贴——以教师实际授课时数和质量为主要依据计发。津贴标准可根据不同的专业技术职务规定若干档次。教学辅助人员、生产实习指导教师、政治辅导员可按工作量折算领取课时津贴。领导职务津贴——专业技术人员担任副科长以上领导职务者，领取领导职务津贴。津贴标准依据职务高低、所负责任大小确定。学校校长、党委书记的津贴标准由学校提出意见，报上级主管部门确定。不担任领导职务时，该项津贴即行取消。职员岗位目标管理津贴——根据学校行政管理人员的岗位责任、工作实绩确定。担任副科长以上实际领导职务的行政人员，其岗位目标管理津贴标准原则上与担任同级领导职务专业技术人员的津贴水平大体平衡。工人岗位津贴——分为技术工人岗位津贴和普通工作作业津贴。津贴标准根据工作量大小、技术等级和岗位判别确定。上述津贴制度建立后，原按国家规定发放的奖金（包括按国家有关政策用学校自有收入发放带有奖金性质的其他项目）在四个月平均基本工资以内的部分，予以取消。超过四个月平均基本工资的部分，由学校统一掌握，可与新设津贴合并使用。在上述 30% 比例的津贴之外，中等专业学校现行的教龄津贴、班主任津贴、特殊行业保健性津贴等继续实行。此外，对为国家培养优秀人才贡献卓著的教师，在教育教学改革中取得开创性成果、在科学研究和技术开发中取得重大成果、产生重大效益的工作人员给予一次性重奖。其中，从事教育教学、基础研究等工作的人员，重奖所需经费从国家有关专项基金中提取。

从 1994 年起，学校对考核合格的人员年终发给相当于本人一个月工资（当年 12 月份职务工资与津贴之和）的奖金。年终奖金由教育事业费列支。关于正常增资制度，该方案也做出具体规定：中等专业学校在严格考核的基础上，实行定期升级制度。考核工作按国家统一规定，并结合中等专业学校的具体情况组织实施。年度考核一般在学年末进行。凡连续两年考核合格的人员，每两年晋升一个工资档次。考核不合格的不能晋升。对考核优秀的专业技术人员，可提前或越级晋升，晋升比例一般控制在单位总人数的 3% 以内。正常考核升级增加的工资，从下一年度的一个月份起发给。中等专业学校工作人员晋升职务（技术等级）后，按晋升的职务（技术等级）相应增加工资。原工资低于新任职务（新定技术等级）工资标准最低档的，进入新任职务（新定技术等级）工资标准最低档；原工资已在新任职务（新定技术等级）工资标准以内的，就近就高进入新任职务（新定技术等级）工资档次。晋升职务（技术等级）增加的工资从晋升职务（技术等级）的下月起发给。

随着工资分配制度改革的不断深入，职业学校教职工工资构成及标准在不断调整变化。2004年，学校普遍实施了岗位结构工资。岗位结构工资由基本工资、岗位津贴和绩效工资三部分组成。

2005年9月，北京市教委下发《市属市管高等学校教师职务聘任制实施意见（试行）》，明确工资管理问题。高等学校在科学设岗、按岗聘任、绩效考核的基础上，以岗定薪，实行岗位工资。高等学校教师和其他专业技术人员在聘期内按所聘岗位职务确定工资待遇，受聘职务及相应的工资待遇仅在聘期内适用。对于在《北京市高等学校教师职务聘任管理办法》实施前，已取得教师职务任职资格的教师，首次签订教师职务聘任合同时，年龄距法定退休年龄5年以内的人员，由较高职务聘到较低职务工作，原档案工资可保留并接续。

2006年，北京市工资改革规范领导小组办公室下发《关于事业单位工作人员收入分配制度改革的实施意见》，开始实行岗位绩效工资制度。第一步首先完成岗位工资和薪级工资套改。文件明确本次工资套改是针对原工资发放表前两项进行相应调整，其他分配标准暂时维持原标准不变，待下一步工资改革（绩效工资和津贴补贴规范）具体实施办法有关政策出台时，再作相应调整。北京市高等职业学校分别实行工资套改，即实行岗位绩效工资制度。第一步首先完成岗位工资和薪级工资套改。

至2010年，北京市中等职业学校、高等职业院校教师工资全部随北京市人事局制定的工资改革方案，逐步实行“基础工资（岗位工资 + 薪级工资）+ 津补贴 + 绩效工资”制度。津补贴除交通费、洗理费、书报费、房补、物价补贴外，还包括班主任津贴、课时津贴、工龄津贴、校龄津贴等。普通中等职业学校教师1990年平均月工资约300元，2010年，学校教师平均月工资基本达到3000元。普通高等职业学校教师1990年平均工资400元左右，至2010年，学校教师平均工资基本达到4000元，即20年增长约10倍。

附录 4–1

北京市人事局
关于在我市部分事业单位开展 3% 升级奖励试点工作的通知

（京人考〔1991〕第 1 号）

各试点单位：

根据市政府有关文件精神，我市于 1987 年在少数中等专业学校进行了 3% 升级奖励的试点工作。为进一步摸索符合事业单位特点的升级奖励办法，经市政府领导同志批准，在前段试点工作的基础上进一步扩大试点。现将《关于部分事业单位升级奖励工作的试行办法》发给你们，请认真贯彻执行。试点工作中要加强领导，精心组织，认真总结经验，并将工作中的问题及时告我们。

一九九一年一月二十三日

关于部分事业单位升级奖励工作的试行办法

为进一步探索符合事业单位特点的升级奖励办法，使升级奖励工作更好地发挥鼓励先进、激励后进的作用，现将我市部分事业单位升级奖励办法规定如下：

一、升级奖励是对有功人员的一种带有荣誉性的物质奖励，必须严格掌握奖励条件，受升级奖励的人员必须是坚持四项基本原则、坚持改革、开放，在动暴乱中立场坚定、旗帜鲜明，在工作中尽职尽责做出显著成绩的。

二、升级奖励指标按上一年度本单位在编人数的 1% ～ 3% 掌握，中层以上领导人员所占升级奖励比例最多不得超过本单位升级奖励指标总数的 20%，在这些受奖的中层以上领导人员中，单位正、副职领导人数最多不得超过 15%。工人占多数的事业单位，工人升级奖励指标须占相应比例，不得低于干部升级奖励指标。

三、升级奖励采取浮动与固定相结合的形式。受到升级奖励的人员可在其现工资基础上向上浮动一级工资，受奖后连续三年保持先进的人员，经领导与群众评定后，可将浮动的一级奖励工资固定下来，进入档案工资。否则取消其浮动的一级工资。对表现不好的可随时取消其浮动的一级工资。受升级奖励的人员在工资浮动期间调离本单位的，其浮动工资不再保留。

四、本人职务工资已达到最高等级的，不再给予升级奖励，可给予其他奖励。对受过升级奖励的人员，一般不再给予升级奖励。如奖励工资固定后，本人又有新的突出贡献，确需再给予升级奖励的，必须报市人事局审批。奖励升级所增加的工资，由批准之月起发给。

五、属于市委管理的领导干部的升级奖励，由区、县局一级单位将有关材料报送市人事局，经确认符合升级奖励有关规定后，由市委各主管部委按干部管理权限办理审批，由市人事局备案。市委管理干部以外的其他工作人员的升级奖励由区、县、局一级单位审批，审批前须先将（升级奖励工作情况报告）和（升级奖励人员名单）报市人事局审核，待批复后方可办理审批手续。

六、受到浮动升级奖励的人员，符合将浮动奖励工资固定下来，进入档案工资条件，由区、县、局一级单位报市人事局办理固定手续。

七、受到升级奖励（包括升级奖励浮动期间）的人员因行政职务和专业技术职务发生变化，不论其职务工资是否增加，均不能在新的职务工资标准的基础上再提升一级工资。符合京组通〔1987〕235 号、京人工〔1987〕第 41 号等有关文件规定的，可按规定办理。

八、各单位要切实加强领导，把升级奖励工作作为表彰先进，调动广大职工积极性的重要措施，推荐受奖人员。

附录 4-2

国家教委关于发布《全国职业中学校长主要职责及岗位要求（试行）》的通知

（教职〔1993〕18 号）

办好职业中学，校长（含正副校长及非独立设校主管职教的校长，以下同）是关键。职业中学校长要具备相应的知识结构和业务能力。为提高职业中学校长的素质，并作为今后选派和培训职业中学校长的依据，在中小学校长任职条件和岗位要求的基础上，特制定《全国职业中学校长主要职责及岗位要求》（以下简称《要求》），供各地试行。由于各地各校情况差异较大，在试行《要求》时，可有一定的灵活性。

今后，校长上岗前原则上必须在国家教委指定的培训基地或省级教育行政部门指定的单位接受岗位培训，并获得合格证书。经过岗位培训的校长，任职后，每年应接受 1 周左右的进修培训，形成制度。现任校长未经培训者，由省、自治区、直辖市、计划单列市教育部门制定计划，于 3 ～ 5 年内分期分批进行培训。

对目前不具备规定学历的职业中学校长，应视不同情况区别对待。对其中经验丰富、办学成绩较好或年龄在 50 岁以上的校长，经省级教育部门认定，可继续留任。

实施《要求》是一项新的政策性很强的工作，各级教育行政部门要高度重视，加强领导，先行试点，逐步推开。

全国职业中学校长主要职责及岗位要求（试行）

一、校长的主要职责

校长对外是学校的法人代表，对内全面领导学校工作，职业中学实行校长负责制。校长要：

（一）全面贯彻执行党和国家的教育方针、政策、法规。坚持社会主义办学方向，努力培养德、智、体全面发展、具有良好职业道德和技能的社会主义事业的建设者和接班人。按职业技术教育规律办学，致力改革、开拓，不断提高教育质量。

（二）认真执行党的知识分子政策和干部政策，团结、依靠教职员工。组织教师学习政治与钻研业务，使之不断提高政治思想、职业道德、文化业务水平及教育教学能力。培养中层干部、班主任、中青年教师和业务骨干，努力建设又红又专的教师队伍。依靠党组织，积极做好教师和职工的思想政治工作。自觉接受党组织的监督。充分发扬民主，重视教职工代表大会在学校管理中的重要作用，发挥广大教师和职工工作的主动性、积极性和创造性。

（三）全面主持学校工作。

1. 领导和组织德育工作。坚持教书育人、管理育人、服务育人、环境育人，切实加强和不断改进德育工作。制定德育工作计划，建设德育工作骨干队伍，采取切实措施，坚持不懈地加强对学生的思想政治教育、职业道德、职业理想和行为规范教育。

2. 领导和组织教学工作。坚持学校工作以教学（含实践教学）为主，组织和领导学校教学改革，按照国家和地方规定的教学计划、教学大纲的原则，开好各门课程，遵循职业技术教育教学规律组织教学，注重理论与实践相结合，建立和完善教学管理制度，搞好教学常规管理。深入教学第一线，正确指导教师进行教学活动，努力提高教学质量。

3. 领导和组织学校的体育、卫生、美育和课外活动，培养学生的特长及适应社会、适应工作的能力，使学生生动活泼、健康地发展。

4. 领导和办好学校的校办企业和生产实习基地。走教育与生产劳动相结合、“产教结合”的道路。充分利用学校技术、设备、学生参加生产的优势和税收的优惠政策，努力提高经济效益。

5. 领导和组织总务工作。贯彻勤俭办学的原则，坚持总务工作为教书育人和教职工服务的方向。严格管理学校财务和财产。搞好校园建设。关心学生和教职工的生活，保护他们的健康。逐步改善办学条件和教职工福利。

6. 配合党组织，支持和指导群众组织开展工作。充分发挥工会、共青团、民主党派等组织在办学育人各项工作中的积极作用。

二、校长的岗位要求

（一）资历要求

1. 职业高级中学校长一般应具有大学本科毕业的学历或同等学力；职业初级

中学校长应具有大专毕业的学历或同等学力。

2. 正校长和教学副校长应具有从事三年以上教育教学工作的经历，分管校办产业的副校长应有从事生产或经营的能力。

3. 接受过岗位培训，并获得“岗位培训合格证书”。

（二）政治及思想品德要求

1. 拥护中国共产党的领导，热爱社会主义祖国，努力学习马克思列宁主义、毛泽东思想和建设有中国特色的社会主义理论。

2. 坚持党的“一个中心，两个基本点”的基本路线，锐意改革，开拓进取。

3. 具有一定的马克思主义理论修养，能努力运用马克思主义的立场、观点和方法指导学校工作。

4. 热爱职业技术教育事业，关心爱护学生，尊重、团结、依靠教职工。

5. 实事求是，勤奋工作，作风民主，联系群众，顾全大局，公正廉洁，艰苦奋斗，严于律己，为人师表。

（三）岗位知识要求

1. 具有马克思主义基本理论知识、党的建设有中国特色的社会主义理论的基本知识和中国近现代史和国情基本知识。

2. 掌握党和国家关于职业技术教育方针、政策的基本精神及有关法规的基本内容，以及市场经济的基本知识。

3. 要关心、熟悉相关专业的经济技术知识和政策、劳动用工政策和制度。了解学校所设专业有关的基本知识和本地经济社会发展状况及趋势。

4. 掌握职业技术学校管理的基本规律和方法，以及与学校管理相关的基本知识、技术和手段。

5. 了解国内外职业技术教育的基本情况，熟悉国内相关的一些先进学校的办学经验。

（四）岗位能力要求

1. 根据党和国家的有关方针、政策、法规及当地经济发展的需求，制定及决策学校发展规划、工作计划及学校管理制度。

2. 善于做教职工和学生的思想政治工作及开展职业道德教育。

3. 具有领导学校教学及校办产业工作的能力。

4. 较好地处理校内外关系，能与社会上各有关单位，特别是和学校所办专业有关的经济、企业部门建立联系，密切合作。具有一定的社交能力。

5. 以育人为中心，研究学校教育的新情况、新问题，并从实际出发，总结经验，开拓创新，不断提高质量和办学水平。

6. 具有一定的文字能力和较好的口头表达能力。

（五）身体要求

身体健康，能胜任校长工作。

附录 4-3

北京市科技干部局
北京市人事局
北京市教育委员会
关于进一步做好北京市教育系统职称改革工作的通知

京科干职〔1999〕36号

各区、县、局（总公司）、各市属高等学校职称改革办公室，市政府各委、办、各人民团体人事（干部）部门：

1999年本市教育系统的职称改革工作原则上要按市职改办、市教委《关于继续做好高等学校、中等专业学校职称改革工作的通知》（京职改办字〔1998〕016号）和《关于中小学、中师教师1998年职称改革工作的通知》（京职改办字〔1998〕017号）执行。为进一步做好职改工作，结合教育系统的实际情况，现再作如下补充通知：

一、要严格实行专业技术职务聘任制，加强岗位设置，按岗择优评聘，实行竞争上岗，职务能上能下。对取得专业技术职务任职资格并受聘担任相应职务的人员，从聘任的下月起兑现职务工资。实行定期聘约管理，聘约期满，聘任关系自然终止。对续聘者重新签订聘约。本市各学校、各有关单位对解聘专业技术职务的人员要降低工资，对低聘、解聘专业技术职务的人员要按中共北京市委组织部、北京市人事局《关于机关、事业单位工作人员职务变动后确定工资的有关问题的暂行规定》（京组通〔1994〕第35号、京人工〔1994〕第39号）办理，并按管理权限审批后装入本人档案。因解聘、低聘专业技术职务而腾出的职务数额可继续使用。被低聘专业技术职务的人员，其原已取得的专业技术职务任职资格继续有效，今后若再聘任相应职务，从受聘的下月起重新兑现相应的职务工资，并办理兑现工资手续装入本人档案。年底，按各校、各有关单位实际聘任人数备案并核定职务数额。

二、按照市职改办的统一规定开展民办学校专任教师的教师职务评聘工作。申报教师职务的教师应是经教育行政部门批准的民办学校的专任教师，其户口为北京户口，人事档案存放在本市人才交流机构。申报教师职务人员应填写相应教师职务申报表，经所在学校审核同意并签署推荐意见，再由本人档案的管理部门审核同意后统一报到市职改办。教育系统各有关评审组织要接收市职改办批转的民办学校的职评材料并按规定程序进行任职资格评审。

三、根据《关于北京地区高等学校继续做好专业技术职务聘任工作的意见》(京高教师字〔1992〕第008号）要求，已取得高等学校教师高级职务部分评审权的市属高校“破格晋升人员按校内正常评审程序通过后，一律报市级评审组织审定”的规定不再执行，上述学校可直接进行评审。

四、关于学历（学位）和任职年限要求。

1. 从2001年起，1957年1月1日以后出生的高等学校教师中，只取得本科学历（1982年及以后普通高校毕业生应获得学士学位）尚未取得硕士、博士学位或研究生班毕业证书或第二学士学位证书或高校助教进修班结业证书者，申报中、高级教师职务的，除对北京地区无硕士点的学科的教师暂不要求外，其他教师均应通过研究生主要课程的学习。各有关学校和教师应积极做好准备。

2.1961年1月1日以后出生的小学教师申报小学高级教师职务和1951年1月1日以后出生的小学教师申报中学高级教师职务必须具有大专学历的规定，从2000年起执行。1999年，对已取得大专学历申报相应教师职务的教师，在其他条件相同的情况下，可优先评聘。

3.1999年任职年限计算到年底。

五、关于对专业技术人员进行计算机应用水平考试的要求。

市科技干部局《关于对我市专业技术人员进行计算机应用水平考试的通知》（京科干职〔1997〕22号）规定，申报高、中级专业技术职务的人员要参加计算机应用能力的考试。现对教育系统专业技术人员进行计算机应用水平考试的具体规定如下：

1. 从2000年起，1960年1月1日以后出生的市属高等学校专业技术人员、中等专业学校教师均应按上述文件的规定，取得计算机应用水平考试合格证才能申报相应的专业技术职务。

2. 中小学教师申报高、中级教师职务参加计算机应用水平考试按北京市教育委员会《关于印发〈北京市中小学教师“九五”继续教育三门必修课培训意见〉的通知》（京教师〔1997〕037号）执行。

六、关于上报材料要求。各有关单位要组织有关人员严格按照规定的要求填写评审材料，并在规定的时间内报送评审材料（报材料具体要求见另文）。对不符合规定的评审材料，市教委职改办、相关评委会及其学科评议组将不予受理。

高等学校、中等专业学校的评审材料定于 1999 年 7 月 19 日至 23 日报到市教委职改办。

普教系统评审材料拟定于 1999 年 7 月中旬报送（具体时间、地点另行通知）。

一九九九年三月二十六日

附录 4–4

北京市教育委员会　北京市财政局
关于实施北京市职业院校教师素质提高工程的意见

京教人〔2006〕38 号

各区（县）教委、财政局，各有关委、办、局、总公司教育（人事、人教）处，各高等职业院校，中等职业学校：

《北京市人民政府关于大力发展职业教育的决定》（京政发〔2006〕11 号）将职业院校教师素质提高工程列为“十一五”规划期间本市职业教育改革和发展的主要任务和实施重点工程之一。为了贯彻落实北京市职业教育工作会议精神，加快职业院校教师队伍能力建设，提升职业院校办学水平和教学质量，现就实施北京市职业院校教师素质提高工程（以下简称“工程”）提出如下意见：

一、指导思想和目标任务

（一）指导思想

以邓小平理论和“三个代表”重要思想为指导，全面落实科学发展观，认真贯彻《首都教育 2010 年发展纲要》《北京市人民政府关于大力发展职业教育的决定》精神，结合北京市区域经济发展对职业教育的要求，坚持规模、结构、质量、效益协调发展的方针，以加强教师职业道德建设为中心，以全面提升职业院校教师队伍专业素质为重点，建立有利于教师发展的有效机制，建设一支品德高尚、素质优良、结构合理、规模适当、专兼结合的高质量职业院校教师队伍。

（二）目标任务

工程的总体目标是：全面加强职业院校教师队伍建设，提高教师队伍的整体素质和水平，逐步完善职业院校引进、聘用、选拔和培养教师的体制和机制，形成有利于教师发展并发挥作用的良好环境。

工程的具体目标是：“十一五”规划期间，全市将建设 10 个左右职业院校与企业共建的专业性职业院校教师培训基地，逐步形成高质量、有特色的北京市职业院校教师培训体系；重点支持 50 个左右专业创新团队，选拔 1200 名左右优秀青年骨干教师，提高教师队伍整体水平，增强教师的竞争意识和创新能力；有计划地组织和资助 2500 名左右教师接受专业培训，或进入国内高校、科研院所攻读与本专业相关的硕士学位、做访问学者、参加单项课程学习等研修活动，选派 500 名左右教师到国外接受专业培训，提高教师的学历层次和专业水平；支持职业院校从行业企业引进、聘任一批优秀的专业技术人员及高水平的技术技能型人才，改善教师队伍结构；有计划地组织专业教师深入企业实践；鼓励职业院校专业教师参加职业培训和技能鉴定，获取职业资格证书。不断提高教师技术应用能力和实践教学能力，加快“双师型”教师队伍建设。

二、实施范围

工程在北京市高等职业学校和中等职业学校范围内实施。“十一五”规划期间，市财政设立 1.5 亿元专项经费保证本工程的实施。区（县）和举办职业教育的行业主管部门应对本区域、本行业的职业院校实施本工程给予支持。

三、主要内容

工程由“北京市职业院校教师培训基地建设计划”“北京市职业院校教师人才引进与选拔计划”“北京市职业院校教师企业实践计划”“北京市职业院校教师国内外研修计划”“北京市职业院校教师获取职业资格证书计划”五大类别共 9 个计划构成。

（一）北京市职业院校教师培训基地建设计划

本计划是指在与北京高新技术产业、现代制造业、现代服务业发展相对应的专业大类，成立 10 个左右专业性职业院校教师培训基地。由专业基础较好的职业院校与合作企业联合申报，充分发挥职业院校在校企合作、课程改革、实训基地建设和教师队伍建设等方面的优势，突出校企合作在职业院校教师培训中的作用，着力提高全市职业院校教师素质，强化实践教学能力。

“十一五”规划期间，市财政设立 5000 万元专项经费支持本计划的实施。

（二）北京市职业院校教师人才引进与选拔计划

本计划是指从行业企业引进、聘任优秀的专业技术人员及高水平的技术技能型人才，以及从职业院校选拔优秀的专业教学人才。本计划由 4 个子计划组成，分别是：“企业人才引进计划”“兼职教师资助计划”“专业创新团队选拔计划”“优秀青年骨干教师选拔计划”。

1. 企业人才引进计划

“十一五”规划期间，市财政设立 400 万元专项经费，支持职业院校从行业企业引进优秀的专业技术人员及高水平的技术技能型人才充实专业教师队伍。从 2007 年起，全市每年从行业企业选择一批具有丰富实践工作经验的专业技术人员、管理人员、技术工人调入职业院校成为专任教师。

2. 兼职教师资助计划

“十一五”规划期间，市财政设立 1000 万元专项经费，支持职业院校从相关行业企业聘请优秀的专业技术人员及高水平的技术技能型人才，兼任专业课教学任务或实习指导教师任务。

3. 专业创新团队选拔计划

“十一五”规划期间，市财政设立 1000 万元专项经费，在职业院校骨干特色专业以及具备发展条件的专业教师队伍中，遴选并重点支持 50 个左右专业创新团队。2007 年遴选出 20 个左右专业创新团队，2008 年、2009 年各遴选出 15 个左右专业创新团队。

4. 优秀青年骨干教师选拔计划

“十一五”规划期间，市财政设立 1000 万元专项经费，对表现突出、能发挥骨干带头作用的优秀青年教师给予重点培养，鼓励骨干教师参加专业进修、企业实践、教育科研及学术会议等活动。从 2007 年起，每年遴选出 300 名左右的优秀青年骨干教师。

（三）北京市职业院校教师企业实践计划

本计划是指支持和鼓励职业院校专业教师以多种形式到生产实践一线进行相关实践活动，有效地解决教师理论与实践脱节、学校实习实训设备和条件不足的矛盾，提高教师的实践教学能力。

“十一五”规划期间，市财政设立 2000 万元专项经费支持本计划的实施。

（四）北京市职业院校教师国内外研修计划

本计划是指选派中青年骨干教师在国内、国外接受专业培训等研修活动，提高教师的学历层次和专业水平。本计划由“国内研修计划”和“国外研修计划”两个子计划构成。

1. 国内研修计划

“十一五”规划期间，市财政设立 2500 万元专项经费，对 2500 名左右专业教师国内研修给予资助。组织教师接受专业培训，鼓励教师进入国内高校、科研院所攻读与本专业相关的硕士学位、做访问学者或参加单项课程学习等研修活动。

优先资助专业创新团队带头人和优秀青年骨干教师。

2. 国外研修计划

“十一五”规划期间，市财政设立2000万元专项经费，对500名左右专业教师国外研修给予资助。组织教师到国外接受专业培训，学习和借鉴发达国家职业教育的先进理念、方法和技术，提高教师的职业能力和专业水平。优先派出专业创新团队带头人和优秀青年骨干教师。

（五）北京市职业院校教师获取职业资格证书计划

“十一五”规划期间，市财政设立100万元专项经费，鼓励职业院校专业教师参加相关专业的职业资格培训和技能鉴定，获取职业资格证书，使教师具备真正参与生产、经营、管理活动的必要条件，加快“双师型”教师队伍建设。

四、组织领导和实施

市教委会同市财政局、市人事局、市劳动和社会保障局成立北京市职业院校教师素质提高工程领导小组（以下简称“工程领导小组”），负责提出年度工作计划，协调监督工程的实施；成立北京市职业院校教师素质提高工程专家委员会（以下简称“工程专家委员会”），负责工程实施过程中的相关技术工作。市教委人事处负责日常工作。

各职业院校作为工程实施单位，要加强对此项工作的领导，人事、财务、科研、教学等部门密切配合，按照工程领导小组统一部署和要求，负责做好工程在本校的实施与管理。

附录（内容略）：

一、北京市职业院校教师培训基地建设计划实施办法（试行）

二、北京市职业院校企业人才引进计划实施办法（试行）

三、北京市职业院校兼职教师资助计划实施办法（试行）

四、北京市职业院校专业创新团队选拔计划实施办法（试行）

五、北京市职业院校优秀青年骨干教师选拔计划实施办法（试行）

六、北京市职业院校教师企业实践计划实施办法（试行）

七、北京市职业院校教师国内研修计划实施办法（试行）

八、北京职业院校教师国外研修计划实施办法（试行）

九、北京市职业院校教师获取职业资格证书计划实施办法（试行）

二〇〇六年十二月二十八日

第五章 科研 合作 服务

北京职业教育在科技研究方面有一定的基础，特别是科研组织机构的建立，为职教科研提供了组织保障。1991 年，职业教育中心成立，负责全市职教的师资、干部培训，职教教研、科研、信息咨询服务，1996 年改为职业教育研究所。1993 年，职业技术教育学会成立。1996 年，教育科学研究院成立，它包括普教、高教、职教、成教四类教育的综合性教学科学研究、教学研究机构。在教科研不断取得成就的同时，2003 年 7 月，市教委组织参加教育部举办的中国职业教育成果展示会，市教委组织交通学校等多所职校代表北京向全国社会各界展示了首都职业教育改革和发展的成果。同时，市教委组织了“园丁科技教育行动”，成为北京师范教育面向现代化、面向世界、面向未来的一项重要内容。在教师教育信息化工作得到进一步推进过程中，教育部与英特尔（中国）有限公司合作，北京推广“英特尔未来教育”教师信息技术培训项目有一定成就。

北京职业教育在校企合作方面特色比较突出。1993 年 7 月 7 日，国家教委在北京召开全国职业技术学校大力发展校办产业、加强生产实习基地建设工作座谈会，会后，国家教委办公厅印发了会议纪要，对发展校办企业提出要求。1994 年，中专学校开始走校企结合、共育人才的道路，提出了“企业围绕市场转，学校围绕企业转”的口号。2002 年，市政府发布《关于大力推进职业教育改革与发展的意见》，提出要“深化办学体制改革，形成政府主导、依靠企业、充分发挥行业作用、社会力量积极参与的多元化办学格局”，提出重点建设一批现代化中等和高等职业学校及职业培训机构。北京经济技术开发区建设职业教育园区（职教集团），2008 年通过发挥行业企业和优质学校优势，试点组建职业教育集团，实施职业教育实训基地建设工程，校企合作开发课程，促进专业教学标准与职业资格标准的有效衔接。2009 年市教委对中职学校按照“行业穿成线”“区域捏成团”分别组建为行业发展服务的交通职教集团和为区域服务的昌平区职教集团，依托职教集团研究探索办学和管理体制改革，开展校企合作、产教结合、工学交替等人才培养模式。

在社会服务方面，北京职业教育一直有所坚持。除用所学专业直接服务社会生产生活、企业职工培训、技术支边之外，还在许多重点活动中积极参与，做好服务，贡献力量。例如从1991年开始，逐步在北京开展职业技术教育系统“学雷锋为民服务周”活动。1992年的第十一届北京亚运会，北京中专学校为这场盛会做出了很大贡献。1994年，庆祝中华人民共和国成立45周年，在天安门组织群众联欢晚会，19所中专学校2880名师生参加了联欢活动，其中还有480人执行标兵任务。2003年，在北京抗击“非典”的日子里，卫生类中专学校发挥了很大的作用，利用自己的专长为社会服务做出贡献。2008年5月至9月，市教委组织多所中职学校直接参与2008年北京奥运会服务工作，共有5000多名师生直接参与这项工作，有上万名职教学生成为啦啦队和文明观众。

第一节 科学研究

科研机构 1991年10月17日，国务院发出《关于大力发展职业技术教育的决定》，这是党中央、国务院为支持职业技术教育发布的第一个专门文件，提出了必须贯彻大力发展职业技术教育的方针，20世纪90年代发展职业技术教育的主要任务之一，就是努力办好现有各类职业技术学校。北京市中专学校联合技术服务中心于1991年6月召开第一次技术项目洽谈会，有十几所中专学校参加，会议邀请了企业代表参会，中专联合技术服务中心在会上发布了8项技术项目，并进行项目洽谈。为进一步提高职高教学质量，市教育局1991年制定了《关于北京市加强与改进职业高中（学校）教学工作的意见》，要求各个区（县）职业高中管理部门，组织力量修订各专业教学计划，研究各专业岗位规范与考核标准等，组建了22个专业校际教研组，初步形成了专业教研网络。

1991年9月，北京市职业教育中心成立，北京市职业教育中心及各区（县）职业教育中心是职业高中教学、科研的服务支撑体系。由北京市职业教育中心牵头组织，以相关专业重点职业高中校为龙头，主要任务是负责全市职教的师资、职业高中教研、科研、师训、教材编写出版、信息资料服务、就业指导、学术研究等服务网络；承担国家教委委托制定全国职业高中文秘、电子电器、财经、服装各大专业的指导性教学计划、教学大纲任务。负责全市职教业务指导，以重点职业高中校相关专业为龙头，带动专业建设与改革。除编写了一大批优秀的职业高中教材外，还将由原隶属于北京市教育学院教研部的职业教育教研室（1988

年成立）负责编写的《北京市职教通讯》，于 1993 年改为由市教育局职教处、市职教中心、市职教研究会、北京市“燎原计划”办公室共同出版发行的《北京职教报》。市职教研究会办公地点也改在职教中心，1992 年各区（县）也分别建立了 16 个职教中心，与市职教中心对口。1993 年 6 月 29 日，北京市职业技术教育学会成立，升级为独立设置的北京一类社团，下设职业高中各类专业委员会。学会是在市政府领导下，由北京地区从事各类职业技术教育工作的人员组成全市群众性学术团体，主要开展以职业技术教育的理论与实践研究为中心的各项活动，探索职业技术教育的规律，推进职业技术教育的发展。采取学校联合、行业参与的形式，成立了数控技术应用、汽车运用与维修、计算机技术、机电技术应用、电子与信息技术、物流管理、饭店服务与管理、烹饪、美容美发与形象设计 9 个专业委员会。委员会成员校间可以资源共享、优势互补，同时聘请相关行业专家和企业领导以及国外知名职业教育学院的专家参与，促进产教结合、校企合作，促进国际交流与合作，更好地为北京市发展现代制造业、现代服务业，提供职业教育人才服务；并对专业委员会的工作职责、研究方向、专业建设，开展教育教学研究、探索人才培养模式，多形式的校校、校企等方面的交流与合作，为资源共享等项目做出了指导性意见。1996 年 2 月，北京教育科学研究院成立，是一所包括普教、高教、职教、成教四类教育的综合性教学科学研究、教学研究机构。内设 9 个科学研究及辅助机构，其中设有职教科研所，研究所的主要职责是为北京市职业高中教研、师资培训、信息交流、生产实习服务。研究所工作重心转变为为“大职教”发展提供支撑服务。2000 年 7 月，内部机构合并改名为职业教育与成人教育研究所。职教所设有教科研部、培训部、信息部、技术部、编辑部、实习场地部等，同时是市职教学会、职教研究会、高职教研会等组织的挂靠单位。

1993 年 7 月 9 日，劳动部下发《关于颁发〈职业技能鉴定规定〉的通知》，首次提出“职业技能开发”和“职业技能鉴定”等重要概念。提出了“职业技能鉴定实行政府指导下的社会化管理”的基本原则。1998 年 10 月，北京市首家职业教育专业委员会——中国计算机学会北京职业教育专业委员会在财经学校成立，首届年会暨成立大会共收到论文 116 篇。这标志着北京市职业教育开始进入了国家经济运行轨道，成为市场经济中行业协会的重要组成部分。1998 年 11 月，市教委与市教科院教研中心等有关部门，共同制定了《北京市职业教育发展规划（1999—2005）》。规划以“建立合理结构、适应首都城市功能和经济社会发展特点的现代职业教育体系，全面提高职业教育质量，提高职业教育发展水平，基本实现职业教育现代化”为目标，提出实施职业教育结构调整、高等职业教育、职业教育信息化、农村职业教育、教材课程建设、职业教育服务体系建设共 6 个项目。1999 年 9 月 23 日，市教委与教科院联合召开教科研工作会，分析研究全市中职教育科研工作，并提出《关于加强北京市中等职业教育科学研究的管理意见》，中专教育研究会、单科研究会、18 个区（县）职教中心和职教教科院等有关单位参加会议。为贯彻落实《国务院关于大力推进职业教育改革与发展的决定》，2003 年 1 月召开北京市职业教育工作会。会议下发《北京市人民政府关于大力推进职业教育改革与发展的意见》，明确了今后五年北京市职业教育发展的战略思想、目标、任务、政策措施等，并就调整职业教育结构布局做出统一部署。

2003 年 1 月，市政府在《关于大力推进职业教育改革与发展的意见》中提出到 2008 年，面向本市高新技术产业、现代制造业、现代服务业及现代农业，要建设 20 个左右中等职业教育重点实习基地。2003 年 5 月，市教委印发《北京市幼儿园中小学中等职业学校学科教学带头人骨干老师选拔和管理暂行办法》，为加强教师骨干队伍建设提出相应的管理办法。2006 年 9 月，中国职教学会科研工作委员会成立。来自全国各地职教科研机构和部分高等院校、中等职业学校的代表共计 90 多人出席会议。中国职教学会副会长、教育部职业技术教育中心研究所副所长余祖光当选为主任委员。余祖光在会上发言提出，科研工作委员会要建立科研机构信息库，广泛开展科研机构协作研究，推进各类科研机构加强合作，改善科研工作整体环境，向国外推介国内研究机构和研究成果等。

科技活动 1992 年 5—6 月，市教育局举办以“增强中师生科技意识，迎接新技术革命挑战”为主题的中等师范学校首届科技月活动。各中等师范学校外请专家作现代科技讲座共 46 场，校内教师作专题讲座 20 场，组织参观科技馆、天文馆、自然博物馆、植物园 46 次，各校组织观看科技录像、科技知识竞赛等，办科技专栏、演讲、展览、制作比赛等。1993 年 7 月 9 日，劳动部下发《关于颁发〈职业技能鉴定规定〉的通知》，首次提出“职业技能开发”和“职业技能鉴定”等重要概念。提出了“职业技能鉴定实行政府指导下的社会化管理”的基本原则。1994 年 3 月，市教育科学规划领导小组会议决定：为适应教育工作的新情况，应对北京市“八五”市级课题进行适当的调整，突出重点，集中主要力量和有限财力研究当前教育实践中的热点和难点，确定一批“重中之重”项目，以期在“八五”计划末期出一批优秀科研成果。1994 年 8 月，“北京市教育科学研究促进教育发展”研讨会在平谷县召开，来自有关部门的 160 位代表参加研讨。

研讨的议题是：教育科研在教育改革与发展中的地位与作用；教育科研如何促进教育改革与发展；当前教育科研中存在的问题；北京市教育科研工作的发展方向。研讨会取得如下共识：教育要优先，科研必先行；当前教育科研现状不能适应教育改革与发展的需求；教育科研要为教育决策与教育发展服务；北京市教育科研水平要达到全国一流。

1995 年 9 月，国家教委和中国科协联合发出《关于在中等师范学校实施“园丁科技教育行动”的通知》，中共十四届五中全会后，为贯彻全会精神，促进科技、教育与经济的紧密结合，1995 年 10 月 16 日，国家教委师范教育司和中国科协青少年部联合在北京召开“全国师范院校实施‘园丁科技教育行动’大会”，向全国各级各类师范院校发出了实施“园丁科技教育行动”的动员令，并部署贯彻落实计划。活动得到了科技界的大力支持。吴阶平、朱光亚等 38 位中科院院士、工程院院士和著名科学家受聘担任全国师范院校的科技教育顾问并给师生们作科普报告。国家教委师范司在中国科协青少年部配合下，先后组织“中等师范学校地理骨干教师科技夏令营”，委托上海科技教育出版社编写《现代科学技术博览》丛书，各地教育行政部门和师范院校积极采取行动，主动与当地科协取得联系，共同协商实施办法。市教委与市科协制定出具体实施方案。首都师大与中等师范学校均制定了本校的具体实施意见和办法。1995 年 11 月 6 日，国家教委师范司与中国科协青少年部联合下发了《关于全国师范院校实施“园丁科技教育行动”的几点意见》，决定将“园丁科技教育行动”的实施范围扩大到全国各级各类师范院校。“园丁科技教育行动”是师范教育面向现代化、面向世界、面向未来的一项重要内容。

市教委职成处 1996 年组织中专教学管理研究会和市化工学校研制开发“职业教育教务管理系统软件”获得成功，并在中专学校中推广试用。教委职成处组织全市中专学校教务管理人员进行了操作培训。该系统包括计划、师资、质量、教材、设备、专业建设与实践环节等管理模块，用户可以进行声音、图像、动画多媒体操作，职业高中也相继采用该系统进行教务管理。

1997 年 3 月 14 日，职教所召开职业高中青年教师评优课会，公布了全市评优课的情况，共有参评老师 75 人，评为优秀课的 19 人，其间，组织了 3 次示范课现场观摩。1997 年 4 月 16 日，职教所对职高学校的校长进行培训，全市 18 个区（县）的职业高中校级领导、职教中心主任进行岗位培训，共有 395 人完成国家教委职教司规定的学习内容和要求并获得合格证书。1997 年 12 月，职教所组织北京市职业高中教师及教学主任学习职教理论和教育教学方法培训班。1998

年5月4日，市教委发布《北京市中等职业学校教学成果评审办法》，在全市职业学校开展优秀教学成果评选活动。

1998年5月，技工学校师生4000多人，参加北京科技周信息技术大观园活动。该活动以“信息——传播与利用”为主题，为社会各界计算机技术爱好者展示最新信息产业技术、产品和成果。包括科普技术讲座、网上漫游走向世界、专家论坛、多媒体阅览、观众动手实践等。高级技校和技师学院纳入高技能人才培养体系。

1998年12月，北京市召开利用电教手段教学经验交流会，有来自27所国家及省市级重点职高的主管教学校长及老师参加了交流会。2000年12月21日，教育部师范教育司举行了“中国中小学教师网”开通仪式。“中国中小学教师网”是利用计算机互联网对老师开展继续教育、帮助教师实现终身学习的专业网站。2002年，教师教育信息化工作得到进一步推进，教育部与英特尔（中国）有限公司合作，推广“英特尔未来教育”教师信息技术培训项目，在师范院校通过对老师的培训并在教学领域开展教学研究，将未来教育所倡导的教学理念与教学方法与中国的教师教育信息化实际需求紧密结合，改造教学，改变教学行为，促进信息技术在师范院校教学中的应用。2001年3月29日，北京市重点职高科学管理研讨会在外事学校召开，会议研讨了采用科学管理方法、不断提高职业学校办学质量、突出办学特色等问题。2003年第五届“北京高新技术产业国际周暨中国北京国际科技产业博览会”开幕，专设的“北京教育周”展示了北京教育成果和现代化教育教学手段。2003年12月26日，中共中央、国务院印发《中共中央、国务院关于进一步加强人才工作的决定》，要求“加强高技能人才和农村实用人才队伍建设”，“充分发挥高等职业院校和高级技工学校、技师学院的培训基地作用，扩大培训规模，提高培训质量”。

2006年4月，中共中央办公厅、国务院办公厅印发的《关于进一步加强高技能人才工作的意见》强调，要针对经济社会发展实际需要，建设学校教育与企业培养紧密联系、政府推动与社会支持相互结合的高技能人才培养体系。在国家发展职业教育、实施国家技能型人才培养培训工程中，突出高技能人才培养工作。充分发挥高等职业院校和高级技工学校、技师学院的培训基地作用。2002年，“北京市职业教育工作会议”后，首都职业教育坚持以“科学发展观统领首都职业教育工作全局”，始终把“科学发展观贯穿于教育改革发展稳定的各个方面，大力实施科教兴国战略和可持续发展战略”。为树立榜样、鼓励先进，市农工委、市教委、市发改委、市财政局、市人事局、市人力资源和社会保障局于2006年3月联合发出《关于表彰北京市职业教育先进单位和先进个人的决定》文件，授予

152个单位为“北京市职业教育先进单位”,190人为“北京市职业教育先进个人”。

2010年8月，市教委转发了教育部《中等职业学校管理规程》，在教学管理这一章第23条，明确要求学校应当设立教学研究机构，加强教研和科研工作，组织教师参与国家和地方的教研活动。

科研成果 1991年12月，市教育局举办了第一届中等师范学校化学自制教具展，全市18所师范学校的106件自制教具参加展览。1992年3月2日，市高教局下发《关于开展北京中等专业学校第二届优秀教学成果奖励活动的通知》《1992年北京中等专业学校高教局级优秀教学成果奖励工作实施办法》。开始北京中专优秀教学成果评选，共收到申报成果64项，评出一等奖1项，二等奖7项，三等奖36项，鼓励奖19项。1994年3月，市高教局和中专教育研究会开展了第二届中专教科研究优秀论文评选。58所学校和单科研究会参评论文共331篇，一等奖5篇，二等奖15篇，三等奖30篇，鼓励奖80篇。1995年，第三届中专学校优秀教学成果评选，有31所学校的75项申报项目，56项成果获奖。一等奖空缺，二等奖10项，三等奖31项，纪念奖15项。1994年交通学校青年教师董浩军设计的教学挂图器获得中国专利局颁发的实用新型专利证书。

中国职教学会中专教育委员会决定，1995年在全国普通中专开展首届中专教育科学优秀论文评选活动，评选工作于1996年4月完成，全国一等奖13篇，二等奖10篇，三等奖60篇。北京市共有9篇获奖，其中一等奖2篇，二等奖4篇，三等奖3篇。1996年3月，二轻工业学校老师李根京参加市政府组织的工业设计竞赛获金奖。获奖的项目是“多功能订书器”,系装订、打孔一体的新组合文具，设计获得国家专利。1996年由市教委职成处组织中专教学管理研究会和市化工学校开发的“职业教育教务管理系统软件”研制成功，开始在中专学校中推广试用，教委职成处组织全市中专学校教务管理人员进行了操作培训。1997年6月，北京代表队参加全国职业中学第二届“蒙妮坦杯”美发美容技能大赛，北京获6个项目总分第一名和精神文明奖。

1998年5月，市教委发布《北京市中等职业学校教学成果评审办法》，在全市职业学校开展优秀教学成果评选活动。各学校共申报教学成果114项，其中，中专57项，职高57项，专家组从中评选一等奖4项（中专3项，职高1项）；二等奖12项（中专10项，职高2项）三等奖42项；（中专20项、职高22项）。1998年6月，化校与化工大学联合研制流程及工艺操作仿真软件及其相对应的两套集散控制系统（DCS）组态软件，该教学软件的开发和研制，在于配合化学工艺专业和工业仪表及自动化专业新技术课程应用的教学改革。

1999 年 12 月，供销学校与中国软件行业协会 CFTG 分会合作开发“计算机控制模型”及在计算机教学中的应用软件，在“’99 年国际计算机应用技术展示会”上进行了展出。1999 年 10 月，延庆县农技校培植双孢菇试验获得成功，该菇种营养价值高，种植方法简便，具有很高的推广价值。2000 年 11 月，电子工业学校的学生参加香港国际发明会，学生宋颖健、刘晓月发明的“多功能教学演示音乐计算尺”，马文宇发明的“压电式电子小提琴”，许臣发明的“独管电子管风琴”获日内瓦国际发明团体奖；张宇、宋颖健发明的“电动式万向激光扫描器”和张宇发明的“采用修正平均律制的视觉钢琴调律仪”获银奖；张亮发明的“自控明暗电焊面罩”获得铜奖。参加这次的发明会的中专学校只有一所。2000 年 4 月，二轻工业学校学生设计制作的多功能可编程教学演示机械手参加 2001 年国际职业教育成果展，该机械手具有语言、行走、搬运、喷涂和书写等多种功能。2001 年 6 月，在首届全国优秀职业教育软件评审中，化工学校 3 个软件（分别是“职业教育成人教育行政管理信息系统”“职业学校校园信息网管理系统”“北京市世行贷款职教项目信息系统”）获得全国二等奖。这些软件在全市 100 多所学校推广使用。2001 年计算机学校与联合大学信息学院合作，建立了多媒体远程教育系统，学校开通了 ISDN 专线，建立并开通了远程教育网络系统。

2002 年 1 月，市教委编印了《深化职教改革，扩大对外开放——加入世贸组织（WTO）后首都职业教育可持续发展的战略思考》。该书汇集首都职业教育可持续发展调研成果 57 项，涉及合作与交流、专业建设与课程改革、办学模式改革等内容，全书共 40 万字。2002 年 7 月，教育部职成司启动中等职业教育国家规划教材配套多媒体课件开发工作。2002 年 5 月，市教委印发《北京市中等职业教育教学成果奖励实施办法》，市教委决定对 1999 年以来的中等职业教育优秀教学成果进行评选和奖励。2002 年 5 月 9 日，市教委印发《北京市中等职业教育教学成果奖励实施办法》的通知，决定对 1999 年以来的中等职业教育优秀教育成果进行评选和奖励，制定了《北京市中等职业教育教学成果奖励实施办法》，成立中职教育教学成果奖工作领导小组，奖励为对市级一等奖授予获奖人证书和 3000 元奖金，市级二等奖授予获奖人证书和 1500 元奖金，优秀奖授予获奖人证书。获奖者记入本人人事档案，作为评定职称、晋级增薪的一项重要依据。荣获市级一等奖的个人允许直接申报中学高级教师或中专高级讲师职称的评定。2002 年 7 月，教育部在吉林省长春市举办全国中等职业学校学生计算机、烹饪、美容美发、服装设计四个专业的技能大赛，北京市教委组队共选派 39 名选手参加了计算机、烹饪、美容美发三个专业的比赛。这些选手都是经过学校推荐、预赛选拔、组队集训、专家指导四个阶段而参加比赛的。选手们以向其他省、直辖市、自治区的选手学习的态度，在比赛中，遵守规则、尊重选手、服从裁判，发挥了较高的水平，取得优异成绩，为北京市争得了荣誉。共取得特等奖1个，一等奖9个，二等奖12个，三等奖8个。11月，市教委下发《关于对北京市参加全国中等职业学校技能大赛获奖学校指导教师获奖选手进行通报表彰的通知》。12月，市教委下发《关于公布2002年北京市中等职业学校教育教学成果奖评审结果的通知》，对在中职教育教学工作中做出突出贡献取得显著成绩的集体和个人的优秀教育成果进行评审和奖励，有13项成果荣获一等奖，有25项成果荣获二等奖，有41项成果荣获优秀奖，并为获奖集体和个人颁发荣誉证书。

2003年，第五届“北京高新技术产业国际周暨中国北京国际科技产业博览会”在京开幕，专设的“北京教育周”展示了北京教育成果和现代化教育教学手段。职高各试点校根据各自的实际情况，有重点地开展了模块化、综合化特色校本教材的编写和“以就业为导向”的实训基地建设。为推进中等职业学校专业与实训课教材建设，鼓励和倡导中等职业学校结合生产实际编写专业课教材，市教委和市教科院职成教材中心于2003年年底开展了北京市中等职业学校专业课自编教材，讲义交流与评选活动。共有53所学校192位教师的238份材料参评，有65份获奖。2006年，黄庄职高口腔义齿工艺专业请全球著名口腔义齿医疗企业入校，借鉴德国“尤根口腔义齿”先进的企业文化、高科技、严格的管理制度与面向全球的业务网络接轨，改变了我国传统口腔义齿“小作坊”式的纯手工制作工艺，形成集国际化、集约化、数字化、工艺化、自动化，校企深度融合的高新医疗科技专业。黄庄职高校的服装制作与设计专业与著名服装品牌、老字号服装店“红都”合作创建“京式旗袍”研发基地，被授予“北京市非物质文化遗产传承基地（京袍）”，为传承国粹做出了贡献。

首届中国职教科学研究成果奖评选揭晓。在2007年12月举行的中国职业技术教育学会第三次会员代表大会上确定38项获奖成果：一等奖5名、二等奖13名、三等奖20名，其中北京职教获一等奖1名，二等奖3名，三等奖4名。中国职业技术教育学会设立职教科学研究成果奖的目的在于提高我国职业教育科学研究的水平，扩大职业教育科学研究成果的社会影响，引导职业教育科学研究的正确方向，奖励职业教育科学研究的重要成果（首届中国职教科学研究成果奖北京职教获奖情况见表5–1）。

表 5-1　　　首届中国职业教育科学研究成果奖北京获奖情况一览表

获奖等级	成果名称	研究单位	成果责任人
一等奖	“宽基础、活模块”的理论与实践	北京市朝阳区教研中心	蒋乃平等 11 人
二等奖	创建制冷和空调专业多元化实训基地	北京市电气工程学校	宋友山等 6 人
二等奖	农业职业教育能力建设计划	北京农业职业学院	王振如等 10 人
二等奖	职业教育发展论纲——透视北京职教	北京教育科学研究院职成教所	刑晖
三等奖	《电工技术》课程改革研究与实践	北京市建筑材料工业学校	刘振强等 8 人
三等奖	以就业为导向营销职业能力五维训练模式	北京商贸学校	苏兰君等 6 人
三等奖	学生自主性网络学习资源的建设与应用	北京二轻工业学校	孙经钰等 6 人
三等奖	电子与信息技术专业课程体系改革——资格导向应职能力目标教学体系的构建与实施	北京市电子工业学校	田淑华等 4 人

昌平职校学生成功参与了昌平区科研单位“百合花种球脱毒”科研攻关项目，其中大多数基础试验人员甚至关键部门负责人都是该校学生；该校学生还利用“组培实习室”和 66 座现代化温室大棚，从事蝴蝶兰在京驯化、栽培推广与销售工作，为首都节庆市场提供了在京生产的蝴蝶兰、百合花等珍贵花卉。特别是该校自主研发的 9 个蝴蝶兰新品种，经过英国皇家园林协会鉴定，填补了国际蝴蝶兰品种空白。昌平学校入选首批 2010 年度“国家中等职业学校教育改革发展示范学校建设计划项目学校”，是北京唯一一所获此殊荣的职业高中。

为迎接 2008 年首届全国职业院校技能大赛，2008 年 4 月，市教委、市劳动和社会保障局联合举办北京市迎奥运职业院校技能竞赛暨 2008 年全国职业院校技能大赛北京赛区选拔赛。比赛共涉及 86 个专业工种，76542 名学生参加选拔赛。通过学校、区（县）层层选拔后的初赛、复赛、决赛，67 人获一等奖，85 人获二等奖，104 人获三等奖。有 45 名中等职业学校选手，代表北京市参加了 2008 年 6 月举办的全国职业院校技能大赛中职组比赛。北京市代表团与来自全国 37 个省、自治区、直辖市、计划单列市和新疆建设兵团的 2000 余名选手一起参加了电工电子、汽车维修、数控技术、计算机、美容美发、烹饪、服装制作、模特表演等 10 个专业类别、24 个竞赛项目的角逐。首战告捷，北京市取得了汽车运用与维修、烹饪、计算机应用三个项目的 5 个一等奖，在其他项目上获二等奖 21 个，三等奖 10 个，优秀奖 10 个，获中职组团体三等奖。由市职教学会物流管理专业委员会举办的“北京市中等职业学校‘络捷斯特杯’现代物流专业知识技能比赛”于 2008 年 5 月 31 日举办，来自全市 12 所中等职业学校的 1503 名学生参加了比赛。共决出 1 个团体一等奖、2 个二等奖、3 个三等奖；个人单项一等奖 10 人，二等奖 25 人，三等奖 37 人。

2009 年 11 月，市教委举办中等职业教育优秀多媒体课件暨教育部优秀多媒体课件评选活动。在 144 个参赛课件中，评选出一等奖 1 件，二等奖 15 件，三等奖 33 件，并选拔 12 个优秀课件参加了教育部的评选。2009 年 12 月，市教委举办中等职业学校公共基础课程教师教学设计（说课）比赛。全市 68 所中等职业学校 281 名任课教师参加了语文、数学、英语、计算机和德育共 5 个学科的比赛。26 人获一等奖，71 人获二等奖，114 人获三等奖，70 人获鼓励奖。2010 年 4—5 月，市教委举办 2010 年北京市中等职业学校技能大赛暨全国职业院校技能大赛预选赛。2010 年 6 月 24 日，市教委组织学生参加 2010 年全国职业院校技能大赛，其中有 90 名学生参加了 10 个专业 33 个项目的比赛。这充分说明了北京市中等职业学校把参赛作为日常练兵的常态教育教学工作，以赛促教，充分发动广大教师与学生群体互动，全员参与各类比赛与展示活动，达到了提高学生综合素质的目的。2010 年 11 月 12 日，昌平学校入选首批 2010 年度“国家中等职业学校教育改革发展示范学校建设计划项目学校”，是北京市唯一一所获此殊荣的职业高中校。

科研课题　北京市教育科学规划领导小组委托市教科所制定《北京市“八五”期间教育科研选题指南》，关于职业教育的选题主要有：职业教育管理体制改革的研究，职业技术教育课程体系的研究，职业技术学校的德育问题的研究，职业技术学校干部、教师队伍建设问题研究，职业技术学校学生的素质、规格问题的研究。1991 年通过中专学校全面开展内部综合配套改革，推动了教学和科研工作。工艺美校组建金罗盘工业设计研究所，为北京国际邮电局营业厅进行室内设计，受到国际友人的好评。1994 年 11 月，市教育科学规划领导小组召开“重中之重”课题组长会，确定了 12 项课题，其中大兴二职担任的重要课题是“大兴县职业高中专业设置如何促进本地区经济发展的研究”。海淀师范进修学校担任“基础薄弱校群体教学改革实验”。中专语文教学研究会开展多种形式的教学教研活动，组织召开教学研讨会；语文教师培训会；组织中专语文文言文教学研究课；举办语文电化教学经验交流等。1997 年，中专教育研究会组织召开“多媒体《电信英语》课件教学观摩研讨会”。课件体现的特点是可进行人机对话，声音、图像、拼写练习、自动判分等多种内容集中。1997 年 9 月 25 日，在北京召开了全国课题组工作会议，进一步明确当前职业教育特别是中专教育的改革与发展，要求中专教育把握的目标是调整专业设置，拓宽专业方向，调整课程结构，更新教学内容。在 11 月 6 日的职业教育教学改革座谈会上，会议明确了职业教育改革的根本任务是落实以能力为本位的指导思想，从专业建设入手，以课程改革和教材建设为核心，提高职业教育的质量和效益。

1998年，北京市组织研制开发了教务管理软件。主要包括教学管理中的计划管理、师资管理、质量管理、设备管理、教材管理、专业管理6个方面，能依据条件自动生成50种教务管理所需报表。1998年11月，市教委印发《北京市面向二十一世纪深化中等职业教育教学改革的意见》，在第二大方面，努力推进北京市中等职业教育教学的改革中第3条：加强教学研究和教改实验，其中强调了职业教育的教学改革工作必须建立在科学研究的基础之上，在科研指导下进行。健全和完善市、区（县）和行业、学校三级职业教育科学研究和教学研究机构以及群众性的职业教育学术社团，教育行政部门要支持他们积极承担教学研究、教学指导、教学评价、教材编审、师资培训等业务工作，充分发挥他们的作用。教学改革实验是探讨职业教育教学规律、推动教学改革工作的科学手段。要认真学习国内外先进的职业教育理论与方法，针对教学领域中的重点课题，进一步有组织、有计划地开展教改实验。市教委将制定《中等职业教育教学改革项目管理办法》，对获准立项的教改项目给予一定的支持。要做好教学改革成果的传播和推广工作，中等职业教育优秀教学成果评审活动每三年进行一次，形成制度，对优秀教学成果给予表彰和奖励。2000年10月，召开的全国“九五计划国家级重点课题，整体构建学校德育体系的研究实验2000年学术研究成果”大会上，丰台云岗职业高中校获得二等奖。10余名中青年教师分别获得专项论文奖。丰台云岗职业高中自1997年参加这个国家级重点科研课题，学校10余名中青年教师与中央教科所共同参与各专项课题的研究。通过三年的课题研究，不仅在国家级研究中获奖，同时也把其成果融入学校的工作，并收到明显效果。其具体做法是：寓教于课；寓教于活动；寓教于班；寓教于环境；寓教于家庭；寓教于社会。2002年丰台职业教育中心学校承担了国家级课题“职高教学元心理优化训练的研究”和市级课题“职业高中教学当堂反馈的研究”。教育部职成司2000年要求加强中等职业教育教材信息服务网站建设，2000年12月27日，教育部职成司发布了《关于加强中等职业教育教材信息服务网站建设的意见》。意见要求，省级网站要在省、自治区、直辖市教育行政部门的领导下，遵守国家法令，贯彻国家有关中等职业教育教材建设的方针、政策和法规；坚持在注重社会效益的同时，提高经济效益，增强服务意识，及时、准确地做好中等职业教育教材信息服务工作。要严格遵照网络运行规则运营，遵循社会主义市场经济规律，搞好教材的信息传递、征订、供应等服务工作，自觉维护中等职业教育教材信息服务网络的正常工作秩序。

市教委从2001年开始，历经10年分两个阶段顺利完成中等职业教育课程体系改革任务，解决了长期以来不断争论的职业高中文化课与专业课、专业理论课、实习实训课之间的关系；顺义区第一职业学校建立符合地区人才需求的“宽基础，活模块”课程体系。学校依托顺义区汽车产业园、航空产业园、首都机场服务与物流等现状设置专业，形成品牌专业引领、多种专业并举格局。学校开展了农村劳动力转移培训项目，获北京市教委农民培训优秀项目评选一等奖。经过四年的探索与实践，北京市各项目试点学校在课程体系整体改革中均取得明显成效，初步形成了具有首都特点的现代职业教育课程模式。以劲松职高中西餐烹饪专业为代表的“多元选择课程模式”为例，该模式的主要特点是，学生在国内外分段学习，注重中外课程衔接，并改造传统课程，使全体学生受益。其课程结构分为两段：第一段为两年国内基础性课程。第二段为选择性课程，即学生可选择出国赴外方学校学习专业课，毕业后获中、外两校毕业证书和国外职业资格证书；学生也可选择在国内学习，进而在国内外就业或升学。该模式具有多级模块化结构，充分体现了以学生为本位，以就业为导向，以培养学生实用能力为基础，以培养实用人才为目标，发挥个性特长，全面发展。劲松职业高中通过与国际接轨的课程体系改革，使学生获得就业能力的同时，在专业上考取国内行业技术等级证书或国外职业资格证书，使学生既适应国内企业的岗位需求，又适应国际型劳动者的需求。该课程体系改革实现了“三个一体化”：即学做人与学做事一体化，职业技能训练与职业道德培养一体化，教学过程与工作过程一体化。劲松职业高中通过课程体系改革，形成了鲜明的办学特色，展现了“首都特色”职业教育魅力，吸引了多个国家的学生到劲松职业高中留学。

2003年，北京职业教育开发了多项“北京职成教信息网”，网上办公系统开始形成，网上远程教育系统已初步运行，全市国家级和省部级重点校校园网建设已基本完成，计算机与多媒体教学设备以及网络设备进一步改善，同时各校还开发了一批模拟仿真系统。2003年2月和7月，全国中等职业教育教材审定委员会审查后的课件以“中等职业教育国家规划教材配套多媒体课件”的名义出版发行。2003年7月，市教委组织参加教育部在长春举办的中国职业教育成果展示会。市教委携交通学校、农业学校、商贸学校、建材工业学校、外事服务职业高中、信息管理学校、劲松职业高中、计算机工业学校、昌平职校等代表北京市向全国社会各界展示了首都职业教育改革和发展的成果。2003年12月3日，教育部、劳动和社会保障部、国防科工委、信息产业部、交通部、卫生部联合发出《关于实施“职业院校制造业和现代服务业技能型紧缺人才培养培训工程”的通知》，教育部会同相关部委办公厅或行业组织印发了相关专业领域技能型紧缺人才培养培训指导方案，并公布了参加此项工程的职业院校作为培养培训基地。

2004 年 3 月，国务院批转教育部《2003—2007 年教育振兴行动计划》中指出：要实施“职业教育与培训创新工程”，推广“订单式”“模块式”培养模式；探索针对岗位群需要的、以能力为本位的教学模式；面向市场，不断开发新专业，改革课程设置，调整教学内容。开展“工学结合、半工半读”试点工作，积极探索以生产实习为核心的助学制度。为配合此项目的落实，市教委采取了边试点边研究的方法，将半工半读理论研究与实践探索列入北京市教委 2007 年立项课题，以便及时总结试点经验，解决试点中出现的问题。北京市昌平职业学校等市属 2 所中等职业学校作为全国职业教育半工半读试点院校，积极开展了此方面的研究。2007 年 7 月，教育部职成教司设立“以就业为导向的中等职业教育教学改革的理论探索”等 15 项课题分别委托职教中心研究所、部分地方科研机构、教育行政部门、研究人员、专家学者等承担。课题报告均按照对中等职业学校教育教学改革、培养目标、学制、课程体系等进行梳理归纳，提出政策建议，调查在分析的基础上，研究当前中职学生文化知识水平、学分制、教材建设、师资等方面存在的问题及对策建议等。“九五”计划至“十一五”规划期间，北京职教系统参加全国教育科学规划课题立项中与职业教育相关的课题研究，如“中等职业教育教学方法与手段的开发研究”“职业教育与劳动准入制度互动性研究”“职业学校实行弹性学制和学分制的研究”等（见表 5–2）。

表 5–2 “九五”计划至“十一五”规划期间全国教育科学规划课题立项中与职业教育相关的课题一览表

课　题　名　称	课题负责人	负　责　单　位
中等职业教育教学方法与手段的开发研究	刑晖	北京市职教中心教科部
面向 21 世纪职业高中课程与专业教材体系改革的研究与实践	王军伟	北京市教材发展研究所
职业教育与劳动准入制度互动性研究	马叔平	北京教科院
应对 WTO 挑战，中等职业学校实施 ISO 9001 国际质量体系认证研究	迟铭	北京市外事服务职业高中
职业学校学生学习特点研究	阵丹辉	北京教科院职成所
职业学校实行弹性学制和学分制的研究	王振如	北京农职校
职业学校教学质量控制系统研究	高奇	北师大教师培训学院 职教师资培训中心
五年制中高段衔接与贯通的职业技术教育模式与人才培养及相关的对策研究	贾宇明	北京电科职院
创新公办职业学校内部管理机制研究	张香永	北京商贸学校

2009 年 3 月，市教委颁发《关于进一步深化中等职业教育课程改革的意见》，明确指出第二轮中等职业教育课程体系改革的基本原则，推进 41 所职业学校的课程改革，组织专家和骨干教师深入到 270 家企业开展人才需求、职业标准、岗

位能力、基本素质要求等调研；指导学校完成了41个专业教学指导方案的制定与实施，指导教师完成了232门专业核心课程的教学设计以及教案的编写、课堂教学的实施；对全市2000名教学骨干进行了课程改革专题培训；继续推进“学分制学习制度”改革；重点支持59个专业创新团队，培养800名优秀青年骨干教师，资助70所职业院校聘请的1304名兼职教师完成继续教育；组织2000名教师接受专业培训，200名专业教师到国外接受业务培训，还对2300名公共基础课教师进行了专业培训。为加快中等职业学校“双师型”教师队伍建设，市教委2009年4月29日发文《关于印发北京市教育科学“十一五”规划2009年度课题指南的通知》。根据《北京市教育科学“十一五”规划纲要》和《北京市教育科学规划课题管理办法》的有关规定，决定自4月30日起启动2009年度课题申报评审工作。市教育科学“十一五”规划2009年度课题指南将通过市教委、教科院和市教科规划领导小组办公室网站发布。在第二轮课程改革中，市教委组织编写《北京市中等职业学校以工作过程为导向课程改革实验项目报告》《107门专业核心课程教学设计、自编讲义》等指导性、方向性文件。课程体系整体改革试点校在课程改革的各个环节，都进行了校企合作的有益尝试，取得了宝贵经验。如外事学校借鉴“洛桑模式”，不仅自办二星级实习饭店，还和首都旅游集团合作开办“如家连锁酒店”。劲松职业高中在实训设施的建设上，主动争取企业的全力支持，与相关企业建立了深入的合作关系。该校借鉴世界最新的厨房设计理念，引进远程厨房智能控制系统，依据计算机监控系统和多媒体功能的现代化设备，设计并建造了一座现代化的“烹饪剧院”，把烹饪技术提高到烹饪艺术的高雅境界，在中、西餐饮食文化包装的色、香、味、形、器俱佳的珍馐中，给人以人文内涵的视觉、舌尖美的高尚享受的文化饕餮。劲松职高率先建设的多媒体教学烹饪实习基地，是当前烹饪界最前沿的多功能教学实训场地，引领了职业高中烹饪实习基地建设的新潮流。该校烹饪专业也被赞誉为培养“五星级饭店厨师长的摇篮”。昌平职业学校提出“变管理学校为经营学校”，进而升华为“科学经营学校”的过程中，市教科院职成教所给“变管理学校为经营学校”科研立项，并通过缜密审核完成结题工作，使“科学经营学校”成为职业教育思想研究的创新成果。昌平职校以创新职教理念与思想为先导，使这所农村职高在改革创新、实现多元高效发展过程中成为“北京乃至全国职业教育的一面旗帜”。

2009年11月，市教委举办北京市中等职业教育优秀多媒体课件暨教育部优秀多媒体课件评选活动。在144个参赛课件中，评选出一等奖1件、二等奖15件、三等奖33件并选拔12个优秀课件参加了教育部的评选。2009年12月，市教委举办“北京市中等职业学校公共基础课程教师教学设计（说课）比赛”。全市 68 所中等职业学校 281 名任课教师参加了语文、数学、英语、计算机和德育共 5 个学科的比赛。26 人获一等奖，71 人获二等奖，114 人获三等奖，70 人获鼓励奖。

第二节　校企合作

企业改革带动学校专业设置改革，很多中专学校开设企业需求的新专业。如一轻工业学校开设的食品工艺、微生物检测、物业管理；二轻工业学校的玩具、服装、模具设计与制造；汽车工业学校的汽车零部件设计与制作；卫生学校的中医制药；建材学校的混凝土成型工艺；仪器仪表工业学校的冷仪、热仪等专业及商业学校、商贸学校、物资管理学校创立的电子商务、市场营销、物流等专业。

北京市中等专业学校联合技术服务中心，1991 年 6 月 14 日召开第一次技术项目洽谈会，参加会议的学校有：农业学校、第二轻工业学校、建材工业学校、计算机工业学校、一轻工业学校、汽车工业学校、邮电工业学校、机械工业学校、电子工业学校等。会议邀请深圳万通新技术开发公司总经理、深圳桑达群豪电子有限公司总经理到会介绍了深圳的特区建设、技术开发、技术引进、人才培训与需求等信息。联合技术服务中心在会上还发布了第一批 8 项技术项目，并进行项目洽谈。1991 年 12 月，中国汽车工程学会教育分会中专教育专业委员会成立，来自中汽公司系统和设置汽车专业的机械类中专学校的 13 个单位代表参加了会议，汽车工业学校为副主任委员学校。1992 年为贯彻《国务院关于大力发展职业技术教育的决定》，落实“先培训，后就业”，逐步实行“双证制”的原则，经市劳动、教育部门商定，北京市部分区（县）开始“双证制”试点工作，技工学校、职业高中、职业技术学校毕业生实行技术等级（岗位）考核办法。1992 年，市劳动局协助市政一公司、六建公司、制药厂等 11 个企业筹集资金 3350 万元，并贴息 850 万元，用以加快教学实体建设。1993 年，市劳动局决定在市属技工学校毕业生中设“金工奖”“银工奖”，以鼓励学习成绩优秀的毕业生。1993 年，首次“金工奖”“银工奖”评选，二轻工业技工学校、服务管理学校、化工工业总公司技校、百花有限公司技校的 7 名同学获“银工奖”，二轻工业技工学校 1 名学生获“金工奖”。

1992 年 5 月，北京市职教人才供求协作组成立，主要由教育局、市职教中心、市劳动交流中心联合成立，负责管理、协调、咨询开发等工作，为企业及办学部门服务，与职业高中与技校进行沟通等。1992 年 12 月 26 日，市职教咨询服务开发公司成立，该公司为职业高中的发展提供各种咨询服务，对职业高中实习场地、（企业）进行统一管理，帮助职业高中实习场地（企业）新项目开发及产品的销售。1993 年《中国教育改革和发展纲要》也指出“各级各类职业技术学校都要主动适应当地建设和社会主义市场经济的需要。要在政府的指导下，提倡联合办学，走产教结合的路子，更多地利用贷款发展校办产业，增强学校自我发展的能力，逐步做到以厂（场）养校”。打破了政府包揽办学的格局，逐步建立了以政府办学为主、社会积极参与、各方面联合办学的体制。职业技术教育主要依靠行业、企业、事业单位办学和社会各方面联合办学。1993 年 7 月 7 日，国家教委在北京召开“全国职业技术学校大力发展校办产业、加强生产实习基地建设工作座谈会”，提倡联合办学，走产教结合的路子。1993 年，北京银行学校与市农行联合达成协议，联合办学采用定向招生 100 人，利用农行培训中心的设备，由学校培训，农行参与管理，学制三年。1993 年，职业高中坚持“主动适应当地建设和社会主义市场经济的需要”,走“产教结合”的路子,加快发展步伐，初步形成多形式、多规格、多层次的办学格局。同年，市教育局召开职业高中对外交流与合作经验交流会。

1994 年，中专学校开始走校企结合、共育人才的道路，提出了“企业围绕市场转，学校围绕企业转”的口号。医药器械学校召开人才需求研讨会，邀请了有关局、公司领导，14 个单位的厂长、经理等 40 多人，研讨市场经济下对人才的需求，研讨会后根据企业的需求调整专业。海淀卫校校长带领学校干部、老师走访各大医院，根据用人单位的人才需求制定教学计划、大纲、课程设置等。卫校邀请了卫生医疗 60 多个单位的人员，征求用人单位对学校设置的专业和学生人才的需求，了解毕业生的基本情况，改进学校的教学内容和教育方法。北京市交通学校召开与 30 多个用人单位的见面会，了解市场和企业的要求，组织学生与企业的双向选择预分配会，当场签约 150 多人。1994 年，劳动部下发《职业资格证书规定》，1995 年劳动部下发《关于技工学校、职业技术学校和就业训练中心毕业生实行职业技能鉴定的通知》。从此，中职学校进入“双证书”时代。1994 年 6 月 30 日，劳动部职业技能鉴定中心正式成立。1993 年至 1994 年，扩大了在职业高中“双证书”试点工作。18 个区（县）开展了“双证书”考核工作，和劳动部门联合，3 年共考核了 12 个专业工种，参加考证的学生 3000 多人，取证率达 85%，1994 年，海淀区对 10 所职业高中的 10 个专业进行了等级考核，并对中级技术等级工作进行了探索，参加考证的 357 名学生中，215

名获得初级技术等级证书，52 人获得中级技术等级证书。就业培训分类的情况，以 1994 年为例，本市技校培训总人数近 5 万人，按培训单位划分，由企、事业单位组织培训的人最多，占总人数的 36.2%，由街道培训的占 32.4%，由区（县）培训的占 17.8%，其他单位培训的占 13.6%。按培训的行业划分，工业交通邮电占 33.9%．建筑业占 4.5%，商饮服务占 28.2%，经营管理占 6.7%，其他占 26.7%。按培训时间分，半年以内的占 82.4%．半年以上的占 17.6%。1996 年 12 月 24 日，交通学校与汽车修理公司联合办学签字仪式举行，协议规定公司为学校每年培训老师，安排学生实习，提供必要的教学设备，交通学校向公司推荐毕业生。1996 年，北京市有 30 家企业进行企业教育综合改革实验，有 23 个企业成立企业教育委员会，制定出本企业教育综合改革方案。1997 年 3 月，市妇联农村妇女科技培训基地在农校成立，利用农校的师资和设备为妇女干部进行定期知识和技能的培训。从 1997 年开始实施劳动预备制度试点工作，开始对初中毕业生进行职业技能培训，21 所学校承担了 11 个工种的培训和职业技能鉴定工作。市技工学校共承担各系统、企业内部和社会失业、下岗人员转岗培训 1.1 万多人。1997 年，农校与天建集团达成合作协议，在农业技术专业外又设立了计算机应用、工业与民用建筑等，为集团培训应用型人才，同时培训集团的员工。企业接收学校的毕业生并参加企业实习实践等。

多元化办学模式，不断拓宽学校办学功能，如交通学校先后与日本丰田公司、德国巴斯夫公司、瑞典卡尔拉得公司、美国通用公司、京港地铁公司、首都高速公路发展公司、首汽公司等一大批国内外优秀企业合作办学，建立特色班，开展“订单”教学，设立教育奖等。实美学校美容美发专业与香港知名美容专家郑明明合作，引进香港“蒙妮坦美容美发公司”管理模式，创办了产教结合的教学实习基地——蒙妮坦美容美发厅，并成为北京市美容美发七大名店之一。学生边学习边实习。外事学校先后与韩国、新加坡、新西兰、荷兰、英国等国家的旅游酒店类学校签订了合作办学协议，学生的学历教育或项目培训、学生实习、赴外专业展示等多个方面合作。2001 年 4 月，西城区汽车职业学校获得举办英国伦敦城市行业协会机动车工程考试项目授权。考试合格获得商贸零售管理服务人员资格证书．是持证上岗和就业准入的凭证。2002 年，经济技术开发区建成职业教育园区（职教集团），北京引进外资贷款 3500 万美元，用于引进国外先进教学设备，建设了 10 个现代化实验实训基地，使硬件设备水平得到根本的改变。2002 年，国务院专门召开了全国职业教育工作会议，颁布了《国务院关于大力推进职业教育改革与发展的决定》。该决定指出要深化职业教育办学体制改革：“形成政府主导、依靠企业、充分发挥行业作用、社会力量积极参与的多元办学格局。”同年2月，市政府发布《北京市人民政府关于大力推进职业教育改革与发展的意见》。该意见也指出要“深化办学体制改革，形成政府主导、依靠企业、充分发挥行业作用、社会力量积极参与的多元办学格局”，并结合北京市实际情况，提出重点建设一批现代化中等和高等职业学校及职业培训机构。

2004年，教育部等七部门《关于进一步加强职业教育工作的若干意见》指出：“各级政府要在发展职业教育中继续发挥主导作用，努力办好公办职业院校。行业企业要继续办好职业学校和培训机构，鼓励行业企业与职业学校实行合作办学，建立行业职业教育咨询、协调机制。强化企业自主培训的功能，努力加强职工在岗培训和下岗失业人员培训。”2002年，外事职高与日本角王集团公司签订中华茶艺专业日本总代理协议。依据协议，日本总代理有茶艺培训，颁发外事职高茶艺合格证书资格。2004年4月，市教委转发教育部《关于进一步加强中等职业学校实习管理工作的通知》，要求职业学校要主动加强与企业和用人部门的联系，建立订单式培养等多样化的合作办学机制，利用企业事业单位的人才和设施、设备等方面的优势条件开展实践教学。2004年，塑料工业学校在校企结合中与长城牡丹模具制造有限公司成立了校企研发中心，与北京天天益友科技公司签订“数控机床操作培训班”协议，通过校企结合达到社会效益与经济效益双赢。2004年，经市建设职业技能岗位鉴定总站批准，城建学校建立北京建设职业技能岗位鉴定分站。分站的主要任务是在总站的指导下开展建筑业的木工、油漆工、防水工、试验工、钢筋工、工程电气设备安装调试工、电梯安装维修工等14个工种的初、中、高级技工职业技能培训和鉴定工作。2004年6月，城建学校举行建设职工大学、城建学校专家指导委员会客座教授聘任仪式。冯可梁向林寿等7位专家颁发聘书，专家委员会主任由市建委原总工、建筑业协会会长林寿教授级高工担任，副主任还有市建委委员、市建筑质监总站站长张玉平教授级高工，专家委员会委员同时被聘为职大客座教授。

职业高中立足经济建设和社会发展，依据职教特点设置课程。在课程改革进程中，学校加强与行业、企业的联系，聘请企业一线有经验的技术专家全程参与课程改革。从课程开发阶段调研、典型职业活动分析和教学分析、课程设置，到新课程实施阶段的设计、实施、评价和教学资源开发，以至每一次的阶段成果审议等，都有行业企业专家的指导和参与。实现了专业设置和培养目标与产业、企业和岗位群对接；课程内容与职业标准对接；教学过程与工作过程对接；学历证书与职业资格证书对接，实现了校企合作人才培养模式改革。如昌平职校与德国巴滕符德堡州教育部、赫恩特维职业技术学校合作，从 2004 年开始，用 3 年时间，双方共同开发了符合北京汽车维修市场需求的工作过程系统化课程，共 11 个学习领域、53 个学习情境，有力地促进了学校课程改革。

职业高中依据课程改革的要求，创造性地开发了诸多“校企合作”新项目：汽车修理学校和丰台区职教中心校汽修专业都在中国及北京汽修行业协会支持下，与国内外大型汽车制造、修理企业联合举办企业冠名的“中汽雷日班”“现代班”“德国博士汽车诊断高级班”等以及中高职接轨的大专班，让企业特色文化走进课堂，让企业岗位标准融入专业课程改革中，让企业参与学校教育与教学，实现了“校企结合、多点对接”“校企结合、工学结合、联合办学、订单培养”“一体化”办学的课改要求，从根本上改变了职业高中依据普通教育模式的教育教学思想与方法，创建了具有职业教育特色的课程体系。顺义区第一职业学校实行“订单教育”，2005 年，学校就向国泰半导体材料有限公司和市邮政速递公司等企业输送订单式中等技术人才近百人。订单式培养，实现了学校与企业的双赢。学校有 16 个专业，均已陆续展开订单教育培训。2005 年 10 月，丰台职教中心与北京蒙牛乳业公司签署合作。学校每年为企业培养、输送市场营销管理和推销人员，企业为学校提供师资和学生实习就业服务。2006 年 3 月，现代职业学校与工商银行北京分行签订了定向培养协议。2008 年 3 月，宣武一职与神州数码网络公司签订合作办学协议，双方在实训基地建设、课程置换、师资培训、教材建设、校内外取证培训、实习就业等多方面开展合作。2008 年 11 月，求实职校与北辰写字楼签订协议，校企双方在教师企业实践、学生实习实训、企业到学校授课、专业课程开发等方面进行广泛的合作。现代职业学校就“职业学校与行业、企业保持零距离”作了准确的诠释:“学校培养目标与社会发展要求零距离；技能实践教学与社会用人标准零距离；学生的自我发展能力与职业岗位要求零距离。”现代职校还把握“高品质、厚基础、宽口径、多出路”的办学宗旨，努力把学校办成“深化职教改革的基地，造就名牌教师的舞台，培养优秀学生的摇篮，向外展示的窗口”，积极落实“对内求实，全面推进素质教育，提高教育教学质量；对外求活，积极拓展职教市场、争取更大发展空间”的办学内涵，坚持“以服务为宗旨、以就业为导向打造职教品牌”，在“不断深化的改革中，注重求发展，做到思路清，模块活、平台广、重实践”；“在内联外靠中创建灵活开放的办学机制”；该校对学生提出：“上学如上班，上课如上岗”，对教师要求“事业型、智慧型、能力型、科研型”。2005 年，汽车工业学校校企合作有了更加成功的探索，学校与燕宝汽车维修公司合作，不仅是公司接受毕业生，而且是从学生的全面素质提升上双方共同努力，公司为鼓励学生学习设立企业奖励基金，获奖的学生可优先被推荐到企业，同时为提高学生的英语水平，特设专项基金，公司为学生聘请外籍老师，本校老师为助教，提高了学生学习英语的积极性。2005 年，北京多所中高职学校与国外企业开展合作伙伴关系。如仪器仪表学校与德国博世力士公司建立了中外产学合作关系，签署了合作协议。学校为德国博世力士公司提供展示空间；参与企业职工和校内外学生获取德国博世力士公司技术资格证书的培训。德国博世力士公司为仪表学校聘请资深专家到校作相关的学术交流，介绍该行业前沿状态，提供最新产品设备为学校老师创造参与职业教育教学、培训设备开发及参与实际工程项目的条件、开发产品知识产权共享。

2006 年，《北京市人民政府关于大力发展职业教育的决定》进一步明确深化职业教育办学体制改革，形成政府主导、充分发挥行业企业作用、社会力量积极参与的办学格局。2006 年 1 月，电气工程学校与外交部楼宇管理处签订电气设备运行与管理专业联合办学协议，学校开始定向招生，双方共同确定教学计划，培养技能型复合人才，楼宇处参与教学过程，并作为学校的校外实习实训基地。2006 年 4 月，市教委下发通知《关于北京市仪器仪表工业学校等六所职教园区内学校承担任务及发展规模的通知》，经济技术开发区职教园区将为北京市微电子产业、光机电一体化产业、生物工程和新医药产业、汽车产业等高新技术产业和现代制造业培养大量的高中级技能型人才。职教园区项目立项及规划设计方案，“十一五”规划期间园区每年为经济技术开发区的外资企业及合资企业等单位的在岗职工进行岗位培训和继续教育。职教园区项目立项及规划设计方案已于 2001 年经市发展改革委、市规划委、经济技术开发区城市规划局分别批准。“十一五”规划期间，园区在校生总规模将达到 1.2 万人，其中，中职 0.8 万人，高职 0.4 万人。每年为北京市经济技术开发区的外资企业及合资企业等单位的在岗职工进行岗位培训和继续教育，培训任务为 1 万人次。2006 年 7 月，交通学校与上海通用公司联合举办 ASEP 汽车维修服务技能校企合作项目，在京的 12 家上海通用公司企业参与合作。2007 年 1 月，建材学校与 SMC 中国有限公司签署校企订单式培养合作协议，根据协议企业提出用人标准，参与教学方案的制订，学校负责实施教学。2007 年 9 月，交通学校与丰田两家企业签署了合作协议。三方合作开设钣金喷漆课程，开设钣金喷漆丰田班，学生毕业可获得丰田 BP 课程一级技术员证书，交通学校成为国内首家引入丰田钣金喷漆课程的职业学校。2007 年 12 月，交通学校还与香港地铁公司、京港地铁公司签署城市轨道交通人才培养合作协议。公司参与课程引进和教学大纲、计划、教材的编写，提供实习场地，学生毕业优先录用。

市教委于2007年9月颁发《关于作好2008年北京市中等职业学校课程改革项目申报工作的通知》，启动第二轮职业教育课程改革工作。在学校申报和专家评审的基础上，确定15个与北京市经济发展紧密联系的专业，以试验项目形式推进第二轮课程改革的全面深化；积极探索“校企合作”共同开发职业人才培养新模式，开展“工学结合、半工半读”“教学与实训一体化”的人才培养新模式试验。2009年在具体操作层面，课程体系整体改革试点校在课程改革的各个环节，都进行了校企合作的有益尝试，取得了宝贵经验。

2008年3月，市教委举办市场营销专业师资到企业培训，由月盛斋清真食品有限公司董事长为老师们作“企业营销管理典型任务与营销岗位人才要求”的专题培训，70多名相关专业教师参加培训。2008年5月，商业学校与北京大明眼镜公司、红都集团等10家企业签订校企合作协议。企业为学校提供实践教学场所和设施，定期选派业务技术人员进行业务和技术方面的指导，学校按照企业的经营模式开展教学及业务活动，定期派教师到企业学习业务，了解市场信息，修订教学计划。主要合作企业有大明眼镜公司、红都集团、一商美洁商业有限公司、物流发展有限公司、商务会馆、商业机械研究所等。2008年，城建学校与北京益万金昊控股有限公司签署校企合作协议，要求通过特色教育，实现岗位对接。学生的学习和训练由专业实操老师和有经验的项目负责人共同承担实践教学。2008年，为检验课程改革的效果，市教委组织了17个专业课程开发团队，对中等职业学校专业对口的就业岗位、岗位群的需求与典型职业活动分析展开调研和教学分析，共开发了17个专业教学指导方案和232门专业核心课程标准，构建了“工作过程导向”的课程体系。

北京市发挥行业企业和优质学校优势，试点组建职业教育集团，实施职业教育实训基地建设工程，启动第二轮职业教育课程体系改革，校企合作开发课程，促进专业教学标准与职业资格标准的有效衔接。探索构建“工作过程导向”职业教育课程体系，组织编写《北京市中等职业学校以工作过程为导向的课程开发实验项目指导手册》。2008年9月，昌平职校与北汽福田康明斯公司合作开办定向班、校企联合授课，教学内容涵盖企业的先进技术、企业相关技术和业务的学习等。2009年，市教委组织专家和骨干教师到北京市主要行业的270家企业，开展人才需求、岗位职业能力和基本素质要求调研，校企合作共同开发专业课程，探索课堂教学内容与岗位工作内容结合的教学模式，完成41个专业教案和232门核心课程教学设计工作，对全市中职学校的2000名教学骨干进行课程改革专题培训。2009年，市教委对中职学校按照“行业串成线”“区域捏成团”，围绕重点发展产业领域和新城区建设，分别组建为行业发展服务的北京交通职教集团和为区域发展服务的昌平区职教集团，以此为依托探索办学和管理体制改革，开展校企合作、产教结合、工学交替等人才培养模式改革试验。2009年8月，市教委批文《关于同意成立北京交通职业集团的复函》，复函中指出：以所属北京市交通学校为依托组建北京交通职业教育集团，在管理模式上实行“管委会领导下的理事长负责制”，集团管理委员会由市交通行业主管部门、教育行政等部门及市属国有大型交通企业的负责人组成。集团理事会在管理委员会领导下负责集团的日常管理工作；将所属北京市路政局技工学校并入交通学校，将北京市房地产职工大学并入北京交通职业教育集团办学。铁路电气化学校、地铁技术学校、市公共交通高级技工学校等学校参与集团合作办学。2009年8月，市教委批文《关于同意成立北京昌平职业教育集团的复函》。批文中强调：充分发挥北京昌平职业教育集团的作用，资源共享，优势互补，积极开展学校之间、校企之间的交流与合作。积极拓展办学空间，职业学校教育、职业培训、成人继续教育和社区教育并举，不断提高办学效益，将集团打造成为首都职业教育的优质品牌，为区域经济社会发展提供人才智力支持。

昌平职业学校创新合作模式，加强校企深度合作。昌平职业学校秉承“两培养”“两课堂”“两指导”的校企合作原则，即学校和企业共同培养学生，校内课堂、企业课堂共同发挥作用，校内教师、企业教师（师傅）共同指导学生。合作体现在几个方面。冠名“订单”培养：依托昌平职业教育集团，学校现与集团内北京航空食品有限公司、北汽福田、康明斯发动机等企业签订人才培养协议，成立“航食班”“康明斯班”“美微亭花艺班”“禾子涧百合班”等大批冠名班、“订单”班。引进企业进校合作：即学校提供符合企业生产需求的设备、场地、环境，企业负责组织、生产、管理、销售，指导师生的生产、实践和实习实训，帮助学校建立生产与实训课程体系。学校将生产与实训课程纳入整个教学体系当中，安排师生实践与实习。学校引入北京若森数字科技有限公司，成立北京市若森数字科技有限公司昌职项目开发部，并建成3个企业工作室，开发《侠岚》百科、卡酷动画和公益动画等真实的企业生产项目。将企业标准植入数字影像技术专业人才培养全过程，企业项目植入课堂，学校师生融入企业生产，开展项目共建共管，形成“植企入校”校企合作模式。校企资源合作：校企双方利用各自的资源优势共同签订联合培养人才协议，共同制订培养方案和教学计划，学校负责学生基础理论课和专业基础课的教学，学生的实践教学和技能操作到企业中进行，企业全程参加人才培训过程，校企联合培养人才的教育教学内容贯穿到每一个教学环节当中，学生毕业后就能直接上岗。航空服务专业利用良好的合作关系，在航空公司、首都机场、北京会议中心、外航服务公司等企业开辟企业课堂，外树形象，内练气质，增强学生的综合职业能力。“产学研训”一体。园林绿化专业与北京盛景苑花卉有限公司合作，校企共建科研·人才基地，学校全面参与“种球繁育—切花种植示范—技术培训—产品推广—销售服务”的“一条龙”式百合产业链，共同研发了百合种球脱毒繁育技术，支撑了区域经济结构调整和产业转型升级。2009 年，丰台区职业学校实行的是：面向市场、接轨企业、开放灵活办学、校企合作共赢的市场办学策略，职教中心学校先后与首都大酒店、远东动画公司、北方金泰开元汽车服务有限公司等 100 多家单位合作办学，长期保持着友好合作关系。幼儿教育专业与上百所各级各类幼儿园建立了长期的合作关系，开展见习、实习、培训等内容的合作。电子商务专业与因特瑞斯公司、华远利达、华北高速、保利集团、首都剧场、北京铁路等公司联合办学，并签订合作办学协议或和用工订单培养协议。医学生物技术主要为中国人民解放军军事医学科学院五所、八所、九所提供科研辅助人才，也有在各级各类医学生物技术实验室、研究室从事生物技术辅助研究工作以及生物医药企业从事生产、生物制剂、管理及营销等工作。2009 年 11 月，商务科技学校与多家企业签署合作协议，分别与中国储运总公司和北京恒物物流公司签署合作协议，建立员工培训基地。商业学校与北京钟表眼镜行业协会签订合作协议，双方开展行业助学合作，行业协会负责市场开发和技术支持，学校负责招生、培训、考评等。2009 年，市教委深化中等职业学校教改，推进 41 所学校课程改革工作，组织专家和骨干教师到全市主要行业的 270 家企业，开展人才需求、岗位职业能力和基本素质要求调研；校企合作共同开发专业课程，探索专业的教学标准与职业资格标准的衔接，课堂教学内容与岗位工作内容结合的教学模式，构建基于“工作过程系统化”的中等职业教育课程体系，促进中职课程的整体优化。

2010 年，北京市中等教育工作加大布局结构调整力度，加强基础能力建设。修订《北京市现代化标志性中等职业学校建设标准》，确定 6 所学校为第二批现代化标志性中等职业学校，采取政府引导、行业企业参与、学校具体实施的方式重点建设。2010 年 8 月，市教委转发了教育部《中等职业学校管理规程》，在教职工管理和教学管理这些章程中明确：学校建立有利于引进企业优秀专业技术人才到学校担任专、兼职教师的聘任制度。学校可以根据需要通过“特岗、特聘、特邀”等形式，向行业组织、企业和事业单位聘任专业课教师或实习指导教师。

学校建立到企业实践制度。专业技能课教师、实习指导教师每两年应当有两个月以上时间到企业或生产服务一线实践。学校应当与行业企业紧密合作，共同建立专业建设委员会和专业教学指导委员会，加强专业建设和教学指导。

2010年市教委转发的教育部、人力资源社会保障部《关于加强中等职业学校校园文化建设意见的通知》中，市教委要求做到五个结合，其中要求把加强校园文化建设与职业教育特点紧密结合。积极推进校园文化和优秀企业的融合，促使学生养成良好的职业道德和职业行为习惯，帮助学生顺利实现从学校到企业的跨越。2010年4月，现代职业学校与招商银行、中药等14家企业进行合作，并在合作签约的同时进行现场招聘。2010年10月，商业学校与日本企业拓普康商贸有限公司签署合作协议，公司在学校设立奖学金，实施订单式培养专业技术人才，公司接受学生实习，安置学生就业。2010年12月，实美职业学校与漫博通国际动画制作有限公司签署合作协议，共同培养动漫游戏行业的实用人才，学生在校期间可接触动画片的制作、生产的全过程，全面提高学生的实操能力。

第三节　社会服务

专业特色服务　在参加多种社会活动中，职业学校发挥自己的专业特点，体现北京的职业风采。在1991年“五四”青年节，北京站广场举行了由城建学校和垂杨柳卫校发起的，有人民警察学校、汽车工业学校、北京卫校、北京护校等多所中专校的300多名师生参加的“学雷锋为民服务”专业特色活动。活动开展除有旅游指南、招生咨询、擦洗护栏、维护站内秩序等，还有查体、按摩、针灸等多项专业特色服务。市高教局林浦生局长、中专处的各位领导带来市长的慰问并一同参加活动。1993年，中专学校发挥自己的特长，组成义务服务队，为社会服务，在全市中专学校开展“学雷锋，创三优，争奥运”活动。各校走上街头，如石景山卫校、丰台铁路卫校、崇文卫校等利用自己特长开展义诊和长期定点服务。1997年5月，水利水电学校参加水利局组织的“北京水利科技大集”科技下乡服务活动。水利部、北京市有关领导参加了此次活动，水利水电学校通过文字图片、宣传、咨询等方式进行教育科技服务。2000年10月，轻工高级技工学校为工业系统承办第9届工人技术比赛，雪花电器集团、首都航天机械公司等11家单位的决赛在轻工技校举行。2007年，北京市开展“迎奥运、讲文明、树新风、我参与、我奉献、我快乐”活动，各类职校根据自己学校和专业的特点开展了一系列专业特色服务活动。2009年9月，昌平职校在第七届中国花卉博览会期间，承担了两花车的插制任务，同时承担了昌平林业局、大地园林有限公司、玉泉营花卉展厅展位布置和引导讲解工作。2010 年 5 月，北京卫校等 17 所中职校参加全国第六届“留住一桶水”环保系列教育、宣传、服务等活动。此次活动由市教委、环保基金会、教科院、可口可乐有限公司等单位共同组织。2010 年 9 月，外事学校组成服务团队，参加在北京饭店举行的第一届北京王府井国际品牌开幕式及晚宴等服务活动。

技能培训服务 职业学校发挥专业特色，进行多种实用性培训，解决社会或企业的人才短缺问题。技工学校在培训方面为社会稳定做出重要贡献，为职工转岗和再就业发挥了重要作用。由于推行用工制度改革，首先在新招工人中实行劳动合同制，社会上逐步出现了来自企业图解除合同或其他原因的待业职工，其中许多人需要转业，企业内部也因实行优化劳动组合择优上岗制度，出现了一部分下岗的富余职工。根据这个情况，1992 年 9 月 25 日，市劳动局发布《北京市待业职工参加转业训练管理规定（试行）》，规定区、县劳动部门对本区、县停产整顿企业的和辖区内社会待业职工转业训练进行管理，街道劳动部门负责动员、推荐本地区待业职工参加转业训练。

技工学校在培训方面为社会稳定做出重要贡献，为职工转岗和再就业发挥重要作用。1991 年，市劳动局组织有关的局、总公司和区、县劳动局共同制定了 147 个工种的就业录用标准，使就业训练的结业考核有了依据。丰台、朝阳、海淀、顺义等区、县劳动局组织了对辖区内就业训练班、校的检查，石景山区劳动局实行就业训练、考核、录用“一条龙”服务，使经过培训、考核合格的人能够较快地被企业录用。1991 年，全市有 612 个定向培训的班级，结业的学员有 20730 人，结业后就业的有 20175 人，就业率达到 97.3%。当年国有和集体所有企业招工总数中，经过就业前培训的达到 90% 以上。1991 年 11 月，劳动部在北京市召开全国就业训练工作会议，市劳动局的代表在会上介绍了推行“先培训、后就业”制度的经验。除组织定向培训外，1991 年，远郊区、县还对乡镇企业需要的人员进行定向培训和非定向培训，结业的有 478 个班级，20685 人次。1992 年定向培训开班的有 695 个班次，结业学员 22888 人，就业的 22763 人，就业率达到 99.5%；非定向培训开班的有 504 个班次，结业学员 22930 人次。1992 年，开始对未能升学的初、高中毕业学生进行就业指导，帮助学生树立正确的择业观念，能够根据社会需求和自身条件有针对性地选择参加就业前培训。1992 年参加就业指导教育的有 9308 人，当年全市国有和集体所有制企业新招职工 40147 人，其中经过就业前培训合格的有 36953 人，占招工总数的 92%。1993 年，国有和集体所有制企业新招工人30271人，就业前培训合格的有28394人，占93.8%。1994年新招工人32092人，就业前培训合格的有30073人，占93.7%。1993年，市劳动局又印发《北京市就业、转业训练结业证书管理规定》，拓宽了培训的领域，针对企业改革劳动制度中出现的下岗待业人员较多的实际情况，开展为企业富余人员再就业创遣条件的转业、转岗培训，当年技校对待业职工转业转岗培训850人。市劳动局于1993年5月发出关于实行"北京市工人技术培训许可证"制度的通知，规定凡是已经领取市成人教育局颁发的"北京市社会力量办学许可证"的办学单位，在举办面向社会招生进行技术等级培训的，都要实行工人技术培训许可证制度，并明确规定实行的范围、条件、申报审批的程序及有关招生和考核的办法。1993年，市劳动局给85个办学单位发给了许可证，1994年又给83个单位发了许可证，年底，对这168个单位进行了年度检查。到1994年，全市经过培训考核领取了技术等级证书的共有795657人，其中初级工263712人，中级工442554人，高级工89391人。1999年西城商贸职业高中，开展为社会培训，完成为新华书店、西单购物中心、中国集邮总翁公司等职工进行礼仪、规范服务、收银员、中级营业员、服务心理等多项职业培训。1999年9月，外事职高为北京第六届少数民族传统运动会的礼仪服务任务。在社会服务过程中，职业学校体现出自己的职业特点，通过各校不同的职业专长面向社会提供多方面的服务。1999年技工学校承担推行劳动预备制培训。市劳动和社会保障局、市教委等8个单位共同制定《关于北京市实施劳动预备制度的意见》，要求建立和推行了职业培训为主导，以就业准入为主要措施，其他相应组织管理为基础的劳动预备制度。规定新生劳动力和其他求职人员在就业前必须经过职业资格后方可就业，技工学校1999年招生培训3529人，由34所培训机构承担培训任务。

2001年9月，汽车工业学校为社会培训有关专业技术方面的各类人员5139人，培训的重点是面向社区企事业单位、街道。交通学校2001年完成社会培训和职业技能鉴定考核10606人，2002年完成社会培训和职业技能鉴定19886人，其中汽车驾驶员、汽车维修工技校等级培训3086人，技术等级鉴定6000人，营运驾驶员培训4127人，考核5705人，计算机录入员培训264人，危险货物押运员培训315人，汽车尾气治理培训344人。自动化工程学校作为"北京市技能型紧缺人才培养基地"校，自2004年至2005年3月就已开办9期"数控加工中心操作与编程"培训班，为全国共培训学员100多人，并经考核可取得中级数控操作员证书。2006年，全市职业教育与成人教育系统就完成了农村劳动力转移培训18.8万人次。其中技能培训9.9万人次。通过培训，6.9万人获得职业技能鉴定证书，取证率达 70%。实现了 8.3 万名农民顺利地从第一产业转移到第二、三产业就业。2007 年暑期，信息职业技术学院承担了市工商局 8 期的公务员公共管理核心内容的培训任务，工商局 544 名干部参加培训。2008 年 12 月，为发挥职业学校的社区教育辐射功能，商务管理学校为海淀花园路街道社区居民开设丝网花制作技能培训课程。2010 年 8 月，水利水电学校为南水北调建管中心一线技术人员进行培训，包括闸门运行工、工程测量等，同时为平谷的 200 名管水员进行业务培训。2010 年 8 月至 9 月，铁路电气化学校为津秦、京石、石武客专和京沪高铁等开设“高速铁路供电设备维护人员理论培训班”。北京、天津、石家庄供电段的 230 名职工分 5 期在京铁电校接受培训。

支边支农服务 20 世纪 90 年代初，在中共中央统战部的协调与组织下，在科技部的大力支持下，各民主党派中央、全国工商联组建的“智力支边领导小组”在贵州省黔西南布依族苗族自治州开展了以“星火计划、科教扶贫”为主的智力支边工作。经民进中央牵线，在市教委的大力支持下，1999 年 10 月至 2003 年 8 月，昌平职校、黄庄职高、劲松职高、大兴第一职高、大兴第三职高、民族职高等先后 4 次到黔西南州考察，分别与黔西南州农业中专、兴义市职业中学、安龙县德卧中学、兴仁县职业高中等多所职高建立互帮互学关系。市教委十分重视这项工作，要求“全力以赴、大力支持、力所能及”。昌平农村职业学校、劲松职业高中、黄庄职业高中、大兴一职、二职为黔西南州首批培养了园艺、蔬菜、美容、美发、烹饪、文秘、汽车修理、计算机等专业教师 40 余人。大兴第三职高与西城区汽车工程学校先后支持黔西南州兴仁县职业高中创办汽车运用与维修专业、汽车维修实习工厂，并提供专业师资与干部培训、出国考察名额、在京就业、高中职接轨等义务服务，帮助兴仁县职业高中把汽修专业建设成为当地知名的汽修人才培养基地。2010 年该校成为“全国汽车修理院校集团”“全国汽车行业人才交流中心培训基地”成员。昌平职校与黄庄职高首创“民族团结职业高中班”（简称：民族团结班），两校共同三批在京为黔西南州义务培育近 300 名少数民族职业高中毕业生。“民族团结班”的事迹被载入《中华民族年鉴》；2000 年，黄庄职高为兴义市职业高中培养美容美发教师，带动兴义市职业高中创办了美容美发专业，十余年来共培养 500 多名毕业生，已经成为黔西南州以及周边地区美容美发行业的主导力量；黄庄职业高中连续多年在京义务为兴义市职业高中培训师资、学生，支持创办幼教、计算机等专业。学生毕业后或在北京高质量就业或回到家乡自主创业。大兴县第一职业高中先后多次为黔西南州安龙县德卧中学培养蔬菜专业教师，协助该校引进北方蔬菜简易大棚，推广特菜种植、食用菌栽培，联系中国农业大学为黔西南州引进“矮化高产桃树”“食用菌”和薄皮核桃等优良品种，指导安龙县实现“黔西南州2万公顷金银花”治理石漠化的生态富民工程，使安龙县德卧中学“职普融通”、创办职业教育为山区经济建设服务的优秀事迹成为全国学习的典范。

从1996年3月起，农校担任河北省辛集的农业技术服务，并在当地建立“禽兽养殖技术服务中心”，进行防病治病知识的传授。2000年，大兴第一职业高中坚持“农字当头”，由学校20多个专业的老师组成“农业技术员服务队”，学校提出农村职业教育要“上挂、下联、横辐射民”，培养“学农、爱农、务农”“安心建设家乡，做科技致富带头人”的理念，大兴一职作为大兴区现代化农业科技推广站，经常现场解决农业生产中的问题，为大兴西瓜、蔬菜、水果等特色农业、设施农业、旅游观光业服务。

2001年，根据北京市《关于进一步深入开展首都市民素质提高培训工作的意见》《北京市教育委员会全面推进社区教育发展,促进学习化社区建设的意见》《北京市教育委员会关于深化企业教育改革，建立现代企业教育制度，创建学习化企业的意见》等指导性文件，职业高中充分发挥师资力量、专业特长、实训基地优势，主动深入社区、街道，村镇了解本地区百姓学习需求以及政府各项培训任务与规划，深入街道展开各种培训活动，从而盘活了职业高中资源，扩大了职业高中的影响，提升了办学效益。海淀区原远大职业高中深入世纪城社区开展各类培训活动受到街道和居委会的欢迎，该校还帮助香山地区的“农家乐”开展烹饪、服务、礼仪等培训，帮助村镇农民学习电脑应用，提高了农民素质；原外语电子职业高中积极配合西三旗社区开展“市民学外语”等学习活动，引进适宜老年人学习的“纵横汉字输入法”在西三旗社区推广,受到该地区老年人的欢迎。2001年，农校“农村科技实用技术”科技大篷车带着学校14名农业专业技术教师和实用技术图书等开进宋庄镇，农校“农村科技实用技术”科技大篷车又开到怀柔，果树专家为农民讲解板栗的管理技术，为农民进行现场咨询解决一些疑难杂症。大兴一职20多个专业的老师组成“农业技术员服务队”，为大兴区现代化农业科技推广站解决农业生产中的问题，为大兴西瓜、蔬菜、水果等特色农业、设施农业、旅游观光业服务。2001年，大兴区把村镇农民成人学校与大兴区一职、二职合并，把为农村科技致富工作纳入职业高中整体工作中；昌平职校专门设立为社区、村镇、科技开发区培训服务的“职业技术培训与继续教育中心”“农业文化产业创业园区”“工业、轨道交通产业园区”，主动为政府建设学习型和谐社会服务，受到广泛欢迎。怀柔职业学校充分利用该校的农业示范园区，开展现代农业推广工作，该校开发的“栗蘑种植技术”已经编写成书，成为当地栗蘑种植户的科技手册。平谷区职教中心校与该区成人教育中心、延庆县一职校与延庆县职业教育中心、房山区职校和房山二职与该区成人教育中心等各区（县）职业学校紧密合作，形成了为新农村建设服务的合力，为打造新型农民做出了贡献。

2010年10月，外事学校培训中心教师先后为辽河盘锦筹备国际研讨会100名志愿者、天津海润集团的招商爱利华酒店公寓40名员工、华夏银行银监会支行服务网点66名员工、汉能控股集团领导办公室70名工作人员进行一系列的礼仪培训。特别是辽河盘锦的培训，筹备国际研讨会是当地有史以来规格和要求最高的，并将有阿拉伯国家的石油部部长及高层官员到会。培训中不仅为志愿者们讲授了服务接待礼仪和会服技巧，还增加了关于加拿大、苏丹、叙利亚等参会国家的风俗和礼仪禁忌等培训内容。

重大社会活动服务 1992年第十一届北京亚运会，人民警察学校承担了开幕式团体操第六场通过摩托车队展示理事国国家成员的表演。中央音乐学院中专部承担了为亚运会义演的任务，以及亚运会闭幕式的乐队演奏，精彩的表演得到亚运会组委会的称赞。垂杨柳卫校组织了一支义务服务队，在亚运会承担服务及啦啦队的任务。振华旅游学校学生承担了涉外饭店的服务工作。建材学校的学生通过骑车进行亚运知识宣传，共骑行了11个区（县）。

1994年，为庆祝中华人民共和国成立45周年，在天安门组织群众联欢晚会，19所中专学校的2880名师生参加了联欢活动，其中480人执行标兵任务。1999年，中职校参加国庆50周庆典活动，市委教育工委副书记、市教委副主任尹栋平在总结首都师生参加共和国庆典活动中谈道：北京有关高校、中专、中学22万师生出色地完成指挥部交给的各项任务，在这22万师生中有24所是中专学校的师生。2000年，西城商贸职高多次参加社会礼仪服务。如在人民大会堂为“中日信息化合作与技术展览会”剪彩服务；在国际展览中心为“中国国际通讯展”服务；在劳动人民文化宫为“第五届图书节”开幕式服务等。2001年5月，外贸学校为市政府举行的“中国北京高科技产业国际周”的参加人员进行人员状况调查服务，为市政府提供参加国际周的人员基本情况提供原始的翔实数据。

2003年，在北京抗击“非典”的日子里，卫生类中专学校发挥了很大的社会作用，利用自己学校的专长为社会服务。医药器械学校组织老师学生到联办的药店，帮助抓药、包药，制抗“非典”的煎剂等。北京卫校参加北京电视台开设的咨询热线服务，同时接受了“120”急救中心的任务。首都铁路卫校护理专业的学生在301医院参加护理“非典”病人的工作。东城卫校成立抗“非典”服务队，在昌平休整基地进行服务。护校教师参加到市卫生局抗“非典”指挥部及北京胸科医院的工作，护校当年的毕业生在朝阳医院参加发热门诊的护理工作。昌平卫校、丰台卫校参加了区“120”分中心及救护车的调配及管理工作。

2005年9月，信息职院与北京16所高校共同与北京奥组委签署了合作备忘录，为北京2008年奥运会培养赛时实习生，有142名高职生的培养全部由信息职院承担。市委副书记龙新民，市委常委、教工委书记朱善璐，北京奥组委副主席李炳华、教育部、市教委、团市委等有关领导及16所高校领导出席签字仪式。2005年10月和2007年1月，市政府要在五环及首都各繁华路段进行车流量和车流向调查，交通学校参与了这项工作。为首都交通治理提供可靠数据，为2008年奥运会提供参考数据，学校共有7800人次参与了118条线路的调查。

2008年5—9月，市教委组织多所中职学校直接参与了2008年北京奥运会服务工作。主要在奥体中心、颁奖礼仪和北京饭店贵宾楼等，共有5000多名师生参与这项工作。志愿者、啦啦队等上万名学生参加志愿服务工作。在奥运会和残奥会上，北京职业学校承担多项服务工作。自动化工程学校作为北京教育系统唯一的一所既为奥运会又为残奥会全程服务的驻地保障学校，承接了北京教育系统五所院校802名奥运会志愿者的住宿接待和三所院校715名奥运会志愿者的就餐任务；在残奥会赛时阶段，承接了北京市教育系统九所院校1022名残奥会志愿者的住宿接待和三所院校351名残奥会志愿者的就餐任务。自6月25日奥运会志愿者入住，到9月21日残奥会志愿者撤离，共89天的时间里，自动化工程学校举全校之力，不惜人力、物力和财力支持奥运；以全方位服务为责，全面保障，以强烈的使命感、责任感，奉献奥运。信息职院承担2008年北京奥运会奥运赛时志愿者、奥运赛时实习生、奥运会开闭幕式演员、“北京职工文明啦啦队”、奥运安保、奥运志愿者备血六项任务，共有1200人参与。经济管理学校139名学生志愿者在奥运场馆“水立方”承担餐饮服务工作，电科院设计与工艺学院奥运啦啦队500多名成员，参加了8月6日天安门、8月8日亦庄经济技术开发区的奥运圣火传递活动，组织完成篮球比赛和沙滩排球比赛啦啦队任务。医药器械学校共有北京奥运会、残奥会城市志愿者215人，在奥运会期间提供志愿服务268班次804人次。他们分别在北苑宾馆、易事达广场前、朝来农艺园东门站点等，他们在“蓝立方”服务亭里，提供信息咨询服务。商贸学校、商校、物资学校、外贸学校、北京卫校等文明啦啦队在天安门广场，参加奥运圣火祥云火炬传递现场的助威活动，学校还有同学到五棵松篮球馆、首都体育馆，为多个国家的篮球运动员加油助威。在北京奥运会期间，盲人学校的老师带领经过北京奥组委的专家选拔后的10名盲人按摩师作为赛会志愿者进驻奥运村，为参加第二十九届奥运会的运动员、教练员和官员提供保健按摩服务。农职院组织学生积极报名参与奥运备血工作，审核确定500名学生作为奥运备血人员等。昌平职业学校师生参加了为奥运会开幕式服务。2008年8月8日的奥运会开幕式，500名师生参加了鸟巢服务。有在“奥运大家庭”服务的师生，有在鸟巢一层，接待观看演出的重要来宾，接待人数达万人；在媒体接待区，有学生和首旅集团的员工一起，接待5000名媒体记者；在三层的WIP（重要贵宾）接待区，31名学生和2名教师一起接待了美国总统布什、俄罗斯总统普京、泰国公主诗琳通等80多位政府首脑及800多名重要贵宾。在主席台一侧，4名学生参加迎宾服务，受到了胡锦涛总书记和罗格主席的亲切问候。宣武区第一、二职业学校教师，成为宣武区教育系统奥运驾驶员志愿者，在奥运会服务期间，接待技术官员。两学校还接受了9场1000多人次的奥运观赛任务，崇文区电子职教中心（179中）师生有以党员为主的34名奥运治安巡查志愿者，协同派出所民警于在崇文区7个路段进行安保巡逻。实美职业学校完成信息咨询，为外国友人提供信息服务；接受国内、外媒体采访；发放宣传资料等。

2009年3月，昌平职校60名学生在北京会议中心参加为“两会”代表、委员服务，为会议中心提供餐饮服务、客户礼仪服务，承担接送、陪送，为委员们引导服务等。2009年3月，外事学校承担“全国中小学生安全教育日”活动的礼仪服务。2009年10月，外贸学校参加了国庆期间，北京花博会和国家体育馆的演出活动的安检工作。2010年3月，外事学校、实美职业学校学生为“两会”服务，参加北京饭店的接待服务、全国人大会议秘书处议案组信访工作。2010年4月，延庆一职学生参加上海世博会6个月的服务。主要负责澳大利亚、美国、巴西展馆的烹饪及服务工作等。

附录 5-1

北京市教育委员会
关于印发《北京市中等职业教育教学成果奖励实施办法》的通知

京教职成〔2002〕15 号

各区（县）教委，各市属委、办、局教育处，各中等职业学校：

为了表彰和奖励在中等职业教育教学工作中做出突出贡献，取得显著成果的集体和个人，我委决定对 1999 年以来的中等职业教育优秀教学成果进行评选和奖励，并根据国务院《教学成果奖励条例》精神制定了《北京市中等职业教育教学成果奖励实施办法》，现印发给你们，请遵照执行。

请各有关单位认真学习领会《北京市中等职业教育教学成果奖励实施办法》精神，严格按照办法的要求加强领导，组织好初评推荐工作。并请将申报材料于 2002 年 9 月 25 日至 26 日 9：00—15：00 报送市教委职业教育与成人教育处。

二○○二年五月九日

北京市中等职业教育教学成果奖励实施办法

总则

第一条 为了全面贯彻党的教育方针，推进素质教育，调动中等职业教育工作者的积极性和创造性，促进教育教学研究，深化教学改革，加强教学基本建设，不断提高教学水平和教育质量。根据国务院《教学成果奖励条例》(以下简称《条例》) 精神，结合北京市中等职业教育实际，制定本办法。

第二条 北京市中等职业教育教学成果奖励设市级一等奖和市级二等奖、优秀奖。每三年评选一次，每次总数不超过 100 项，其中市级一等奖 20 项左右，二等奖 30 项左右，优秀奖 50 项左右，由市教委表彰并颁发证书。范围和条件

第三条 北京市中等职业教育教学成果奖励的范围包括：

1. 反映职业教育规律、体现职业教育教学特点、对提高教学水平和质量、实现培养目标产生明显效果的理论成果和实践成果。

2. 在教师队伍建设、教材建设、实验实训基地建设、产学研结合、专业教学评价建设、现代化教学手段应用等方面的成果。

3. 结合自身特点，推广、应用已有的教学成果，并在实践中进一步创新和发展，显著提高办学效益和人才培养质量等方面的成果。

第四条　北京地区中等职业学校、中等职业教育教科研单位和其他学术团体、中职教师及其他个人，均可依照本办法的规定申请北京市中等职业教育教学成果奖。

第五条　申请北京市中等职业教育教学成果奖的个人或集体的主要成员须具备以下条件：

1. 坚持四项基本原则，忠诚党的教育事业，具备良好的思想品德，为人师表。

2. 直接参加成果的方案设计、论证、研究和实施全过程，并做出主要贡献。直接承担中等职业教育教学工作（含教学管理、教学研究和教学辅助工作），一般要有连续三年以上从事中等职业教育教学工作经历。

3. 成果的主要完成单位是成果的方案设计、论证、研究和实践的全过程中做出主要贡献的中等职业学校或其他教科研单位。一般情况下，县（处）级及其以上政府所属行政部门不能作为成果主要完成单位。

4. 每项成果的主要完成人一般不超过 5 人，主要完成单位一般不超过 3 个。

申报程序

第六条　申报北京市中等职业教育教学成果奖的中等职业学校及其个人，须由学校统一向中等职业教育教学成果奖励办公室推荐。中等职业学校以外的教科研单位和其他学术团体及其他个人申报北京中等职业教育教学成果奖可通过其从事教学、教科研工作所在的主管部门推荐。

两个（含）以上单位或个人共同完成的教学成果，通过第一主要完成单位或第一主要完成人申请。

第七条　推荐北京市中等职业教育教学成果奖须提交以下材料

1. 北京市中等职业教育教学成果奖申请表（一式三份）

2. 北京市中等职业教育教学成果奖推荐书（一式七份）

3. 科学总结或论文（一式七份，附推荐书）

4. 其他有关材料

5. 以上材料的软盘一张

推荐北京市中等职业教育教学成果奖，须交纳评审费每项 300 元。

评审组织

第八条 成立北京市中等职业教育教学成果奖工作领导小组（以下简称领导小组）和北京市中等职业教育教学成果奖评审委员会（以下简称评委会），下设若干评审组及北京市中等职业教育教学成果奖励工作办公室（以下简称奖励办公室），奖励办公室设在市教委职业教育与成人教育处。

第九条 领导小组由市教委领导及有关部门负责人组成。其职责是：聘请有关专家组成评委会；研究决定北京市教学成果奖励工作中的重大问题；审定评委会的评审结果。

第十条 评委会设主任委员一人，副主任委员若干人。其职责是：审定评审组的评审结果，对评审工作中的有关问题进行研究，并提出处理意见；对完善教学成果奖励工作提供咨询意见。

第十一条 评委会设基础课教学、专业课教学、教学管理、学校管理四个评审组。评审组设组长一人，副组长一人至二人，成员若干人。其职责是：复查奖励办公室提出的核查意见，确定评奖成果资格；负责本学科（专业）范围内的成果初评工作，并向评委会汇报初评结果；评委会赋予的其他职责。

第十二条 奖励办公室的职责是：具体组织评审工作；核查教学成果的推荐书及相关材料，对推荐材料中存在的疑点问题，要求其单位作出说明，提出对推荐材料的书面核查意见；领导小组赋予的其他职责。

评审

第十三条 教学成果奖由评委会以无记名投票产生。投票须有评委会五分之四以上委员参加。市级二等奖须经评审组评议，评委会参加投票的半数（含）以上同意;市级一等奖须经评审组评议,评委会参加投票的三分之二（含）以上同意。

第十四条 获奖成果均须张榜公布。评审工作实行异议制度，市级奖异议期为 2 个月。对获奖成果提出异议，必须采用书面形式，写明本人真实姓名、工作单位、邮政编码、联系电话等，否则不予受理。

第十五条 异议由奖励办公室负责协调处理。先将异议通知推荐单位，由推荐单位核实情况，提出处理意见，以书面形式送到奖励办公室。必要时可组织评审委员和专家对异议进行调查,提出处理意见报领导小组裁决。凡在规定日期前，推荐单位未对异议项目提出处理意见的，取消其获奖资格。

奖励办公室对提出异议的单位和个人给予保密。

奖励

第十六条　市级一等奖授予获奖人证书和3000元奖金，市级二等奖授予获奖人证书和1500元奖金。优秀奖授予获奖人证书。

获得北京市中等职业教育教学成果奖的单位或个人的奖金由其推荐单位按奖励等级发放。

两个以上单位合作完成的获奖成果，由申报单位负责与有关单位协商，提出奖金的分配方案并报所属主管部门。

第十七条　中等职业教育教学成果奖的奖金，归项目获奖者所有，任何单位或者个人不得截留。

第十八条　获得中等职业教育教学成果奖，应当记入本人人事档案，作为评定职称、晋级增薪的一项重要依据。荣获市级一等奖的个人允许直接申报中学高级教师或中专高级讲师职称的评定。

第十九条　凡属弄虚作假或剽窃他人教学成果者，奖励办公室有权撤销其奖励，收回证书及奖金，并根据情节予以处理。

第二十条　北京市中等职业教育教学成果奖励工作实行公开公平和公正原则，接受社会监督。

第二十一条　本办法由市教委负责解释。

第六章　学校管理

职业院校的管理工作包括诸多方面，本章仅从学校管理体制、办学机制、办学条件、基础设施建设及后勤等管理方面，记述1991—2010年北京职业技术教育学校多项改革成果。

学校管理体制改革。20世纪80年代，北京市有六所中专学校先行内部管理体制改革试点工作。之后，1990年学校内部管理改革全面铺开。1991年年底，全市52所中专学校，除北京市中医学校由于体制问题尚未进入改革外，其余51所学校全部进入改革轨道。1992年，在内部管理体制改革工作比较显著、各方面条件较好的北京市农业学校等5所学校进行学校综合改革试点。1994年，市委、市政府召开新中国成立以来首次北京中等专业学校工作会议，会议根据北京地区中等专业学校存在的布局不够合理、服务面向过窄、办学效益不高的主要问题和首都社会和经济发展的新形势，提出北京中等专业教育要立足行业，面向社会，服务全国，采取“深化改革，加快发展，优化结构，全面提高”的方针，并把优化布局结构、扩大办学规模、努力提高质量和效益作为发展的目标。2003年，北京职业教育工作会议下发《北京市人民政府关于大力推进职业教育改革与发展的意见》，就调整职业教育结构布局作出统一部署。20年来，无论是学校内部管理体制改革还是职业教育布局结构宏观调控，都是围绕社会经济发展需要进行的。随着一系列改革目标与内容的实现，至2010年，北京市各级职业学校管理水平普遍得到提高，学校布局结构不断得到优化。

办学体制改革。1992年8月，北京市教育局为了进一步适应首都经济建设发展的需要，为社会各行业培养急需的专业人才，经请示北京市人民政府领导同意，决定在高等院校以及中专、技校招生按计划录取完以后，在不能升学的考生中，征求本人同意并填写志愿，举办职业高中、职业中专班。1993年，北京普通中等专业教育在巩固、完善、深化学校内部综合配套改革的同时，落实5所中等专业学校整体改革试点方案。经过一年的实践，5所学校在管理体制、办学机制、教学改革等方面有了新的成绩。打破了传统的办学模式，实行多种形式、多层次办学，扩大学校的办学效益。1994 年，北京职业高中教育改革步子迈得较大，落实了“三教统筹”“经科教”结合的政策，教育资源得到了合理配置。职业高中通过多种途径开展联合办学，并着手与高校联办。在办学体制上，试点学校“国有民办”，为发展职教开辟广阔的天地。1999 年 7 月，北京市教育委员会、北京市计划委员会下发《关于北京市试行按新的管理模式和运行机制举办高等职业技术教育的通知》。该通知明确试办范围的五种情况，即有条件的普通高等学校转制为民办性质的高等学校；普通高等专科学校；普通高等学校内设立的高等职业技术学院；办学条件达到国家规定标准，通过调整基本具备转制为高等职业技术学院条件的成人高等学校；少数国家级重点中等专业学校与同行业的成人高等学校合并，试办高职班。2009 年，按照“行业串成线”“区域捏成团”的方式，分别组建了北京交通职教集团和昌平区职教集团。依托集团研究探索办学和管理体制改革，开展校企合作、产教结合、工学交替等人才培养模式实验。

加强学校建设。20 世纪 80 年代末 90 年代初，北京市中等专业学校开展办学条件验收（即合格评估）和办学水平评估工作。按照国家的有关法规和北京市的具体标准与指标体系，在各中专学校，逐条评估，认真整改，有力地推动了学校的全面建设。1994 年 8 月，市委、市政府召开新中国成立以来首次北京中等专业学校工作会议。会议提出到 2000 年，要实施北京地区中等专业学校的“321”工程，即办好 30 所普通中等专业学校，其中 20 所为市级重点中等专业学校，20 所中有 10 所达到国家级重点中等专业学校的标准。至 2010 年，北京市中等职业学校 107 所，其中，80% 已经达到国家级重点校标准，全国示范性学校有 30 所。在 55 所高职院校（独立设置高职院校 22 所）中，4 所学院被评为国家示范性高职学院，4 所市级示范性高职学院。北京职业教育基本走出小而全、效益差的低水平发展模式，正向大规模、集团化、高层次、多功能方向发展。

基础设施完备。进入 20 世纪 90 年代后，市教委加大基础设施经费投入，学校基础设施不断完善。特别是 1996 年北京市教育委员会成立后，明确了基本建设管理部门职责，即会同有关部门编制本市教育设施专项规划及各级各类学校校舍建设标准；负责拟订市本级学校和教育单位基本建设计划，并组织实施；参与审核市本级学校和教育单位房屋修缮计划；监督、管理本市教育系统房屋、土地使用及指导防汛工作；负责市本级学校和教育单位住房制度改革工作；负责协调本市高教园区建设和在京中央部委院校基本建设工作；负责机关直属单位基本建设工作；指导区（县）学校校舍建设和修缮工作。经过“八五”“九五”计划期间，各级政府和学校不断增加投入，到 1999 年，中等职业学校设备总值达到 4 亿元。

“十五”计划时期以来，北京市高等职业学校建设也实现了跨越式发展，独立设置的高等职业学院由2000年的4所增加2010年的22所；在独立设置的高职院校专业中，教学科研仪器设备总值在“十五”计划时期末达到123亿元。

后勤服务有保障。全市各级职业学校内部一般都设置学校后勤部门，主要负责管理学校设备、校舍、宿舍、食堂、卫生等，主要任务是保障学校物资器材供应，建设、维修、美化校园，办好食堂伙食，搞好卫生等工作。1996年北京市教育委员会成立后，明确各级各类学校后勤工作由市教委学校后勤处负责指导和管理，北京市校办产业管理中心（原北京市校办产业总公司）负责组织协调有关学校后勤事务。各类职业学校后勤部门也相应地明确了职责和改革方向，并建立健全了各项学校后勤管理制度。学校后勤管理工作还提出“三服务、两育人”的宗旨：“三服务”就是为教学、科研提供优质条件及其管理服务，为师生员工生活及其管理服务，为基本建设与财务管理服务；“两育人”就是服务育人和管理育人。

第一节　管理体制

一、内部管理体制改革

1991—2010年，各级职业学校不断完善学校内部管理体制，基本实现了校长（院长）负责制或党委（总支）领导下的校长负责制。北京市中等职业学校内部管理体制改革中专学校起步最早。1991年7月，北京市高教局组织51位党委书记、校长，分成10个小组对改革学校进行互相检查。确定有44所学校已基本实施了改革方案。通过改革，市属52所中专学校全部明确领导体制，其中有43所学校实行校长负责制，9校实行党委（或总支）领导下的校长负责制。各校普遍制定了校长工作条例、党委工作条例和教职工代表大会工作条例。通过一系列改革，学校管理水平显著加强，教学质量控制的有效性及教育目标得到落实。学校的各个系统、科室、班组、个人，围绕职业教育目标，制订出具体目标和实施计划，逐步克服计划管理中缺乏明确目标和责任的弊端。各校都不同程度地建立起系统的管理制度和考核、奖惩办法，有的学校建立的规章制度多达50多项。不少学校建立了专门的考评组织，还有一些建立了督学委员会、督导组（室）等，加强日常的教学检查。通过目标管理，学校教师从事教学的积极性明显提高，工作量也普遍有所增加。改革以后，各校认真定编、定岗、定责，以岗划档，多劳多得。在实行聘任制的同时，强调满负荷上岗。全市中专学校教师人均周课时由改革前的6.37课时，增加到7.98课时，提高了25.27%。至1991年年底，全市52所中专学校，除北京市中医学校由于体制问题经市领导同意尚未进入改革外，其余 51 所学校全部进入改革轨道。

1992 年 7 月，经市中专改革联合工作小组讨论，北京市高等教育局向市政府请示，拟在内部管理体制改革工作比较显著、各方面条件较好的北京市农业学校、北京市化工学校、北京市第一轻工业学校、北京无线电工业学校及北京市计算机工业学校进行学校综合改革试点。改革的目标是：建立具有自我完善、自我发展能力，适应社会主义经济建设不断改革与发展需要的充满活力的新机制。为此，通过改革要达到形成面向全社会、全行业，为多种经济所有制服务，多层次、多规格、多功能的办学体制；形成教学全过程与经济建设及社会保持密切联系，产学结合的教学机制；形成具有较大的办学自主权，较强的自我控制能力，能不断启动内部活力，不断调动师生员工积极性，不断改善职工待遇，有持续激励作用的学校管理机制；加强队伍建设，使综合办学水平有明显提高，经过几年努力达到中专教育评估指标体系的 A 级水平；大大提高办学效益。学校达到或超过办学条件的规模效益；非国拨筹集的经费达到日常办学经费的 1/3 以上；教师的周学时数达到 12 时；教学人员与非教学人员的比例达到 1∶1。改革的主要内容包括 7 项，其中涉及学校内部管理体制的内容包括：在稳定运行校内工资总额包干及结构工资的基础上，对改革试点任务完成较好的学校，经市高教局会同人事局考核、批准，可增加工资总额，自筹资金提高校内结构工资水平。试行学校内部职称制，根据各校不同情况，有权评审、批准、授衔中级或高级技术职称，校内有效、调离作废。试行发展校办产业的一校二制，校办产业实行企业管理、自主经营、独立核算，根据经济效益的高低，确定其工资待遇。试行采取股份制的办法筹集资金，并享受中小学校办产业税收的优惠政策。要建立校企联合董事会、顾问委员会或教育（学）委员会，充分发挥其指导、咨询及参谋作用。

这些改革目标与改革内容十分具体，不仅推动了中等职业学校的综合改革，而且对全市各级职业学校的综合改革也起到了促进作用。2010 年之前，试点学校不断探索和实践，并取得了宝贵的经验，其他各级各类职业学校综合改革由此也得到相应推进。全市职业教育在管理体制不断健全的过程中，通过综合配套改革，逐步建立起适应社会主义市场经济发展需要的充满活力的办学体制。

二、行政管理结构调整

北京市职业教育学校包括中等职业学校（中专、职高、技校）和高等职业学校（独立设置的高等职业学校、高校中的专科院系等）。20 世纪 90 年代初，北京职业教育基本构建起以“政府统筹领导，教育局、高教局、成人教育局、劳动局分工负责”

为特征的教育行政管理体制。1996 年，北京市教委成立后，统筹规划全市职业教育的改革与发展，全市职业学校布局结构随社会发展逐步调整，学校行政管理体制也出现明显改变。至 2010 年，全市职业学校大致有 4 次重大撤并调整。

师范学校调整 1999 年 5 月，北京市教育委员会提出《关于提高我市小学教师学历层次调整中等师范学校的实施意见》，决定在高等师范院校建立初等教育学院，培养本科学历的小学教师。分别由北京师范大学与北京青年政治学院合作，首都师范大学与北京第三师范学校、通州师范学校合作举办两所初等教育学院，待条件成熟时进行合并。此外，市教委就现有中等师范学校情况提出调整去向和具体解决办法。决定现有 18 所中等师范学校［其中：市属 3 所、区（县）属 15 所］从 1999 学年起停止招生。在校的三届学生可报考初等教育学院本科或专科，也可参加自学高考，凡取得大专以上学历的，进入小学任教。区（县）属中等师范学校根据各地区教育事业发展的需要，可以与区（县）教师进修院校合并，作为师资培训基地，或改办普通高中、职业高中。具体调整去向由区（县）确定，调整方案报市教委备案。此次调整后，全市师范学校只保留北京幼儿师范学校，归市教委管理。

经委系统学校调整 2000 年，北京市人民政府批转《市教委市经委关于调整市经委系统所属 30 所学校管理体制实施意见的通知》。该意见实质和目的是调整市经委系统所属学校管理体制，转变政府职能，建立和完善适应社会主义市场经济的教育管理体制，优化教育布局和教育资源配置，提高办学效益和人才培养质量。此次调整方案包括普通高等学校 1 所，职工大学 4 所，中等职业学校 11 所，职工中专 6 所，中小学 7 所。文件还明确学校管理体制调整后，其国有资产、人员编制、劳动工资关系由市教委或接收区（县）管理。中等职业学校、职工中专的干部“以市教委管理为主、区（县）协作管理”的原则进行管理。该调整于 2000 年 4 月开始实施，暑期后所有学校按新的管理体制运转。

卫生学校及职工中专调整 2001 年，北京市人民政府办公厅转发市教委《关于调整本市中等职业教育结构布局的意见》，根据文件精神，市教委核实中等职业学校调整名单，拟撤销 191 所中等职业学校，其中大部分为区办中等职业学校（主要为卫生学校及职工中专部）103 所；北京市行业举办的职业教育中专部 69 所；中央划归地方的中等职业学校 6 所；中央部属中等职业学校 13 所。年内，实际撤销、合并中等职业学校 166 所，学校总数从 380 所调减到 214 所（技工学校除外）。

铁路系统学校划转 2003 年 12 月，北京市教育委员会、北京市发展和改革委员会、北京市财政局、北京市人事局、北京市劳动和社会保障局、北京市机构编制委员会办公室、北京铁路局联合下发《关于印发铁路系统在京学校幼儿园移交北京市管理实施意见的通知》。此次移交的中职学校有北京铁路电气化学校、首都铁路卫生学校、北京铁路运输学校移交北京市教育委员会管理；北京铁路机械学校、北京铁路运输技工学校移交朝阳区管理。学校移交后，划转学校特别是中等职业学校继续面向铁路企业服务，培养适用人才；铁路企业依据《教育法》《职教法》等规定，支持、指导学校的教育教学工作，为其提供教学实验、实习场所等。关于移交学校的费用问题，文件也作出明确规定。关于移交学校的资产问题，北京铁路电气化学校、首都铁路卫生学校、北京铁路运输学校、北京铁路机械学校、北京铁路运输技工学分别移交市教委和所在区人民政府，由铁道部机关服务中心、北京铁路局及其下属各举办单位协助办理房屋产权、土地使用权的过户手续。学校的所有设备（含机械动力设备）、设施等固定资产经审计后以无偿划转的形式分别移交市教委和所在区人民政府。

除以上重大调整之外，至 2010 年，全市还不断有个别学校撤并或局部调整。

第二节　办学机制

中等职业教育　1991 年，农村职业高中有了较大发展，招生达 4815 人，比上年增加 11%。各区（县）集中人力、物力、财力，重点建设一二所骨干示范校，并发挥其辐射作用，帮助和带动乡镇积极发展职业教育。郊区（县）已建成职教中心校 11 所。1992 年 8 月，北京市教育局为了进一步适应首都经济建设发展的需要，为社会各行业培养急需的专业人才，经请示北京市人民政府领导同意，决定在高等院校以及中专、技校招生按计划录取完成以后，在不能升学的考生中，征求本人同意并填写志愿，举办职业高中、职业中专班。关于学制、毕业：根据社会需要和考生自愿，招收未能升学的高中毕业生、结业生，举办职业高中、职业中专班。一般专业工种，学制可以一年；举办职业中专班或比较复杂的专业工种，学制一年半至二年。学校根据用人单位需要和专业工种特点，确定培养目标，制订教学计划，一般以专业技能培训为主。学生修业期满，考试合格，德智体达到标准的，发给职业高中或职业中专毕业证书。关于审批："高中后"职业高中、职业中专班，一般在有相关专业工种的职业高中、职业中专举办。须由职业高中、职业中专和用人单位双方签订联合办学协议书，提出招生计划，由区、县教育局报市教育局审批后下达执行。报名方式：在高等院校及中专、技校按计划录取完以后（考生档案转街道劳动部门前），由不能升学的考生自愿报名，填写市统一印制的报名表，由区、县教育局审核盖章，连同该考生高考档案材料报市教育局。举办高中后职业高中、职业中专班，所需培训费由用人单位拨给学校，其标准由学校和用人单位双方议定，一般每生每年 450 ~ 650 元。未参加高考的高中毕业生、结业生可凭开具的高中毕业、结业成绩报考。关于北京市职业高中办学机制改革，北京市教育局 1993 年 1 月下发的《关于深化教育改革的几点意见》提出，职业高中的发展和改革要主动适应首都经济建设，特别是第三产业发展的需要，面向劳务市场；要调整专业设置和布局，开设新专业，增强专业转换功能。推进职业高中"教学、实习、经营一体化"和"产学结合，以职养职"方针的落实。多渠道、多形式、多层次发展职业高中。鼓励、支持、引导企事业单位、乡（镇）、村和私人单独或联合举办职业高中，既可以跨地区联合办学，也可以跨行业联合办学；既可以办全日制学校，也可以办夜校；既可以办职前培训，也可以办职后培训。职业高中的招生实行计划调控与人才市场调节相结合的原则，在规定收费最高限价的前提下，计划内招生可划出一定比例招收自费生，允许学校计划外招收自费生和委培生。积极推进国际、国内的合作培训。教育行政部门要继续加强重点职业高中的建设，在办好原有重点职业高中的基础上，再扶植一批重点职业高中，充分发挥重点职业高中的骨干、示范和辐射作用。

1993 年，北京普通中等专业教育在巩固、完善、深化学校内部综合配套改革的同时，落实 5 所中等专业学校整体改革试点方案。经过一年的实践，5 所学校在管理体制、办学机制、教学改革等方面有了新的成绩。打破传统的办学模式，实行多种形式、多层次办学，扩大学校的办学效益。例如：计算机工业学校与北京科技大学，北京无线电工业学校与北京工业大学，北京建材工业学校、北京市第二轻工业学校、北京机械工业学校与北京联合大学联合举办了三个高职班；北京农业学校开办了村、乡干部专修的农村经济管理专业；北京市第一轻工业学校和延庆县联合举办财会专业等。为加快普通中等专业学校改革步伐，落实中等专业学校综合改革试点方案中"中专毕业生中优选部分学生，通过考核并经有部门批准，进入高等学校学习深造，接受高等职业技术教育"。经北京市政府同意，1993 年在北京科技大学、北京工业大学、北京联合大学自动化工程学院试办 3 个高职班。经北京市高等教育局选定批准，在北京市计算机工业学校、北京无线电工业学校、北京市机械工业学校、北京市第二轻工业学校、北京市建材工业学校招生。教学计划经有关部委报国家教委审批，由中等专业学校报北京市高等教育局计建处和中专处备案。在市高等学校招生办公室统一命题、统一考试、统一录取，从参加报名考试的 500 多名学生中录取了 128 名。此批学生入高等学校学习两年至两年半，学习期满向合格者颁发大学专科学历证书并由原中等专业学校负责分配。职业高中校北京蒙妮坦美发美容职业教育集团 10 月 7 日成立。这是全国第一家产教结合、跨省市的教育集团。其宗旨是：推广发展蒙妮坦美发美容先进技术，推进“产教结合”“校企合一”，走以职养职的道路，共同开发实习企业，改善办学条件，促进教育教学、生产实习、经营管理水平不断提高，更多更快更好地培养美发美容专业技术人才。

1994 年，北京职业高中教育改革步子迈得较大，落实了“三教统筹”“经科教”结合的政策，教育资源得到合理配置。职业高中通过多种途径开展联合办学，并着手与高校联办。试点学校“国有民办”，为发展职教开辟了广阔的天地。市政府在加大对职业高中投入的同时，连续两年重点对职业高中建设拨专款，对职业高中校办企业给予减免税收政策并提供低息贷款。为提高职业高中办学质量和效益，全市各区（县）对职高布局和专业进行调整，多专业、大容量、上规模、上效益的示范骨干校建设取得突破性进展。东城、海淀、西城、宣武、朝阳、丰台等区（县）都制定了适合经济发展要求的整体调整规划。1995 年，北京无线电工业学校等 11 所中专学校与北工大、北京联合大学联合举办了 12 个高职班，从中专学生中招收了 359 人，比 1994 年增长了 2.3 倍。

1995 年，第一期世界银行贷款中国职教项目执行结束。自 1990 年开始，北京市共有 3 所中等专业学校先后接受世行贷款。北京市第一轻工业学校利用贷款建成一个食品发酵职教中心，可为专业相近的职业技术学校和企业提供实验、实习服务。同时，利用配套资金先后建成了实验楼、实习车间、图书馆等设施，共计 2.4 万平方米。学校利用新购的设备，加快相关专业的改造，进行教改，扩大办学规模，加强学生就业指导工作。北京市仪器仪表工业学校利用贷款加强基础建设，改善办学条件，新增设备 400 台套，满足学校的实践性教学，实验平均开出率 90%。其中，文化基础课开出率 100%，专业课开出率 82%。北京市机械工业学校是全市贷款最多的学校。学校充分利用这一优势，完善设施建设，提高办学能力水平。在原来有的基础上新建实验楼 600 平方米，建设实验室 30 个，建成可同时容纳 4 个教学班的实习工厂，装备专用教室和特种教室 123 间，建设并完善了美育及第二课堂设施，实验课平均开出率为 95%。这 3 所学校通过世行贷款项目进行专业建设在北京中专学校中起到了示范作用和窗口作用。1998 年，北京重新成为世界银行贷款职教项目单位，贷款额 475 万美元，国内配套资金 3965 万元人民币，项目总成本可达 7917.6 万元人民币。共装备 11 所职业学校，使职业学校办学条件得到明显改善。1999 年，世界银行贷款工作进一步落实。市政府正式与财政部、教育部签约，正式成为职业教育发展项目单位。落实项目配套资金，市财政拨付685万元人民币给6所中专项目学校，全市编制完成设备采购清单，共计采购设备2000台套，进入设备采购实质性阶段。2000年，完成世行贷款项目的配套工作。完成世行贷款11所项目学校1000名校长和教师培训工作（包括36名教师出国培训），推进中等职业学校师资队伍和管理队伍建设。完成世行专家对贷款学校检查的各项准备工作。开始进行世行贷款约5000万元人民币的项目设备订货、采购及验收工作。重点装备15个专业，进口1100台套实验设备。

2009年按照“行业串成线”“区域捏成团”的方式，分别组建了北京交通职教集团和昌平区职教集团。依托集团研究探索办学和管理体制改革，开展校企合作、产教结合、工学交替等人才培养模式实验。8月，北京市教育委员会复函同意交通委以所属北京市交通学校为依托组建北京交通职业教育集团。北京交通职业教育集团在管理模式上实行“管委会领导下的理事长负责制”，集团管理委员会由市交通行业主管部门、教育行政等部门及市属国有大型交通企业的负责人组成。集团理事会在管理委员会领导下负责集团的日常管理工作。同意交通委将所属北京市路政局技工学校并入北京市交通学校。为了支持交通职业教育，市教委将北京市房地产职工大学并入北京交通职业教育集团办学。北京铁路电气化学校、北京地铁技术学校、市公共交通高级技工学校等学校参与集团合作办学。北京交通职业教育集团应充分发挥集团作用，积极开展学校之间、校企之间的交流与合作，创新人才培养模式，深化教育教学改革，努力提高技能型人才的培养质量。积极拓展办学市场空间，职业学校教育、职业培训和成人继续教育并举，不断提高服务水平和办学效益，将集团打造成北京职业教育的优质品牌，为首都现代化交通事业发展提供人才智力支持。北京交通职业教育集团接受市交通行业主管部门、教育行政部门、人力资源和社会保障等部门的指导、管理和监督。此外，北京市教育委员会还同意昌平区人民政府成立北京昌平职业教育集团。充分发挥北京昌平职业教育集团的作用，资源共享，优势互补，积极开展学校之间、校企之间的交流与合作。深化职业教育改革，创新人才培养模式，努力提高技能型人才的培养质量。积极拓展办学空间，职业学校教育、职业培训、成人继续教育和社区教育并举，不断提高办学效益，将集团打造成为首都职业教育的优质品牌，为区域经济社会发展提供人才智力支持，为首都现代化建设做出积极贡献。北京昌平职业教育集团成立以后，接受教育行政部门、人力资源和社会保障等部门的指导、管理和监督。积极探索集团化办学的规律，完善集团内部管理和运行机制，丰富校企合作和产学结合的方式，积极开展中、高等职业教育衔接等改革试验，积累办学管理经验，为全市职业教育改革发展提供宝贵经验。

高等职业教育 为探索多种途径发展高等职业技术教育，结合首都经济建设和社会发展的需要，1999 年 7 月，北京市教育委员会、北京市计划委员会下发《关于北京市试行按新的管理模式和运行机制举办高等职业技术教育的通知》。该通知明确试办范围的五种情况，即有条件的普通高等学校转制为民办性质的高等学校；普通高等专科学校；普通高等学校内设立的高等职业技术学院；办学条件达到国家规定标准，通过调整基本具备转制为高等职业技术学院条件的成人高等学校；少数国家级重点中等专业学校与同行业的成人高等学校合并，试办高职班。基本条件包括：具备举办高等职业技术教育所必需的教育教学和技能训练的条件；所设置的专业应具有高等职业技术教育的特色并有明确的社会需求；具有与新的管理模式和运行机制发展高等职业技术教育相适应的管理制度；学校应与相关的行业建立紧密的联系，积极争取企业参与办学，实行学历、职业（岗位）技能“双证书”制。同时，通知还明确两级管理职责：市教委、市计委会同有关部门依据国家政策规定，根据北京地区经济建设和社会发展的实际需要，向学校提供各类专业人才的需求信息，审核招生学校的办学条件，审定试办学校的专业设置和招生计划，调控高等职业技术教育专业布局。市教委负责监督检查学业证书的发放和学籍管理工作，加强教学质量管理和检查，制定招生考试办法并组织实施，会同有关部门制定收费标准和对试办学校的教育事业费补贴办法，制定毕业生就业政策，管理、监督检查职业（岗位）技能证书的发放。此外，还明确了按照新的管理模式和运行机制试办高等职业技术教育的学校全部面向本市招生有关政策。招生对象为参加当年全国普通高等学校统一招生考试的考生；也可从市中等职业学校应届毕业生中招收考生。市教委、市计委统一下达试办高等职业技术教育的招生计划。按照新的管理模式和运行机制招收学生的学校，实行学生缴费上学为主，政府补贴为辅。在普通高等教育学费标准的 1.5 倍至 2 倍范围内进行审批。招收的城镇户口考生不办理户口迁移手续；招收的农业户口考生，毕业时凭有效毕业证明办理“农转非”手续。具体办法由市计委、市教委和市公安局制定。在校生的管理按《普通高等学校学生管理规定》执行。学生在校期间的生活后勤服务实行社会化管理。凡学业合格的学生，毕业时由学校按照规定发给国家承认的、由学校印制的专科学历毕业证书。毕业生就业实行学校推荐、自主择业，不包分配。毕业生就业不使用教育部统一印制的“普通高校毕业生就业派遣报到证”。从中等职业学校应届毕业生中招收学生，需经北京教育考试院审定考试科目并统一组织命题考试。根据考生的文化课和职业技能课的考试成绩，提出具体录取标准，经高招委审定后执行。高等职业技术教育的招生录取工作与普通高等学校专科生录取同批次进行。为保证教学质量和办学秩序，市教委、市计委将组织专家咨询委员会在综合考察学校的办学条件、专业设置、管理水平等基础上，确定试办学校的资格并实行“两年试办期”制度。

2000年6月，北京市教育委员会、北京市发展计划委员会《关于北京市按新的管理体制和运行机制　举办高等职业技术教育的补充》中明确要坚持新的管理模式和运行机制的改革方向，继续推进高等职业教育的发展。高等学校举办高职教育，专业设置要坚持与生产服务第一线的实际需要紧密结合，注重实践能力的培养，突出特色，提高质量。现有的普通专科，除少数特殊专业外，都应加强专业建设、培养目标、课程和教学内容体系等人才培养模式改革，加快向高等职业教育过渡。从2000年起，普通专科和高等职业教育招生计划统一编报下达，招生安排在同一批次录取。2000年秋季入学的普通专科学生和高职学生毕业时均由学校颁发相同的专科毕业证书，使用相同的就业介绍信。高职计划主要招收北京地区生源，少数北京生源不足的艺术类高职专业，经过批准，可少量招收京外生源。招收的京外生源，一律不办理户口迁移手续，毕业时应回生源所在省市就业，对农业户口毕业生，北京市不负责办理“农转非”手续。高职学生享受按月发放的物价补贴。在京的中央部委院校可参照此通知执行。

第三节　办学条件

一、办学条件评估验收

20世纪80年代末90年代初，北京市中等专业学校开展了办学条件验收（即合格评估）和办学水平评估工作。按照国家的有关法规和北京市的具体标准与指标体系，在各中专学校，逐条评估，认真整改，有力地推动了学校的全面建设。到1990年12月，历时3年，除有4所市属普通中专学校因已撤销、合并，或建校5年以上尚无校舍未予验收外，分五批对66所市属普通中专学校的办学条件全部进行了验收。1991年上半年，又进行了复议。验收结果，28所学校合格，占被验收学校的42.4%；25所学校暂缓通过，占37.9%；13所学校不合格，占19.7%。10月，北京市高教局向北京市政府呈报《关于市属普通中等专业学校办学条件验收情况及今后建设、发展意见的报告》，提出北京市属中等专业学校办学条件验收结果及处理意见。截至1990年9月，66所北京市属普通中专学校共有在校生33172人，教职员工8883人，其中专任教师3648人。普通课、专业基础课、专业课教师之比为1.2∶0.9∶1。专任教师中56.5%具有大学专科及以上学历，7.5%有高级职称。专任教师与学生人数之比为1∶9.1。现有校舍建筑面积77.36万平方米，藏书126万册，电教器材总价值1066.74万元，半数学校有计算机房，近1/3的学校有语音室，近1/4的学校有电教演播室，1/5以上的学校有了独立的实验楼或专业训练场馆。与1978年相比，在校生增长了300%，校均生数增长了260%，专业教师增长了117%，扩增建筑面积260%。一批原来规模小、校舍不足、设备短缺的市属学校已发展成为校舍较好、教学设备较先进、具有一定师资力量的骨干学校。如北京市第一轻工业学校，建校后长期没有稳定的校舍，几次搬迁，发展为在校生达千人以上的北京市改革试点和重点建设的中专学校，占地4公顷，建筑面积2.4万平方米，拥有较现代的实验设备，设置机、电、食品三大门类的8个专业和6个专门化。长期以来，北京地区办学条件较好的中专学校，绝大部分是中央部属学校的局面已经改变。但是，从验收中也可看出，市属中专学校的办学条件还存在一些比较突的问题，主要是：按国家教委、计委规定的占地、建筑及学生活动场地面积的标准，缺口较大。中专学校中，只有2所全部达到国家的标准，7所达到建筑面积标准，70%以上的学校三项标准均未达到。而一些建立较早或规模较大的学校，校舍也还不配套。实验、实习设备不足。有的新建学校缺少必要的实验设备，有些学校新建的实验楼、实验室亟待充实内部设施，若干建校多年的老校，实验、实习设备较陈旧，20世纪50年代的旧仪器、旧机床以及生产第一线淘汰的设备仍在使用，急需更新。市属普通中专学校布局还不够合理，专业设置重复，学校数量偏多，不少学校规模过小，市属中专学校平均在校生仅503人。70%的学校达不到国家教委规定的640人规模，卫生类学校的问题尤为突出，26所市属卫生类学校，平均在校生仅298人，办学效益不高。1992年1月，北京市高教局向北京市政府文教办提出《关于市属普通中等专业学校办学条件验收结果的补充报告》，对65所市属中专校的原验收结果进行了如下调整：原定合格一类学校17所，调整为合格学校（共20所）；原定合格二类学校11所，调整为基本合格学校（共14所）；原定暂缓通过学校25所，调整为18所；不合格学校仍为13所。

1994年8月，市委、市政府召开新中国成立以来首次北京中等专业学校工作会议。会议总结北京地区中等专业教育事业经过40余年艰辛努力所取得的显著成绩和存在的主要问题。北京地区的104所普通中等专业学校开设有200多个专业，包括工业、农业、医药、卫生、政法、财经、艺术、体育等，初步形成了科类齐全、专业覆盖面广的中等专业教育体系，具有一定规模的办学条件和培养能力。但也存在布局不够合理、服务面向过窄、办学效益不高等问题。会议提出北京中等专业教育要立足行业，面向社会，服务全国，采取“深化改革，加快发展，优化结构，全面提高”的方针，把优化布局结构、扩大办学规模、努力提高质量和效益作为2000年前发展的目标。到2000年，要实施北京地区中等专业学校的“321”工程，即办好30所普通中等专业学校，其中20所为市级重点中等专业学校，20所中有10所达到国家级重点中等专业学校的标准。此后，经过学校内部综合配套改革工作以及办学视导评估检查、达标验收等，全市各类职业教育学校办学逐步规范，绝大多数达到合格标准。部分学校管理水平较高，达到市级骨干校、市级重点校、国家级重点校、国家级示范校等标准。

2003年7月，北京市教育委员会全面落实教育部制定的《中等职业学校设置标准（试行）》，切实加强对中等职业学校的管理，市教委决定开展中等职业学校合格评估工作。通过此次评估工作，至年底市中等职业学校基本达到教育部中等职业学校设置标准要求。对到期仍未达到标准的学校，责令其停止招生，实行调整撤并。通过评估，进一步推进中等职业教育管理体制、办学体制和运行机制改革，进一步推进学校内部管理体制的改革和教育教学改革。市教委根据教育部《中等职业学校设置标准（试行）》、文化部与教育部《中等艺术学校设置标准（试行）》、国家体育总局与教育部《中等体育运动学校设置标准（试行）》的原则以及北京市教委2001年制定的《〈中等职业学校设置标准（试行）〉实施办法》《北京市办学条件合格中等职业学校评估细则》开展评估。2003年以前经教育部认定的原国家级重点中等职业学校和经市教委认定的省级重点中等职业学校，不参加此次评估，直接颁发合格证书。其余经教育行政部门审批，招生三年以上的各类中等职业学校，包括普通中专、职业高中（职业中专）、成人中专、民办中等职业学校均参加此次合格评估。职业高中（含民办中等职业学校）的合格评估工作按照属地管理原则，由各区（县）教委负责具体组织实施。中专学校由市教委组织专家进行评估。市教委将派巡视员对各区（县）评估工作进行检查、指导。此次评估结果是：合格学校60所，其中普通中专30所，职业高中、职业中专、成人中专30所；基本合格学校9所；不合格学校4所。2010年，北京市各类中等职业学校107所，80%已经达到国家级重点校标准，全国示范性学校有30所。

北京市高等职业教育自2000年进入跨越式发展阶段。在这一阶段，为规范高等职业教育的教学和管理，保证高等职业教育的健康发展，北京市教委先后印发了《关于开展高职高专院校人才培养工作水平评估的通知》《关于进一步加强高等职业教育教学工作全面提高教学质量的意见》等文件。结合北京地区的实际情况就全市高等职业教育的建设、评估、发展和提高教育教学质量做出部署，一抓发展，二抓建设，三抓评估促规范和加强管理。高等职业教育出现了快速健康发展的新局面。2004年，北京市教育委员会决定开始在全市独立设置的高职高专院校中进行人才培养工作水平评估。评估主要是对高职高专院校的人才培养工作进行全面考察，衡量其办学条件、教育管理及教育质量是否达到了高职教育的要求；推动学校自觉地按照教育规律不断明确办学指导思想，找准自身定位，坚持教育创新，深化教学改革，改善办学条件，加强教学基本建设，强化教学管理，全面提高教育质量和办学效益;促进学校人才培养工作，找出工作中存在的优缺点，针对不足，提出建设性改进方案并认真落实，进一步明确办学目标，使其走上良性、持续发展的轨道。通过评估，不断改善与加强政府教育行政部门对高职高专院校的宏观管理，通过对高职高专院校教学工作水平评估，发挥社会对高职高专院校人才培养工作的支持与监督作用，使高职高专院校主动适应经济建设、社会发展和科技进步的要求。鼓励学校以服务为宗旨，以就业为导向，走产学研结合之路，努力办出特色，保证高职高专教育在教育体系中健康发展。评估既是对学校教学工作的一次全面检验，也是学校改进工作的机遇。学校在评估的全过程中，贯彻“以评促建、以评促改、以评促管、评建结合、重在建设”的方针，调动广大师生员工积极性，使他们投入到学校的各项改革与建设中去，推动学校人才培养的整体工作迈上一个新台阶。评估的基本任务以《国务院关于大力推进职业教育改革与发展的决定》为依据，按照教育部《高职高专院校人才培养工作水平评估方案（试行）》（以下简称《评估方案》）进行，通过系统地搜集学校的主要信息，准确地了解实际情况，进行科学分析，对学校人才培养工作质量作出判断，形成经市教委批准的对学校具有规范、激励、导向作用，体现社会对学校人才培养工作满意程度的具有一定权威性的评估结论。根据北京市高职高专院校人才培养工作水平评估的整体安排，市教委决定 2004 年选择北京轻工职业技术学院、北京信息职业技术学院进行试评。从 2005 年开始每年评估 5 ～ 6 所学校，到 2008 年现有高职学院都要经过“水平评估”。试评工作原则上按照教育部《评估方案》进行，在总结试评经验的基础上，决定是否对评估方案进行调整。开展评估工作的程序是：学校自评（学校自评是评估工作的基础阶段，评估的主体是学校，学校的建设和改革是重点，评建结合、以评促建是关键。学校要做好广泛的宣传、动员工作，组织各部门按照评估指标体系分头准备，由学校组织校内专家组进行自评，总结教学工作存在的成绩和问题，对自评中发现的问题进行整改，写出自评报告和自评依据材料。专家组进校考察工作时间一般为 4 个工作日。工作的具体内容和方法包括：听取学校的自评报告、参观学校教学基础设施和实验实训条件、访问教学和相关职能部门、召开座谈会和专题研讨会、个别访谈、组织学生技能测试、专业剖析、听课、查阅资料等。考察结束后，专家组针对学校的工作成绩和存在的问题向学校反馈考察意见，但不做出评估结论）—学校整改（学校在认真分析、研究专家组考察意见的基础上，根据专家组提出的主要问题和建议，结合学校的实际，研究并提出为期一年的整改方案，报市教委高教处；同时积极组织全校师生员工认真实施整改方案，一年后上报整改工作总结报告）。北京市自2004年全面开展高职高专院校人才培养工作水平评估工作以来，注重建设和发展，将过程指导与集中评估相结合，使院校的办学面貌发生了很大变化，通过评建使全市高等职业教育取得明显效果。各接受评估的院校办学指导思想更加明确，办学思路更加清晰，学校定位更加准确，保证了学校健康发展。学校的师资队伍和管理队伍得到加强，队伍结构趋于合理，特别是骨干教师队伍和“双师型”教师队伍建设明显加强，教师的整体质量和素质有较大提高。教学中心地位在学校办学中得以进一步确立，教学改革逐步深入，教育教学管理更加规范，教学质量评价保障体系基本建立，教学工作走上稳步提高的轨道。此外，教育经费投入力度加大，教学基本条件有了很大改善，特别是校内外实训基地的建设取得了明显的成绩。将素质教育放在高等职业教育优先地位，学风校风建设普遍得到重视，学生的职业道德和综合职业素质得到明显提高，就业率逐年上升，学校的社会声誉正不断提高。北京高等职业教育形成一些自身办学特色，并探索出一些工学结合的新路，为北京高等职业教育的进一步发展打下坚实的基础。截至2008年年底，共有19所高职学院参评，其中优秀6所，良好6所，合格7所。通过评估，高等职业院校的办学定位更加准确、办学条件也有很大改善，校企合作、产学结合的办学模式得以广泛推行，高等职业院校服务区域经济的意识和能力都得到显著提升。2009年10月，北京市教育委员会印发《高等职业院校人才培养工作评估总体规划》等文件，贯彻落实教育部《关于全面提高高等职业教育教学质量的若干意见》《关于印发〈高等职业院校人才培养工作评估方案〉的通知》精神，进一步改进评估工作，引导高等职业院校科学发展。结合北京实际，组织专家制定《北京市高等职业院校人才培养工作评估总体规划》《北京市高等职业院校人才培养工作评估实施细则》《北京市高等职业院校人才培养工作评估操作规程》等文件，并经教育部备案。高等职业院校人才培养工作评估依照上述文件执行，并制定出北京市独立设置高等职业院校人才培养工作评估工作时间安排（见表6–1）。

表6–1　北京市独立设置高等职业院校人才培养工作评估工作时间安排一览表

序号	学校名称	学校设立日期	第一轮评估日期
1	北京工业职业技术学院	1999年11月	2003年11月
2	北京电子科技职业学院	1999年11月	2004年11月

续表 6-1

序号	学校名称	学校设立日期	第一轮评估日期
3	北京信息职业技术学院	1999 年 11 月	2004 年 11 月
4	北京农业职业学院	2001 年 7 月	2005 年 9 月
5	北京青年政治学院	1995 年 11 月	2005 年 10 月
6	北京科技经营管理学院	2001 年 4 月	2005 年 11 月
7	北京吉利大学	2001 年 6 月	2005 年 11 月
8	北京财贸职业学院	2003 年 1 月	2006 年 10 月
9	北京京北职业技术学院	2002 年 12 月	2006 年 10 月
10	北京北大方正软件技术学院	2002 年 6 月	2006 年 10 月
11	北京经贸职业学院	2002 年 12 月	2006 年 11 月
12	北京政法职业学院	2003 年 8 月	2007 年 11 月
13	北京现代职业技术学院	2003 年 8 月	2007 年 11 月
14	北京汇佳职业学院	2003 年 5 月	2007 年 10 月
15	北京科技职业学院	2003 年 11 月	2007 年 10 月
16	北京经济技术职业学院	2003 年 3 月	2007 年 11 月
17	北京戏曲艺术职业学院	2002 年 12 月	2008 年 1 月
18	北京劳动保障职业学院	2006 年 4 月	2008 年 5 月
19	北京培黎职业学院	2004 年 4 月	2008 年 11 月
20	北京经济管理职业学院	2006 年 5 月	2009 年 10 月
21	北京交通职业技术学院	2005 年 1 月	2009 年 11 月
22	北京社会管理职业学院	2007 年 6 月	2010 年 10 月
23	北京新圆明职业学院	2007 年 6 月	2010 年 10 月

二、重点示范学校建设

中等职业学校 1991 年 10 月，《国务院关于大力发展职业技术教育的决定》提出，20 世纪 90 年代发展职业技术教育的主要任务，首先强调要“努力办好现有各类职业技术学校。要有计划地对现有各类职业技术教育加强规范化建设，并集中力量办好一批起示范和骨干作用的学校”。1994 年 5 月，国家教委召开全国骨干职业技术学校（中心）建设工作研讨会。会议确定骨干职业高中建设的目标和原则是：到 20 世纪末，在全国建成 1000 所左右水平较高的骨干学校，其中有一部分基本达到《国家级重点职业高级中学标准》要求的重点学校。国家教委在 1995 年开展省级重点职业高中复评和首批国家级重点职业高中评估认定工作。11 月，北京市教育局转发国家教委《关于认定经复评合格的第一、第二批暨第三批省级重点职业高级中学的通知》，通知要求各地教育部门要不断完善骨干学校的评估体系和评估办法，要引入竞争机制，重点学校不搞终身制，要把骨干学校建设工作长期坚持下去，做到制度化、规范化。从 1998 年开始，启动骨干示范职业学校评审工作。批准认定骨干职业学校 13 所，示范职业学校 7 所。北京省部级以上重点职业学校达 80 所。1999 年，市教委评估领导小组审核认定并向教育部申报国家级重点校 30 所，新评估认定骨干学校 10 所，省部级骨干示范校总数达到 41 所。

为整合教育资源，增强中等职业教育的整体办学实力，北京市于 2001 年 7 月启动了现代化标志性中等职业学校建设工作。北京商贸学校、北京市交通学校、北京市昌平职业学校等 9 所学校被首批认定为北京市现代化标志性中等职业学校。为继续推进本市现代化标志性中等职业学校建设工作，进一步贯彻落实市政府《关于大力发展职业教育的决定》，提高职业教育服务首都经济和社会发展的整体能力。

2003 年，市教委认定北京市园林学校等 3 所学校为北京市重点中等职业学校。2004 年，市教委组织专家评审小组认定北京市医药器械学校等 3 所学校为北京市重点中等职业学校。2007 年，市教委认定中国音乐学院附中为北京市重点中等职业学校。2009 年，北京市教育委员会认定北京市杂技学校（北京国际艺术学校）为本市重点中等职业学校。

2009 年 8 月，北京市教育委员会继续开展现代化标志性中等职业学校评估工作。新一轮现代化标志性中等职业学校评估工作，要求参评学校必须是国家级重点中等职业学校。中等专业学校需经学校上级主管部门同意，并向市教委提出书面申请，职业高中需由区（县）教委向市教委提出书面申请。学校要对近三年办学情况进行全面总结，对照《北京市现代化标志性中等职业学校基本标准（修订版）》，逐条认真进行自查、自评，完成自评报告。

从 2010 年上半年开始，市教委组织专家通过实地考察、查看档案资料、召开座谈会、听评课等方式对学校进行评估。市教委根据各学校办学情况、提交的自评报告以及专家组对 12 所申办学校提出评估意见，最终确定北京信息管理学校等 6 所学校为北京市第二批现代化标志性中等职业学校。

高等职业学校 2006 年，根据《国务院关于大力发展职业教育的决定》精神，教育部、财政部正式启动实施“国家示范性高等职业院校建设计划”，选择办学定位准确、产学结合紧密、改革成绩突出、制度环境良好、辐射能力较强的高等职业院校进行重点支持，带动全国高等职业院校办出特色提高水平。2007 年，北京工业职业技术学院和北京电子职业技术学院被教育部批准为国家级示范性高等职业院校建设单位，建设项目期 3 年。2008 年，北京农业职业学院、北京财贸职业学院又被批准为国家级示范性高等职业院校建设单位。2009 年 5 月，北京市教育委员会启动北京市示范性高等职业院校建设计划项目申报工作。建设重点包括院校综合建设、重点专业建设、社会服务能力建设三个方面。院校综合建设是指示范高职建设院校要以提高学校综合实力为目标。在发展定位和办学方向上起到模范带动作用；在人才培养模式、课程建设、校内外生产性实训基地建设上成为改革的先锋；在学生职业技能和素质的全面养成、人才培养质量保障体系、就业指导与服务上树立起到示范作用。申报条件包括院校应主动适应首都经济建设与社会发展需要，坚持高等职业教育的办学方向和办学定位，具有鲜明的高等职业教育特色、良好的发展条件和较强的发展潜力，达到领导能力领先、综合水平领先、教育教学改革领先、专业建设领先、社会服务领先的入选条件。申报院校还必须满足以下条件:属独立设置高职院校，且有三届以上（含）全日制普通高职毕业生。以高职教育为主体，高职生占全日制在校生的2/3以上。院校举办方要通过完善政策、健全组织机构和相应保障措施，支持推荐院校建设工作。特别是对项目建设的资金投入应达到建设计划的要求，列入年度预算，能保证及时足额到位。申报评审程序包括预审、论证、实地考察、评审、公示和公布结果6个环节。市教委经过评审公布建设院校名单，同时下达项目建设任务书，建设期为三年。经过北京市示范性高等职业院校建设计划项目验收，8所学校验收通过。其中：北京信息职业技术学院、北京劳动保障职业学院、北京青年政治学院、北京政法职业学院完成情况优秀；北京北大方正软件职业技术学院、北京汇佳职业学院、北京戏曲艺术职业学院、北京京北职业技术学院完成情况良好。至2010年，已经有4所学院被评为国家示范性高职学院，并确定4所市级示范性高职学院。

2010年8月，市教委决定实施北京市高等职业院校携手发展计划。通过建立示范性高等职业院校与其他高职院校的共建关系，进一步加强高等职业院校之间的沟通、交流与合作，更好地发挥示范院校的辐射和带动作用，实现共同进步、共同发展。具体工作目标是：按照统筹规划、优势互补、示范带动、共同发展的原则，加强对高等职业教育资源的统筹，充分发挥示范性高等职业院校在教育教学理念、办学体制机制、校企合作、人才培养模式、教学管理、专业建设、实训基地建设、师资队伍建设、课程建设等方面的示范引领作用，通过不断深化合作关系，拓展共建领域，支持和帮助“携手院校”提高办学水平，并在共建过程中实现优势互补、互利共赢、共同发展，全面提高高等职业教育服务首都经济社会发展能力。主要合作内容包括：队伍建设（共同加强管理人员和教师培养。建立对口院校领导、职能部门定期沟通机制，共同研究合作内容与形式，不断完善相关政策，推进合作深入开展。相互选派管理人员和优秀教师到对口院校任教、进修和培训，共同开展业务学习和学术交流活动，全面提高管理人员的综合素质和教师的业务水平）、专业建设（在相近专业开展深入合作，由示范院校专业带头人担任专业建设顾问，在对口院校人才培养方案制定、课程开发、实训基地建设、专业师资建设等方面提供指导和帮助，鼓励合作院校共同开展教学改革研究、开发核心课程、编写特色教材，共享建设成果，不断提高人才培养质量）、资源共享（鼓励支持“示范院校”开放校内实训基地、图书馆等教学资源，按照“支援为主、互利共赢”的原则，探索建立有利于长期合作的资源共享机制，提高资源使用效益。开展同专业学生跨校选课、第二专业学生跨校选修，实行校际学生交流）。北京市高等职业院校携手发展计划共建院校名单见表6–2。

表6–2　北京市高等职业院校携手发展计划共建院校名单

序号	示范院校	携手院校
1	北京工业职业技术学院	北京现代职业技术学院 北京新圆明职业学院
2	北京电子科技职业学院	北京吉利大学
3	北京农业职业技术学院	北京经贸职业学院
4	北京财贸职业学院	北京经济技术职业学院
5	北京信息职业技术学院	北京交通运输职业学院
6	北京政法职业学院	北京培黎职业学院
7	北京青年政治学院	北京社会管理职业学院
8	北京戏曲艺术职业学院	北京体育职业学院
9	北京劳动保障职业学院	北京交通职业技术学院
10	北京京北职业技术学院	北京科技经营管理学院
11	北京汇佳职业学院	北京科技职业学院
12	北京北大方正软件职业技术学院	北京经济管理职业学院

三、职教园区

北京职教园区项目立项及规划设计方案于2001年经市发展改革委、市规划委、经济技术开发区城市规划局分别批准。职教园区规划总用地54公顷，其中建设用地地45公顷，建设用地中绿地及活动场地8.16公顷，体育用地6.74公顷，总建筑面积31.7万平方米（职教园区二期工程实施中增加了7.2万平方米的学生宿舍）。2002年10月开工建设，至2005年一期工程完工，建筑面积11.3万平方米。2005年，北京二轻工业学校、北京市仪器仪表工业学校搬进北京经济技术开发区职教园区办学。市教委决定根据职教园区建设规划和进度以及相关学校的实际情况，2006年安排北京市汽车工业学校整体搬迁进驻园区办学，2007年安排北京市机械工业学校整体搬迁。北京市教育委员会在《关于北京市仪器仪表工业学校等六所职教园区内学校承担任务及发展规模的通知》文件中进一步明确：北京市经济技术开发区职教园区将紧紧围绕首都经济社会发展，为北京市微电子产业、光机电一体化产业、生物工程和新医药产业、汽车产业等高新技术产业和现代制造业培养大量的高中级技能型人才。职教园区主要举办高等、中等职业学历教育，并开展多层次、多内容的职业技术培训，培养技能型人才。“十一五”规划期间，园区在校生总规模达到 1.2 万人，其中，中职 0.8 万人，高职 0.4 万人。每年为北京市经济技术开发区的外资企业及合资企业等单位的在岗职工进行岗位培训和继续教育，培训任务为 1 万人次。

2008 年 1 月，北京市教育委员会根据市政府《关于研究北京经济技术开发区职业教育园区建设有关问题的会议纪要》和市机构编制委员会办公室《关于调整市教委所属部分学校有关事项的函》精神，决定将北京市仪器仪表工业学校、北京二轻工业学校、北京市机械工业学校（北京市机械局职工大学）、北京市汽车工业学校（北京市汽车工业总公司职工大学）与北京电子科技职业学院合并。同时撤销北京市仪器仪表工业学校、北京二轻工业学校、北京机械工业学校（北京市机械局职工大学）、北京市汽车工业学校（北京市汽车工业总公司职工大学）建制。根据学校的办学功能定位，积极推进内部管理体制改革，院系、学科和专业结构调整，统筹和优化配置教育资源，科学合理地设置内部机构，确定人员编制。按《关于（市级）教育事业单位布局结构调整中国有资产处置的意见》，对入区学校进行资产清理和审计，确保国有资产不流失。从实际出发，妥善安置干部、教职员工，安排好在校学生的学习生活，深入细致地做好干部、教职员工及学生的思想政治工作，保证正常的教育教学和管理秩序。职教园区建设项目 2008 年年底完成。园区建设总投资 147803 万元。资金来源主要是 5 所学校资产置换、沙特政府贷款、市教委自筹和申请政府资金。

第四节　基础设施建设

基础设施　自 20 世纪 80 年代起，各级政府和学校通过新建、改建、整合等方式改善办学条件，并不断为职业学校增添实验实习设备。截至 1990 年 9 月，北京市 66 所中专学校电教器材总价值 1066.74 万元，半数学校有计算机房，近 1/3 的学校有语音室，近 1/4 的学校有电教演播室，1/5 以上的学校有了独立的实验楼或专业训练场馆。至 1990 年年底，北京市高教局分 5 批完成对市属普通中等专业学校的办学条件的检查验收。据对 32 所学校统计，近两年用于改善学校办学条件的基建、设备投资，超过 1800 万元。但当时中专学校中，只有 2 所全部达到国家的标准，7 所达到建筑面积标准，70% 以上的学校 3 项标准均未达到。而一些建立较早或规模较大的学校，校舍也还不配套。市政府 1983 年决定首批办好的 13 所市属普通中专学校，仍在继续建设中，尚有多数学校存在缺项或弱项，未完全建成。另外，实验、实习设备不足。有的新建学校缺少必要的实验设备，有些学校新建的实验楼、实验室亟待充实内部设施，若干建校多年的老校，实验、实习设备较陈旧，20 世纪 50 年代的旧仪器、旧机床以及生产第一线淘汰的设备仍在使用，亟须更新。

1996 年，北京市教育委员会成立后，明确了基本建设管理部门职责，包括：会同有关部门编制本市教育设施专项规划及各级各类学校校舍建设标准；负责拟订市本级学校和教育单位基本建设计划，并组织实施；参与审核市本级学校和教育单位房屋修缮计划；监督、管理本市教育系统房屋、土地使用及指导防汛工作；指导区（县）学校校舍建设和修缮工作等。经过"八五""九五"计划期间，各级政府和学校不断增加投入，到 1999 年，中等职业学校占地面积达到 800 万平方米，建筑面积 350 万平方米，设备总值达到 4 亿元。"十五"计划期间，市本级财政职业教育各项投入总计 50 亿元，"十一五"规划期间又将教育费附加从 20% 提高到 30%，仅专项经费政府对职业教育投入就达 30 亿元以上。

2000 年 3 月，教育部颁发《高等职业学校设置标准》（暂行）。该标准明确：设置高等职业学校建校初期，生均教学、实验、行政用房建筑面积不得低于 20 平方米；校园占地面积一般应在 10 公顷左右（此为参考标准）。必须配备与专业设置相适应的必要的实习实训场所、教学仪器设备和图书资料。适用的教学仪器设备的总值，在建校初期不能少于 600 万元；适用图书不能少于 8 万册。课程设置必须突出高等职业学校的特色。实践教学课时一般应占教学计划总课时 40%左右（不同科类专业可做适当调整）；教学计划中规定的实验、实训课的开出率在 90%以上；每个专业必须拥有相应的基础技能训练、模拟操作的条件和稳定的实习、实践活动基地。一般都必须开设外语课和计算机课并配备相应的设备。建校后首次招生专业数应在 5 个左右。设置高等职业学校所需基本建设投资和正常教学等各项工作所需要经费，须有稳定、可靠的来源和切实的保证。新建高等职业学校应在 4 年内达到：全日制在校生规模不少于 2000 人；与专业设置相适应的教学仪器设备的总值不少于 1000 万元，校舍建筑面积不低于 6 万平方米，适用图书不少于 15 万册。"十五"计划以来，北京市高等职业学校建设也实现了跨越式发展，独立设置的高等职业学院由 2000 年的 4 所增加到 24 所；在独立设置的高职院校专业中，院校总占地面积约 467 公顷，产权建筑面积 200 多万平方米，教学科研仪器设备总值123亿元。高等职业教育的规模、布局、结构、人才培养工作基本上适应了首都经济社会发展的需要。

信息化 根据北京市职业教育发展实际，市教委于2000年组织有关专家研制开发出“北京市职业教育校园网”软件，并经过教育部及北京市有关计算机专家鉴定通过。为便于全市信息沟通和管理，将在全市中等职业学校逐步推行统一使用该套校园网管理信息系统软件。对第一批试点使用“校园网管理软件”的学校进行评估和验收，对现有国家级和省市级骨干示范校园网建设进行评估和验收。年内召开全市总结大会，展示校园网建设成果。2001年，北京市教育委员会决定加速推进中等职业教育信息化工作进程，加快中等职业学校校园网建设。要求加强对校园网建设工作的领导，充分认识建设校园网的重要意义，学校要明确一名校长主管教育信息技术和校园网建设工作，并指定专人具体负责。在校园网建设工作中要认真制定工作方案，周密组织实施。2002年，在全市职业学校中全部完成校园网网络建设工作，同时对软件管理人员进行培训。市教委在《北京市职业学校校园网硬件建设的指导意见》中提出：校园网的功能是为学校师生提供教学、科研和综合信息服务的宽带多媒体网络，校园网应具有教学、管理和通信三大功能。建设校园网应遵循“依据需求、统筹规划、分步实施、成熟可靠”的原则。校园网是一项新技术，对广大教师和学生在知识上有一个更新和适应的过程，因此在建设校园网的同时，要进行技术培训。包括校长级培训、管理人员和教职工的培训、技术人员的培训。该网与北京教育信息网连接，根据中等职业技术学校的情况，首先要确保骨干示范职业学校使用PCM 2M数字电路与北京教育信息网连接，其他中等职业技术学校建议使用128K的DDN专线连接，使之能够较理想地满足学校校园网基本用途。主页建设是对外展示学校面貌和对外交流的重要窗口，职成处要求中职学校都要建立自己的主页，并将主页放入北京教育信息网服务器。职业技术学校网页需要后台数据库的支持，生成的主页应为动态页面。该意见还提出，建立基于网络的职业教育管理信息系统，对全市职业教育的基本情况统一管理。建立全市范围内的职业教育信息网，通过网络发布职业教育相关信息，与各校网页实现连接，在全国乃至全世界树立北京职业教育的形象。建立基于北京教育信息网的职业教育资源库，其中包括职业教育基础课程资源、专业课程及辅助信息资源、学校基本情况信息资源、职教学生就业分配信息资源等。实现教育资源的互联与共享。依托北京教育信息网，开展职业教师的全方位最新职业教育培训，可采用远程教学设备或网络课程培训体系。建立基于校园网的管理信息系统，实现校内教学行政及后勤各部门之间的信息流通与管理。建立本校资源库，对信息资源统一管理。2008 年，经市委教育工委、市教委第 8 次书记主任办公会研究，就进一步加强教育信息化工作提出意见，贯彻落实北京市推进教育信息化建设工作会议精神，为首都建设创新型城市、构建社会主义和谐社会首善之区服务，加快电子政务的建设和推广，强化资源整合、信息共享和业务协同；加速网络学习环境的建设，丰富服务内容，创新服务模式，拓宽服务渠道，完善服务体系，提高服务质量，落实“信息惠民”；统筹规划北京市教育信息化发展方向、重点工作和保障措施，整体推进北京市教育信息化发展。该意见提出总体要求和发展目标。即以提高教育信息化应用和服务水平为目标，以资源整合与共享为核心，以构建统一的基础保障环境为基础，以健全教育信息化管理和运行机制为保障，通过信息化建设促进教育事业发展，逐步形成各级各类教育相互衔接、特色鲜明、优势互补、整体优化的教育信息化服务体系，初步构建支撑学习型城市建设的基础信息环境。北京市教育信息化的发展目标是：到 2010 年，基本建成市、区（县）、学校相互连通，各级各类教育相互衔接的电子政务（校务）体系；建成资源丰富、功能完善、使用便捷的网络学习环境；建成高速、稳定、安全、满足教育信息化建设、应用、服务需要的网络基础设施；面向首都全体师生与公民提供良好的教育教学服务，为逐步实现学习型、创新型城市打下坚实基础。为达到首都教育现代化总目标提供良好服务和有力支撑。该意见提出教育信息化工作主要内容包括：实施电子政务提升工程。建成教育政务服务平台，建成教育政务管理平台，建成教育决策支持平台，建成开放便捷的教育教学资源共享平台，构建人人受益的网络教育平台，建成丰富多样的社会实践互动平台。实施基础设施优化工程，优化北京市教育网络；构建北京市教育数据管理体系；建成北京市教育电子认证系统。该意见还就教育信息化工作明确了相关政策措施。包括成立北京市教育信息化领导小组，下设北京市教育信息化办公室（以下简称“信息办”），挂靠在市教委科学技术与研究生工作处，由市教委相关业务处室及直管直属单位组成。提出制定教育信息化建设规划，完善教育信息化管理制度；建立和完善各级各类教育信息化评估标准和评估机制等。该意见还提出培养一支既精通信息技术应用又懂教育管理的教育信息化专业队伍。为信息技术人员队伍创设更好的工作条件，在任职资格、人员编制、职称评定等方面给予明确政策支持。

实训基地　为进一步加强本市中等职业教育实训基地建设，强化实践教学，满足技能型人才培养需要，2002 年 2 月，市教委公布中等职业教育市级示范性重点实训基地名单，认定北京市仪器仪表工业学校自动控制实训基地等 23 个实训基地为市级示范性重点实训基地。市教委要求，市级示范性重点实训基地建设采取市级投入为主的原则，各承担基地建设的学校加快建设进度，严把建设质量，用三年左右时间基本建成，投入使用并发挥效益。市教委组织有关专家每年对基地建设情况进行阶段性检查。在市级示范性重点实训基地建设中要本着校企结合、配置合理、设备先进、全面开放、资源共享的原则，学校积极开展校企合作，根据行业企业发展需要和基地建设的目标定位，制定专业技能培训教学大纲，认真组织编写实训教材。参考相关专业领域教学计划的要求和职业、岗位群的技术技能要求，制订实训计划和方案，认真组织实施职业技能培训和鉴定工作。在实训过程中体现仿真性、现场性，使学生能按照未来职业岗位群的要求，进行实际操作训练。要保证实训开出率和实训质量，充分满足实践教学的需要，加快培养一大批首都现代化建设急需的技能型实用技术人才。积极承担全市"双师型"教师及实习指导教师的培训工作，为提高教师专业知识、专业技能水平和教学水平服务。要努力实现市级示范性重点实训基地区域内的资源共享，建立自主发展的新机制。在完成学历教育实践教学任务的同时，主动面向市场，大力开展在职培训、转岗再就业培训、农村劳动力转移培训等各种培训和技术服务。要注意发挥市场机制的作用，调动社会各方面力量共同参与，实现基地建设逐年有投入，实训设备不断更新，逐步提高北京市职业教育装备水平和现代教育技术水平，促进职业教育的现代化建设。

2005 年 2 月，市教委公布重点支持区（县）级重点实训基地名单，经各区（县）教委推荐，在区（县）级重点实训基地中，认定北京市财经学校国际商务实训基地等 42 个实训基地为重点支持区（县）级重点实训基地。各区（县）把重点实训基地建设和区域经济发展、产业结构调整、企业技术升级及本地区职业教育重点专业建设结合起来。强调重点实训基地建设规划方案要经过充分的调研、论证，建设目标、功能定位要准确，规模要合理，要有具体的分阶段实施计划和配套措施。区（县）教育行政部门要保证经费支持，要制定实训基地建设标准，指导学校论证重点实训基地建设的规划方案，检查落实情况，制定配套政策，充分发挥重点实训基地的功能。要确保重点实训基地建设，经费到位，措施到位，落实到位，保证重点实训基地按期完成，达到建设标准，充分发挥功能，促进职业教育教学水平的提高，更好地满足首都经济、社会发展对提高劳动者素质的需要。市教委重点支持的区（县）级重点实训基地，原则上用 3 年左右时间建设完成。市教委组织有关专家，每年对基地建设情况进行阶段性检查。重点支持的区（县）级重点实训基地建设规划方案包括：重点实训基地建设必要性、可行性分析；重点实训基地配置方案，如建设规划目标、实训基地的功能、规模（含占地面积、建筑面积、设备数量及总价值、培训量）、总体框架及实训室（车间）设置、设备配置。分阶段实施计划及保障措施、经费预算。

2006年7月，市教委下发关于北京市商业学校等8所中等职业学校利用中央预算内专项资金建设实训基地的通知。同意北京市商业学校等8所中等职业学校利用中央预算内专项资金建设实训基地的方案。通知要求北京市商业学校等8所中等职业学校要进一步完善实训基地建设方案。进一步提高职业教育实训基地的装备水平，加强实验实训等实践教学，推进产学合作，培养适应首都经济社会发展的高质量的技能型人才。2010年1月，市教委印发《北京市中等职业学校“园林”等十个专业实训基地装备标准（试行）》。该标准是指导和规范本市中等职业学校实训基地建设的基础性文件。市教委继2007年组织制定数控技术应用等十个中等职业学校主要专业实训基地装备标准后，根据近年来首都经济社会发展对中等职业教育技能型紧缺人才培养及相关专业实训基地建设的需要，又组织制定园林、工业与民用建筑、电气运行与控制、电气设备安装（楼宇智能技术专门化）、旅游服务与管理、航空服务、动画设计与制作、会计、国际商务、服装设计与制作十个专业的实训基地装备标准。

2007年3月，北京市教育委员会组织市级示范性高等职业教育实训基地申报工作。市教委决定启动北京市级示范性高等职业教育实训基地建设计划，并制定《北京市级示范性高等职业教育实训基地建设评分指标体系（试行）》（以下简称《指标》）。旨在通过实施北京市级示范性高等职业教育实训基地建设计划，使实训基地在教学质量、管理水平、办学效益和辐射能力等方面有较大提高，特别是在深化教育教学改革、创新人才培养模式、建设高水平专兼结合师资队伍、提高社会服务能力和凝练办学特色等方面取得明显进展，发挥示范性实训基地的示范作用，“十一五”规划期间重点建设30个左右市级专业性实训基地，10个左右国家级实训基地，带动全市高等职业教育的改革与发展，逐步形成布局合理、功能完善、质量优良、特色鲜明的高等职业教育体系，更好地为首都经济建设和社会发展服务。拟申报北京市级示范性高等职业教育实训基地的单位应为独立设置的高职高专院校；实训场地、设备、指导教师数量达到《指标》要求，具有良好的建设环境；特别是院校举办方对示范性实训基地项目建设的资金投入应达到建设计划的要求，列入年度预算，保证及时足额到位。每校限报3项，不含已批准为中央财政支持的职业教育实训基地建设项目。2008年，北京市高等职业教育继续加强实训基地建设，开展申报中央则政支持的职业教育实训基地建设项目，共向教育部推荐8个项目，最终入选2个。

在加强实训基地建设的同时，根据本市各中等职业学校实习实训基地建设发展情况，为完善制度建设，加强实践教学管理，有效防范和化解学生实习实训的责任风险，保障学生权益，顺利推行“工学结合、校企合作、顶岗实习”的职业教育人才培养模式，北京市教育委员会2009年转发教育部、财政部和中国保监会印发的《关于在中等职业学校推行学生实习责任保险的通知》(以下简称《通知》)。按照2005年《国务院关于大力发展职业教育的决定》，2006年《国务院关于保险业改革发展的若干意见》《教育部、中国保险监督管理委员会关于加强学校保险教育有关工作的指导意见》以及2007年《中等职业学校学生实习管理办法》等相关文件要求，在历时两年多调查研究的基础上，根据中等职业学校学生实训实习特别是顶岗实习的实际和特点，在中等职业学校推行学生实习责任保险问题中强调中等职业学校推行学生实习责任保险的重要意义，推进和完善中等职业学校学生顶岗实习的制度建设，要求高度重视学生实习期间的风险管理工作。保险是进行风险管理和控制的基本手段，在中等职业学校推行学生实习责任保险，有效防范和妥善化解学生实习的责任风险，保障广大实习学生的权益，消除学校、企业、家长的后顾之忧，解决实习期间意外伤害事故可能引发的社会矛盾，维护中等职业学校正常的教育教学秩序，保障“工学结合、校企合作、顶岗实习”人才培养模式的全面推行，提高高素质劳动者和技能型人才的培养水平，推动中等职业教育又好又快发展。在中等职业学校推行学生实习责任保险的基本要求是：保险责任范围应覆盖学生实习活动的全过程，包括学生实习期间遭受人身意外事故与法律法规和行政规章认定为工伤情形下校方依法应承担的责任，以及相关法律费用和学生实习第三者责任。教育部将组织有关专家按照职业学校学生实习责任保险的责任范围对保险实施方案进行选择，选中的保险实施方案将下发各地供地方教育行政部门和中等职业学校参照执行。投保主体和保障对象原则上为政府有关部门批准设立的实施学历教育的各类中等职业学校，保障对象为参加顶岗实习和教学实训的中等职业学校在籍学生。投保方式为，中等职业学校可以根据自身专业设置、教学安排等实际情况，选择为最后一年学生投保全年学生实习责任保险，或者为全部学生投保与其实习期间相对应的学生实习责任保险。经费保障方面，在中等职业学校推行学生实习责任保险，是职业教育顶岗实习制度建设的重要内容，是职业学校教育教学活动的重要组成部分，学生实习责任保险的经费可从职业学校学费中列支；免除学费的可从免学费补助资金中列支，不得向学生另行收费。如果职业学校与企业达成协议由企业支付的，企业支付的实习责任保险费据实从企业成本（费用）中列支。保险机构选择应参照教育部推荐的保险实施方案，通过招标或竞争性谈判方式选择承保机构。承担中等职业学校学生实习责任险的保险机构应具有多年从事教育行业保险事务的经历，经验丰富，经营管理规范，具备充足的偿付能力，服务网点遍布城乡，能够及时支持异地理赔服务。可选择有经验和能力的保险中介机构提供保险中介服务。《通知》指出：各地职业教育管理部门是推进中等职业学校学生实习责任保险工作的牵头部门，要积极协调各方面力量，逐步建立起基本覆盖城乡、贯穿学生实习实训全过程的中等职业学校学生实习风险管理机制。要把建立和完善中等职业学校学生实习风险管理机制与推行“工学结合、校企合作、顶岗实习”的人才培养模式，与深化以就业为导向的职业教育教学改革，与促进中等职业教育的科学发展紧密结合起来，形成整体推进态势，真正做到中等职业学校参加实习的学生人人参保、应保尽保。要针对招生就业规模较大的专业类别，认真收集整理和研究分析相关行业企业的生产安全事故案例，组织编写分行业、分企业、分岗位的案例培训教程，广泛开展有针对性的宣传教育活动，着力提高学校和实习学生的风险识别能力和事故处理能力。各中等职业学校校长是学生实习风险管理工作的第一责任人，要以落实学生实习责任保险为切入点，抓紧建立学生实习风险管理组织机构，完善学生实习风险管理机制，形成实习前有专门培训、实习中有过程管理、出险后及时赔付的全流程风险管理服务制度。要培养培训一批责任心强、熟悉安全生产常识、懂得用保险手段进行风险管理的实习指导教师，努力完善学生实习管理办法、提高管理水平，为学生参加实习实训提供有效的安全保障。各省级教育行政部门、财政部门和保险监督机构要按照《通知》的精神和要求，广泛宣传，深入发动，周密部署，狠抓落实，积极稳妥地推进此项工作。要充分发挥中等职业学校学生实习责任保险在加强学校风险管理、降低企业接收学生实习的风险、增加中等职业学校学生实习岗位和就业机会等方面的重要作用，为推进中等职业学校学生实习实训特别是顶岗实习的健康开展，提供有力的政策支撑和制度保障，促进我国中等职业教育在新的形势下取得更大发展。

2010 年 7 月，北京中央财政支持的职业教育实训基地建设项目（高职）挂牌暨建设工作交流会议召开。会议回顾了五年来北京高职实训基地建设情况，为 2005 年以来获得中央财政支持的 26 个高职实训基地颁发了匾牌。26 个国家级实训基地覆盖专业近百个，受益在校学生约 25000 人，开展各种培训项目 260 多项，完成职业技能竞赛 70 多次，开发课程 200 余门，建设市级精品课 25 门、国家级 5 门。建设项目在高职院校基础建设、技能培训、社会服务以及支持民办教育发展等方面发挥了重要作用，支持建设 4 所国家级、8 所市级高职示范校，有 5 所民办高职院校获得支持。北京工业职业技术学院在2010年全国职业院校技能大赛中，汽车维修与故障排除赛项获全国一等奖，发动机修复运行与检验分析单项获第一名，电子设计嵌入式产品开发赛项获全国二等奖。北京财贸职业学院财会金融实训基地支持举办全市教师技能大赛、教师教学设计大赛、教师课堂教学企业调研案例制作大赛和票据技能大赛等技能大赛活动。近年来，市教委出台多项政策，特别是通过国家级、市级和校级示范性高职实训基地建设项目推进，着重强调高职人才培养模式的实践性、开放性和职业性，着力强化高职教育人才培养过程中实验、实训、实习三个关键环节，力求保持校内学习与实际工作的一致性，紧密联系行业、企业，积极开拓校企合作、工学结合新途径，提高学生的实际动手能力，不断推动实训基地建设。实训基地建设已经由校内走向社会，由教学性走上生产性。高等职业院校学生职业能力培养更加符合职业岗位要求，各项综合素质有了明显提高，毕业生就业水平有所突破，学校办学能力、教学质量稳步上升，整体实力得到提高，专业布局更加符合北京经济社会发展需要，高职教育的吸引力正在增强。

第五节 行政后勤管理

一、行政后勤

从1996年开始，北京市教育系统在后勤改革方面进行了几项较大的工程。包括学生营养餐工程、学校周边整治工程、学校节能减排工程。

学生用餐 1996年11月，市教委要求各区（县）教委（教育局）重视所辖区内的学生用餐，不允许个体经营户承包学生食堂，以保证学生身体健康，杜绝食源性疾患。1997年，北京市教育系统共发生食物中毒2起，发病人数100人，占全市食物中毒发病总人数的16.4%，这些事件的发生，不仅影响了学生的身心健康和正常的教学秩序，同时也暴露了一些区（县）教育行政部门和学校在管理工作中的漏洞。为避免上述事件的继续出现，1998年4月，市教委、市卫生局针对外省一些地区发生学生服用含碘食品引起中毒及本市个别幼儿园发生集体食物中毒事件等情况，还有人民来信和电话，反映有的中小学伙食质量差、卫生不合格以至出现贴大小字报现象，就加强学校伙食管理预防食物中毒发出通知。该通知指出：学校集体食堂的食品卫生质量是伙食工作的关键，避免食物中毒及其他食源性疾患的发生是学校集体用餐工作的重中之重。为此，各区（县）教育行政部门和学校要认真研究办伙食方向，从维护学生的利益出发，兼顾全局。要严格成本核算，实行集中采购，认真制作，保证伙食质量、花样品种的稳定及质价相符。减少中间环节，堵塞漏洞。各级领导认真学习《中华人民共和国食品卫生法》和《北京市实施〈中华人民共和国食品卫生法〉办法》，根据实际情况制定并落实各项卫生防病措施。同时加强伙食管理队伍的建设，注意抓好职工的思想建设、职业道德建设，提高服务质量。在办好基本伙食的同时开展多层次服务，关心困难学生的生活。各区（县）教委、教育局对伙食工作要有计划、有检查、有总结，有统一的规章制度及实施办法，加强学校饮用水的管理，保证学生喝上符合卫生要求的开水。真正将伙食管理等生活后勤保障工作落到实处。学校要提高供应食品的卫生质量，严防食物中毒和食源性疾患的发生。要求学校食堂要严格把好食品质量关，出售的食品必须符合卫生要求，生、熟食品及成品与半成品必须严格分开，避免交叉污染，餐具、用具必须严格消毒，食堂环境必须符合卫生要求。杜绝未经审批即擅自制售冷荤食品的现象。要加强对课间餐、营养午餐的管理，不得从无卫生许可证的单位和个人购进课间餐、营养午餐食品，不允许过期、变质食品进入学校。学校自办出售食品与饮料的小卖部必须具有卫生许可证，购进和出售的食品必须符合卫生要求，要坚决制止无照、无证摊贩在学校附近摆摊设点，出售食品。学校要教育有关人员加强内部管理，严防坏人破坏。加强食品卫生监督检查，促进后勤管理水平及食品卫生质量的提高。各级卫生行政部门要加强对学校食堂的日常食品卫生监督检查及卫生技术指导，把防止学生食物中毒作为近期工作重点工作之一，与教育行政部门密切配合，认真研究解决、处理在检查中发现的问题，指导学校提高后勤管理水平和食品卫生质量。9 月，市教委、市卫生局联合制定《北京地区学校食品卫生工作几点规定》。该规定要求北京各级各类学校重视食品卫生工作，保证食堂建设的必要投入，区（县）教育行政部门要有主管领导负责，高校中专要实行校长负责制，并签订卫生责任书。规定要求，学校食堂及食品生产单位必须持有卫生行政部门许可证，购置营养午餐严格按有关规定执行。规定要求各级教育单位建立疫情报告制度，发生疫情应立即向当地卫生行政部门和上级教育行政部门报告。年内，市营养餐办公室在工商部门注册北京市学生营养餐专用标志，授予具备生产条件的生产单位标志使用权。同时，分 3 批对 30 家单位授予市级学生营养餐定点生产单位资格，实际日送餐量为 10 万份。

1999 年 2 月，北京市学生营养餐工作协调小组成立。该小组由市委宣传部、市教委、市商委、市工商局、市交管局、市卫生局等单位组成，办公室设在市教委，同时组建市学生营养餐研究中心和学生营养餐工作督查组。5 月，市政府转发市教委《关于在全市中小学生中推行营养餐工作的意见》。该意见要求推行营养餐工作要按照“政府主导、社会参与、学校落实、学生自愿”的原则，依靠政府、社会、学校和家长的共同努力。通知提出经过2年至3年努力，使全市中小学午餐全部达到营养标准。至年底，市学生营养餐工作办公室分3批认定30家营养餐定点生产企业。

2000年，北京京育学生营养餐饮管理服务中心成立。该中心设在北京教育技术装备中心，受市教委学校后勤处委托，承担学生营养餐方面的宣传、服务、调研等相关工作。8月，市教委、市卫生局、市公安局联合召开加强学校食品卫生安全工作会议。全市各高校，各区（县）教委（教育局），部分中专、民办校，各学生营养餐定点生产单位共计300多人参加会议。会议强调学校教育要树立安全第一的思想，要加强学生食堂管理，为学生提供符合卫生、营养标准的学生营养餐。至年底，北京市有21所高校48个食堂通过标准化食堂验收，分别占北京66所高校的32%和279个学生食堂的17%。1998—2000年，三年各校共为48个食堂改善条件或新建食堂投入资金达28183.8万元，其中饮食中心投入6268.8万元，新建大型学生食堂6座，新食堂面积47800平方米，占达标食堂面积的60%。

此后，各级职业学校不断加强学生食堂和学生就餐管理，建立并不断完善各项规章制度，确保学生用餐营养、卫生、安全。

周边整治　1998年10月，北京市校园周边环境整治领导小组成立。该小组由市教委、市整治办、市委教育工委、市委宣传部、市市政管委、市公安局、市卫生局、市工商局、市规划局的领导，城八区及通州、昌平、大兴11个区（县）主管教育和主管城管区（县）长组成。至年底，11个区（县）对836所学校周边环境进行整治，其中，拆除违法建筑185067平方米；撤除集贸市场和拆迁转停商业网点1450个；疏导交通拥堵542处；整顿治安乱点242处；绿化美化环境47920平方米。2000年3月，市教委和首都城市环境综合整治委员会办公室联合制定校园周边环境整治、建设和管理工作目标。整治目标是：无占路市场，无违法建设，无不利于教育、教学和师生身心健康的经营场所，无交通堵塞和交通事故隐患，无治安乱点，无环境脏乱。建设目标是：要体现育人功能，要有和谐的自然景观，要有体现学校特色的人文景观，要有科技、知识、文化含量。管理目标：落实部门管理责任制、地区责任制、“门前三包”责任制和校长责任制。北京市校园周边环境整治领导小组办公室还编印校园周边环境整治项目台账。该台账每月编印一册，详细记录各项整治工程进展情况。建立台账制度将每项治理工程记录在案，落实到单位，实行挂账销账的管理办法，确保整治工作任务按时完成。6月，北京市教育委员会办公室转发北京市规划委员会《关于加强校园周边环境整治规划管理工作意见的通知》，同时结合学校具体情况提出要求：区（县）教委、学校要求积极主动地拆除校内和学校周边自身所属的违法建筑和过期临时建筑。对现有出租房情况进行检查，凡承租方存在《通知》第三项所列经营项目的要进行“关”“停”“转”。同时，加强管理，杜绝此类出租经营行为再发生。认真履行“门前三包”责任制，对学校周边出现违反规定的经营项目可向有关部门举报。北京市规划委员会在《关于加强校园周边环境整治规划管理工作意见的通知》中明确：实施和修订所在地区校园周边地区环境整治，特别是拆除违法建筑、过期临时建筑的工作计划。对已列入计划的，要尽快组织实施；尚未列入计划，但学校围墙外及校园内的违法建筑物和设施较多或群众反映强烈的，应及时调整或补充整治拆除计划，向社会公布，同时坚决禁止新的违法建设行为的发生。积极组织好整治拆除违法建筑后的规划工作。学校周边的商业规划向科技与文化内容发展，高校周边的商业经营侧重于高科技、知识密集型，中、小学周边的商业经营要体现科技、知识、文化、体育服务功能。规划编制工作要注意倾听教育部门的意见。在日常审批工作中，不得审批不利于教育、教学和师生身心健康的经营场所的建设，具体要求是：在学校门口两侧各50米内，不得审批建设美容美发厅、汽车（自行车）修理、机械加工等经营场所。在学校门口两侧各200米内，不得审批电子游戏厅、电脑屋、网吧、歌舞厅、酒吧、录像室、台球室、卡拉OK厅、洗浴中心、性保健用品商店等经营场所。严格依法进行规划管理审批工作，不得以支持教育发展为名越权审批。实行管区责任制。各局对本区（县）范围内的学校周边环境管理要建立责任制，从规划、规划管理审批到监督检查要落实到人，切实保证校园周边环境有利于教育和学生的身心发展。

这项工作尽管难度较大，但是经过突击整治之后，为学校周边环境带来了明显改善。至2010年，学校周边环境基本不再出现“脏乱差”的情况。

人身安全 2007年，市教委以北京联合保险经纪有限公司北京分公司（UIB）为平台，完善教育风险管理服务体系建设。UIB北京分公司做好校方责任险基础业务，努力推出适合教育市场的其他险种，如学平险、教职员工校方责任险、（学生）短期旅游外出险、房屋租赁保险等。中小学校方责任险覆盖全市公办中小学、幼儿园学生，投保率100%；社会力量所办学校投保率较同期也有一定幅度提高；教职员工校方责任险投保人数近2万人。2008年3—12月，市教委加强教育系统安全隐患排查整改工作。共报告安全隐患14项，主要表现为部分建筑建设年代较早无消火栓等消防设施、老旧建筑历史遗留问题、消防通道不畅通等，经专业部门鉴定，均未列入本年市级和区（县）级挂账隐患。针对排查出的安全隐患，各单位制定整改和监管措施，明确隐患类型、整改措施、整改责任人、整改完成时间及整改期间的监管措施和应急预案，通过建账销账的方式逐步消除安全隐患。3 月 16 日，市教委召开年度校方责任保险工作总结会议。会议通报 2008—2009 年度，全市共为中小学生 154.2 万人投保校方责任保险，其中，中专学校 7.8 万人。2009 年，全市学校后勤工作围绕做好“平安校园”“绿色校园”和后勤服务三条主线开展工作。全年完成市政府关于学校节能减排工作任务，通过宣传和实践活动在广大师生中增强低碳生活意识和理念。学校后勤市场竞争能力、服务学校和师生水平进一步提高。60 年国庆期间高校后勤保障工作得到实践检验。2010 年 7 月，北京市教育委员会在《关于做好 2010—2011 学年度中小学及幼儿园校方责任保险工作的通知》中提出，各中等专业学校要高度重视，认真做好校方责任保险工作，投保校方责任保险是依法规范中小学及幼儿园（以下简称学校）办学行为、建立教育风险管理体系、保障学生和学校合法权益的一项重要工作。各区（县）教委、各中等专业学校要切实加强对校方责任保险工作的领导，及时总结工作中的经验和问题，推动校方责任保险工作的深入持续进行。区（县）教委要加强对学校校方责任保险工作的指导，明确职能科室的具体职责，保证工作有效落实。学校要坚持预防为主的方针，进一步完善各项安全工作制度，落实安全工作责任、及时消除各类安全隐患，有效预防学生人身伤害事故，维护正常的教育教学和生活秩序。学校要加强对学生的安全教育，在体育课、实验课和各类集体活动等易发生学生人身伤害事故的环节，切实落实管理责任，预防和减少学生人身伤害事故。对经过批准的社会力量办学、办园单位，区（县）教委要向举办者提出投保校方责任保险的要求，并组织好投保工作，保证《条例》和《通知》在本市的贯彻落实。同时提出按照市教委、市财政局《关于调整北京市基础教育公用经费定额标准的通知》规定，中等专业学校保费由中等专业学校承担。中等专业学校投保本学年度校方责任保险需要提供的材料包括：《北京市中等专业学校校方责任保险名册》；投保单；学校与平安财产保险股份有限公司北京分公司签订的协议书；保费（5 元 / 生）。各区（县）教委、各中等专业学校要按照《条例》和《通知》要求，认真做好校方责任保险的组织工作，确保保费按时足额缴纳，切实发挥校方责任保险的作用。经公开招标，中国平安财产保险股份有限公司是 2009—2012 学年度北京市中小学幼儿园校方责任保险的承保机构。

节能减排　2008 年 12 月，市教委组织市属高校、直属单位和中专学校计 88

家单位更换节能灯710924只。该项工作是北京市绿色照明工程的重要内容，由市财政出资，全市共推广1000万只。2010年3月，市教委、北京教科院、北京环境保护基金会与可口可乐公司联合举办“留住一桶水”活动。活动以社区水资源优化使用调研与实践为主体，通过在校园和社区开展节水活动和提倡绿色生活方式，帮助广大青少年和社区居民提升环保意识，共同保护水资源，创建更加优美、和谐、绿色生活环境。全市19所高等学校、15所中等职业学校42所普通中学（初中21所、高中21所）参加活动。6月、10月，市教委两次举办北京市教育系统能源师培训班。培训培养一批具有相关专业技能的人才，提高相关专业人员开展校园节能工作的能力，促进首都教育系统节能减排工作开展。培训内容包括节能减排国家和地方法律、法规、规划，能源管理体系标准、要点解析，能源管理技术应用等。来自全市高等学校、区（县）教委，以及幼儿园、中小学和职业学校后勤管理人员与相关教师600余人参加培训，并通过考试，获得人力社保部认可的“能源管理师”（中级、高级）证书。

教师住房 1996年，北京市教育委员会下发《关于市属中等专业学校教职工17万平方米住宅分配的通知》，文件提出根据1994年《北京市人民政府办公厅转发市计委、市政府文教办关于为全市成人教育院校和中等专业学校教职工建设住房实施意见报告的通知》和1995年《关于下达1993—1997年为市、区（县）直属成人教育院校和市属中等专业学校教职工建设5万平方米住宅任务的通知》文件精神，市政府在四年内为市属（市财政拨款）中等专业学校（以下简称市属中专学校）教职工解决1.7万平方米住宅。根据市属中专学校多而且分散，统一建设住宅有一定困难这一实际情况，可采取三种办法解决：一是学校包干自建；二是自购康居住宅；三是由市里统一分配康居住房。市属中专学校教职工住房要纳入房改并享受1993年《北京市人民政府印发关于五年内为城近郊区和远郊城镇地区中小学教职工建设80万平方米住房实施意见的通知》中规定的优惠政策，执行市政府规定的康居住宅标准售价。建设教师住房的资金由市财政每平方米补助680元，其余资金由各局（总公司）、学校和教职工筹集。鉴于目前市属中专学校教职工住房普遍较困难，1.7万平方米住宅原则上按1993年度、1994年度各校教职工（含离退休人员）数分配。各学校在住房分配中，要优先解决人均居住面积4平方米以下困难户和中青年骨干教师的住房问题。文件同时下达了市属中专学校教职工1.7万平方米住宅分配表。

北京市教育委员会办公室1998年转发教育部、建设部《关于进一步深化学校住房制度改革加快解决教职工住房问题的若干意见》，要求各单位根据文件精神，进一步深化教职工住房制度改革，认真执行国家和北京市各项政策，停止实物分配住房，逐步实行住房分配货币化。要努力完成教职工住房建设“九五”计划后三年住房建设任务，确保20世纪末教职工住房达到或超过城镇居民人均住房居住水平，对教职工住房建设继续实行优先优惠政策。要积极贯彻落实国办发〔1998〕130号文件精神，鼓励并支持有条件的学校，在符合城市和学校总体规划的前提下，利用自筹资金和国有商业银行住房建设货款，在自有用地自建经济适用住房，解决教职工住房困难。要继续加强对学校售房工作的领导，严格按文件规定做好公有住房的管理和出售工作。

此后，全市各级各类职业学校行政基建部门积极贯彻落实教职工住房有关政策，合理分配福利住房，通过不同渠道不断改善教职工住房条件。同时，还多方筹集资金建设了一些教师集资房，并进行住房商品化改革。自1999年建立住房公积金制度，最初公积金缴存比例为工资的5%，至2010年，调整到10%，新职工还有了无房补贴。各级职业学校教师住房问题通过多渠道基本得到解决。

二、校办产业

从1984年起，在开展的中专学校改革中，试点校在努力办好校内实习基地的同时，大力建设学校附属工厂、农场，并改革管理体制，实行经营权与所有权分开，利润承包责任制或超额提成。其中，北京市农业学校1990年确定实验农场的规模和生产设施：占地55.7公顷，其中耕地（含果树）36公顷，房屋建筑面积9686平方米，其中生产和实验教学用房7776平方米（含畜禽舍面积5525平方米）。种植业基地建有农业挂藏室200平方米；温室5栋1686平方米，大棚4个1330平方米；果园建有管道喷药设施。畜牧基地建有马舍、兔舍、猪舍、牛舍、鱼池及鸡场。鸡场建有育雏舍、育成舍、父母代种鸡舍、蛋鸡舍、孵化室等，鸡舍采用网上育雏、高床或平床笼养等形式，孵化室安装电孵化器，出雏器8台。水利设施：全场建有机井7眼，地下输水管道800米，水泥板砌筑渠道1400平方米。机械设备：全场备有中型轮式拖拉机铁牛-55、链式推土机各1台，小型轮式拖拉机1台、手扶拖拉机4台、挖掘装载机1台、稻麦两用联合收割机1台、汽车4辆及耕种、场院、植保、饲料加工等机械。教学田建设有：农菜实验基地共21.3公顷，其中教学田5.3公顷，生产科研田16公顷。畜牧实验基地中分为畜牧场和鸡场。畜牧场以饲养教学实习动物为主；鸡场以生产为主；果林实验基地14.7公顷，设置有教学苗圃和果园。其中果园11.7公顷，既有教学新用树种及主要树种的品种园，又具备一定量的生产能力。另外在校园区结合绿化，有计划地逐步建立林业树种园，栽植不同树种 150 种。在引进科技成果转化方面，采用薄膜覆盖栽培，如水稻育秧、西瓜栽培等，引进小麦、蛋鸡、果树等优良品种；扩大现代化养鸡生产，建全鸡场全面严格的防疫制度，改种鸡平养为笼养并采用人工授精等。再如，北京煤炭工业学校校办产业 1991 年年产值突破千万元大关，利润超过 110 万元。该厂担负学校 3 个专业的教学实习和为煤炭工业建设提供机电设备的双重任务。据 1992 年 7 月统计，北京市属 49 所中专学校的校办产业中，有农业基地 3 个，占地 56.7 公顷；校办工厂 40 家，占地 6637 平方米，固定资产 2445 万元，流动资金 1302 万元。年创收 10 万元以上的学校有 20 所，其中北京煤炭工业学校、北京市农业学校年创收已达百万元以上。

1992 年 11 月，北京市高教局中专处在对北京中专学校校办企业情况的调查报告中提出转变观念，要把单纯教育的观念转变为产教结合、以产助教的观念；把单纯靠国家的观念转变为既要靠国家又要靠自己的观念；把校办产业只满足教学实践需要的观念，转变为既要满足实践教学的需要又要讲效益的观念，使校办企业走出学校，进入市场。建议给中专学校校办企业免税的优惠政策，扶持中专学校办企业。要改变创收分配政策，给学校一些自主权。可允许学校内部实行"一校两制"，校办产业实行企业的管理体制，对企业人员的职称待遇方面应有相应的政策。设立专门机构，专管校办企业。这个机构的任务是进行宏观调控、协调关系、交流信息。分批解决校办产业的资金不足，争取在贷款上给予校办产业优先权。

1996 年北京市教育委员会成立后，不断加强对校办产业的管理，并逐步纳入国有资产管理轨道。此后，1998 年 5 月，北京市教委、经委、财政、地税、劳动等委局联合发出关于印发《北京市校办企业认证和年检工作办法》的通知，其主要内容是认证工作原则、资格认定范围、认证基本备件、认证工作程序、认证工作安排、认证主管部门等。校办产业认证年检工作步入正轨，全年参加认证年检的校办企业达到 5600 多家，其中，中专 200 家。

1999 年 1 月，市教委印发《关于印发北京市属高等学校及市教委直属单位校办产业国有资产管理暂行办法的通知》，加强北京市属高校及市教委直属单位校办产业国有资产管理，贯彻国家国有资产管理局、财政部颁发《行政事业单位国有资产管理办法》，维护国有资产的安全和完整，提高资产使用效益，保证《行政事业单位国有资产管理办法》的顺利实施。该办法明确国有资产范围包括：各项上级主管部门基本建设拨款、行政事业费拨款、专项拨款及历史积累预算内外资金的投入形成的资产；利用学校国有资产组织收入形成的资产；校办产业接受捐赠的资产和其他经法律确认为国有的资产。各单位应根据本单位情况建立以法人代表负责制为形式的校办企业国有资产管理机构，负责本单位及下属企业的国有资产管理工作。制定规章制度，明晰产权关系，保证国有资产安全完整和有效使用，实现经营性资产的保值增值，并对校办企业的国有资产管理情况进行监督。

2000 年，市教委确定北京市校办产业管理中心（以下简称中心）基本工作职责是：协调拟定全市校办产业工作的政策、发展规划和年度计划，并组织实施；对各区（县）校办产业进行宏观管理、监督、协调、服务；对市属（市管）高等学校、中等专业学校及其他市属教育机构的经营性国有资产安全运营及保值、增值进行监管；对市属（市管）高等学校、中等专业学校及其他市属教育机构校办企业的设立、合并、分立、解散、破产、清算、资本变动、债券发行、股份发行与转让等进行审核；负责北京地区校办产业的年度统计报表工作；负责市属（市管）高等学校、中等专业学校及其他市属教育机构校办企业的国有资产年检、产权登记工作；指导部委在京高等学校，监督市属（市管）高等学校、中等专业学校及其他市属教育机构校办企业建立完善企业职工养老、医疗、伤残、失业等各项社会保障制度；指导市教委直属单位所属企业劳动用工、工资奖金及财务管理工作；负责北京地区校办产业系统的表彰奖励工作；负责组织对校办企业干部职工的业务培训工作；负责全市中小学校学生统一着装管理工作等。该中心设有国资企管部、学装管理部、科技成果推广部。市教委、市经委联合印发《关于加快北京市校办企业改革的若干意见》，理清了本市校办企业改革的思路、提出改革的 10 种形式以及改革的目标和具体政策。

2001 年，市教委初步完成市属校办企业国有资产产权登记工作，市属高校、中专校、直属单位所属 141 家企业根据要求完成文件资料整理并报盘，初步审核完成。同时，经与市财政局、市地税局协商并得到大力支持，北京地区高校、中专校、直属单位所属 410 家企业通过了 2001 年认证年检工作。

2003 年　北京市共有 2221 家校办企业完成改革任务，占应完成改革任务总数 2429 家校办企业的 91%。其中，区（县）校办企业完成改革任务的 92%，市属高校完成改革任务的 81%，市教委直属（管）单位校办企业完成改革任务的 71%；部属院校有 327 家企业完成改革任务，占应完成改革任务 506 家企业的 65%。经过改革，全市校办企业总资产从 2000 年的 293.25 亿元增长到 2002 年的 451.97 亿元；净资产从 2000 年的 146.63 亿元增长到 2002 年的 179.79 亿元。上缴学校利润基本持平，上缴国家税金逐年增长，一种“产权清晰、责权明确、校企业分开、科学管理”的现代企业制度已见雏形。

2004 年年初，北京市教委召开全市校办企业改革总结表彰大会，全面总结校办企业改革工作，表彰 15 个先进单位和 130 名先进个人。至此，全市以产权制度改革为核心的校办企业改革工作基本完成。全市共有 2221 家校办企业完成改革任务，占应完成 改革任务的校办企业 91%；有半数企业建立起现代企业制度——有限责任公司或股份有限公司。

北京市校办产业管理中心 2005 年开始组织实施市教委系统企业国有资产产权登记表证的换发工作，当年有 36 个单位的 155 户企业参加产权登记表证换发。2006 年，对 153 户申办换证企业的国有资产产权登记表证的有关资料进行审核确认、资料补报，至此，换证工作基本完成，其中可发新证的企业 134 家，注销登记的企业 5 家，只登记不发证的企业 14 家。经与市财政局协商，市教委统一组织对市属（管）高校、中专校、直属（管）单位企业的清产核资，有 33 个单位 101 家企业完成清产核资，得到市财政局批准。

2007 年 8 月，市教委与市安监局共同印发《北京市教育系统校办企业安全生产监督管理办法》。该办法适用于市教育系统各类教育机构举办的企业，有效促进校办企业安全生产管理。该办法就校办企业安全生产监督管理职责、安全生产条件、从业人员培训及劳动保护等做出明确规定，尤其对承担学生教学实习和勤工俭学安全生产问题做出详细规定。

2008 年 4 月 10 日，市教委召开北京市校办产业工作会议。会议印发《北京市教育委员会关于深化校办企业管理体制改革，促进校办产业健康持续发展的意见》，明确校办产业是北京市教育事业有机的重要组成部分，是学校为社会培养人才的服务平台，也是学校融入经济建设、服务社会发展的纽带和桥梁，对于促进教育事业的发展具有积极的促进支持保障作用。到 2015 年本市校办产业发展的指导思想是：贯彻落实科学发展观，遵照“积极发展、规范管理、改革创新”的指导方针，规范发展校办企业。该意见明确中等专业学校和各级职业学校可以吸收社会投资，创办与职业教育有关的企业，为学生提供实习场所。意见针对校办产业规范化建设工作，实现校办产业管理部门职能转变方面提出：尽快完成全资企业的公司制改造，普遍建立和实行现代企业制度。学校投资的全资企业原则在 2008 年年底以前完成公司制改造，建立以股东会、董事会、监事会“三会”为代表的健全的企业法人治理结构，形成各负其责、协调运转、有效制衡、机制灵活的组织结构，建立科学、民主的决策程序和有效的激励、监督、约束机制，有效地规避经济和法律风险。改制企业的发展方向和主营业务要符合学校特点，符合现代企业制度的需要，落实企业近期的盈利目标，配备管理和技术骨干，建立国有资产保值增值的责任制。已完成公司制改造的企业，按照《中华人民共和国公司法》要求，进一步完善企业法人治理结构，明确股东会、董事会、监事会职责，成为自主经营、自负盈亏、自我发展、自我约束的市场经济主体。要建立以资产管理为纽带的新型校办企业管理体制。为尽快建立新型的校办企业管理体制，各高校应加快资产经营公司的组建和资产划转的进度，理顺学校与企业的产权关系，改变学校以事业单位法人身份直接办企业的现状。各高校要依法组建有投资管理职能的资产经营有限公司（以下简称资产公司），建立健全法人治理结构，围绕“三重一大”逐步完善决策机制，代表学校持有对企业投资所形成的股权，以企业为运作平台，培育高新技术产业项目，推进产学研项目和科技孵化基地建设，创建教育实习基地，推进高校后勤服务体系建设，实现教育国有资产的保值增值。经营性资产规模较大的高校，应设立具有“管人、管事、管资产”权力的经营性资产监督管理机构，代表学校行使出资人的权利，切实履行经营性资产的监管责任。企业数量少、资产规模低于500万元的学校，可以暂不设立资产经营公司，但必须在校级领导中落实经营性资产主管责任人，确定校内企业国有资产的管理机构或建立企业管理公司，加强对所投资企业中学校权益的监督管理。暂不设立资产经营公司的学校，应按照隶属关系报教育行政管理部门备案。市、区（县）校办产业管理部门要适应改革形势，把工作重心从对校办企业的行政管理尽快转移到对国有资产的保值、增值的监督和管理上来，加快职能转变，调整机构设置，建立新型的校办企业监督管理体制。各级教育行政部门可通过设立国有资产管理中心，加强对所属校办企业国有资产的监督管理；进一步完善经营性资产管理的各项规章制度并逐步实现对经营性资产运行的动态监督管理。各级教育行政部门和举办校办企业的学校要把校办产业工作纳入事业发展规划和年度工作计划，明确主管领导和管理机构。切实提高各级领导对校办产业工作的重视程度，把对校办产业的管理情况列入学校领导干部的任期考核目标。各高校和区（县）教委要根据国家和北京市发展规划，结合本校、本地区校办企业的客观实际和优势制定校办企业中长期发展规划，明确发展定位、发展目标、指导思想和经营策略。要加强校办产业队伍建设。学校要选派具有事业心、责任感和企业管理专长的干部从事校办企业的经营管理工作，加强对校办产业管理干部、企业经营管理人员以及专业技术人员的继续教育和专项培训工作，提高校办产业的整体管理水平。严格区分学校财产权和企业财产权，从根本上改变“校企不分”的状况。要依法合规处理企业利润分配、债权债务、资产处置、投资活动、知识产权，企业也不得无偿使用和占有学校的资源和资产。除直接为学校提供保障服务的企业和学生实践教育的校办工厂外，校办企业的登记注册住所和经营场所应与学校校园分离，已在校园内的企业，要尽快迁出校园，以保证学校教育、科研环境和秩序。除高校资产公司和个别特殊行业的校办企业外，校办企业一般不得冠用校名。对于长期亏损、扭亏无望的全资企业，学校要坚决予以撤销；对于资产规模小，有盈利潜力的企业，要进行整合。撤并企业，要按照有关规定进行清算审计，落实债权债务处理责任，妥善安置员工，防止国有资产流失，依法办理企业注销的各项手续，维护学校正常的教学、科研秩序。确定撤销的校办企业要尽快完成工商注销。对于已被吊销的校办企业，学校要履行出资人责任，校办企业管理部门应督促其做好清算工作，避免相关的经济和法律风险。要建立经营性资产的监督管理体系，完善各项规章制度，有效防范经营风险。加强对全市教育系统国有资产（指经营性资产和非经营性资产用于经营部分，以下简称国有资产）的管理。意见还就严格控制以教育资源投资办企业，规范校办企业的运作方式，强化对企业的内部控制，建立企业逐级预算管理制度，学校和市区（县）的各级校办产业管理部门要确实履行对企业国有资产保值增值的监管责任，加强企业干部队伍管理，加强党的基层组织建设和工会组织建设，创立具有校办企业特色的企业文化，稳步推进校办企业人事制度的改革等做出具体指导意见。意见还提出积极搭建服务平台、科技成果推广服务平台、教育风险防范管理服务平台，搭建中小学校后勤保障服务平台等提出工作方向和要求。

2009 年 10 月，北京市校办产业管理中心组织市属（管）高校、中专校、委直属事业单位校办产业管理部门财会人员，进行了企业产权登记软件操作培训，并对 2008 年度企业产权登记年检有关情况进行了通报。年内，北京市校办产业管理中心与市教委政策法规、后勤、科研、体卫等有关处室协调，研究解决平台建设体制政策上的障碍，同时开展基层调研，广泛听取意见，并进一步组织专家研讨、论证和完善“三个服务平台”搭建方案，为“三个服务平台”搭建方案的具体实施做好充分准备。

2010 年 3 月，在全市校办产业工作会上市教委强调，校办产业是教育事业的重要组成部分，各级教育行政部门和学校应当按照“积极发展、规范管理、改革创新”的指导方针，制订中长期发展计划，推进校办产业继续向前发展。6 月，北京市校办产业管理中心在平谷组织召开“三个服务平台”工作方案研讨会，研讨会上就中小学后勤保障服务平台之学校自主采购平台建设实施方案（北京市科委资助项目）进行详细介绍；教育风险管理软件设计师介绍了教育风险管理软件系统的整理设计思路、功能模块结构等具体情况。年内，开展校办企业小金库和假发票专项治理工作。

附录 6–1

北京市教育委员会
关于转发审批认定国家级重点职业高级中学的通知

京教职〔1996〕005 号

东城区教育局、西城区教育局、朝阳区教育局、海淀区教育委员会、石景山区教育局、昌平县教育局：

现将国家教育委员会《关于审批认定国家级重点职业高级中学的通知》（教职〔1996〕2 号）转发给你们（略）。经国家教委审核批准，北京市东城区职业教育中心学校、北京市外事服务职业高中、北京市劲松职业高中、北京市信息管理学校、北京市黄庄职业高中、北京市昌平农村职业学校、北京市财经学校 7 所学校为国家级重点职业高级中学，望你们在去年开展国家级重点职业高级中学建设和评估工作的基础上，严格按国家教育委员会评估标准，找差距，订措施。进一步加强学校建设，完善办学体制改革，提高教育教学质量，充分发挥骨干示范作用，更好地为当地经济建设、社会发展服务。

另将《关于统一制作国家级重点职业高级中学匾牌和编写办学经验汇编的函》（略）一并转发给你们，请遵照执行。

一九九六年三月二十七日

附录 6–2

教育部
关于颁布《高等职业学校设置标准（暂行）》的通知

教发〔2000〕41 号

各省、自治区、直辖市人民政府，国务院有关部委、直属机构：

根据《国务院办公厅关于国务院授权省、自治区、直辖市人民政府审批设立高等职业学校有关问题的通知》（国办发〔2000〕3 号）有关精神，现颁布《高等职业学校设置标准（暂行）》（见附录），请你们认真贯彻执行。

二〇〇〇年三月十五日

高等职业学校设置标准（暂行）

第一条 设置高等职业学校，必须配备具有较高政治素质和管理能力、品德高尚、熟悉高等教育、具有高等学校副高级以上专业技术职务的专职校（院）长和副校（院）长，同时配备专职德育工作者和具有副高级以上专业技术职务、具有从事高等教育工作经历的系科、专业负责人。

第二条 设置高等职业学校必须配备专、兼职结合的教师队伍，其人数应与专业设置、在校学生人数相适应。在建校初期，具有大学本科以上学历的专任教师一般不能少于 70 人，其中副高级专业技术职务以上的专任教师人数不应低于本校专任教师总数的 20%；每个专业至少配备副高级专业技术职务以上的专任教师 2 人，中级专业技术职务以上的本专业的“双师型”专任教师 2 人；每门主要专业技能课程至少配备相关专业中级技术职务以上的专任教师 2 人。

第三条 设置高等职业学校，须有与学校的学科门类、规模相适应的土地和校舍，以保证教学、实践环节和师生生活、体育锻炼与学校长远发展的需要。建校初期，生均教学、实验、行政用房建筑面积不得低于 20 平方米；校园占地面积一般应在 10 公顷左右（此为参考标准）。

必须配备与专业设置相适应的必要的实习实训场所、教学仪器设备和图书资料。适用的教学仪器设备的总值，在建校初期不能少于 600 万元；适用图书不能少于 8 万册。

第四条　课程设置必须突出高等职业学校的特色。实践教学课时一般应占教学计划总课时 40%左右（不同科类专业可做适当调整）；教学计划中规定的实验、实训课的开出率在 90%以上；每个专业必须拥有相应的基础技能训练、模拟操作的条件和稳定的实习、实践活动基地。

一般都必须开设外语课和计算机课并配备相应的设备。

第五条　建校后首次招生专业数应在 5 个左右。

第六条　设置高等职业学校所需基本建设投资和正常教学等各项工作所需的经费，须有稳定、可靠的来源和切实的保证。

第七条　新建高等职业学校应在 4 年内达到以下基本要求：

1. 全日制在校生规模不少于 2000 人；

2. 大学本科以上学历的专任教师不少于 100 人，其中，具有副高级专业技术职务以上的专任教师人数不低于本校专任教师总数的 25%；

3. 与专业设置相适应的教学仪器设备的总值不少于 1000 万元，校舍建筑面积不低于 6 万平方米，适用图书不少于 15 万册；

4. 形成了具有高等职业技术教育特色的完备的教学计划、教学大纲和健全的教学管理制度。

对于达不到上述基本要求的学校，视为不合格学校，进行适当处理。

第八条　位于边远地区、民办或特殊类别的高等职业学校，在设置时，其办学规模及其相应的办学条件可以适当放宽要求。

第九条　自本标准发布之日以前制定的高等职业学校有关设置标准与本标准不一致的，以本标准为准。

附录 6–3

北京市人民政府办公厅
转发市教委《关于调整本市中等职业教育结构布局意见》的通知

京政办发〔2000〕121 号

各区（县）人民政府，市政府各委、办、局，各市属机构：

市教委《关于调整本市中等职业教育结构布局的意见》已经市政府原则同意，现转发给你们，请遵照执行。

二〇〇〇年十一月二十四日

北京市教育委员会
关于调整本市中等职业教育结构布局的意见

随着教育改革不断深化，特别是高等学校和普通高中扩大招生规模以后，本市中等职业教育面临着结构性供大于求的局面，原有的学校和专业结构布局已不能适应首都经济和社会发展的需要，严重制约了中等职业教育的进一步发展。按照教育部《关于调整中等职业学校布局结构的意见》的精神，结合本市实际，现就本市中等职业教育（包括中专、职业高中、成人中专、成人职业高中）结构布局调整工作提出如下意见：

一、指导思想和原则

本市中等职业教育结构布局调整工作要以第三次全国教育工作会议和市教育工作会议精神为指导，紧密结合产业结构调整和各项社会事业发展的需要，全面推进素质教育，逐步形成面向 21 世纪、与社会主义市场经济体制相适应的具有首都特色的中等职业教育办学体制、管理体制和运行机制，使中等职业教育更好地为首都经济和社会发展服务。

调整工作要遵照《中华人民共和国职业教育法》的有关规定，本着有利于调动社会各方面办学积极性，探索新型办学体制和人才培养模式，有利于盘活现有的教育资产存量，优化教育资源配置，有利于中等职业教育与其他各类教育协调发展，建设高标准、大容量、现代化中等职业学校的原则进行，对现有中等职业学校重点建好一批，大力调整一批，坚决撤并一批。

二、总体目标

用3年左右时间，将本市现有各类中等职业学校减少到150所左右，全日制在校生总规模达到20万人。其中：市政府及有关部门举办的中等职业学校80所左右，区（县）举办的中等职业学校55所左右，民办中等职业学校15所左右。

到2003年年底前，原则上每所中等职业学校校舍占地面积要达到3万平方米，建筑面积达到2万平方米，在校生规模达到1000人；国家级或市级骨干示范学校原则上应一校一址，其主体占地面积达到5万平方米，主体建筑面积要达到4万平方米，实验、实习设备总值达到1000万元，在校生规模达到2000人；全市基本建成10～20所全国一流的现代化标志性中等职业学校，其主体占地面积要达到10万平方米，主体建筑面积达到7万平方米，实验、实习设备总值达到2000万元，在校生规模达到3000人。

三、调整办法和工作要求

（一）各区（县）属中等职业学校原则上按照人口总数设置。总人口在40万以下的设置1～2所;40万～80万的设置2～3所;80万～120万人的设置3～4所;120万人以上的设置4～5所。（二）2000年年底以前，凡成人中专与普通中专两块牌子、一套班子的，要撤销成人中专的校级建制，可根据需要继续承担成人教育任务。对1999年和2000年连续两年未招生或在校生300人以下的中专学校、职业高中、成人中专和成人职业高中以及普通高等学校、成人高等学校附设的中专部一律停办并撤销其建制。

（三）加大中等职业学校资产重组力度,逐步解决目前中等职业学校一校多址、办学规模小、效益差以及学校设施简陋、投入不足等问题。城近郊区的学校可结合城市改造和房地产开发，进行土地和资产置换，利用置换出的资金建设新的高标准现代化学校。

（四）鼓励中等职业学校跨地区、跨行业合作、合并与重组。打破原有的条块分割、单一行政隶属关系的中等职业教育管理体制，促进中等职业教育一体化。积极进行多元化办学体制及股份制办学的试点。

（五）建立以骨干示范学校为龙头，以特色学校为基础，学科、专业应变性强，多种培训形式共存的办学格局。鼓励开展成人教育和各种非学历短期职业培训，加强职前教育与职后教育的衔接和结合。

（六）各区（县）政府和各行业主管部门要结合本市经济结构调整的特点和需要，对学校结构布局及专业设置进行调整，逐步减少面向本市限制发展产业的学校和专业的数量，积极鼓励发展为高新技术产业服务的学校及相关专业。

（七）促进中等职业学校面向社会、依法自主办学。调整后的学校应做到产权清晰、职责明确。依据社会人才需求不断调整和改革教育内容和方法，逐步建立自我激励、自我约束的运行机制，提高办学水平和办学效益。

（八）在调整过程中，要确保中等职业学校的资产不流失。停办、撤销的学校必须认真做好清产核资工作。凡在调整中撤并的学校，其资产或资产置换所得资金应主要用于发展中等职业教育。如改变资产用途，须报经市教育行政部门批准。

（九）逐步统一各类中等职业学校的名称。凡调整到位的学校，经市教委批准，一律改名为“北京市（××区、县）××职业学校”或“北京市×××学校”。

四、组织实施

（一）市教委负责全市中等职业学校结构布局调整的统筹协调、宏观管理工作，各有关部门和区（县）政府负责具体组织工作。

（二）按照市委、市政府《关于深化教育改革全面推进素质教育的意见》（京发〔1999〕26号）规定，从2001年开始，凡由市财政拨款的中专学校的教育事业费，逐步过渡到归口教育行政部门统一管理。

（三）对社会力量申请设置中等职业学校要依据社会力量办学管理的有关规定严格审批；对经批准已建立的学校，教育行政部门要进行复查，达不到设置标准和管理要求的要坚决停办。

（四）市财政每年安排专项资金，重点用于支持调整难度和资产运作力度较大、标准高、规模效益好的现代化标志性学校和骨干示范性中等职业学校的建设。对原有通过其他渠道投入的教育事业经费、基本建设投资等应按不低于原定标准核发，并应逐年有所增加。

（五）对在规定期限内未达到设置标准和调整目标的学校，教育行政部门将采取减少招生计划和经费拨款等调控手段，促进学校进一步深化改革，提高办学质量和效益。

（六）工作进度：今年11月30日前，各区（县）政府、各行业主管部门制定出中等职业学校结构布局调整方案，报市教委审定；从2001年年初开始，全市全面启动中等职业学校结构布局调整工作；2003 年 1 月，本市各类中等职业学校调整初步到位，按新体制运行；到 2003 年年底，全市中等职业学校结构布局调整工作基本完成。

附录 6–4

北京市教育委员会
关于印发《北京市现代化标志性中等职业学校基本标准》的通知

京教职成〔2001〕29 号

各区（县）教委、教育局、成教局，各委、办、局、总公司教育处，各中等职业学校：

为贯彻落实《中共中央、国务院关于深化教育改革全面推进素质教育的决定》（中发〔1999〕9 号）和市委、市政府《关于深化教育改革全面推进素质教育的意见》（京发〔1999〕26 号），以及教育部《关于调整中等职业学校布局结构的意见》（教职成〔1999〕3 号）和《北京市人民政府办公厅转发市教委关于调整本市中等职业教育结构布局意见的通知》（京政办发〔2000〕121 号）精神，加快我市职业教育现代化步伐，建设一批具有国际水平、全国一流的现代化标志性中等职业学校，更好地为首都经济和社会发展服务，现将《北京市现代化标志性中等职业学校的基本标准》印发给你们，请遵照执行。

二〇〇一年七月十日

北京市现代化标志性中等职业学校基本标准

一、现代化标志性学校的基础设施条件

（一）学校主体占地面积 10 万平方米（10 公顷）左右，其中，校址位于城八区的学校占地面积 6.7 万平方米（6.7 公顷）左右。（二）学校建筑面积达到 7 万平方米左右。

（三）学校建有体育馆、400 米跑道操场和能够满足体育教学以及在校生体育活动需要的场地和运动器材。

（四）学校建有图书馆楼，藏书总量达 10 万册以上（或建有电子阅览室拥有与之容量相当的电子图书），教师阅览室和学生阅览室座位数分别不低于教职工总数和学生总数的 15%，能够满足教师、学生工作和学习需要。

（五）学校拥有与自身办学规模相适应的后勤社会化保障体系。具有能够满

足 50% 学生住宿和就餐需要的设施及条件。

二、学校教学设备基本标准

（一）具有能够满足专业教学和实训需要的基地和设施，学校教学仪器设备总价值达 2000 万元以上，教学仪器、设备齐全，并具有较高的完好率和使用效率，能够满足教学需要。平均每 3 名学生拥有一台以上机型较为先进的计算机。实验自开率、实习（基本技能训练）开出率达 95% 以上。

（二）学校教学设备能够根据科学技术进步和经济发展，不断进行更新和补充，基本保持与时代同步，做到设备现代化。确保学生掌握前沿的知识、技术。

（三）学校建有校园网络系统，与国际互联网衔接，并能充分利用其进行教学和管理，参与远程教育活动。

（四）学校建有现代化多媒体教室、电子阅览室，信息资源丰富，具有较强的网络技术支持，从而保证师生及时获取信息，并不断提高处理信息能力。

（五）学校有稳定可靠的办学经费来源、基建和设备投入以及经常性经费开支有保证。

三、专业建设基本标准

（一）坚持以首都经济和社会发展和市场需求为导向设置专业，有比较广阔的就业市场，开设专业应不少于 10 个，其中经常开设的不少于 6 个。

（二）注重学科和专业建设，学校骨干和特色专业设置相对稳定，覆盖面较宽，能够不断适应社会、人才、产业和产品结构调整需求进行变化，具有可持续发展的潜力。

（三）专业培养目标内涵明确清晰，实施素质教育，方案科学、可行、可测。

（四）学校具有一个以上现代化标志性专业和骨干特色专业，社会知名度高，有良好的社会形象和声誉。

四、队伍建设基本标准

（一）学校有明确的办学思想和治学方针，注重用现代教育思想指导办学工作。校级领导班子结构合理，优势互补，改革和开拓创新精神强，管理科学规范，作风民主，在群众中威信高，熟悉职业教育规律，具有一定的教研和科研能力。

（二）学校有一支与办学规模相适应的数量精干、结构合理、政治和业务素质优良的专兼结合的教师队伍。其中专任教师不少于 90 人，教师与学生之比不低于 1 ∶ 20。

专任教师全部具有中等职业学校教师资格，全部达到大学本科以上学历（特殊专业可适当放宽），其中研究生以上学历应占 20% 以上，实习指导教师全部达到大专以上学历（特殊专业可适当放宽）。

教师队伍职称达标，结构合理，其中高级职称 30% 以上，中级职称 50%，实习指导教师都应持有中级以上专业技能证书，其中高级应占 20% 以上。

教师队伍能够不断更新教育观念，学习和掌握现代化教学方法、技术和手段，具有较强的创新能力。

（三）学校注重教师继续教育工作，有国家级、省市级以上骨干教师和学科带头人，有一定数量的科研和教研成果，能够承担对同类专业教师的示范及培训任务。

（四）教师专业能力和技术能力强，“双师型”教师占专业教师的 40% 以上。

五、学校运行与管理基本标准

（一）学校机构精干，职责明确，运行有效，管理科学。

（二）学校课程体系构建科学合理，积极引进采用国内外先进教学方法，实行学分制等弹性学习制度，教学运行有序，质量监控制度健全有效，对文化课、专业课、实践教学等环节均制定有分级管理指标，积极进行考核评价制度改革，并具有比较显著的激励作用。

（三）学校德育工作体现时代特点，符合职业学校学生的实际，突出学生的主体地位，寓德育于各种教育活动之中。使学生主动适应社会和个性发展的需要，学会生存、学会合作、学会创造、学会发展。

（四）教育科研工作既为教育教学实际服务，也为企业和社会服务，且具有一定的超前性，在日常教育教学活动中充分体现教师的教育科研意识，改革创新内容丰富，产教研紧密结合，承担市级以上教育科研课题并有经验和成果。

六、教学质量和办学效益基本标准

（一）学生文化基础知识扎实，专业理论适用，专业技能基本功过硬，具有良好的职业道德和心理素质，能够适应社会和个人发展需要，具有一定的可持续发展的能力。在全市组织的文化基础课水平考试和职业技能比赛中均取得较好成绩。

（二）学校学历教育总规模在 3000 人以上（特殊专业类学校除外），各种短期培训总量在 2000 人次 / 年以上。

（三）毕业生就业率和升学人数占毕业生总人数的 95% 以上，适应能力强，综合素质好，受到用人单位欢迎和好评。

（四）毕业生在行业中成为骨干，成才人数多，有创业立业典型。

（五）积极开展对外合作办学，多层次办学，以及岗位培训、继续教育和新技术推广等教育活动，主动参与社区服务和社区教育活动，具有较强的示范作用和辐射功能。

附录 6–5

北京市教育委员会
关于印发《〈中等职业学校设置标准（试行）〉实施办法》的通知

京教计〔2001〕84 号

各区（县）教委、教育局，市政府有关各委、办、局，各总公司：

为贯彻教育部《中等职业学校设置标准（试行）》（以下简称《设置标准》），我委制定了《〈中等职业学校设置标准（试行）〉实施办法》（以下简称《实施办法》）。现将《设置标准》和《实施办法》一并印发给你们，请遵照执行。

各中等职业学校要结合自身实际，努力改善条件，进一步加强管理，提高质量，办出特色。各部门在贯彻执行《设置标准》和《实施办法》过程中，要坚持标准，合理布局，大力改善中等职业学校的办学条件，增强培养能力，提高教育教学质量和管理水平，充分发挥办学效益，使中等职业教育的办学规模和专业设置与首都经济、社会发展的需求相适应，与产业结构调整的需要相适应，与首都教育发展的需要相适应。我委今后将开展中等职业学校办学条件合格的评估工作，以促进中等职业学校健康发展。

二〇〇一年十二月十四日

中等职业学校设置标准（试行）实施办法

第一条 根据教育部《中等职业学校设置标准（试行）》和《教育部关于印发〈中等职业学校设置标准（试行）〉的通知》（教职成〔2001〕8 号）精神，结合我市实际情况，制定本实施办法。

第二条 本实施办法所称中等职业学校是指国家举办和社会力量举办的普通中等专业学校、职业高中（职业中专）等。

第三条 设置体育、艺术等特殊类别中等职业学校，由行业主管部门进行初审并提出意见，其办学标准在教育部另行公布之前，参照普通中职校设置标准执行。

第四条 申请举办中等职业学校需向教育行政部门申报以下材料：

一、办学申请；

二、举办单位的法人资格证明；

三、学校章程草案；

四、举办者拟任校长的有关材料；

五、经费来源证明（或资信证明）文件。其中合作办学须提供经过公证部门公证的合作办学协议书；

六、填写完毕的“中等职业学校设置情况一览表”；

七、校内规章制度；

八、学校拟设置的专业名称、教学计划、教材、教学大纲、办学规模、发展规划等内容；

九、社会力量申请举办中等职业学校须提交校董事会章程草案。

第五条　新设置的中等职业学校名称一般为“北京市 ×× 职业学校”或“×× 区（县）×× 职业学校”。学校名称一般不以个人姓名命名，也不得冠以“中华”“中国”“国际”等字样。

第六条　申请举办中等职业学校，由所在区（县）教育行政部门进行初审并报市教委批准。

第七条　区、县教育行政部门要统筹规划，根据本地区经济建设和社会发展对中等职业人才的需求以及拟办学校的实际条件，按照《中等职业学校设置标准（试行）》提出初审意见。

第八条　市级教育行政部门成立中等职业学校设置评议委员会，负责对拟设置的中等职业学校按照《中等职业学校设置标准（试行）》进行考察和评议，评议合格后由市级教育行政部门批准设置。

第九条　市教委定期组织开展对中等职业学校办学条件的评估。凡专任教师、学校占地、学校校舍、生均图书、在校生人数五项主要指标中，其中二项达不到设置标准者为黄牌学校，将减少招生计划；三项以上或二项指标连续两年达不到设置标准者为红牌学校，暂停招生。

第十条　本办法自发布之日起三个月以后实施，此前有关规定中与本办法不一致的，以本办法为准。

附录：

一、教育部《中等职业学校设置标准（试行）》

二、“北京市中等职业学校设置情况一览表”（略）

中等职业学校设置标准（试行）

第一条 为加强对中等职业学校的宏观管理，促进学校建设，保证教育质量，提高办学效益，特制定本标准。

第二条 设置中等职业学校要有学校章程和必需的管理制度，要依法办学。

第三条 设置中等职业学校，须配备有较高思想政治素质和较强管理能力，熟悉职业教育的学校领导。校长应具有从事三年以上教育教学工作的经历，校长及教学副校长须具有本科以上学历和高级专业技术职务，其他校级领导应具有本科以上学历和中级以上专业技术职务。

第四条 设置中等职业学校，须建立必要的教育教学和管理等工作机构。

第五条 设置中等职业学校，要有基本的办学规模。学校学历教育在校生数，校址在城市的学校（以下简称城市学校）960 人以上，校址在县、镇及农村的学校（以下简称农村学校）600 人以上。

第六条 设置中等职业学校，须有与学校办学规模相适应、结构合理的专兼职教师队伍。城市学校专任教师一般不少于 55 人，农村学校专任教师一般不少于 35 人。专业课教师数应不低于本校专任教师数的 50%。每个专业至少应配备具有相关专业中级以上专业技术职务的专任教师 2 人。

第七条 设置中等职业学校，须有与办学规模和专业设置相适应的校园、校舍和设施。

校园（不含教职工宿舍和相对独立的附属机构）占地面积：城市学校不少于 2 万平方米（约 2 公顷），农村学校不少于 3.3 万平方米（约 3.3 公顷）。

校舍（不含教职工宿舍和相对独立的附属机构）建筑面积：城市学校不少于 1.5 万平方米，农村学校不少于 1 万平方米。

体育用地：须有 200 米以上环形跑道的田径场，有满足教学和体育活动需要的其他设施和场地。

图书馆和阅览室：要适应办学规模，满足教学需要。适用印刷图书生均不少于 30 册。城市学校报刊种类 100 种以上，农村学校 60 种以上。教师阅览（资料）室和学生阅览室的座位数应分别按不低于教职工总数的 20% 和学生总数的 10% 设置。

必须具有与专业设置相匹配、满足教学要求的实验、实习设施和仪器设备。设施和仪器设备要规范、实用，并要有与所设专业相适应的校内实习基地和相对稳定的校外实践活动基地。

要具备能够应用现代教育技术手段，实施现代远程职业教育教学与管理信息化所需的软、硬件设施、设备。

第八条　设置中等职业学校，须具有符合国家和地方教育行政部门要求的教育教学文件。

第九条　中等职业学校的办学经费应依据《中华人民共和国职业教育法》和地方有关法规多渠道筹措落实。设置学校所需基本建设投资和正常教学等各项工作所需的经费，须有稳定、可靠的来源和切实的保证。

第十条　本标准为设置中等职业学校的最低标准，适用于各级政府部门、行业、企业举办的各类中等职业学校。对于民办中等职业学校和在边远贫困地区设置中等职业学校，其办学规模和相应的办学条件可适当放宽要求，具体标准由省级教育行政部门依据本标准制定。

对体育、艺术等特殊类别中等职业学校，其办学规模及其相应办学条件的基本要求，由教育部会同有关部门另行公布。

第十一条　本标准自颁发之日起试行。本标准发布之前由教育部制定的有关各类中等职业学校设置标准同时废止。

教育部

2001 年 7 月 2 日

北京市现代化标志性中等职业学校基本标准（修订版）

北京市现代化标志性中等职业学校，是指办学特色鲜明，发展条件良好，教学质量高，社会声誉好，发展潜力较强，在综合水平、教育改革、专业建设、服务社会等各方面均处于同类学校的领先地位，在全市职业教育改革发展中能起到骨干示范和引领作用的高水平的中等职业学校。

现代化标志性中等职业学校应具备的前提条件：

1. 必须是国家级重点中等职业学校；

2. 没有列入升高等职业学院规划；

3. 无造成一定后果的校园安全不稳定事件；

4. 在招生工作中无违规行为和虚假宣传；

5. 无乱收费和违规收费行为；

6. 在国家助学金发放或奖励项目中无弄虚作假行为；

7. 无其他严重违规和不诚信行为。

一、基本条件

（一）学校占地面积10万平方米（10公顷）左右。其中，校址位于城八区的学校占地面积6.7万平方米（6.7公顷）左右。

（二）学校建筑面积达到7万平方米左右。

（三）学校建有体育馆、300米跑道操场和能够满足体育教学以及在校生体育活动需要的场地和运动器材。

（四）学校建有图书馆楼，藏书总量达10万册以上（或建有电子阅览室并拥有与之容量相当的电子图书），教师阅览室和学生阅览室位数分别不低于教职工总数和学生总数的15%，能够满足教师、学生工作和学习需要。

（五）近3年来学校学历教育招生人数稳定，学历教育在校生总规模在3000人以上（特殊专业类学校除外），各种短期培训规模近3年年平均达到3500人次以上。

（六）学校有稳定可靠的办学经费来源，当地政府、主管部门或学校举办者对所属学校年度拨款逐年增长，并有专项经费支持学校建设。

（七）学校拥有与自身办学规模相适应的后勤服务保障体系，具有能够满足学生住宿和就餐需要的设施及条件。

二、专业建设

（一）学校定位科学、准确；办学宗旨、服务方向明确；能跟踪市场需求变化，主动适应区域经济和行业企业需求，优化专业设置和结构，增强专业的适应性，建立符合行业企业人力资源需求、与区域经济结构相适应的专业结构。

（二）学校骨干和特色专业设置相对稳定，具有3个及以上办学条件好、校企合作稳定、工学结合紧密、教学质量高、就业前景好、社会知名度高及社会形象和声誉良好的骨干特色专业。能够集聚优质办学资源，建立以骨干专业为龙头，相关专业为支撑的优势专业集群，形成整体合力，实现规模效益，为促进区域经济和行业企业发展发挥积极的作用。

（三）加强专业内涵建设。学校定期开展人才需求调研，调整专业培养目标定位，明确专业内涵，建立依据社会职业人才需求调整专业设置和动态更新专业教学内容的机制，使人才培养规格更加贴近社会经济发展和行业企业的需求。

（四）建立行业企业专家和社会用人单位相关人员为主体的专业建设指导委

员会，用人单位参与学校专业建设和教学实训的全过程，形成校企合作的长效良性互动机制。

三、教学实训设施

（一）与行业企业紧密结合，建有能够满足专业教学和实训需要的校内外实训基地和设施，管理先进，运行良好。

以工科类专业为主的学校校内实训设备总价值达4000万元以上，文科服务类专业为主的学校校内实训设备总价值达2000万元以上。

实训教学设备齐全，工位充足，能够满足教学需要，实验自开率和实训开出率达95%以上，具有较高的使用效率。

实训教学设备能够根据科学技术进步和经济发展，不断进行更新和补充，基本保持与时代同步，做到设备现代化，确保学生掌握前沿的知识、技能。

学校与合作企业签订了3年以上的合作协议，建有长期稳定的校外实训实习场所。

（二）学校建有配置较高、功能齐全的校园网，在教学、管理、远程教育等方面充分发挥其作用。建有满足教学需要的多媒体教室、电子阅览室和数字化教学资源库，教学信息资源丰富：平均每3名学生拥有1台以上机型较为先进的计算机；全体教师能够熟练使用计算机等多媒体教学设备和网络资源，并应用于课堂教学。

四、队伍建设

（一）学校人事分配制度改革全面展开，建立并逐步完善吸收人才、稳定人才、发挥人才最大效能的内部约束和激励机制。

（二）学校领导班子健全，结构合理;改革和开拓创新精神强，管理科学规范，作风民主，在群众中威信高。学校有明确的办学思想和治学方针，注重用现代教育思想指导办学。

（三）学校有一支与办学规模相适应的数量精干、结构合理、政治和业务素质优良、专兼结合的教师队伍。教师与学生之比不低于1 ∶ 20。

专任教师全部具有中等职业学校教师资格，全部达到大学本科以上学历（特殊专业可适当放宽），其中研究生以上学历应占20%以上，实习指导教师全部达到大专以上学历（特殊专业可适当放宽）。

教师队伍职称达标，结构合理，其中高级职称30%以上，中级职称50%，实习指导教师都应持有中级以上职业资格证书，其中高级应占 20%以上。

聘请了解行业产业发展趋势，熟练掌握最新技术的企业行业一线技术人员担任兼职教师，兼职教师占专任教师总数的 20%左右。

（四）注重教师“双师”素质的提高。落实专业教师到企业参加实践的制度。专业教师每两年必须有两个月到企业或生产、服务一线实践。“双师型”教师占专业教师的 50% 以上。

（五）学校重视教师队伍建设。为教师提供多形式、多途径的进修和继续教育的机会，有效促进教师专业发展和综合职业素养提高。有市级学科带头人、骨干教师。教师科研能力强，有一定数量的教科研成果。

五、教育教学改革

（一）不断创新人才培养模式。积极推行校企合作、工学结合、顶岗实习的人才培养模式，突出教学过程的实践性、开放性和职业性，建立行业、企业、学校共同教育、管理和训练学生的机制，缩小人才培养与行业企业用人标准之间的差距。

（二）深入推进课程改革。根据社会经济发展和行业企业需要，校企合作，积极推进工作过程导向的课程体系改革。学校应是工作过程导向课程改革实验项目校。

学校与行业企业合作开发课程，根据职业岗位群的任职要求，参照相关职业资格证书，改革课程体系，更新课程内容，建立突出职业能力培养，具有职业教育特色、理论与实践一体化的课程。并保持课程体系的持续优化和动态更新。

学校努力探索适应新课程实施，体现“行动导向”和“以学生为中心”的教学方法，坚持“做中学、做中教”，突出职业教育特色，培养学生的综合职业能力和可持续发展能力。

建立并落实考核评价目标多元、评价方法多样，重视学生发展和教师成长的评价与考核体系，充分发挥考核评价在促进学生发展、教师提高和改进教学实践等方面的作用。

适应人才培养模式改革和课程改革实验的需要，深化教学管理制度改革，建立更加灵活、适应新课程实施、体现职业教育特色的教学管理制度。

（三）德育工作具有时代特点和职业学校特色。学校积极推动德育课程教学改革，不断创新德育课教学方式和方法，探索符合学生身心发展特点和规律的德育课教学途径；充分挖掘和利用专业课德育资源，把对学生的德育教育渗透到专业教学和实习实训的各个环节；结合学生特点和迫切需要解决的问题，突出以诚信、责任、敬业为重点的职业道德教育，加强法制教育、文明礼仪教育、心理健康教育，引导学生树立正确的职业理想，确立正确的职业观、择业观、创业观；注重校园文化建设，通过活动行为、制度建设、环境建设体现职业特色、学校办学理念和精神，创设有利于学生思想道德教育的健康向上的校园文化氛围。

（四）学校建立适应教学改革和人才培养模式改革的需要教育教学管理系统，管理队伍结构优良，理念先进，执行严格。

各教学环节建立了质量标准和工作规范，质量评价、考核、激励等管理制度健全，过程管理严格，形成了持续改进的人才培养质量保障体系。

六、办学质量和效益

（一）学生文化基础知识扎实，专业理论适用，专业技能基本功过硬，具有良好的职业道德和心理素质，能够适应社会和个人发展需要，具有一定的可持续发展的能力。近 3 年内，毕业生一次就业率达到 95%以上，专业对口率达到 80% 以上，“双证书”取证率达到 80%以上，学生在相关专业领域技能大赛上获得过市级以上奖励。

（二）社会用人单位对学校近 3 年毕业生的思想道德水平、文化素养和综合职业能力评价好，毕业生在本地区（行业）有良好的声誉和较高的社会认可度，有为地区社会经济发展做出突出贡献的创业立业典型。

（三）根据地区社会经济发展的需要，学校积极承担面向农村劳动者、行业企业职工、社区居民等群体的非学历短期职业技能培训、岗位培训和社会文化素养培训等教育培训服务，不断提高学校服务社会经济发展的能力。学校与中西部地区的中等职业学校签订有对口支援协议，在学生联合培养、师资交流和专业共建等方面取得一定成效。

（四）学校办学理念、办学成果和办学特色已被社会充分认可，在全市乃至全国中等职业学校中具有较强的示范作用和辐射功能。学校在专业教师培训、实训基地共享、课程改革实验、技能大赛组织筹备等方面起到了很好的引领示范和组织协调的作用。

（五）积极开展对外交流合作办学，在师资培训、学生交流、引进国际先进课程体系和国际职业资格标准等方面有实质性的进展。

后 记

《北京职业教育志稿》是由北京教育志编纂委员会办公室根据二轮修志需要，在资料收集整理之后编纂成书的。本书是《北京教育志·职业教育篇》的资料长篇，是北京教育志丛书之一。

本书资料主要来源包括《北京市教育委员会文件选编》（1996—2010卷）、《北京教育年鉴》（1997—2011卷）、《北京教育档案文萃》（中等职业教育）、《北京职业教育改革与发展历史回眸（1978—2010）》，以及北京市教委有关处室1991—2010年工作总结等。该书由北京职业教育编写小组完成，北京教育志编纂委员会办公室审核通过。

本书主要记述了北京中等职业教育和高等职业教育自1991年以后20年的发展变化。其中，中等职业教育记述内容包括中等专业学校、中等师范学校、技工学校学校、职业高中；高等职业教育主要记述独立设置的高等职业学院。需要说明的是，由于受管理体系约束，本市技工学校归属市劳动社会保障局管理，在《北京志·劳动志》中已有详细记述，本书只作略记。此外，高等职业教育中的民办高等职业教育、成人高等职业教育、大学专科学历教育分别在北京教育志二轮修志中的社会力量办学、成人教育、高等教育有关篇章中记述，故本书不再重复记述，而将重点放在记述北京独立设置的高等职业学院。

本书共分六章，基本框架由北京教育志编纂委员会办公室拟订。第一章“中等职业教育”，资料整理及主笔朱久玲；第二章“高等职业教育”，资料整理胡雨，主笔胡雨、朱久玲；第三章“学生”，资料整理任彧，主笔任彧、朱久玲；第四章“教师”，资料整理及主笔任彧；第五章“科研　合作　服务”，资料整理及主笔朱久玲；第六章“学校管理”，资料整理及主笔任彧。前插彩页，图片采集及编辑任彧。此外，考虑一些重要文件、重要文章资料在志书中引用的局限性以及这些资料的权威性，在志稿之后以附录方式加以收录，附录内容由各章主笔提供，按相关章节排序。

本书成书前编写组经过反复修改补充，现正式出版。鉴于对资料收集整理存在缺项，笔者对全局的把控能力有限，对史料考证不足，尽管竭尽全力仍会有纰漏和不妥之处，恳请读者赐教，我们将不尽感激。

2017 年 9 月